本书编委会

保障农民工工资支付条例

释 义

主 编◎赵大程 张义全

中国民主法制出版社

图书在版编目（CIP）数据

《保障农民工工资支付条例》释义 / 赵大程，张义全主编．—北京：中国民主法制出版社，2020.4

ISBN 978-7-5162-2205-8

Ⅰ．①保… Ⅱ．①赵… ②张… Ⅲ．①民工－工资制度－条例－法律解释－中国 Ⅳ．①D922.515

中国版本图书馆 CIP 数据核字（2019）第 057881 号

图书出品人：刘海涛
出版统筹：乔先彪
责任编辑：陈　曦
图书策划：刘　卫

书　名 / 《保障农民工工资支付条例》释义
作　者 / 赵大程　张义全　主编

出版·发行 / 中国民主法制出版社
地　址 / 北京市丰台区玉林里 7 号（100069）
电　话 /（010）63055259（总编室）　57258080（系统团购）
传　真 /（010）63056975　63056983
http：//www.npcpub.com
E-mail：mzfz@npcpub.com
经　销 / 新华书店
开　本 / 16 开　710 毫米×1000 毫米
印　张 / 22.5　**字数** / 371 千字
版　本 / 2020 年 5 月第 1 版　2020 年 5 月第 1 次印刷
印　刷 / 北京飞帆印刷有限公司

书　号 / ISBN 978-7-5162-2205-8
定　价 / 58.00 元

前　言

《保障农民工工资支付条例》于2019年12月30日由国务院总理李克强签署第724号国务院令予以公布，自2020年5月1日起施行。这是为规范农民工工资支付行为，保障农民工按时获得工资，维护农民工合法权益的一项十分重要的立法。这部行政法规的贯彻实施，标志着我国进入依法治理拖欠农民工工资问题的新阶段，必将对维护广大农民工工资报酬权益起到重要作用。

为了使各地区、各有关部门准确理解和把握立法原意，增进用人单位和农民工对《保障农民工工资支付条例》的了解和掌握，司法部、人力资源社会保障部、住房和城乡建设部、交通运输部直接参与条例起草的部分同志共同编写了《保障农民工工资支付条例释义》。希望本书的出版，能够进一步推动《保障农民工工资支付条例》的贯彻落实。

由于时间较紧，编写工作难免有疏漏之处，恳请广大读者提出宝贵意见。

编者

2020年4月

目　录

第三部分　附　录

中华人民共和国国务院令

第724号

《保障农民工工资支付条例》已经2019年12月4日国务院第73次常务会议通过，现予公布，自2020年5月1日起施行。

总理　李克强

2019年12月30日

保障农民工工资支付条例

第一章　总　　则

第一条　为了规范农民工工资支付行为，保障农民工按时足额获得工资，根据《中华人民共和国劳动法》及有关法律规定，制定本条例。

第二条　保障农民工工资支付，适用本条例。

本条例所称农民工，是指为用人单位提供劳动的农村居民。

本条例所称工资，是指农民工为用人单位提供劳动后应当获得的劳动报酬。

第三条　农民工有按时足额获得工资的权利。任何单位和个人不得拖欠农民工工资。

农民工应当遵守劳动纪律和职业道德，执行劳动安全卫生规程，完成劳动任务。

第四条　县级以上地方人民政府对本行政区域内保障农民工工资支付工作负责，建立保障农民工工资支付工作协调机制，加强监管能力建设，健全保障农民工工资支付工作目标责任制，并纳入对本级人民政府有关部门和下级人民政府进行考核和监督的内容。

乡镇人民政府、街道办事处应当加强对拖欠农民工工资矛盾的排查和调处工作，防范和化解矛盾，及时调解纠纷。

第五条　保障农民工工资支付，应当坚持市场主体负责、政府依法监管、社会协同监督，按照源头治理、预防为主、防治结合、标本兼治的要求，依法根治拖欠农民工工资问题。

第六条　用人单位实行农民工劳动用工实名制管理，与招用的农民工书面约定或者通过依法制定的规章制度规定工资支付标准、支付时间、支付方式等内容。

第七条　人力资源社会保障行政部门负责保障农民工工资支付工作的组织

协调、管理指导和农民工工资支付情况的监督检查，查处有关拖欠农民工工资案件。

住房城乡建设、交通运输、水利等相关行业工程建设主管部门按照职责履行行业监管责任，督办因违法发包、转包、违法分包、挂靠、拖欠工程款等导致的拖欠农民工工资案件。

发展改革等部门按照职责负责政府投资项目的审批管理，依法审查政府投资项目的资金来源和筹措方式，按规定及时安排政府投资，加强社会信用体系建设，组织对拖欠农民工工资失信联合惩戒对象依法依规予以限制和惩戒。

财政部门负责政府投资资金的预算管理，根据经批准的预算按规定及时足额拨付政府投资资金。

公安机关负责及时受理、侦办涉嫌拒不支付劳动报酬刑事案件，依法处置因农民工工资拖欠引发的社会治安案件。

司法行政、自然资源、人民银行、审计、国有资产管理、税务、市场监管、金融监管等部门，按照职责做好与保障农民工工资支付相关的工作。

第八条 工会、共产主义青年团、妇女联合会、残疾人联合会等组织按照职责依法维护农民工获得工资的权利。

第九条 新闻媒体应当开展保障农民工工资支付法律法规政策的公益宣传和先进典型的报道，依法加强对拖欠农民工工资违法行为的舆论监督，引导用人单位增强依法用工、按时足额支付工资的法律意识，引导农民工依法维权。

第十条 被拖欠工资的农民工有权依法投诉，或者申请劳动争议调解仲裁和提起诉讼。

任何单位和个人对拖欠农民工工资的行为，有权向人力资源社会保障行政部门或者其他有关部门举报。

人力资源社会保障行政部门和其他有关部门应当公开举报投诉电话、网站等渠道，依法接受对拖欠农民工工资行为的举报、投诉。对于举报、投诉的处理实行首问负责制，属于本部门受理的，应当依法及时处理；不属于本部门受理的，应当及时转送相关部门，相关部门应当依法及时处理，并将处理结果告知举报、投诉人。

第二章　工资支付形式与周期

第十一条　农民工工资应当以货币形式，通过银行转账或者现金支付给农民工本人，不得以实物或者有价证券等其他形式替代。

第十二条　用人单位应当按照与农民工书面约定或者依法制定的规章制度规定的工资支付周期和具体支付日期足额支付工资。

第十三条　实行月、周、日、小时工资制的，按照月、周、日、小时为周期支付工资；实行计件工资制的，工资支付周期由双方依法约定。

第十四条　用人单位与农民工书面约定或者依法制定的规章制度规定的具体支付日期，可以在农民工提供劳动的当期或者次期。具体支付日期遇法定节假日或者休息日的，应当在法定节假日或者休息日前支付。

用人单位因不可抗力未能在支付日期支付工资的，应当在不可抗力消除后及时支付。

第十五条　用人单位应当按照工资支付周期编制书面工资支付台账，并至少保存3年。

书面工资支付台账应当包括用人单位名称，支付周期，支付日期，支付对象姓名、身份证号码、联系方式，工作时间，应发工资项目及数额，代扣、代缴、扣除项目和数额，实发工资数额，银行代发工资凭证或者农民工签字等内容。

用人单位向农民工支付工资时，应当提供农民工本人的工资清单。

第三章　工资清偿

第十六条　用人单位拖欠农民工工资的，应当依法予以清偿。

第十七条　不具备合法经营资格的单位招用农民工，农民工已经付出劳动而未获得工资的，依照有关法律规定执行。

第十八条　用工单位使用个人、不具备合法经营资格的单位或者未依法取得劳务派遣许可证的单位派遣的农民工，拖欠农民工工资的，由用工单位清偿，并可以依法进行追偿。

第十九条　用人单位将工作任务发包给个人或者不具备合法经营资格的单位，导致拖欠所招用农民工工资的，依照有关法律规定执行。

用人单位允许个人、不具备合法经营资格或者未取得相应资质的单位以用人单位的名义对外经营，导致拖欠所招用农民工工资的，由用人单位清偿，并可以依法进行追偿。

第二十条 合伙企业、个人独资企业、个体经济组织等用人单位拖欠农民工工资的，应当依法予以清偿；不清偿的，由出资人依法清偿。

第二十一条 用人单位合并或者分立时，应当在实施合并或者分立前依法清偿拖欠的农民工工资；经与农民工书面协商一致的，可以由合并或者分立后承继其权利和义务的用人单位清偿。

第二十二条 用人单位被依法吊销营业执照或者登记证书、被责令关闭、被撤销或者依法解散的，应当在申请注销登记前依法清偿拖欠的农民工工资。

未依据前款规定清偿农民工工资的用人单位主要出资人，应当在注册新用人单位前清偿拖欠的农民工工资。

第四章　工程建设领域特别规定

第二十三条 建设单位应当有满足施工所需要的资金安排。没有满足施工所需要的资金安排的，工程建设项目不得开工建设；依法需要办理施工许可证的，相关行业工程建设主管部门不予颁发施工许可证。

政府投资项目所需资金，应当按照国家有关规定落实到位，不得由施工单位垫资建设。

第二十四条 建设单位应当向施工单位提供工程款支付担保。

建设单位与施工总承包单位依法订立书面工程施工合同，应当约定工程款计量周期、工程款进度结算办法以及人工费用拨付周期，并按照保障农民工工资按时足额支付的要求约定人工费用。人工费用拨付周期不得超过1个月。

建设单位与施工总承包单位应当将工程施工合同保存备查。

第二十五条 施工总承包单位与分包单位依法订立书面分包合同，应当约定工程款计量周期、工程款进度结算办法。

第二十六条 施工总承包单位应当按照有关规定开设农民工工资专用账户，专项用于支付该工程建设项目农民工工资。

开设、使用农民工工资专用账户有关资料应当由施工总承包单位妥善保存备查。

第二十七条 金融机构应当优化农民工工资专用账户开设服务流程，做好农民工工资专用账户的日常管理工作；发现资金未按约定拨付等情况的，及时通知施工总承包单位，由施工总承包单位报告人力资源社会保障行政部门和相关行业工程建设主管部门，并纳入欠薪预警系统。

工程完工且未拖欠农民工工资的，施工总承包单位公示30日后，可以申请注销农民工工资专用账户，账户内余额归施工总承包单位所有。

第二十八条 施工总承包单位或者分包单位应当依法与所招用的农民工订立劳动合同并进行用工实名登记，具备条件的行业应当通过相应的管理服务信息平台进行用工实名登记、管理。未与施工总承包单位或者分包单位订立劳动合同并进行用工实名登记的人员，不得进入项目现场施工。

施工总承包单位应当在工程项目部配备劳资专管员，对分包单位劳动用工实施监督管理，掌握施工现场用工、考勤、工资支付等情况，审核分包单位编制的农民工工资支付表，分包单位应当予以配合。

施工总承包单位、分包单位应当建立用工管理台账，并保存至工程完工且工资全部结清后至少3年。

第二十九条 建设单位应当按照合同约定及时拨付工程款，并将人工费用及时足额拨付至农民工工资专用账户，加强对施工总承包单位按时足额支付农民工工资的监督。

因建设单位未按照合同约定及时拨付工程款导致农民工工资拖欠的，建设单位应当以未结清的工程款为限先行垫付被拖欠的农民工工资。

建设单位应当以项目为单位建立保障农民工工资支付协调机制和工资拖欠预防机制，督促施工总承包单位加强劳动用工管理，妥善处理与农民工工资支付相关的矛盾纠纷。发生农民工集体讨薪事件的，建设单位应当会同施工总承包单位及时处理，并向项目所在地人力资源社会保障行政部门和相关行业工程建设主管部门报告有关情况。

第三十条 分包单位对所招用农民工的实名制管理和工资支付负直接责任。

施工总承包单位对分包单位劳动用工和工资发放等情况进行监督。

分包单位拖欠农民工工资的，由施工总承包单位先行清偿，再依法进行追偿。

工程建设项目转包，拖欠农民工工资的，由施工总承包单位先行清偿，再依法进行追偿。

第三十一条 工程建设领域推行分包单位农民工工资委托施工总承包单位代发制度。

分包单位应当按月考核农民工工作量并编制工资支付表，经农民工本人签字确认后，与当月工程进度等情况一并交施工总承包单位。

施工总承包单位根据分包单位编制的工资支付表，通过农民工工资专用账户直接将工资支付到农民工本人的银行账户，并向分包单位提供代发工资凭证。

用于支付农民工工资的银行账户所绑定的农民工本人社会保障卡或者银行卡，用人单位或者其他人员不得以任何理由扣押或者变相扣押。

第三十二条 施工总承包单位应当按照有关规定存储工资保证金，专项用于支付为所承包工程提供劳动的农民工被拖欠的工资。

工资保证金实行差异化存储办法，对一定时期内未发生工资拖欠的单位实行减免措施，对发生工资拖欠的单位适当提高存储比例。工资保证金可以用金融机构保函替代。

工资保证金的存储比例、存储形式、减免措施等具体办法，由国务院人力资源社会保障行政部门会同有关部门制定。

第三十三条 除法律另有规定外，农民工工资专用账户资金和工资保证金不得因支付为本项目提供劳动的农民工工资之外的原因被查封、冻结或者划拨。

第三十四条 施工总承包单位应当在施工现场醒目位置设立维权信息告示牌，明示下列事项：

（一）建设单位、施工总承包单位及所在项目部、分包单位、相关行业工程建设主管部门、劳资专管员等基本信息；

（二）当地最低工资标准、工资支付日期等基本信息；

（三）相关行业工程建设主管部门和劳动保障监察投诉举报电话、劳动争议调解仲裁申请渠道、法律援助申请渠道、公共法律服务热线等信息。

第三十五条 建设单位与施工总承包单位或者承包单位与分包单位因工程数量、质量、造价等产生争议的，建设单位不得因争议不按照本条例第二十四条的规定拨付工程款中的人工费用，施工总承包单位也不得因争议不按照规定代发工资。

第三十六条 建设单位或者施工总承包单位将建设工程发包或者分包给个

人或者不具备合法经营资格的单位，导致拖欠农民工工资的，由建设单位或者施工总承包单位清偿。

施工单位允许其他单位和个人以施工单位的名义对外承揽建设工程，导致拖欠农民工工资的，由施工单位清偿。

第三十七条 工程建设项目违反国土空间规划、工程建设等法律法规，导致拖欠农民工工资的，由建设单位清偿。

第五章 监督检查

第三十八条 县级以上地方人民政府应当建立农民工工资支付监控预警平台，实现人力资源社会保障、发展改革、司法行政、财政、住房城乡建设、交通运输、水利等部门的工程项目审批、资金落实、施工许可、劳动用工、工资支付等信息及时共享。

人力资源社会保障行政部门根据水电燃气供应、物业管理、信贷、税收等反映企业生产经营相关指标的变化情况，及时监控和预警工资支付隐患并做好防范工作，市场监管、金融监管、税务等部门应当予以配合。

第三十九条 人力资源社会保障行政部门、相关行业工程建设主管部门和其他有关部门应当按照职责，加强对用人单位与农民工签订劳动合同、工资支付以及工程建设项目实行农民工实名制管理、农民工工资专用账户管理、施工总承包单位代发工资、工资保证金存储、维权信息公示等情况的监督检查，预防和减少拖欠农民工工资行为的发生。

第四十条 人力资源社会保障行政部门在查处拖欠农民工工资案件时，需要依法查询相关单位金融账户和相关当事人拥有房产、车辆等情况的，应当经设区的市级以上地方人民政府人力资源社会保障行政部门负责人批准，有关金融机构和登记部门应当予以配合。

第四十一条 人力资源社会保障行政部门在查处拖欠农民工工资案件时，发生用人单位拒不配合调查、清偿责任主体及相关当事人无法联系等情形的，可以请求公安机关和其他有关部门协助处理。

人力资源社会保障行政部门发现拖欠农民工工资的违法行为涉嫌构成拒不支付劳动报酬罪的，应当按照有关规定及时移送公安机关审查并作出决定。

第四十二条 人力资源社会保障行政部门作出责令支付被拖欠的农民工工

资的决定，相关单位不支付的，可以依法申请人民法院强制执行。

第四十三条 相关行业工程建设主管部门应当依法规范本领域建设市场秩序，对违法发包、转包、违法分包、挂靠等行为进行查处，并对导致拖欠农民工工资的违法行为及时予以制止、纠正。

第四十四条 财政部门、审计机关和相关行业工程建设主管部门按照职责，依法对政府投资项目建设单位按照工程施工合同约定向农民工工资专用账户拨付资金情况进行监督。

第四十五条 司法行政部门和法律援助机构应当将农民工列为法律援助的重点对象，并依法为请求支付工资的农民工提供便捷的法律援助。

公共法律服务相关机构应当积极参与相关诉讼、咨询、调解等活动，帮助解决拖欠农民工工资问题。

第四十六条 人力资源社会保障行政部门、相关行业工程建设主管部门和其他有关部门应当按照“谁执法谁普法”普法责任制的要求，通过以案释法等多种形式，加大对保障农民工工资支付相关法律法规的普及宣传。

第四十七条 人力资源社会保障行政部门应当建立用人单位及相关责任人劳动保障守法诚信档案，对用人单位开展守法诚信等级评价。

用人单位有严重拖欠农民工工资违法行为的，由人力资源社会保障行政部门向社会公布，必要时可以通过召开新闻发布会等形式向媒体公开曝光。

第四十八条 用人单位拖欠农民工工资，情节严重或者造成严重不良社会影响的，有关部门应当将该用人单位及其法定代表人或者主要负责人、直接负责的主管人员和其他直接责任人员列入拖欠农民工工资失信联合惩戒对象名单，在政府资金支持、政府采购、招投标、融资贷款、市场准入、税收优惠、评优评先、交通出行等方面依法依规予以限制。

拖欠农民工工资需要列入失信联合惩戒名单的具体情形，由国务院人力资源社会保障行政部门规定。

第四十九条 建设单位未依法提供工程款支付担保或者政府投资项目拖欠工程款，导致拖欠农民工工资的，县级以上地方人民政府应当限制其新建项目，并记入信用记录，纳入国家信用信息系统进行公示。

第五十条 农民工与用人单位就拖欠工资存在争议，用人单位应当提供依法由其保存的劳动合同、职工名册、工资支付台账和清单等材料；不提供的，依法承担不利后果。

第五十一条 工会依法维护农民工工资权益，对用人单位工资支付情况进行监督；发现拖欠农民工工资的，可以要求用人单位改正，拒不改正的，可以请求人力资源社会保障行政部门和其他有关部门依法处理。

第五十二条 单位或者个人编造虚假事实或者采取非法手段讨要农民工工资，或者以拖欠农民工工资为名讨要工程款的，依法予以处理。

第六章 法律责任

第五十三条 违反本条例规定拖欠农民工工资的，依照有关法律规定执行。

第五十四条 有下列情形之一的，由人力资源社会保障行政部门责令限期改正；逾期不改正的，对单位处 2 万元以上 5 万元以下的罚款，对法定代表人或者主要负责人、直接负责的主管人员和其他直接责任人员处 1 万元以上 3 万元以下的罚款：

（一）以实物、有价证券等形式代替货币支付农民工工资；

（二）未编制工资支付台账并依法保存，或者未向农民工提供工资清单；

（三）扣押或者变相扣押用于支付农民工工资的银行账户所绑定的农民工本人社会保障卡或者银行卡。

第五十五条 有下列情形之一的，由人力资源社会保障行政部门、相关行业工程建设主管部门按照职责责令限期改正；逾期不改正的，责令项目停工，并处 5 万元以上 10 万元以下的罚款；情节严重的，给予施工单位限制承接新工程、降低资质等级、吊销资质证书等处罚：

（一）施工总承包单位未按规定开设或者使用农民工工资专用账户；

（二）施工总承包单位未按规定存储工资保证金或者未提供金融机构保函；

（三）施工总承包单位、分包单位未实行劳动用工实名制管理。

第五十六条 有下列情形之一的，由人力资源社会保障行政部门、相关行业工程建设主管部门按照职责责令限期改正；逾期不改正的，处 5 万元以上 10 万元以下的罚款：

（一）分包单位未按月考核农民工工作量、编制工资支付表并经农民工本人签字确认；

（二）施工总承包单位未对分包单位劳动用工实施监督管理；

（三）分包单位未配合施工总承包单位对其劳动用工进行监督管理；

（四）施工总承包单位未实行施工现场维权信息公示制度。

第五十七条 有下列情形之一的，由人力资源社会保障行政部门、相关行业工程建设主管部门按照职责责令限期改正；逾期不改正的，责令项目停工，并处5万元以上10万元以下的罚款：

（一）建设单位未依法提供工程款支付担保；

（二）建设单位未按约定及时足额向农民工工资专用账户拨付工程款中的人工费用；

（三）建设单位或者施工总承包单位拒不提供或者无法提供工程施工合同、农民工工资专用账户有关资料。

第五十八条 不依法配合人力资源社会保障行政部门查询相关单位金融账户的，由金融监管部门责令改正；拒不改正的，处2万元以上5万元以下的罚款。

第五十九条 政府投资项目政府投资资金不到位拖欠农民工工资的，由人力资源社会保障行政部门报本级人民政府批准，责令限期足额拨付所拖欠的资金；逾期不拨付的，由上一级人民政府人力资源社会保障行政部门约谈直接责任部门和相关监管部门负责人，必要时进行通报，约谈地方人民政府负责人。情节严重的，对地方人民政府及其有关部门负责人、直接负责的主管人员和其他直接责任人员依法依规给予处分。

第六十条 政府投资项目建设单位未经批准立项建设、擅自扩大建设规模、擅自增加投资概算、未及时拨付工程款等导致拖欠农民工工资的，除依法承担责任外，由人力资源社会保障行政部门、其他有关部门按照职责约谈建设单位负责人，并作为其业绩考核、薪酬分配、评优评先、职务晋升等的重要依据。

第六十一条 对于建设资金不到位、违法违规开工建设的社会投资工程建设项目拖欠农民工工资的，由人力资源社会保障行政部门、其他有关部门按照职责依法对建设单位进行处罚；对建设单位负责人依法依规给予处分。相关部门工作人员未依法履行职责的，由有关机关依法依规给予处分。

第六十二条 县级以上地方人民政府人力资源社会保障、发展改革、财政、公安等部门和相关行业工程建设主管部门工作人员，在履行农民工工资支付监督管理职责过程中滥用职权、玩忽职守、徇私舞弊的，依法依规给予处分；构成犯罪的，依法追究刑事责任。

第七章　附　　则

第六十三条　用人单位一时难以支付拖欠的农民工工资或者拖欠农民工工资逃匿的，县级以上地方人民政府可以动用应急周转金，先行垫付用人单位拖欠的农民工部分工资或者基本生活费。对已经垫付的应急周转金，应当依法向拖欠农民工工资的用人单位进行追偿。

第六十四条　本条例自2020年5月1日起施行。

第一部分

导　读

《保障农民工工资支付条例》制定的有关情况

一、立法背景和制定过程

改革开放四十多年来，广大的农民工活跃在我国经济建设的各个领域，已经成为我国产业工人的主体，是国家现代化建设的重要力量。改革开放取得的巨大成就，凝聚着他们辛勤劳动的汗水，有他们的巨大奉献。党中央、国务院对维护农民工的合法权益，特别是工资报酬权益，历来高度重视，作出了一系列决策部署。2016 年专门印发了《国务院办公厅关于全面治理拖欠农民工工资问题的意见》（国办发〔2016〕1 号，以下简称国办发〔2016〕1 号文件）。近年来，各地区、各有关部门坚决贯彻落实党中央、国务院的决策部署，坚持标本兼治、综合治理，保障农民工工资支付工作不断取得新的成效，拖欠农民工工资多发高发的态势得到了明显遏制。不过现实中仍存在一些导致拖欠农民工工资的问题，需要进一步解决：一是建设项目资金不到位。除社会投资项目外，政府投资项目也存在拖欠工程款的现象，与拖欠农民工工资问题相互交织。二是工程建设领域欠薪。建设市场秩序不规范，存在违法分包、层层转包、挂靠承包等违法违规行为，增加了治理拖欠农民工工资问题的难度。三是施工企业劳动用工不规范。工程建设领域利益链条过长，管理不规范，加剧了处于末端环节的农民工工资拖欠问题。此外，近年来，一些地区制造业和服务业拖欠劳动者工资的现象也有所增加。拖欠农民工工资问题原因复杂，根治这一问题必须多管齐下，坚持依法治理、源头治理、综合治理，以法治手段推动根治欠薪问题。

2019 年初，习近平总书记对根治欠薪问题作出重要批示。李克强总理在 2019 年《政府工作报告》中作出明确部署：“要根治农民工欠薪问题，抓紧制定专门行政法规，确保付出辛劳和汗水的农民工按时拿到应有的报酬。”据此，人力资源社会保障部在认真调查研究、深入分析农民工欠薪根源、梳理现有治理农民工欠薪政策落实情况、总结治理欠薪实践经验基础上，起草了《保障农民工工资支付条例（草案送审稿）》，向社会公开征求了意见，于2019年8月报请国务院审议。司法部收到送审稿后，先后三次征求中央有关单位、地方人民政府和部分行业协会的意见，会同人力资源社会保障部多次赴地方进行调研，召开企业座谈会和专家论证会，广泛听取有关部门、地方政府、企业、专家和农民工代表的意见，在此基础上，对草案送审稿进行反复研究、修改，形成了《保障农民工工资支付条例（草案）》，提请国务院常务会议审议。2019年12月4日，国务院第73次常务会议审议通过《保障农民工工资支付条例（草案）》。2019年12月30日，国务院总理李克强签署第724号国务院令，公布《保障农民工工资支付条例（以下简称《条例》），自2020年5月1日起施行。

二、立法的总体思路

《条例》制定，坚持以习近平新时代中国特色社会主义思想为指导，全面贯彻党的十九大和十九届二中、三中、四中全会精神，按照“科学立法、民主立法、依法立法”要求，恪守立法为民理念，坚持源头治理、系统治理、综合治理，以保护广大农民工的合法权益，建立健全欠薪“零容忍”的制度体系、监管有效的工作格局、惩处有力的执法机制为目标，围绕坚持问题导向、突出重点、尊重实践、建立机制和压实责任等方面进行制度设计，为保障农民工工资支付提供坚实的法治保障。

《条例》制定遵循以下总体思路：

一是贯彻落实习近平总书记、李克强总理关于治理拖欠农民工工资问题的重要指示批示，坚持以人民为中心，注重总结实践经验，将成熟有效的政策举措法定化。

二是坚持问题导向，突出重点，兼顾一般。围绕根治拖欠农民工工资目标，聚焦问题突出的工程建设领域，压实用人单位主体责任，强化政府和部门监管职责，综合运用多种手段，坚持源头治理、全程监管、防治结合、标本兼治。

三是处理好与民法、建筑法、劳动合同法等法律法规的关系，坚持法治原则，既解决实际问题，又做好与相关法律法规衔接。

三、《条例》的主要内容

《条例》共7章64条，主要内容包括：

（一）压实各方责任，确保按时足额支付农民工工资。《条例》明确了用人单位主体责任、政府属地责任和部门监管责任，主要规定了以下内容：一是明确用人单位支付农民工工资的首要责任。坚持市场主体负责、政府依法监管、社会协同监督原则；用人单位拖欠农民工工资的，应当依法予以清偿。二是压实地方人民政府属地监管责任。县级以上地方人民政府对本行政区域内保障农民工工资支付工作负责，建立保障农民工工资支付工作协调机制，加强监管能力建设，健全保障农民工工资支付工作目标责任制，并纳入对本级人民政府有关部门和下级人民政府进行考核和监督的内容。乡镇人民政府、街道办事处应当加强对拖欠农民工工资矛盾的排查和调处工作，防范和化解矛盾，及时调解纠纷。三是明确部门职责，实现部门协同联动。人力资源社会保障行政部门负责保障农民工工资支付工作的组织协调、管理指导和农民工工资支付情况的监督检查，查处有关拖欠农民工工资案件。住房城乡建设、交通运输、水利等相关行业工程建设主管部门按照职责履行行业监管责任，督办因违法发包、转包、违法分包、挂靠、拖欠工程款等导致的拖欠农民工工资案件。发展改革、财政、公安以及其他相关部门依法承担相应职责，做好与保障农民工工资支付相关的工作。四是工会、共青团、妇联、残联等组织按照职责依法维护农民工获得工资的权利，发挥新闻媒体普法宣传和舆论监督作用，引导用人单位增强依法用工、按时足额支付工资的法律意识，引导农民工依法维权。

（二）坚持源头预防，规范工资支付行为。规范工资支付行为是治理拖欠农民工工资问题的源头。《条例》坚持源头预防，主要规定了以下内容：一是用人单位实行农民工劳动用工实名制管理，与招用的农民工书面约定或者通过依法制定的规章制度规定工资支付标准、支付时间、支付方式等内容。实行月、周、日、小时工资制的，按照月、周、日、小时为周期支付工资；实行计件工资制的，工资支付周期由双方依法约定。二是农民工工资应当以货币形式，通过银行转账或者现金支付给农民工本人，不得以实物或者有价证券等其他形式替代。三是用人单位应当按照与农民工书面约定或者依法制定的规章制度规定的工资支付周期和具体支付日期足额支付工资。四是用人单位应当按照工资支付周期编制书面工资支付台账，并至少保存3年；向农民工支付工资时，应当提供农民工本人的工资清单。

（三）明确工资清偿主体，实现全程监管。明确清偿主体是治理拖欠农民工工资问题的关键。由于企业生产组织方式和用工方式日趋复杂，有些情形下发生农民工工资拖欠后清偿主体难以及时确定，严重影响拖欠农民工工资问题的快速解决。为此，《条例》在注意做好与相关法律法规衔接的同时，对一些特殊情形下拖欠农民工工资的清偿作了规定：一是不具备合法经营资格的单位招用农民工，农民工已经付出劳动而未获得工资的，依照有关法律规定执行，即由该单位或者其出资人清偿。二是用工单位使用个人、不具备合法经营资格的单位或者未依法取得劳务派遣许可证的单位派遣的农民工，拖欠农民工工资的，由用工单位清偿，并可以依法进行追偿。三是用人单位将工作任务发包给个人或者不具备合法经营资格的单位，导致拖欠所招用农民工工资的，依照有关法律规定执行。用人单位允许个人、不具备合法经营资格或者未取得相应资质的单位以用人单位的名义对外经营，导致拖欠所招用农民工工资的，由用人单位清偿，并可以依法进行追偿。四是合伙企业、个人独资企业、个体经济组织等用人单位拖欠农民工工资的，应当依法予以清偿；不清偿的，由出资人依法清偿。五是用人单位合并或者分立时，应当在实施合并或者分立前依法清偿拖欠的农民工工资；经与农民工书面协商一致的，可以由合并或者分立后承继其权利和义务的用人单位清偿。六是用人单位被依法吊销营业执照或者登记证书、被责令关闭、被撤销或者依法解散的，应当在申请注销登记前依法清偿拖欠的农民工工资；未按规定清偿农民工工资的用人单位主要出资人，应当在注册新用人单位前清偿拖欠的农民工工资。

（四）坚持问题导向，专章规定治理工程建设领域欠薪措施。工程建设领域是治理拖欠农民工工资的重点，国办发〔2016〕1号文件以工程建设领域为重点，明确了一系列治理措施。《条例》在总结各地推行实践的基础上，围绕资金到位、按时拨付、确保发放等方面，全链条多环节进行规范，主要作了以下规定：一是针对建设资金不到位问题，规定建设单位未满足施工所需资金安排的，不得开工建设或者颁发施工许可证；建设单位应当向施工单位提供工程款支付担保；建设项目的人工费用与工程款实行分账管理，建设单位按照约定将人工费用及时足额拨付至施工总承包单位的农民工工资专用账户。二是针对工程建设领域欠薪问题，规定建设单位有权督促施工总承包单位加强劳动用工管理，施工总承包单位对分包单位工资发放等进行监督，分包单位直接负责对所招用农民工的管理；将建设工程发包或者分包给个人或者不具备合法经营资格的单位，导致拖欠农民工工资的，由建设单位或者施工总承包单位清偿；施工总承包单位应当在施工现场设立维权信息告示牌。三是针对施工企业劳动用工不规范问题，规定施工总承包单位或者分包单位对所招用的农民工进行实名登记管理；农民工工资推行由分包单位委托施工总承包单位代发；施工总承包单位应当按照规定开设农民工工资专用账户，并按照规定存储工资保证金或者以金融机构保函替代，专项用于支付农民工被拖欠的工资。

（五）加强监督管理，确保农民工工资支付保障制度落实。细化部门监管职责是根治拖欠农民工工资问题的内在需要。《条例》在加强保障农民工工资支付工作的监督管理方面作出了一系列规定：一是人力资源社会保障行政部门、相关行业工程建设主管部门和其他有关部门按照职责，对劳动合同签订、工资支付、用工实名制、工资专用账户、施工总承包单位代发工资、工资保证金存储、维权信息公示等情况加强监督检查。二是人力资源社会保障行政部门在查处拖欠农民工工资案件时，经批准可以依法查询相关单位金融账户和相关当事人拥有房产、车辆等情况。三是发生用人单位拒不配合调查、清偿责任主体无法联系等情形的，人力资源社会保障行政部门可以请求公安机关和其他有关部门协助处理；对拖欠农民工工资涉嫌构成拒不支付劳动报酬罪的，及时移送公安机关审查并作出决定。四是对用人单位开展守法诚信等级评价；建立拖欠农民工工资“黑名单”，将用人单位及其法定代表人或者主要负责人、直接负责的主管人员和其他直接责任人员列入失信联合惩戒对象名单，依法依规予以限制。

（六）加大对违法行为的惩戒力度，设定严格的法律责任。为了确保农民工工资支付保障制度落地实施，加大对违法行为的惩戒力度，《条例》在法律责任方面主要作了以下规定：一是明确拖欠农民工工资行为的法律责任，促使用人单位履行主体责任。违反规定拖欠农民工工资的，依照有关法律规定执行，即由人力资源社会保障行政部门责令限期支付；逾期不支付的，向劳动者加付应付金额百分之五十以上百分之一百以下的赔偿金；涉嫌构成拒不支付劳动报酬罪的，及时移送司法机关追究刑事责任。对以实物或者有价证券等代替货币支付工资、未编制并保存工资支付台账、未向农民工提供工资清单、扣押或者变相扣押用于支付工资的社会保障卡或者银行卡等违法行为，由人力资源社会保障行政部门责令限期改正；逾期不改正的，在对单位给予罚款的同时，对法定代表人或者主要负责人、直接负责的主管人员和其他直接责任人员给予罚款。二是突出工程建设领域违法行为的法律责任。对施工总承包单位未按规定开设或者使用农民工工资专用账户、未按规定存储工资保证金或者未提供金融机构保函，施工总承包单位、分包单位未实行劳动用工实名制管理，建设单位未依法提供工程款支付担保、未按约定及时足额拨付人工费用，建设单位或者施工总承包单位拒不提供或者无法提供工程施工合同、农民工工资专用账户有关资料等违法行为，规定了责令限期改正、处5万元以上10万元以下罚款，对其中的一些违法行为，还规定了责令项目停工、降低资质等级或者吊销资质证书等处罚。三是明确政府部门监管不到位的责任，促使政府投资行为更加规范。政府投资项目政府投资资金不到位拖欠农民工工资的，由人力资源社会保障行政部门报本级政府批准后，责令限期足额拨付所拖欠的资金；逾期不拨付的，对有关部门负责人进行约谈，必要时进行通报，约谈地方政府负责人；情节严重的，对政府及其有关部门负责人、直接负责的主管人员和其他直接责任人员依法依规给予处分。政府投资项目建设单位违规导致拖欠农民工工资的，除依法承担责任外，还要约谈建设单位负责人，并作为其业绩考核、薪酬分配、评优评先、职务晋升等方面的重要依据。对人力资源社会保障、发展改革、财政、公安等部门和相关行业工程建设主管部门工作人员，在履行农民工工资支付监督管理职责过程中滥用职权、玩忽职守、徇私舞弊的，依法依规给予处分；构成犯罪的，依法追究其刑事责任。

四、《条例》的重要意义

《条例》是解决拖欠农民工工资问题的专门行政法规，其颁布实施具有重要意义。

（一）是贯彻落实党中央、国务院决策部署，践行以人民为中心发展思想的具体体现。我国有近3亿农民工，工资是农民工的保命钱、活命钱、养命钱，是广大农民工最关心最直接最现实的利益问题，也是提升农民工群体获得感、幸福感、安全感的重要物质基础。保障农民工工资报酬权益，关系到广大农民工的切身利益，关系到社会公平正义，是政府的重要职责。对根治欠薪工作，习近平总书记多次作出重要指示批示，李克强总理也多次作出批示。《条例》的颁布实施，是坚定执行习近平总书记重要指示精神和李克强总理批示要求的关键举措，是贯彻落实党中央、国务院决策部署的重要体现，是坚持以人民为中心发展思想的具体实践。

（二）为维护农民工工资报酬权益提供了强有力的法律武器。党的十九届四中全会通过的《中共中央关于坚持和完善中国特色社会主义制度 推进国家治理体系和治理能力现代化若干重大问题的决定》强调，要健全社会公平正义法治保障制度。农民工打工收入是他们的主要收入来源，必须保证他们的辛劳及时获得足额的报酬。《条例》针对实际问题对症施策，对工资支付形式和周期、工资清偿、工程建设领域欠薪、监督检查、法律责任等作出全面规定，为农民工按时足额获得工资建立了系统化的特别保护制度，为“确保付出辛劳和汗水的农民工按时拿到应有的报酬”提供了有力的法治保障，既有利于增加农民工收入，促进农民工就业，又有利于劳动关系和谐稳定。同时，《条例》注重用人单位和农民工双方权利与义务的平衡，还规定了农民工的义务，考虑了企业的承受能力，强调依法维护用人单位合法权益，加强欠薪违法预防和教育引导，助力经济平稳运行和社会和谐稳定。

（三）将解决工程建设领域欠薪问题纳入了法治化轨道。国办发〔2016〕1号文件以工程建设领域为重点，明确了一系列治理措施。《条例》将实践中成熟有效的措施上升为法律规范，围绕资金到位、按时拨付、确保发放等方面，全链条多环节进行规范。规定了工程款支付担保、人工费与工程款分账管理、农民工工资专用账户、总承包单位代发工资、用工实名制、工资保证金、维权信息公示等制度措施，旨在有效解决工程建设领域“没钱发”“发给谁”“怎么发”等难题。这些制度措施的落地实施将对工程建设领域欠薪问题的源头治理、系统治理、综合治理发挥重要作用。

（四）有利于形成齐抓共管、多元惩戒的根治欠薪工作格局。治理欠薪，是推进国家治理体系和治理能力现代化的重要内容，《条例》以建立健全欠薪“零容忍”的制度体系、监管有效的工作格局、惩处有力的执法机制为目标，综合运用行政、司法、信用和社会监督手段根治拖欠农民工工资问题，体现共建共治共享的社会治理原则。《条例》规定地方政府属地负责、政府部门协同监管和有关方面联防联治机制，明确用人单位农民工工资支付的主体责任，细化部门职责。规定拖欠农民工工资失信联合惩戒机制，强化责任追究机制，规定欠薪违法的法律责任。这些规定的施行，将进一步营造“不敢欠、不能欠、不愿欠”的制度环境，必将有力推动根治农民工欠薪问题。

第二部分

释　　义

第一章　总　　则

本章是《条例》的总则部分。总则是一部法律法规的总纲，起着统领各部分内容的作用。本章共10条，分别规定了《条例》的立法目的、“农民工”“工资”的基本概念、农民工按时足额获得工资的权利和基本义务、农民工劳动用工基本规范、保障农民工工资支付的总体要求、地方政府责任和相关部门职责、工青妇残等组织和新闻媒体的职责以及发生农民工工资拖欠的救济途径和举报投诉规定等内容。

第一条　为了规范农民工工资支付行为，保障农民工按时足额获得工资，根据《中华人民共和国劳动法》及有关法律规定，制定本条例。

【释义】 本条是关于《条例》的立法目的和立法依据的规定。

工资是劳动者给付劳动后所应得的对价，是保障劳动者本人及其家庭成员生存权益和生活质量的主要经济来源。同时，工资也是国际劳工组织所倡导的“体面劳动”目标中的重要组成部分。因此，工资不仅体现为劳动者的财产权益，也体现为生存权益和自由权益，世界各国均规定获得劳动报酬的权利是公民的基本权利。我国劳动法、劳动合同法、《劳动保障监察条例》《工资支付暂行规定》等法律法规规章对工资支付有关问题作出了规定。2011年通过的刑法修正案（八）还对拒不支付劳动报酬罪作出了规定。这些规定对规范用人单位工资支付行为，维护劳动者劳动报酬权益起到了积极作用。但是，对于已经成为我国产业工人主体的农民工的工资支付保障而言，由于一些行业生产组织方式不规范、源头资金不足，部分用人单位法制观念淡薄、主体责任落实不到位，属地政府和部门监管责任落实不力、治理欠薪制度措施刚性不够等原因，工资支付行为不规范，拖欠农民工工资，侵犯农民工劳动报酬权益的问题还比较突出，农民工“讨薪难”成为社会广泛关注的热点。对此，党中央、国务院高度重视，先后出台了一系列政策措施解决拖欠农民工工资问题。2016年1月印发的国办发〔2016〕1号文件，对预防和解决农民工欠薪问题作出了系统的制度安排。2019年初，习近平总书记专门对解决拖欠农民工工资问题作出重要批示。李克强总理在2019年《政府工作报告》中作出明确部署，要求制定专门行政法规。2019年国务院立法工作计划将制定《条例》列为重要立法项目之一，人力资源社会保障部、司法部等单位按照立法程序积极开展论证起草和审查修改工作，及时将《条例》草案报请国务院审议。2019年12月4日，国务院第73次常务会议审议通过了《条例》草案。2019年12月30日，国务院总理李克强签署国务院令公布《条例》，自2020年5月1日起施行。

一、立法目的

立法目的即立法宗旨和指导思想，在法律中首先明文规定立法目的是我国立法的惯例。具体到本《条例》的立法目的，就是指国家以行政法规的形式确立保障农民工工资支付相关制度想要达到的目标或者要实现的效果，是确立相关机制制度所要遵循的总的指导方针。《条例》最为直接的立法目的可以概括为规范农民工工资支付行为，保障农民工按时足额获得工资。

（一）规范农民工工资支付行为

工资支付是用人单位按照法律规定和书面合同的约定，支付给劳动者工资报酬的行为。工资支付是劳动基本标准的重要组成部分。劳动法第五十条对工资支付作出了原则性的规定："工资应当以货币形式按月支付给劳动者本人。不得克扣或者无故拖欠劳动者的工资"，明确了工资支付的形式应当是货币形式，支付对象是劳动者本人，以及工资支付的周期和禁止性规定。工资支付行为主要涉及工资支付项目、工资支付水平和标准、工资支付形式、工资支付对象、工资支付时间以及特殊情况下的工资支付等内容。其中，支付项目、支付标准、加班工资计算基数、特殊情况下的工资支付等内容决定着劳动者能否获得与其劳动付出相当的工资报酬。支付方式、支付周期和日期等内容会影响到劳动者能否及时获取劳动报酬。

工资支付行为的不规范将直接损害劳动者的劳动报酬权益。当前，农民工工资支付工作中存在的诸多问题与工资支付行为不规范有关，比如，以实物或者有价证券等非货币形式替代工资，未直接将工资支付给农民工本人，工资支付周期和支付日期约定不明，工资支付台账和凭证不清不全，扣押或者以保管为名扣押农民工本人的社会保障卡或者银行卡，农民工无从获取工资清单，用人单位未落实农民工实名制管理等。为此，《条例》坚持问题导向，有针对性地对工资支付形式、工资支付周期和具体日期的确定、工资支付台账及凭证、工资清偿责任主体确定等进行了系统明确的制度设计。比如，《条例》第十一条规定“农民工工资应当以货币形式，通过银行转账或者现金支付给农民工本人，不得以实物或者有价证券等其他形式替代”，以义务性规定和禁止性规定的形式明确了工资支付形式。第十五条第二款规定“书面工资支付台账应当包括用人单位名称，支付周期，支付日期，支付对象姓名、身份证号码、联系方式，工作时间，应发工资项目及数额，代扣、代缴、扣除项目和数额，实发工资数额，银行代发工资凭证或者农民工签字等内容”，以义务性规定的形式列举了工资支付台账应当载明的内容。《条例》针对工程建设领域工资支付出现的工资经施工总承包单位、分包单位、“包工头”等多个环节，容易出现被截留克扣，或者将工资发放给不具备用工主体资格的组织和个人的现象，第三十一条规定“工程建设领域推行分包单位农民工工资委托施工总承包单位代发制度。分包单位应当按月考核农民工工作量并编制工资支付表，经农民工本人签字确认后，与当月工程进度等情况一并交施工总承包单位。施工总承包单位根据分包单位编制的工资支付表，通过农民工工资专用账户直接将工资支付到农民工本人的银行账户，并向分包单位提供代发工资凭证”，解决了农民工工资发到手的问题。

此外，《条例》监督检查、法律责任专章对违反法律规定的工资支付行为的检查和处罚进行了规定，比如，规定人力资源社会保障行政部门、相关行业工程建设主管部门应当按照职责，加强对工资支付以及工程建设项目实行农民工实名制管理、施工总承包单位代发工资等情况监督检查，预防和减少拖欠农民工工资行为的发生。规定以实物、有价证券等形式代替货币支付农民工工资的，由人力资源社会保障行政部门责令限期改正；逾期不改正的，对单位处 2 万元以上 5 万元以下的罚款，对法定代表人或者主要负责人、直接负责的主管人员和其他直接责任人员处 1 万元以上 3 万元以下的罚款，明确了工资支付违法行为的社会危害性和可受处罚性，宣示了法律的刚性。

（二）保障农民工按时足额获得工资

工资是劳动者的基本生存保障，无法按时足额获得工资报酬，可能对劳动者及其抚养赡养的家庭成员带来生存和生活障碍，影响社会和谐稳定，甚至酿成群体性社会事件，影响经济社会秩序。按时足额支付工资是工资支付的应然状态，但实然状态是拖欠工资的问题还亟须治理，尤其是农民工工资支付问题的产生原因复杂，需要按照源头治理、预防为主、防治结合、标本兼治的要求，依法根治拖欠农民工工资问题。据此，保障农民工按时足额获得工资是《条例》制定的根本目的，也是实践中需要解决的根本问题，必须多措并举形成保障工资按时足额支付的制度体系，《条例》主要从以下方面作了规定：

一是形成齐抓共管的责任体系。为确保按时足额支付农民工工资，《条例》坚持市场主体负责、政府依法监管、社会协同监督原则，明确了用人单位主体责任，用人单位拖欠农民工工资的，应当依法予以清偿；明确了政府属地责任，县级以上地方人民政府对本行政区域内保障农民工工资支付工作负责；明确了部门监管责任：人力资源社会保障行政部门负责保障农民工工资支付工作的组织协调、管理指导和农民工工资支付情况的监督检查，查处有关拖欠农民工工资案件；住房城乡建设、交通运输、水利等相关行业工程建设主管部门按照职责履行行业监管责任，督办因违法发包、转包、违法分包、挂靠、拖欠工程款等导致的拖欠农民工工资案件；发展改革、财政、公安以及其他相关部门依法承担相应职责，做好与保障农民工工资支付相关的工作。

二是明确工资清偿责任主体。在发生工资拖欠后进行工资清偿是治理拖欠农民工工资问题的关键。由于企业生产组织方式和用工方式日趋复杂，有些情形下发生农民工工资拖欠后清偿主体难以及时确定，严重影响拖欠农民工工资问题的解决。为此，《条例》做好与相关法律法规的衔接，对一些特殊情形下拖欠农民工工资的清偿作了规定，比如，不具备合法经营资格的单位招用农民工，农民工已经付出劳动而未获得工资的情形；用工单位使用个人、不具备合法经营资格的单位或者未依法取得劳务派遣许可证的单位派遣的农民工，拖欠农民工工资的情形；用人单位被依法吊销营业执照或者登记证书、被责令关闭、被撤销或者依法解散的情形等。

三是完善重点领域工资支付制度。工程建设领域是治理拖欠农民工工资的重点，《条例》在总结各地实践经验的基础上，围绕资金到位、按时拨付、确保发放等方面进行规范。比如，针对建设资金不到位问题，规定建设单位未满足施工所需资金安排的，不得开工建设或者颁发施工许可证；针对工程建设领域欠薪问题，规定建设工程发包或者分包给个人或者不具备合法经营资格的单位，导致拖欠农民工工资的，由建设单位或者施工总承包单位清偿；针对施工企业劳动用工不规范问题，规定施工总承包单位或者分包单位对所招用的农民工进行实名登记管理，农民工工资推行由分包单位委托施工总承包单位代发等。

四是强化部门监管职责。强化监管职责是促进农民工工资按时足额支付的内在需要。《条例》在监督检查方面作出了一系列规定，增强了制度威慑力。比如，规定人力资源社会保障行政部门在查处拖欠农民工工资案件时，经批准可以依法查询相关单位金融账户和相关当事人拥有房产、车辆等情况；人力资源社会保障行政部门对用人单位开展守法诚信等级评价；有关部门建立拖欠农民工工资“黑名单”，将用人单位及其法定代表人或者主要负责人、直接负责的主管人员和其他直接责任人员列入失信联合惩戒对象名单，依法依规予以限制；对拖欠农民工工资涉嫌构成拒不支付劳动报酬罪的，及时移送公安机关审查并作出决定。

五是明确拖欠农民工工资行为的法律责任。为了确保农民工工资支付保障制度落实，《条例》明确法律责任，加大对违法行为的惩戒力度，促使用人单位履行主体责任，明确政府部门监管不到位的责任，促使政府投资行为更加规范。比如，规定违反规定拖欠农民工工资的，依照有关法律规定执行，也就是由人力资源社会保障行政部门责令限期支付；逾期不支付的，向劳动者加付应付金额百分之五十以上百分之一百以下的赔偿金；涉嫌构成拒不支付劳动报酬罪的，及时移送司法机关追究刑事责任。突出工程建设领域违法行为的法律责任，对施工总承包单位未按规定开设或者使用农民工工资专用账户，施工总承包单位、分包单位未实行劳动用工实名制管理，建设单位未依法提供工程款支付担保、未按约定及时足额拨付人工费用等违法行为，规定了责令限期改正、处 5 万元以上 10 万元以下罚款，对其中的一些违法行为，还规定了责令项目停工、降低资质等级或者吊销资质证书等处罚。

二、立法依据

规范农民工工资支付行为，保障农民工按时足额获得工资，是保护劳动者合法权益，建立和维护适应社会主义市场经济的劳动制度的有机组成部分，规范工资支付的根本目的是保护劳动者权益，构建和谐的劳动关系。因此，劳动法是《条例》最主要的上位法依据，劳动合同法、劳动争议调解仲裁法、劳动合同法实施条例、《劳动保障监察条例》等法律、行政法规以及工程建设领域相关法律、行政法规也是《条例》制定的重要依据。此外，原劳动部《工资支付暂行规定》（劳部发〔1994〕489号）、有关工资支付的地方性法规规章也是制定《条例》的重要参考依据。

（一）劳动法的相关规定

劳动法第三条规定，劳动者享有取得劳动报酬的权利；第十九条规定，劳动合同应当以书面形式订立，劳动报酬是必备条款之一；第五章“工资”对工资支付原则、支付形式、支付标准等进行了规定，其中第五十条规定“工资应当以货币形式按月支付给劳动者本人。不得克扣或者无故拖欠劳动者的工资”；第九十一条规定，用人单位有克扣或者无故拖欠劳动者工资的情形的，由劳动行政部门责令支付劳动者的工资报酬、经济补偿，并可以责令支付赔偿金。这些规定从基本权利和义务、支付形式、劳动合同、法律责任等方面，明确了工资支付的法律依据。

（二）劳动合同法的相关规定

劳动合同法第十七条规定，劳动报酬应当是劳动合同的必备条款；第十八条规定了劳动合同对劳动报酬和劳动条件等标准约定不明确引发争议时的处理；第三十条规定：“用人单位应当按照劳动合同约定和国家规定，向劳动者及时足额支付劳动报酬。用人单位拖欠或者未足额支付劳动报酬的，劳动者可以依法向当地人民法院申请支付令，人民法院应当依法发出支付令。”第八十五条规定：“用人单位有下列情形之一的，由劳动行政部门责令限期支付劳动报酬、加班费或者经济补偿；劳动报酬低于当地最低工资标准的，应当支付其差额部分；逾期不支付的，责令用人单位按应付金额百分之五十以上百分之一百以下的标准向劳动者加付赔偿金：（一）未按照劳动合同的约定或者国家规定及时足额支付劳动者劳动报酬的；……”这些规定从正反两方面明确了用人单位及时足额支付劳动报酬的义务。

（三）《劳动保障监察条例》的相关规定

《劳动保障监察条例》第十一条规定“劳动保障行政部门对下列事项实施劳动保障监察：（一）用人单位制定内部劳动保障规章制度的情况；（二）用人单位与劳动者订立劳动合同的情况；……（六）用人单位支付劳动者工资和执

行最低工资标准的情况；……”第二十六条规定“用人单位有下列行为之一的，由劳动保障行政部门分别责令限期支付劳动者的工资报酬、劳动者工资低于当地最低工资标准的差额或者解除劳动合同的经济补偿；逾期不支付的，责令用人单位按照应付金额50%以上1倍以下的标准计算，向劳动者加付赔偿金：（一）克扣或者无故拖欠劳动者工资报酬的；……”从劳动保障监察事项及用人单位法律责任的角度规定了劳动行政部门对工资支付违法行为有监督检查和进行处罚的权力，是《条例》规定依法打击拖欠农民工工资行为的重要依据。

（四）其他法律行政法规的相关规定

《条例》规定还涉及工资清偿、工程建设领域欠薪治理、拖欠工资争议处理、违法行为社会公布、监督检查、法律责任等内容，可以在劳动争议调解仲裁法、建筑法、民法总则、行政处罚法、刑法、《政府投资条例》和《不动产登记暂行条例》等其他法律、行政法规中找到相关法律依据。

第二条　保障农民工工资支付，适用本条例。

本条例所称农民工，是指为用人单位提供劳动的农村居民。

本条例所称工资，是指农民工为用人单位提供劳动后应当获得的劳动报酬。

【释义】 本条是对关于《条例》适用范围的规定。

一、关于确定适用范围的一些考虑

关于《条例》的适用范围，在立法过程中曾有不同意见，有的主张适用于所有企业职工，有的主张专门适用于农民工，还有的主张只适用于从事工程项目建设的建筑工人；相应的立法重点，有的主张只适用于工资支付保障这个环节，有的主张适用于从资金来源、工资支付到工资拖欠治理等各个环节。考虑到劳动法、劳动合同法、《劳动保障监察条例》对拖欠工资问题作了规定，为解决多数用人单位拖欠职工工资问题提供了法律依据，而农民工由于流动性大、就业领域相对集中和行业工资支付特点等原因，欠薪问题比较突出，特别是工程建设领域欠薪成因比较复杂，需要多管齐下，综合治理。为此，《条例》坚持问题导向，聚焦突出问题，实行精准立法，对农民工欠薪问题进行专门立法，实行特殊保护，将适用范围确定为保障农民工工资支付。

将《条例》适用范围确定为保障农民工工资支付，也是贯彻落实党中央、国务院决策部署的需要。2019年《政府工作报告》专门要求“要根治农民工欠薪问题，抓紧制定专门行政法规，确保付出辛劳和汗水的农民工按时拿到应有的报酬”。这一要求不仅指明了依法根治农民工欠薪问题的立法方向，同时也决定了《条例》的适用范围应当聚焦于保障农民工工资支付。据此，《条例》定位为保障农民工工资支付的专门行政法规，在处理拖欠农民工工资问题上优先适用；《条例》未作规定的，可以适用劳动法、劳动合同法、《劳动保障监察条例》等法律法规的规定。

此外，在《条例》制定过程中，还有意见提出，农民工的概念不好把握，执法机关在处理拖欠工资案件时难以对农民工和其他劳动者分别处理，建议增加“拖欠其他劳动者工资，参照适用《条例》”的规定。考虑到《条例》为根治农民工欠薪，在清偿责任上作了一些特殊规定，工程建设领域更是专章规定了特殊制度措施。上述意见实际上是将《条例》的适用范围扩大到了所有的劳动者，而将这些特殊措施扩大适用到农民工以外的其他劳动者，既不符合《条例》对农民工欠薪这一突出问题进行专门规范的立法本意，还可能会带来违反上位法及实践中很难落实等问题，引发新的不稳定。因此，未采纳这一意见。

需要注意的是，《条例》的适用范围除了用人单位和农民工之外，还基于农民工就业的特殊性、工程建设领域行业特点等因素，从最大程度保障农民工工资支付的角度，将一些未与农民工建立劳动关系的单位，比如，建设单位、施工总承包单位、不具备合法经营资格的单位等，也纳入了《条例》适用范围。针对实践中出现的劳动用工不规范、用人单位难确定、工资支付不及时等现象，根据劳动合同法第九十三条、第九十四条将不具备合法经营资格的用人单位和个人承包经营等情形纳入劳动合同法调整范围的情况，《条例》第三章对不具备合法经营资格的单位，用工单位使用个人、不具备合法经营资格或者未依法取得劳务派遣资格的单位派遣的农民工，拖欠农民工工资的清偿责任作了规定；针对工程建设领域欠薪问题，为了从源头上预防拖欠并规范农民工工资支付，《条例》第四章对建设单位、施工总承包单位在保障农民工工资支付中的法定义务及其清偿或者垫付责任等也作了规定。

二、关于农民工的概念界定和理解把握

（一）关于农民工概念的有关背景

农民工是我国现代化建设的重要力量，改革开放以来出台的许多文件中都

使用了农民工这一概念，可以说已经成为了约定俗成的表述。比如，《国务院关于解决农民工问题的若干意见》（国发〔2006〕5号）提出："农民工是我国改革开放和工业化、城镇化进程中涌现的一支新型劳动大军。他们户籍仍在农村，主要从事非农产业，有的在农闲季节外出务工、亦工亦农，流动性强，有的长期在城市就业，已成为产业工人的重要组成部分。……农民工分布在国民经济各个行业，在加工制造业、建筑业、采掘业及环卫、家政、餐饮等服务业中已占从业人员半数以上，是推动我国经济社会发展的重要力量。"《国务院关于进一步做好为农民工服务工作的意见》（国发〔2014〕40号）强调："农民工已成为我国产业工人的主体，是推动国家现代化建设的重要力量，为经济社会发展作出了巨大贡献。"国家统计局发布的年度《农民工监测调查报告》中，则根据农民工监测调查的需要，从统计意义上，将农民工界定为"户籍仍在农村，在本地从事非农产业或外出从业6个月及以上的劳动者"。2018年，全国农民工28836万人，其中，在乡内就地就近就业本地农民工11570万人；到乡外就业的外出农民工17266万人（进城农民工13506万人）。

以上可见，关于农民工的定位和其内涵外延是随着时代发展而不断变化的，社会上也有第一代、第二代甚至第三代农民工的说法。法律、行政法规中出现"农民工"这一表述，最早见于1999年通过的招标投标法第六十六条规定："涉及国家安全、国家秘密、抢险救灾或者属于利用扶贫资金实行以工代赈、需要使用农民工等特殊情况，不适宜进行招标的项目，按照国家有关规定可以不进行招标。"2010年通过的社会保险法没有使用农民工的概念，而是在第九十五条规定："进城务工的农村居民依照本法规定参加社会保险。"因此，农民工概念是在不断发展变化的，确实很难准确定义，但是实践中基于不同目的和需要，也都对农民工作出了相应的界定。

（二）关于农民工概念界定的必要性

《条例》制定过程中，曾有意见认为，农民工的概念在法律上很难准确界定，建议不作界定。考虑到《条例》本身是针对农民工这个群体所作专门法规规定，适用范围是一部法规的基本内容，农民工一词的使用理应有一定义，否则，实践中有可能会产生疑义。对农民工作定义，可以明确《条例》的适用范围，为各地执法提供指引，有助于《条例》规定的各项制度落地实施。因此，无论是从立法技术上还是指导执法需要上来说，对农民工概念作出界定比不作界定好。而且在《条例》审查修改过程中，多数部门和地方要求对农民工概念作出明确界定，以便实践中操作。最终，《条例》对农民工的概念作了法律界定。

（三）关于农民工概念界定的科学性及其理解把握

在立法过程中，对农民工概念如何界定曾有不同意见。《条例》关于农民工的定义，是在广泛听取部门、地方和企业意见的基础上，综合考虑统计部门关于“户籍在农村，在本地从事非农产业或外出从业6个月及以上的劳动者”的统计口径、社会保险法关于“进城务工的农村居民”的表述、户籍制度改革情况以及行政机关的实践做法等因素，兼顾当前现实和未来发展，考虑全国各地城镇化进展程度，各方面协商一致所作的定义。这个定义具有很强的包容性，能够最大限度保护农民工权益。对农民工这一概念的理解，需要注意把握以下三个方面：

一是用人单位。劳动法第二条、劳动合同法第二条、劳动合同法实施条例第三条、《工伤保险条例》第二条等都对用人单位的范围作了规定，具体包括企业、事业单位、社会组织、律师事务所、会计师事务所、个体经济组织（有雇工的个体工商户）等。《条例》作为行政法规，既要符合上位法的规定，也要与同位法做好衔接。关于本条中“用人单位”范围的理解，包括以上所列举的用人单位类型。

二是提供劳动。劳有所得，天经地义。这意味着农民工既有获得工资的权利，同时也负有提供劳动的义务。农民工提供劳动，就是根据用人单位的要求，完成一定劳动任务。为此，《条例》第三条第二款规定：“农民工应当遵守劳动纪律和职业道德，执行劳动安全卫生规程，完成劳动任务。”劳动是农民工获得工资的前提和基础，也是农民工应当履行的义务。

三是农村居民。如何理解农村居民，在立法过程中，各方曾提出不同界定标准。比如，户籍在农村；居住在农村；拥有农村集体承包地；参加城乡居民社会保险，排除参加职工社会保险的人员；也有要求根据教育状况、单位性质和工作岗位等来界定，排除企业大学毕业生、企业高级管理人员等。应当说，这些认定标准都有一定道理，但又都有其片面性。以农村户籍为例，《国务院关于进一步推进户籍制度改革的意见》（国发〔2014〕25号）提出“建立城乡统一的户口登记制度。取消农业户口与非农业户口性质区分和由此衍生的蓝印户口等户口类型，统一登记为居民户口，体现户籍制度的人口登记管理功能。建立与统一城乡户口登记制度相适应的教育、卫生计生、就业、社保、住房、土地及人口统计制度”。在《条例》制定过程中，曾有意见提出，根据上述规定，对不再区分农业户口和非农业户口的地方，以户口类型为标准来界定农民工就存在一定困难。我们认为，对“农村居民”概念的理解，首先要全面把握关于农民工定义的要素，既要从正面把握，也要从反面把握。比如，为用人单位提供劳动这一要素，就排除了自己创业、农民工个人为家庭或个人提供家政服务等情形。比如，农村居民这一要素，就排除了城市居民的情形。其次，对于可能存在的不好清晰界定的“模糊地带”，则要综合考虑，既要坚持法治原则，注意把握法律精神，又要兼顾各地实际，考虑各地城镇化程度和现代化治理水平，并结合常识性、普遍性社会认知判断标准，从有利于实现保障农民工工资支付这一《条例》的立法目的，从有利于最大程度保障农民工合法权益的角度进行把握，不能过于机械理解或者限定过于严格。

三、关于工资的概念界定和理解把握

（一）关于工资概念的有关法律依据

劳动法、劳动合同法、社会保险法、《劳动保障监察条例》、《工伤保险条例》、《失业保险条例》和《社会保险费征缴暂行条例》等劳动保障法律法规都使用了工资的概念，有的还使用了“劳动报酬”“工资报酬”的表述，但是对工资都没有作出明确定义。比如，劳动法第五章对“工资”作了专章规定，其中第五十条规定：“工资应当以货币形式按月支付给劳动者本人。不得克扣或者无故拖欠劳动者的工资。”劳动合同法同时使用了“工资”“劳动报酬”的表述，比如，第十七条规定：“劳动合同应当具备以下条款：……（六）劳动报酬；……”第二十条规定：“劳动者在试用期的工资不得低于本单位相同岗位最低档工资或者劳动合同约定工资的百分之八十，并不得低于用人单位所在地的最低工资标准。”第八十五条规定：“用人单位有下列情形之一的，由劳动行政部门责令限期支付劳动报酬、加班费或者经济补偿；劳动报酬低于当地最低工资标准的，应当支付其差额部分；逾期不支付的，责令用人单位按应付金额百分之五十以上百分之一百以下的标准向劳动者加付赔偿金：（一）未按照劳动合同的约定或者国家规定及时足额支付劳动者劳动报酬的；（二）低于当地最

低工资标准支付劳动者工资的；（三）安排加班不支付加班费的；（四）解除或者终止劳动合同，未依照本法规定向劳动者支付经济补偿的。”《工伤保险条例》第六十四条规定：“本条例所称工资总额，是指用人单位直接支付给本单位全部职工的劳动报酬总额。本条例所称本人工资，是指工伤职工因工作遭受事故伤害或者患职业病前12个月平均月缴费工资。本人工资高于统筹地区职工平均工资300%的，按照统筹地区职工平均工资的300%计算；本人工资低于统筹地区职工平均工资60%的，按照统筹地区职工平均工资的60%计算。”2011年通过的刑法修正案（八）（刑法第二百七十六条之一）规定了拒不支付劳动报酬罪，关于其中“劳动报酬”的理解，《最高人民法院关于审理拒不支付劳动报酬刑事案件适用法律若干问题的解释》（法释〔2013〕3号）第一条规定：“劳动者依照《中华人民共和国劳动法》和《中华人民共和国劳动合同法》等法律的规定应得的劳动报酬，包括工资、奖金、津贴、补贴、延长工作时间的工资报酬及特殊情况下支付的工资等，应当认定为刑法第二百七十六条之一第一款规定的‘劳动者的劳动报酬’。”

此外，原劳动部1994年颁布的《工资支付暂行规定》第三条规定：“本规定所称工资是指用人单位依据劳动合同的规定，以各种形式支付给劳动者的工资报酬。”原劳动部1995年颁布的《关于贯彻执行〈中华人民共和国劳动法〉若干问题的意见》第53点规定：“劳动法中的‘工资’是指用人单位依据国家有关规定或劳动合同的约定，以货币形式直接支付给本单位劳动者的劳动报酬，一般包括计时工资、计件工资、奖金、津贴和补贴、延长工作时间的工资报酬以及特殊情况下支付的工资等。”江苏、广东、陕西等地方出台的工资支付地方性法规中对“工资”作了大致相同的界定，工资是指用人单位根据国家规定或者劳动合同的约定，依法以货币形式支付给劳动者的劳动报酬，包括计时工资、计件工资、奖金、津贴和补贴、加班加点工资以及特殊情况下支付的工资等，不包括用人单位承担的社会保险费、住房公积金、劳动保护、职工福利和职工教育费用。北京、河北、安徽、江西、山东、浙江、湖南等地关于工资支付的规章中也对工资的含义作了类似界定。

除上述劳动保障法律法规规章之外，有关统计、税收、会计等方面的法律法规也对工资作了规定，具体表述包括“工资总额”“工资薪金”“职工薪酬”等。比如，经国务院批准、国家统计局1990年发布的《关于工资总额组成的规定》第三条规定："工资总额是指各单位在一定时期内直接支付给本单位全部职工的劳动报酬总额。工资总额的计算应以直接支付给职工的全部劳动报酬为根据。"第四条规定："工资总额由下列六个部分组成：（一）计时工资；（二）计件工资；（三）奖金；（四）津贴和补贴；（五）加班加点工资；（六）特殊情况下支付的工资。"比如，企业所得税法实施条例第三十四条规定："企业发生的合理的工资薪金支出，准予扣除。前款所称工资薪金，是指企业每一纳税年度支付给在本企业任职或者受雇的员工的所有现金形式或者非现金形式的劳动报酬，包括基本工资、奖金、津贴、补贴、年终加薪、加班工资，以及与员工任职或者受雇有关的其他支出。"个人所得税法实施条例第六条规定："个人所得税法规定的各项个人所得的范围：（一）工资、薪金所得，是指个人因任职或者受雇取得的工资、薪金、奖金、年终加薪、劳动分红、津贴、补贴以及与任职或者受雇有关的其他所得。（二）劳务报酬所得，是指个人从事劳务取得的所得，包括从事设计、装潢、安装、制图、化验、测试、医疗、法律、会计、咨询、讲学、翻译、审稿、书画、雕刻、影视、录音、录像、演出、表演、广告、展览、技术服务、介绍服务、经纪服务、代办服务以及其他劳务取得的所得……"比如，财政部2014年修订的《企业会计准则第9号——职工薪酬》第二条规定："职工薪酬，是指企业为获得职工提供的服务或解除劳动关系而给予的各种形式的报酬或补偿。职工薪酬包括短期薪酬、离职后福利、辞退福利和其他长期职工福利。企业提供给职工配偶、子女、受赡养人、已故员工遗属及其他受益人等的福利，也属于职工薪酬。短期薪酬，是指企业在职工提供相关服务的年度报告期间结束后十二个月内需要全部予以支付的职工薪酬，因解除与职工的劳动关系给予的补偿除外。短期薪酬具体包括：职工工资、奖金、津贴和补贴，职工福利费，医疗保险费、工伤保险费和生育保险费等社会保险费，住房公积金，工会经费和职工教育经费，短期带薪缺勤，短期利润分享计划，非货币性福利以及其他短期薪酬。带薪缺勤，是指企业支付工资或提供补偿的职工缺勤，包括年休假、病假、短期伤残、婚假、产假、丧假、探亲假等。利润分享计划，是指因职工提供服务而与职工达成的基于利润或其他经营成果提供薪酬的协议。离职后福利，是指企业为获得职工提供的服务而在职工退休或与企业解除劳动关系后，提供的各种形式的报酬和福利，短期薪酬和辞退福利除外。辞退福利，是指企业在职工劳动合同到期之前解除与职工的劳动关系，或者为鼓励职工自愿接受裁减而给予职工的补偿。其他长期职工福利，是指除短期薪酬、离职后福利、辞退福利之外所有的职工薪酬，包括长期带薪缺勤、长期残疾福利、长期利润分享计划等。”

（二）《条例》关于工资概念的界定及其理解把握

关于工资的定义，现行法律、行政法规均未作出明确界定，但是都从不同目的和角度出发，对有关情形下工资或者工资相关概念的含义作了明确。《条例》作为保障农民工工资支付的专门行政法规，为明确法律适用范围，为地方执法提供指引，有必要对工资的含义作出法律界定。因此，在综合考虑现行法律法规有关工资规定的基础上，从最大程度保障农民工工资支付的角度出发，《条例》将工资界定为“农民工为用人单位提供劳动后应当获得的劳动报酬”。理解这一定义，应当注意把握以下几点：

一是工资必须是劳动报酬。这与通过土地、资本等要素投入获得的报酬不同。

二是工资必须是农民工为用人单位提供劳动后的所得。农民工按照用人单位的要求，提供了有偿劳动。

三是工资必须以货币形式支付。对此，《条例》第十一条规定：“农民工工资应当以货币形式，通过银行转账或者现金支付给农民工本人，不得以实物或者有价证券等其他形式替代。”

四是工资必须按照书面约定或者依法制定的规章制度的规定来支付。对此，《条例》第六条规定：“用人单位实行农民工劳动用工实名制管理，与招用的农民工书面约定或者通过依法制定的规章制度规定工资支付标准、支付时间、支付方式等内容。”

五是工资的外延应当从广义角度把握，是农民工提供劳动后应当获得的全部劳动报酬，包括基本工资、奖金、津贴、补贴、延长加班时间的工资以及特殊情况下支付的工资等。

第三条　农民工有按时足额获得工资的权利。任何单位和个人不得拖欠农民工工资。

农民工应当遵守劳动纪律和职业道德，执行劳动安全卫生规程，完成劳动任务。

【释义】 本条是关于农民工按时足额获得工资的权利和应当履行的基本义务的规定。

当前，由于农民工在劳动力市场中处于相对弱势地位，有些用人单位会通过拖欠、克扣等形式侵犯农民工的合法工资权益，比如，有些用人单位在施工后只向农民工支付基本生活费，大部分工资留待项目结束后再支付，或者年终结算时一次性支付；一些用人单位以代替农民工保管工资为由，变相克扣农民工工资，这些行为严重损害了农民工权益。为了保障农民工工资支付，本条第一款关于“农民工有按时足额获得工资的权利”，实际上确立了用人单位支付农民工工资的两个原则：一是按时支付，二是足额支付。这两个原则是《条例》各项制度设计的出发点，《条例》围绕保障农民工工资按时足额支付展开，对农民工工资支付形式和周期进行规范，对未能按时足额支付工资行为的清偿、监督检查和法律责任等进行明确。

一、按时支付原则

劳动法第五十条规定，工资应当以货币形式按月支付给劳动者本人，确立了工资的按时支付原则。按时支付即按照法律规定或者合同约定的工资支付周期、日期来支付，不得拖延支付。此处的按时既包括工资支付的日期，也包括工资支付的周期，即工资支付时间应相对稳定，不得任意变更，以保障劳动者能够按时获取劳动报酬。

《条例》在制定过程中，既依据劳动法、劳动合同法等上位法规定，又充分吸收了原劳动部《工资支付暂行规定》以及地方性法规规章关于工资支付周期和日期的规定，并结合当前经济生产模式的变化和农民工就业的特点，对相关制度进行了细化和完善。如考虑到用人单位生产经营模式的不同及劳动者维持生产和生活的需求，《条例》第十二条明确“用人单位应当按照与农民工书面约定或者依法制定的规章制度规定的工资支付周期和具体支付日期足额支付工资”。考虑到现实中农民工工作类型多元化、工资支付周期具有多样性等特点，《条例》第十三条规定“实行月、周、日、小时工资制的，按照月、周、日、小时为周期支付工资；实行计件工资制的，工资支付周期由双方依法约定”，充分考虑到了非全日制用工、一次性临时劳动、实行计件工资的劳动等各种情况。

此外，《条例》第十四条第二款规定，用人单位因不可抗力未能在支付日期支付工资的，应当在不可抗力消除后及时支付。明确了除非用人单位因法定不可抗力因素不能按期支付工资的例外情况外，均应按时支付；即使发生了不可抗力，也应当在不可抗力消除后及时支付，用人单位不能片面的以营业亏损、业务紧缩、产能调整等为理由拖欠农民工工资。

二、足额支付原则

劳动法第五十条规定，不得克扣或者无故拖欠劳动者的工资，确立了工资的足额支付原则。足额支付即劳动者依据法律规定或者合同的约定履行劳动义务后，基于法律规定和合同约定，劳动者即享有工资请求权，用人单位应当履行工资给付义务，用人单位不得完全不支付劳动者工资或者仅支付部分工资。对于劳动者劳动后应得的计时工资、计件工资、奖金、津贴和补贴、延长工作时间的工资报酬以及特殊情况下的支付的工资等，用人单位应当全额支付，不得任意缩减工资范围。

三、农民工的基本义务

按时足额获得工资是劳动者最重要的劳动权益和经济权益，按时足额支付工资是用人单位的基本义务和主要义务。按时足额支付工资，有利于营造和谐的劳动关系，有利于促进劳动者的工作积极性和对用人单位的归属感，有利于促进提高生产效率，提升用人单位生产效益。同时，权利义务是相对而言的，没有无义务的权利，也没有无权利的义务，权利义务应当相平衡。劳动法第三条规定："劳动者享有平等就业和选择职业的权利、取得劳动报酬的权利、休息休假的权利、获得劳动安全卫生保护的权利、接受职业技能培训的权利、享受社会保险和福利的权利、提请劳动争议处理的权利以及法律规定的其他劳动权利。劳动者应当完成劳动任务，提高职业技能，执行劳动安全卫生规程，遵守劳动纪律和职业道德"，明确了劳动者享有的基本权利和基本义务。劳动法作为《条例》的上位法之一，其立法模式对《条例》具有重要的参考意义，因此，《条例》按照劳动法第三条的立法模式，在《条例》第三条第一款规定农民工基本权利的同时，第二款也规定了农民工的基本义务，即农民工应当遵守劳动纪律和职业道德，执行劳动安全卫生规程，完成劳动任务，从而兼顾了农民工和用人单位双方当事人的合法权益。

第四条 县级以上地方人民政府对本行政区域内保障农民工工资支付工作负责，建立保障农民工工资支付工作协调机制，加强监管能力建设，健全保障农民工工资支付工作目标责任制，并纳入对本级人民政府有关部门和下级人民政府进行考核和监督的内容。

乡镇人民政府、街道办事处应当加强对拖欠农民工工资矛盾的排查和调处工作，防范和化解矛盾，及时调解纠纷。

【释义】 本条是关于明确政府属地监管责任的规定。

一、压实地方政府属地监管责任

做好保障农民工工资支付工作，提高地方人民政府及其有关部门的思想认识，压实其监管责任是重要保证。国办发〔2016〕1 号文件规定，按照属地管理、分级负责、谁主管谁负责的原则，完善并落实解决拖欠农民工工资问题省级人民政府负总责，市（地）、县级人民政府具体负责的工作体制。据此，《条例》规定县级以上地方人民政府对本行政区域内保障农民工工资支付工作负责，县级以上地方人民政府应充分发挥组织协调、管理指导、监督检查等职责，形成用人单位负主体责任，相关部门负职能监管职责，地方人民政府负全面监管责任的共管共治局面。

二、建立工作协调机制

农民工工资支付保障工作并非简单的专项工作，而是与经济社会很多相关领域有着千丝万缕的关系。因此，需要加强在治理拖欠农民工工资工作中的综合协调。《国务院办公厅关于成立国务院根治拖欠农民工工资工作领导小组的通知》（国办函〔2019〕79 号）规定，为进一步加强对根治拖欠农民工工资工作的组织领导和统筹协调，维护广大农民工合法权益，国务院决定成立国务院根治拖欠农民工工资工作领导小组，作为国务院议事协调机构，负责贯彻落实党中央、国务院关于根治拖欠农民工工资工作的重大决策部署；统筹协调全国根治拖欠农民工工资工作；研究审议根治拖欠农民工工资工作重大政策措施；督促检查根治拖欠农民工工资工作有关法律法规和政策措施的落实情况、各地区和各部门任务完成情况；完成党中央、国务院交办的其他事项。据此，本条规定县级以上地方人民政府建立保障农民工工资支付工作协调机制。县级以上地方人民政府可以根据工作实际成立治理拖欠农民工工资工作领导机构，作为协调机构，在治理拖欠农民工工资工作中充分发挥监管与协调作用。

三、健全工作目标责任制

《国务院院办公厅关于印发保障农民工工资支付工作考核办法的通知》（国办发〔2017〕96 号）规定，国务院将加强对保障农民工工资支付工作的组织领导、建立健全工资支付保障制度、治理欠薪特别是工程建设领域欠薪工作成效等情况进行考核，并将考核结果报经国务院同意后，由解决企业工资拖欠问题部际联席会议向各省级政府通报，并抄送中央组织部，作为对各省级政府领导班子和有关领导干部进行综合考核评价的参考。考核过程中发现需要问责的问题线索，移交纪检监察机关。据此，《条例》规定健全保障农民工工资支付工作目标责任制，并纳入对本级人民政府有关部门和下级人民政府进行考核和监督的内容。

根据此条规定，县级以上地方人民政府对本级人民政府人力资源社会保障行政部门在保障农民工工资支付工作中的组织协调、管理指导、监督检查，案件查处的履职情况，住房城乡建设、交通运输、水利等相关行业工程建设主管部门履行行业监管责任，督办因违法发包、转包、违法分包、挂靠、拖欠工程款等导致的拖欠农民工工资案件的情况，发展改革、财政、公安以及其他相关部门依法做好与保障农民工工资支付相关的工作情况进行考核和监督，对下级人民政府落实政府属地监管责任的情况进行考核和监督。县级以上地方人民政府可以根据工作实际，建立定期督查制度，对拖欠农民工工资问题高发频发、举报投诉量大的地区及重大违法案件进行重点督查。县级以上地方人民政府将把保障农民工工资支付纳入政府考核评价指标体系和监督体系，形成层层考核、层层监督的工作格局，凸显保障农民工工资支付工作的重要性。实践中，政府投资项目因政府投资资金不到位拖欠农民工工资的现象还时有发生，《条例》在法律责任中规定出现此情况，由人力资源社会保障行政部门报本级政府批准后，责令限期足额拨付所拖欠的资金；逾期不拨付的，对有关部门负责人进行约谈，必要时进行通报，约谈地方政府负责人；情节严重的，对政府及其有关部门负责人、直接负责的主管人员和其他直接责任人员依法依规给予处分。对人力资源社会保障、发展改革、财政、公安等部门和相关行业工程建设主管部门工作人员，在履行农民工工资支付监督管理职责过程中滥用职权、玩忽职守、徇私舞弊的，依法依规给予处分；构成犯罪的，依法追究其刑事责任。《条例》通过建立考核、监管和惩罚机制，进一步明确了政府及部门监管不到位的责任，有利于督促地方政府及有关部门更好地履行属地监管责任和部门监管职责，也有利于促使政府投资行为更加规范。

此外，乡镇人民政府和街道办事处等基层单位具有对属地企业用工情况、农民工权益维护情况更为了解的优势，通过矛盾的排查和调处工作可以更好地防止农民工欠薪问题的发生，有利于促进劳动关系和谐稳定，也可以减少对行政部门执法资源的浪费。因此，本条第二款的规定明确了乡镇人民政府、街道办事处应当加强对拖欠农民工工资矛盾的排查和调处工作，防范和化解矛盾，及时调解纠纷，将拖欠农民工工资的纠纷和案件消灭在萌芽状态。

第五条　保障农民工工资支付，应当坚持市场主体负责、政府依法监管、社会协同监督，按照源头治理、预防为主、防治结合、标本兼治的要求，依法根治拖欠农民工工资问题。

【释义】 本条是关于保障农民工工资支付总体要求的规定。

对农民工工资支付保障问题，党中央、国务院历来高度重视，作出了一系列决策部署，治理欠薪工作取得了显著成效。但是，由于长期以来形成的一些行业生产组织方式不规范，源头资金不足，治理欠薪制度措施刚性不够，用人单位主体责任、属地政府和部门监管责任没有完全落实到位等原因，拖欠农民工工资问题屡治不绝。这个问题的根本解决，需要各方面的共同努力、合力共治。国办发〔2016〕1 号文件明确治理欠薪“坚持标本兼治、综合治理”，“健全源头预防、动态监管、失信惩戒相结合的制度保障体系，完善市场主体自律、政府依法监管、社会协同监督、司法联动惩处的工作体系。到 2020 年，形成制度完备、责任落实、监管有力的治理格局，使拖欠农民工工资问题得到根本遏制，努力实现基本无拖欠”。本条将有关原则和要求法定化，从横向上规定了保障农民工工资支付多方共治的工作体系，体现了共建共治共享的社会治理原则；从纵向上围绕治理拖欠农民工工资不同环节，突出了源头治理、预防为主、防治结合、标本兼治的治理要求。

一、构建多方共治体系，加强共建共治共享

1. 市场主体负责。明确用人单位支付农民工工资的首要责任，用人单位应当按照与农民工约定的工资支付周期和具体支付日期，通过银行转账或者现金形式足额支付工资，不得以实物或者有价证券等其他形式替代。用人单位拖欠农民工工资的，应当依法予以清偿。针对实践中市场主体难辨的情况，《条例》对一些特殊情形下拖欠农民工工资的清偿主体作了明确。

2. 政府依法监管。主要包括两方面：一是压实属地监管责任。县级以上地方人民政府对本行政区域内保障农民工工资支付工作负责，建立保障农民工工资支付工作协调机制，加强监管能力建设，健全保障农民工工资支付工作目标责任制，并纳入对本级人民政府有关部门和下级人民政府进行考核和监督的内容。二是明确部门职责。人力资源社会保障行政部门负责保障农民工工资支付工作的组织协调、管理指导和农民工工资支付情况的监督检查，查处有关拖欠农民工工资案件。住房城乡建设、交通运输、水利等相关行业工程建设主管部门按照职责履行行业监管责任，督办因违法发包、转包、违法分包、挂靠、拖欠工程款等导致的拖欠农民工工资案件。发展改革、财政、公安以及其他相关部门依法承担相应职责，做好与保障农民工工资支付相关的工作。

3. 社会协同监督。强化社会协同监督与媒体舆论监督，工会、共青团、妇联、残联等组织按照职责依法维护农民工获得工资的权利，发挥新闻媒体普法宣传和舆论监督作用，引导用人单位增强依法用工、按时足额支付工资的法律意识，引导农民工依法维权。同时，相关部门应当畅通举报、投诉渠道，依法接受和处理对拖欠农民工工资行为的举报、投诉。任何单位和个人对拖欠农民工工资的行为，有权向人力资源社会保障行政部门或者其他有关部门举报。

二、明确治理要求，依法根治欠薪

1. 加强源头治理。治理欠薪顽疾，从源头解决问题，才能实现标本兼治。规范工资支付行为是治理拖欠农民工工资问题的源头。《条例》对此从以下几方面进行了规范：一是用人单位实行农民工劳动用工实名制管理，应当按照与农民工书面约定或者依法制定的规章制度规定的工资支付周期和具体支付日期足额支付工资。二是农民工工资应当以货币形式，通过银行转账或者现金支付给农民工本人，不得以实物或者有价证券等其他形式替代。三是用人单位应当按照工资支付周期编制书面工资支付台账，并至少保存3年；向农民工支付工资时，应当提供农民工本人的工资清单。四是在工程建设领域规定农民工工资专用账户、人工费与工程款分账管理、工资保证金等制度，坚决遏制欠薪源头。

2. 注重事先预防。实践表明，绝大多数欠薪事件都“有迹可循”，只要提前监测到位，完全可以“早发现、早预防、早处置”。一是确立监测预警制度。在总结近年来地方实践经验的基础上，《条例》规定县级以上地方人民政府应当建立农民工工资支付监控预警平台，及时实现不同部门之间信息互通共享，人力资源社会保障行政部门根据企业生产经营指标变化开展监控预警，相关部门应当予以配合。二是加强动态监管。人力资源社会保障行政部门、相关行业工程建设主管部门等按照职责加强劳动合同签订、工资支付、实名制管理、工资专用账户、总包代发、工资保证金、维权信息公示等情况的监督检查，预防和减少拖欠农民工工资行为的发生。三是加大普法宣传。普及法律知识、提升法律意识，培养用人单位及其负责人“不愿欠”的自觉性。《条例》规定，人力资源社会保障行政部门、相关行业工程建设主管部门和其他有关部门应当按照“谁执法谁普法”普法责任制的要求，加大普法宣传工作。

3. 强化监管手段。防治结合，健全监管手段，是根治拖欠农民工工资问题的内在需要。《条例》规定，人力资源社会保障行政部门在查处拖欠农民工工资案件时，可以依法查询相关单位金融账户和相关当事人拥有房产、车辆等情况；发生用人单位拒不配合调查、清偿责任主体无法联系等情形的，可以请求公安机关和其他有关部门协助处理；实行用人单位守法诚信等级评价制度；建立拖欠农民工工资“黑名单”，将用人单位及相关责任人员列入失信联合惩戒对象，依法依规予以限制。

4. 加大惩戒力度。处罚责任偏轻、违法成本较低，是农民工欠薪问题“久治难愈”的原因之一。为严惩欠薪行为，加大“不敢欠”的震慑力，《条例》规定，施工总承包单位未按规定开设和使用农民工工资专用账户、未存储工资保证金或提供金融机构保函、未实行劳动用工实名制管理的，由有关部门责令限期改正；逾期不改正的，责令项目停工，并处罚款；情节严重的，给予施工单位限制承接新工程、降低资质等级、吊销资质证书等处罚。政府投资项目拖欠农民工工资的，责令限期足额拨付；还可以通报、约谈有关负责人；情节严重的，对相关责任人员依法依规给予处分。

第六条　用人单位实行农民工劳动用工实名制管理，与招用的农民工书面约定或者通过依法制定的规章制度规定工资支付标准、支付时间、支付方式等内容。

【释义】本条是关于农民工劳动用工实名制管理及书面约定或通过规章制度规定工资支付有关内容的规定。

一、本条规定的主要考虑

实践中，农民工所从事行业分散性、流动性较大，在与用人单位力量对比中大多处于弱势地位，一些企业劳动用工不规范，甚至为规避法律责任，通过口头方式约定工作量、劳动报酬等重要事项。在发生欠薪之后，农民工维权时往往拿不出证据证明企业欠薪，面临着证据不足、举证困难的问题。特别是在工程建设领域，一些项目存在层层分包等现象，使得农民工不知道究竟谁是其用工单位，用工单位对所招用的农民工底数和台账也不清楚。不规范的用工管理行为使农民工工资发放有时处于一种零散无序状态，甚至对工资是否发放以及发放数额都无法搞清，导致欠薪问题成为屡禁不止的“顽疾”。

为从根源上预防和治理欠薪行为发生，规范农民工劳动用工管理和工资支付行为，本条将治理欠薪实践中行之有效的措施上升为法律规范，规定用人单位实行农民工劳动用工实名制管理，并与招用的农民工书面约定或者通过依法制定的规章制度规定工资支付标准、支付时间、支付方式等基本事项，解决工资“发给谁”“怎样发”的基本问题。同时，强调“书面约定”或“通过依法制定的规章制度规定”工资支付标准、支付时间、支付方式等基本事项，有助于解决欠薪发生后农民工维权时难以取证、证据不足的难题，从而提高他们维权的成功率。

二、关于“农民工劳动用工实名制管理”的理解把握

农民工劳动用工实名制管理，是指招用农民工的单位，尤其是在工程建设领域，施工企业、劳务企业等对所招用农民工的从业、培训、技能和权益保障等以真实身份信息认证方式进行的综合管理。劳动合同法第七条规定“用人单位自用工之日起即与劳动者建立劳动关系。用人单位应当建立职工名册备查”，这是该制度建立的法律依据之一。国办发〔2016〕1号文件明确规定，在工程建设领域“全面实行农民工实名制管理制度，建立劳动计酬手册，记录施工现场作业农民工的身份信息、劳动考勤、工资结算等信息，逐步实现信息化实名制管理”。2019年2月，住房和城乡建设部、人力资源社会保障部联合印发《建筑工人实名制管理办法（试行）》，具体规定了实名制管理的制度措施。《条例》将这一制度上升为法律规范，进一步增强了农民工实名制管理制度实施的刚性。

准确认定劳动者的身份是规范工资支付的前提，因为要保证工资直接发放到农民工手中，就必须搞清楚农民工的个人信息。用人单位对农民工劳动用工实名制管理，应当以真实身份信息为基础，采集记录农民工的基本信息、从业信息等。落实农民工实名制管理相关制度可以实现对农民工个人信息、务工考勤等进行动态监管，对科学计量农民工工作量、核算工资数额具有重要意义，是搞清楚工资到底“发给谁”“发多少”的重要制度。

三、关于“通过依法制定的规章制度”的理解把握

根据劳动法第四条、劳动合同法第四条以及工会法等法律法规的规定，用人单位应当制定有关劳动报酬、工作时间、休息休假等方面的规章制度，且制定这些涉及劳动者切身利益的规章制度时，应当经职工代表大会或者全体职工讨论，提出方案和意见，与工会或者职工代表平等协商确定；用人单位应当将直接涉及劳动者切身利益的规章制度和重大事项决定公示，或者告知劳动者。因此，用人单位“通过依法制定的规章制度”规定工资支付有关内容时，要注意规章制度的制定应当经过民主程序，同时规定的内容不得违反相关法律法规的强制性规定。

第七条 人力资源社会保障行政部门负责保障农民工工资支付工作的组织协调、管理指导和农民工工资支付情况的监督检查，查处有关拖欠农民工工资案件。

住房城乡建设、交通运输、水利等相关行业工程建设主管部门按照职责履行行业监管责任，督办因违法发包、转包、违法分包、挂靠、拖欠工程款等导致的拖欠农民工工资案件。

发展改革等部门按照职责负责政府投资项目的审批管理，依法审查政府投资项目的资金来源和筹措方式，按规定及时安排政府投资，加强社会信用体系建设，组织对拖欠农民工工资失信联合惩戒对象依法依规予以限制和惩戒。

财政部门负责政府投资资金的预算管理，根据经批准的预算按规定及时足额拨付政府投资资金。

公安机关负责及时受理、侦办涉嫌拒不支付劳动报酬刑事案件，依法处置因农民工工资拖欠引发的社会治安案件。

司法行政、自然资源、人民银行、审计、国有资产管理、税务、市场监管、金融监管等部门，按照职责做好与保障农民工工资支付相关的工作。

【释义】 本条是关于保障农民工工资支付工作相关部门职责的规定。

一、确定保障农民工工资支付工作部门职责的主要考虑

做好保障农民工工资支付工作，既要压实属地责任，又要落实部门责任，加强协调配合，形成齐抓共管，综合治理的工作合力。关于政府部门在保障农民工工资支付工作中的职责，国办发〔2016〕1号文件规定："完善部门协调机制……形成治理欠薪工作合力。……人力资源社会保障部门要加强组织协调和督促检查，加大劳动保障监察执法力度。住房城乡建设、交通运输、水利等部门要切实履行行业监管责任，规范工程建设市场秩序，督促企业落实劳务用工实名制管理等制度规定，负责督办因挂靠承包、违法分包、转包、拖欠工程款等造成的欠薪案件。发展改革等部门要加强对政府投资项目的审批管理，严格审查资金来源和筹措方式。财政部门要加强对政府投资项目建设全过程的资金监管，按规定及时拨付财政资金。其他相关部门要根据职责分工，积极做好保障农民工工资支付工作。"《国务院办公厅关于成立国务院根治拖欠农民工工资工作领导小组的通知》（国办函〔2019〕79号）指出，为进一步加强对根治拖欠农民工工资工作的组织领导和统筹协调，维护广大农民工合法权益，国务院决定成立国务院根治拖欠农民工工资工作领导小组，作为国务院议事协调机构，领导小组办公室设在人力资源社会保障部，承担领导小组日常工作。组成人员

包括国家发展改革委、公安部、财政部、住房和城乡建设部、中央宣传部、工业和信息化部、司法部、人力资源社会保障部、自然资源部、交通运输部、水利部、农业农村部、人民银行、国资委、税务总局、市场监管总局、统计局、信访局、铁路局、民航局、最高人民法院、最高人民检察院、全国总工会等单位的有关领导。目前，各地也逐步建立起根治拖欠农民工工资工作领导小组，成员单位包括本条所列举的部门。

本条关于部门职责的规定，既依据了法律、行政法规关于部门职责的规定，特别是工程建设领域相关法律行政法规的规定，又依据了国办发〔2016〕1号文件明确的部门职责分工以及相关部门的“三定”规定，同时也考虑到了各地的实际做法，列出了有关部门的“责任清单”，明确了有关部门必须履行的法定职责。这样规定具体明确，一目了然，既便于各相关部门依法行政，明确法定职责必须为，防止不作为、乱作为，又有利于农民工群体依法寻求救济，还方便社会各方监督。同时，为了加强操作性，《条例》在第五章“监督检查”和第六章“法律责任”中对相关部门的监督管理和行政处罚权限等作了细化规定。

需要说明的是，关于工程建设领域欠薪问题，实践中各地按照“属地管理、分级负责、谁主管谁负责”的原则，完善并落实解决拖欠农民工工资问题省级人民政府负总责，市（地）、县级人民政府具体负责的工作体制的要求，通过地方性法规规章或者政府规范性文件、部门联合发文等形式，对各相关部门尤其是人力资源社会保障行政部门和相关行业工程建设主管部门的职责作了明确。比如，《广东省工资支付条例》第六条第一款、第二款规定：“县级以上人民政府人力资源社会保障部门负责对本行政区域内用人单位的工资支付行为进行指导和监督检查。工商、住房城乡建设、交通运输、水利、海关、税务等有关部门和银行，应当在各自职责范围内协助人力资源社会保障部门对工资支付行为实施监督。”再比如，《山东省人民政府办公厅关于贯彻国办发〔2016〕1号文件全面治理拖欠农民工工资问题的实施意见》（鲁政办发〔2016〕41号）明确了有关部门的责任分工。2019年8月，山东省人力资源社会保障厅等15个部门联合印发《山东省农民工工资支付监管平台管理办法》，进一步明确了有关工资支付保障制度推行的责任主体，其中第十二条规定：“人力资源社会保障部门负责统筹协调，会同行业主管部门加强监管平台应用培训，对本行政区域内农民工工资支付监管平台进行维护，及时协调解决系统运行中的问题；配合住房城乡建设、交通运输、水利等工程建设行业主管部门督促符合条件的在建工程项目纳入监管平台管理，并落实实名制管理、工资专户等各项制度。”第十三条规定：“住房城乡建设、交通运输、水利等工程建设行业主管部门履行行业监管责任，督促符合条件的项目纳入平台管理，督促相关工程参建主体落实农民工实名制管理、工资专用账户、银行代发工资等制度规定。”另据《条例》立法过程中调研了解，关于工程建设领域农民工工资支付保障各项制度，如农民工实名制管理、农民工工资专用账户、人工费与工程款分账、总承包单位代发工资、工资保证金等具体制度的推行或实施部门，全国各地并不统一，有的由人力资源社会保障行政部门牵头，有的则由相关行业工程建设主管部门牵头。基于以上情况，《条例》制定过程中，对有关地方和部门提出的进一步明确划分人力资源社会保障行政部门和相关行业工程建设主管部门职责的意见，未予采纳。下一步，在《条例》实施中，各地还需要根据实际情况进行细化，明确《条例》规定的各项保障农民工工资支付制度的推行主体、监督检查和责任追究等内容，确保各项制度落到实处。

二、人力资源社会保障行政部门的职责

《条例》将人力资源社会保障行政部门的职责规定为：保障农民工工资支付工作的组织协调、管理指导和农民工工资支付情况的监督检查，查处有关拖欠农民工工资案件。主要依据包括：劳动法第八十五条：“县级以上各级人民政府劳动行政部门依法对用人单位遵守劳动法律、法规的情况进行监督检查，对违反劳动法律、法规的行为有权制止，并责令改正。”《劳动保障监察条例》第十条规定：“劳动保障行政部门实施劳动保障监察，履行下列职责：（一）宣传劳动保障法律、法规和规章，督促用人单位贯彻执行；（二）检查用人单位遵守劳动保障法律、法规和规章的情况；（三）受理对违反劳动保障法律、法规或者规章的行为的举报、投诉；（四）依法纠正和查处违反劳动保障法律、法规或者规章的行为”；第十一条规定：“劳动保障行政部门对下列事项实施劳动保障监察：……（六）用人单位支付劳动者工资和执行最低工资标准的情况；……”自 2018 年 12 月 31 日起施行的《人力资源和社会保障部职能配置、内设机构和人员编制规定》（即“三定”规定）确定的人力资源社会保障部主

要职责包括："组织实施劳动保障监察，协调劳动者维权工作，依法查处重大案件。"

《条例》第四章、第五章、第六章中多个条文进一步明确了人力资源社会保障行政部门的职权，比如，第三十八条第二款关于工资支付监控预警机制，第四十条关于相关单位金融账户、房产、车辆的查询权，第四十七条关于建立用人单位及相关责任人劳动保障守法诚信档案、对用人单位开展守法诚信等级评价，第四十八条关于实行拖欠农民工工资失信联合惩戒制度的规定等。特别说明的是，《条例》第三十九规定的对用人单位与农民工签订劳动合同、工资支付以及工程建设项目实行农民工实名制管理、农民工工资专用账户管理、施工总承包单位代发工资、工资保证金存储、维权信息公示等情况的监督检查，第四十条规定的保障农民工工资支付相关法律法规的普及宣传，以及第六章"法律责任"的第五十五条、第五十六条、第五十七条等规定的职责，则既可能由人力资源社会保障行政部门行使，也可能由相关行业工程建设主管部门行使，需要各地结合实际具体明确。

三、相关行业工程建设主管部门的职责

《条例》将住房城乡建设、交通运输、水利等相关行业工程建设主管部门的职责规定为：按照职责履行行业监管责任，督办因违法发包、转包、违法分包、挂靠、拖欠工程款等导致的拖欠农民工工资案件。这与国办发〔2016〕1号文件关于"住房城乡建设、交通运输、水利等部门要切实履行行业监管责任，规范工程建设市场秩序，督促企业落实劳务用工实名制管理等制度规定，负责督办因挂靠承包、违法分包、转包、拖欠工程款等造成的欠薪案件"的规定是基本一致的，也具有劳动法上的依据。比如，劳动法第八十七条规定："县级以上各级人民政府有关部门在各自职责范围内，对用人单位遵守劳动法律、法规的情况进行监督。"

关于工程建设相关行业主管部门的行业监管职责，无论是相关行业工程建设的法律行政法规，还是住房城乡建设、交通运输、水利等部门的"三定"规定均作了规定。比如，建筑法第六条规定："国务院建设行政主管部门对全国的建筑活动实施统一监督管理。"《建设工程质量管理条例》第四十三条第二款规定："国务院建设行政主管部门对全国的建设工程质量实施统一监督管理。国务院铁路、交通、水利等有关部门按照国务院规定的职责分工，负责对全国的有关专业建设工程质量的监督管理。”第四十五条规定：“国务院发展计划部门按照国务院规定的职责，组织稽察特派员，对国家出资的重大建设项目实施监督检查。国务院经济贸易主管部门按照国务院规定的职责，对国家重大技术改造项目实施监督检查。”公路法第八条第一款规定：“国务院交通主管部门主管全国公路工作。”第二十条规定：“县级以上人民政府交通主管部门应当依据职责维护公路建设秩序，加强对公路建设的监督管理。”港口法第六条规定：“国务院交通主管部门主管全国的港口工作。地方人民政府对本行政区域内港口的管理，按照国务院关于港口管理体制的规定确定。”航道法第五条规定：“国务院交通运输主管部门主管全国航道管理工作，并按照国务院的规定直接管理跨省、自治区、直辖市的重要干线航道和国际、国境河流航道等重要航道。县级以上地方人民政府交通运输主管部门按照省、自治区、直辖市人民政府的规定主管所辖航道的管理工作。”铁路法第三条第一款规定：“国务院铁路主管部门主管全国铁路工作，对国家铁路实行高度集中、统一指挥的运输管理体制，对地方铁路、专用铁路和铁路专用线进行指导、协调、监督和帮助。”《民用机场管理条例》第四条第一款规定：“国务院民用航空主管部门依法对全国民用机场实施行业监督管理。地区民用航空管理机构依法对辖区内民用机场实施行业监督管理。”水法第十二条第二款、第四款规定：“国务院水行政主管部门负责全国水资源的统一管理和监督工作。”“县级以上地方人民政府水行政主管部门按照规定的权限，负责本行政区域内水资源的统一管理和监督工作。”水土保持法、防洪法、《河道管理条例》等对水行政主管部门的水工程管理职责也作了规定。此外，煤炭法、电力法、石油天然气管道保护法、《电信条例》等法律法规也规定了有关部门对相关行业工程建设的管理职责。住房和城乡建设部的“三定”规定中确立的其主要职责包括“监督管理建筑市场、规范市场各方主体行为。指导全国建筑活动，组织实施房屋和市政工程项目招投标活动的监督执法”等内容。交通运输部“三定”规定中确立的其主要职责包括“承担公路、水路建设市场监管责任”等内容。水利部“三定”规定中确立的其主要职责包括“按规定制定水利工程建设有关制度并组织实施，负责提出中央水利固定资产投资规模、方向、具体安排建议并组织指导实施，按国务院规定权限审批、核准国家规划内和年度计划规模内固定资产投资项目，提出中央水利资金安排建议并负责项目实施的监督管理”等内容。

《条例》第四章规定了工程建设领域的一些特殊制度，如农民工工资专用账户、工资保证金、人工费与工程款分账、总承包单位代发工资等制度，第五章规定了监督检查权限，第六章规定了法律责任追究和处罚权限，其中有些条文进一步明确了相关行业工程建设主管部门的职权。比如，第四十三条关于对违法发包、转包、违法分包、挂靠等行为的查处并对导致拖欠农民工工资违法行为的制止、纠正，第四十四条关于对政府投资项目建设单位按约定向农民工工资专用账户拨付资金情况的监督等。此外，第三十九条、第四十条规定的监督检查和普法宣传职责，以及第六章“法律责任”的第五十五条、第五十六条、第五十七条等规定的职责，需要各地结合实际具体明确由人力资源社会保障行政部门还是相关行业工程建设主管部门行使。但是无论哪个部门执行，都应当加强协调配合，形成工作合力，切实做到依法根治工程建设领域欠薪问题。

四、发展改革部门的职责

考虑到我国工程建设项目很大一部分是政府投资项目，《条例》对发展改革部门的职责作了专门规定，即：按照职责负责政府投资项目的审批管理，依法审查政府投资项目的资金来源和筹措方式，按规定及时安排政府投资，加强社会信用体系建设，组织对拖欠农民工工资失信联合惩戒对象依法依规予以限制和惩戒。这一规定的主要依据包括：《政府投资条例》第二条规定：“本条例所称政府投资，是指在中国境内使用预算安排的资金进行固定资产投资建设活动，包括新建、扩建、改建、技术改造等”；第六条第一款规定：“政府投资资金按项目安排，以直接投资方式为主；对确需支持的经营性项目，主要采取资本金注入方式，也可以适当采取投资补助、贷款贴息等方式”；第七条规定：“国务院投资主管部门依照本条例和国务院的规定，履行政府投资综合管理职责。国务院其他有关部门依照本条例和国务院规定的职责分工，履行相应的政府投资管理职责。”招标投标法实施条例第四条第一款规定：“国务院发展改革部门指导和协调全国招标投标工作，对国家重大建设项目的工程招标投标活动实施监督检查。国务院工业和信息化、住房城乡建设、交通运输、铁道、水利、商务等部门，按照规定的职责分工对有关招标投标活动实施监督。”2020 年 4 月印发的《国家发展改革委关于规范中央预算内投资资金安排方式及项目管理的通知》（发改投资规〔2020〕518号），对国家发展改革委、地方发展改革部门安排或者申请中央预算内投资资金的内涵、条件和要求等作了进一步明确。此外，《国务院关于同意调整社会信用体系建设部际联席会议职责和成员单位的批复》（国函〔2012〕88号）明确规定，社会信用体系建设部际联席会议牵头单位为发展改革委、人民银行，召集人由发展改革委主任和人民银行行长担任。

五、财政部门的职责

财政部门在政府投资项目资金拨付上具有关键作用。资金及时足额到位是防止农民工工资拖欠的关键前提。为此，《条例》对财政部门的职责作了专门规定，即：财政部门负责政府投资资金的预算管理，根据经批准的预算按规定及时足额拨付政府投资资金。这一规定的主要依据包括：《政府投资条例》第七条规定："国务院投资主管部门依照本条例和国务院的规定，履行政府投资综合管理职责。国务院其他有关部门依照本条例和国务院规定的职责分工，履行相应的政府投资管理职责"；第十九条规定："财政部门应当根据经批准的预算，按照法律、行政法规和国库管理的有关规定，及时、足额办理政府投资资金拨付。"预算法第五十七条第一款规定："各级政府财政部门必须依照法律、行政法规和国务院财政部门的规定，及时、足额地拨付预算支出资金，加强对预算支出的管理和监督。"

六、公安机关的职责

公安机关负责刑事案件和治安案件的侦办、处理，特别是2011年通过的刑法修正案（八）规定的拒不支付劳动报酬罪，需要公安机关负责。为此，《条例》将公安机关的职责确定为：及时受理、侦办涉嫌拒不支付劳动报酬刑事案件，依法处置因农民工工资拖欠引发的社会治安案件。其法律依据主要是：刑事诉讼法第三条规定："对刑事案件的侦查、拘留、执行逮捕、预审，由公安机关负责。……"治安管理处罚法第七条第一款规定："国务院公安部门负责全国的治安管理工作。县级以上地方各级人民政府公安机关负责本行政区域内的治安管理工作。"同时，为了加强部门协作配合，促进行政执法与刑事执法的衔接，《条例》第四十一条规定："人力资源社会保障行政部门在查处拖欠农民工工资案件时，发生用人单位拒不配合调查、清偿责任主体及相关当事人无法联系等情形的，可以请求公安机关和其他有关部门协助处理。人力资源社会保障行政部门发现拖欠农民工工资的违法行为涉嫌构成拒不支付劳动报酬罪的，应当按照有关规定及时移送公安机关审查并作出决定。”

七、其他相关部门的职责

保障农民工工资支付，不是一个部门的职责，需要多个部门相互合作，形成合力。为此，本条进一步规定：司法行政、自然资源、人民银行、审计、国有资产管理、税务、市场监管、金融监管等部门，按照职责做好与保障农民工工资支付相关的工作。《条例》在第四章、第五章和第六章的相关条文中进一步列明了上述部门的具体职责。

司法行政机关负责拟订法治宣传教育规划，组织实施普法宣传工作；指导、监督律师、法律援助、司法鉴定、公证、仲裁和基层法律服务管理工作。《条例》对司法行政机关在保障农民工工作中的职责作了进一步明确。第三十四条规定，施工总承包单位应当在施工现场醒目位置设立维权信息告示牌，明示法律援助申请渠道、公共法律服务热线等信息；第四十五条规定，司法行政部门和法律援助机构应当将农民工列为法律援助的重点对象，并依法为请求支付工资的农民工提供便捷的法律援助。公共法律服务相关机构应当积极参与相关诉讼、咨询、调解等活动，帮助解决拖欠农民工工资问题。

自然资源行政部门负责建立空间规划体系并监督实施。《条例》第三十七条规定，工程建设项目违反国土空间规划、工程建设等法律法规，导致拖欠农民工工资的，由建设单位清偿。工程建设项目违反国土空间规划的行为，由自然资源行政部门负责监督。

关于人民银行、审计、国有资产管理、税务、市场监管、金融监管等部门在保障农民工工资支付工作中的职责，都有相关领域法律行政法规的依据，《条例》结合实际作了具体规定。比如，第三十八条第二款规定，人力资源社会保障行政部门根据水电燃气供应、物业管理、信贷、税收等反映企业生产经营相关指标的变化情况，及时监控和预警工资支付隐患并做好防范工作，市场监管、金融监管、税务等部门应当予以配合。第四十四条规定，财政部门、审计机关和相关行业工程建设主管部门按照职责，依法对政府投资项目建设单位按照工程施工合同约定向农民工工资专用账户拨付资金情况进行监督。第五十八条规定，不依法配合人力资源社会保障行政部门查询相关单位金融账户的，由金融监管部门责令改正；拒不改正的，处 2 万元以上 5 万元以下的罚款。第六十条规定，政府投资项目建设单位未经批准立项建设、擅自扩大建设规模、擅自增加投资概算、未及时拨付工程款等导致拖欠农民工工资的，除依法承担责任外，由人力资源社会保障行政部门、其他有关部门按照职责约谈建设单位负责人，并作为其业绩考核、薪酬分配、评优评先、职务晋升等的重要依据。

第八条　工会、共产主义青年团、妇女联合会、残疾人联合会等组织按照职责依法维护农民工获得工资的权利。

【释义】 本条是关于工会、共产主义青年团、妇女联合会、残疾人联合会等组织职责的规定。

维护职工合法权益、竭诚服务职工群众是工会的基本职责。工会在依法维护农民工获得工资的权利方面的工作，主要有请求政府依法处理克扣工资行为、协助企业等单位做好工资方面工作、派工会代表出席企业等单位有关工资的会议等。工会法、劳动法等法律对此都有明确规定。工会法第二十二条规定：“企业、事业单位违反劳动法律、法规规定，有下列侵犯职工劳动权益情形，工会应当代表职工与企业、事业单位交涉，要求企业、事业单位采取措施予以改正；企业、事业单位应当予以研究处理，并向工会作出答复；企业、事业单位拒不改正的，工会可以请求当地人民政府依法作出处理：（一）克扣职工工资的；……”第三十条规定：“工会协助企业、事业单位、机关办好职工集体福利事业，做好工资、劳动安全卫生和社会保险工作。”第三十八条第一款规定：“企业、事业单位研究经营管理和发展的重大问题应当听取工会的意见；召开讨论有关工资、福利、劳动安全卫生、社会保险等涉及职工切身利益的会议，必须有工会代表参加。”劳动法第八十八条规定：“各级工会依法维护劳动者的合法权益，对用人单位遵守劳动法律、法规的情况进行监督。”此外，就业促进法第九条规定：“工会、共产主义青年团、妇女联合会、残疾人联合会以及其他社会组织，协助人民政府开展促进就业工作，依法维护劳动者的劳动权利。”为了充分发挥工会依法维护农民工工资权益的重要作用，《条例》第五十一条专门规定：“工会依法维护农民工工资权益，对用人单位工资支付情况进行监督；发现拖欠农民工工资的，可以要求用人单位改正，拒不改正的，可以请求人力资源社会保障行政部门和其他有关部门依法处理。”

共产主义青年团贯彻党管青年原则，充分发挥党联系青年的桥梁和纽带作用，为党做好青年群众工作，在维护国家和人民利益的同时代表和维护青年的具体利益，关心青年的工作、学习和生活，切实为青年服务。根据相关法律，共产主义青年团应当依法维护青年农民工获得工资的权利。就业促进法第九条规定：“工会、共产主义青年团、妇女联合会、残疾人联合会以及其他社会组织，协助人民政府开展促进就业工作，依法维护劳动者的劳动权利。”

维护妇女合法权益，要求并协助有关部门或单位查处侵害妇女权益的行为，为受侵害的妇女提供帮助，是妇女联合会的重要任务。根据相关法律，妇女联合会应当依法维护女性农民工获得工资的权利。妇女权益保障法第七条第一款规定：“中华全国妇女联合会和地方各级妇女联合会依照法律和中华全国妇女联合会章程，代表和维护各族各界妇女的利益，做好维护妇女权益的工作。”第五十三条规定：“妇女的合法权益受到侵害的，可以向妇女组织投诉，妇女组织应当维护被侵害妇女的合法权益，有权要求并协助有关部门或者单位查处。有关部门或者单位应当依法查处，并予以答复。”第五十四条规定：“妇女组织对于受害妇女进行诉讼需要帮助的，应当给予支持。妇女联合会或者相关妇女组织对侵害特定妇女群体利益的行为，可以通过大众传播媒介揭露、批评，并有权要求有关部门依法查处。”此外，就业促进法第九条规定：“工会、共产主义青年团、妇女联合会、残疾人联合会以及其他社会组织，协助人民政府开展促进就业工作，依法维护劳动者的劳动权利。”

维护残疾人合法权益，为残疾人服务，是残疾人联合会的重要职能。根据相关法律，残疾人联合会应当依法维护残疾农民工获得工资的权利。残疾人保障法第八条第一款规定：“中国残疾人联合会及其地方组织，代表残疾人的共同利益，维护残疾人的合法权益，团结教育残疾人，为残疾人服务。”第五十九条规定：“残疾人的合法权益受到侵害的，可以向残疾人组织投诉，残疾人组织应当维护残疾人的合法权益，有权要求有关部门或者单位查处。有关部门或者单位应当依法查处，并予以答复。残疾人组织对残疾人通过诉讼维护其合法权益需要帮助的，应当给予支持。残疾人组织对侵害特定残疾人群体利益的行为，有权要求有关部门依法查处。”《残疾人就业条例》第二十四条规定：“残疾人职工与用人单位发生争议的，当地法律援助机构应当依法为其提供法律援助，各级残疾人联合会应当给予支持和帮助。”此外，就业促进法第九条规定：“工会、共产主义青年团、妇女联合会、残疾人联合会以及其他社会组织，协助人民政府开展促进就业工作，依法维护劳动者的劳动权利”。

第九条　新闻媒体应当开展保障农民工工资支付法律法规政策的公益宣传和先进典型的报道，依法加强对拖欠农民工工资违法行为的舆论监督，引导用人单位增强依法用工、按时足额支付工资的法律意识，引导农民工依法维权。

【释义】 本条是关于加强新闻媒体对拖欠农民工工资违法行为开展媒体宣传和舆论监督的规定。

发挥新闻媒体作用在保障农民工工资支付中具有重要意义。随着社会发展和科技进步，新闻媒体的含义越来越广泛，其成员群体数量越来越多，总体上来说包括报纸、广播、电视、互联网四大类宣传媒介。人们每天的工作、生活中都要接触到新闻媒体，新闻媒体的影响和重要性日益凸显。新闻媒体的舆论宣传能够发挥统一思想认识、引导推动实践等重要作用。在互联网社会，依托信息技术手段，一则宣传广告信息可以瞬间传递到全社会并发生影响，新闻媒体舆论宣传的重要性更加突出。而舆论监督又是我国监督体系中社会监督的一种，并且具有较强的社会约束力。国办发〔2016〕1号文件也明确要求：“加大普法宣传力度。发挥新闻媒体宣传引导和舆论监督作用，大力宣传劳动保障法律法规，依法公布典型违法案件，引导企业经营者增强依法用工、按时足额支付工资的法律意识，引导农民工依法理性维权。”《条例》第五十一条第二款规定：“用人单位有严重拖欠农民工工资违法行为的，由人力资源社会保障行政部门向社会公布，必要时可以通过召开新闻发布会等形式向媒体公开曝光”，这一规定的落实也需要新闻媒体积极发挥作用。

一、新闻媒体应当开展相关公益宣传和先进典型的报道

新闻媒体应当发挥自身优势，以群众喜闻乐见的形式开展关于保障农民工工资支付法律法规政策的公益宣传和先进典型的报道，单靠政府开展治理拖欠农民工工资行为的宣传是远远不够的。本条中的“公益宣传”是指为促进、维护社会公众的切身利益而制作、发布的广告，或是由社会参加、为社会服务的宣传活动。公益宣传一般不收取费用，它面向整个社会，旨在引起整个社会的

关注、共鸣、同情和响应。公益宣传是以倡导的方式进行平等交流，通过多种形式潜移默化地感染和打动人们的心灵，起到教育、启发的作用。通过加强对先进典型的宣传报道，可以树立良好目标，促进行为典范的确立，传递有利于农民工工资支付治理的正能量。

二、依法加强对拖欠农民工工资违法行为的舆论监督

近年来，随着新闻媒体对拖欠农民工工资违法行为曝光力度加大，社会各界对此问题进一步形成了共识，切实增强了用人单位的法律意识，极大增加了用人单位拖欠农民工工资违法行为的经济成本和社会成本，使得拖欠农民工工资违法行为确实成为了一条“带电的高压线”，对治理农民工工资拖欠现象起到了积极推进作用。新闻媒体应当依照新闻宣传相关法律法规，继续加大对拖欠农民工工资违法行为的公开报道、曝光，在人力资源社会保障行政部门依法开展监督检查过程中，积极发挥舆论监督作用，使全社会形成对拖欠农民工工资违法行为“零容忍”的社会风气。

三、引导用人单位依法用工、农民工依法维权

新闻媒体应当充分利用互联网、微博、微信等现代传媒手段，不断创新宣传方式，增强宣传效果，积极宣传党和政府农民工工作的方针政策，加强对农民工工资支付法律法规政策及相关知识、典型案例的报道和解读，引导企业经营者增强依法用工、按时足额支付工资的法律意识；让广大农民工熟悉与自身权益息息相关的劳动合同法、劳动争议调解仲裁法等法律法规，提高农民工的法律意识和观念，促使农民工在自身权益受到损害时，知道自己到底有哪些权利，且更加愿意通过行政、仲裁、司法等途径依法主张自己的诉求，从而引导农民工理性维权、依法维权，防范恶性事件和群体性事件的发生，营造保障农民工工资支付的良好社会氛围。

第十条　被拖欠工资的农民工有权依法投诉，或者申请劳动争议调解仲裁和提起诉讼。

任何单位和个人对拖欠农民工工资的行为，有权向人力资源社会保障行政部门或者其他有关部门举报。

人力资源社会保障行政部门和其他有关部门应当公开举报投诉电话、网站等渠道，依法接受对拖欠农民工工资行为的举报、投诉。对于举报、投诉的处理实行首问负责制，属于本部门受理的，应当依法及时处理；不属于本部门受理的，应当及时转送相关部门，相关部门应当依法及时处理，并将处理结果告知举报、投诉人。

【释义】 本条是关于被拖欠工资的农民工的救济途径及对涉及拖欠农民工工资行为的举报、投诉制度的规定。

一、被拖欠工资的农民工的救济途径

本条第一款规定了被拖欠工资的农民工可以依法通过投诉、申请劳动争议调解仲裁和提起诉讼的方式维护自身的合法权益。投诉，是指权益被侵害者本人对涉案组织侵犯其合法权益的行为，有权向有关部门主张自身权利和请求依法处理的行为。投诉人是权益被侵害者本人，如果非权益被侵害人本人，而是其他个人或者组织向有关部门反映有关事实情况，则不能作为投诉处理，而是作为举报处理。被拖欠工资的农民工有权依法向人力资源社会保障行政部门和其他有关部门投诉。投诉人认为有管辖权的人力资源社会保障行政部门和其他有关部门拒绝履行其法定职责的，可以申请行政复议或者向人民法院提起行政诉讼。各级人力资源社会保障行政部门和其他有关部门应当公布本部门投诉受理电话、网站、受理范围、办理指南等信息，便于农民工对拖欠工资行为的投诉。投诉应当事实清楚、实事求是，投诉文书应当载明投诉人和被投诉用人单位的基本信息、农民工合法权益受到侵害的事实和投诉请求事项等，对符合条件的投诉，人力资源社会保障行政部门和其他有关部门应当依法受理并立案查处。

劳动争议调解仲裁，是基于劳动当事人的申请，由法定专门机构居中做出调解意见或仲裁裁决的一项准司法制度，具有快捷、灵活低成本的特点。被拖欠工资的农民工可以依法申请劳动争议调解仲裁，主张自身的合法权益。劳动争议调解仲裁是劳动争议诉讼的前置程序，不经仲裁，当事人不能直接向人民法院提起诉讼。仲裁裁决书生效后，即具有既判力和执行力，当事人不能就同一事项再向仲裁机构申请仲裁或向人民法院提起诉讼，并应当按照裁决书规定的期限履行裁决。一方当事人逾期不履行的，另一方当事人可以向人民法院申请强制执行。

诉讼，是指人民法院在当事人和全体诉讼参与人的参加下，依法审理和解决刑事、民事和行政案件的活动，以及由这些活动所发生的诉讼关系。本条所规定的诉讼主要是指因农民工工资支付问题引起的劳动争议诉讼。根据劳动争议调解仲裁法规定，追索劳动报酬、工伤医疗费、经济补偿或者赔偿金，且金额不超过当地月最低工资标准12个月的争议，除该法另有规定的外，仲裁裁决为终局裁决，裁决书自作出之日起发生法律效力；劳动者对终局裁决不服的，可以自收到仲裁裁决书之日起15日内向人民法院提起诉讼；用人单位有证据证明终局裁决有适用法律法规错误、无管辖权等法定情形的，可以自收到仲裁裁决书之日起30日内向劳动争议仲裁委员会所在地的中级人民法院申请撤销裁决，人民法院经审查核实裁定撤销的，当事人可以自收到裁定书之日起15日内就该劳动争议向人民法院提起诉讼；当事人对终局裁决以外的其他劳动争议案件的仲裁裁决不服的，可以自收到仲裁裁决书之日起15日内向人民法院提起诉讼。人民法院依法受理后，依法对劳动争议案件进行审理。此外，劳动争议诉讼，还包括在劳动争议调解仲裁过程中，一方当事人不履行劳动争议仲裁委员会已发生法律效力的裁决书或调解书，另一方当事人申请人民法院强制执行的活动。

二、单位和个人对拖欠农民工工资行为的举报

举报是指任何组织和个人向有关部门申诉、控告或者检举违法行为的活动。举报工作应遵循以下原则：一是便民原则。举报工作机构的设置、受理、查处程序的规定，不仅要利于专门机关提高工作效率，还要便于群众了解和操作。为此，人力资源社会保障行政部门和其他有关部门应当向社会公布举报工作机构的名称、地址、电话及其他联系方式等，使人民群众对举报工作的基本内容有比较清楚的认识。二是保密原则。为了鼓励公众对不法行为进行举报，应当保护举报人的合法权益，任何单位和个人不得以任何借口阻拦、压制或者打击报复举报人。接受举报的有关部门及其工作人员不得私自摘抄、复制、扣押、销毁举报材料，严禁泄露举报人的姓名、单位、住址等情况，不得向被举报单位和被举报人出示举报材料，对匿名的举报材料不得鉴定笔迹；宣传报道和奖励举报有功人员，除征得举报人同意外，不得公开举报人的姓名和单位等内容。

三是实事求是原则。举报人要有明确的被举报单位或个人，如实提供被举报人的姓名或名称、住址和具体的违法犯罪事实，不得捏造事实、伪造证据、诬告陷害他人。

举报与投诉都是维护当事人权益的救济方式，但两者并不相同。举报的主体一般是与违法行为本身没有直接联系或者利害关系的组织、个人，举报人可以匿名举报，也可以实名举报；投诉的主体必须是合法权益受侵害者本人，投诉的违法行为涉及其个人权益，在案件查处过程中不适用举报制度为举报人保密的规则。举报和投诉是两个不同的制度，有关单位和个人在向有关部门反映问题时应注意区分举报和投诉，选择符合实际情况以及相关规定的方式进行维权。

三、对举报投诉的接受和处理

本条第三款规定了人力资源社会保障行政部门和其他有关部门对于接受和处理举报投诉的有关要求。一是畅通举报投诉渠道。人力资源社会保障行政部门和其他有关部门应当公开本部门本机构的举报投诉电话、通讯地址、受理范围、网站等，为举报、投诉农民工工资拖欠行为提供便利，依法接受对拖欠农民工工资行为的举报、投诉。二是实行首问负责制。人力资源社会保障行政部门和其他有关部门对于各自职责范围内的问题，应当受理，不得推诿，同时，要认真执行行首问负责制。首问责任制，是指第一位接受来访、来电、来信的工作人员，负责处理或引导办理有关事宜，使之得以及时、有效办理的责任制度。第一位接受来访、来电、来信的工作人员受理后，应当及时处理，对举报、投诉进行核实，经核实属于本部门受理的，应当依法及时处理；对于举报投诉事项不属于本部门职责范围的，应当及时转送有权处理的部门、机构处理，一般还应同时告知举报、投诉人。有权处理的部门、机构在接到其他部门移交的举报、投诉后，应当依法及时处理，不得推诿，并将处理结果告知举报、投诉人。

第二章　工资支付形式与周期

本章明确了农民工工资支付形式与周期，是用人单位工资支付的基本要求，体现了坚持源头治理、预防为主的原则。本章共5条，分别规定了工资支付形式、支付周期、支付日期、支付记录等内容。

实践中存在一些工资支付不规范的行为，比如，部分施工单位采用平时发生活费、待项目结束或年终结算时支付工资的做法；部分用人单位以实物充抵劳动报酬；部分用人单位向农民工支付工资既不编制台账，也不提供工资清单等。为此，《条例》专门设置了本章，旨在夯实农民工工资支付的基础制度规范。

第十一条　农民工工资应当以货币形式，通过银行转账或者现金支付给农民工本人，不得以实物或者有价证券等其他形式替代。

【释义】 本条旨在规范工资支付形式。

一、农民工工资应当以货币形式支付

本条明确规定以货币形式支付农民工工资，不得以实物或者有价证券等其他形式替代。主要有四个方面的考虑：一是采用货币支付可以更好地反映劳动者付出劳动量与劳动报酬之间的关系。货币是一般等价物，是度量价格的工具、购买货物的媒介、保存财富的手段，是衡量和表现商品和劳务的统一价值尺度。二是采用货币支付有助于劳动者对工资支配权的实现。如果以实物或者有价证券等其他形式代替货币支付，则可能影响到劳动者对工资支配权的行使，是对劳动者工资权益的一种侵害。三是有法律依据。劳动法第五十条规定：“工资应当以货币形式按月支付给劳动者本人”；《工资支付暂行规定》第五条规定：“工资应当以法定货币支付。不得以实物及有价证券替代货币支付”，此次立法对此再次进行了强调。四是以货币作为支付工资的基本形式，符合国

际通行的做法。同时，本条还对通过银行转账或者现金支付这一工资支付方式进行了明确和细化，有利于农民工工资安全支付和有效监督。

二、农民工工资应当支付给农民工本人

针对实践中存在的将农民工工资发放给不具备用工主体资格的组织或个人，使得农民工工资支付层层“转手”，一些单位和个人以为农民工保管工资为由变相扣押农民工工资的情况，本条强调了工资支付的对象必须是农民工本人。

用人单位应将工资支付给农民工本人，这是为了保证劳动者对工资支配权的实现，是保证农民工获得劳动报酬权益的重要内容。当然，工资支付给农民工本人，并不是说在任何情况下都必须由农民工本人亲自领取。对于采用现金形式支付的，如果农民工因故不能领取工资，以致影响工资的直接支付时，可由农民工委托的亲属或其他人员代领。委托人员代领时，应当出具农民工本人的委托书、身份证明等材料，方可代为领取，这种情况可视为工资已支付给其本人。

本条关于工资应当支付给劳动者本人的要求，在《工资支付暂行规定》（劳部发〔1994〕489号）中已有规定。该规定第六条要求，“用人单位应将工资支付给劳动者本人。劳动者本人因故不能领取工资时，可由其亲属或委托他人代领”。

第十二条　用人单位应当按照与农民工书面约定或者依法制定的规章制度规定的工资支付周期和具体支付日期足额支付工资。

【释义】 本条是对用人单位按照工资支付周期和具体支付日期足额支付工资的规定。

一、关于“与农民工书面约定”的理解

“与农民工书面约定”是指用人单位应当与农民工以书面形式约定工资支付周期和具体支付日期。

“书面约定”可以在订立书面劳动合同时明确。劳动合同法第十七条规定，劳动合同应具备劳动报酬条款，作为必备条款。据此，用人单位可以在与农民工订立的劳动合同的劳动报酬条款中，书面约定工资支付周期和具体支付日期。

根据劳动合同法第十八条的规定，劳动合同对劳动报酬和劳动条件的标准约定不明确，引发争议的，用人单位与劳动者可以重新协商；协商不成的，适用集体合同规定；没有集体合同或者集体合同未规定劳动报酬的，实行同工同酬。

二、关于“依法制定的规章制度”的理解

“依法制定的规章制度”是指用人单位依照劳动法、劳动合同法等法律法规，履行规定的程序，制定的关于工资分配相关的制度规定，其中包括有工资支付的周期和日期的相关内容。

劳动合同法第四条对“依法制定的规章制度”有明确要求：一是用人单位在制定、修改或者决定有关劳动报酬等直接涉及劳动者切身利益的规章制度或者重大事项时，应当经职工代表大会或者全体职工讨论，提出方案和意见，与工会或者职工代表平等协商确定；二是在规章制度和重大事项实施过程中，工会或者职工认为不适当的，有权向用人单位提出，通过协商予以修改完善；三是用人单位应当将直接涉及劳动者切身利益的规章制度和重大事项决定公示，或者告知劳动者。

三、关于“足额支付”的理解

《条例》第一章“总则”的第一条和第三条均明确规定保障农民工“按时足额”获得工资，本条对“足额支付”进一步明确要求。具体理解要把握以下几点：

一是“足额支付”要求不得“克扣”。劳动法第五十条规定，不得克扣或者无故拖欠劳动者的工资。原劳动部办公厅印发的《关于〈中华人民共和国劳动法〉若干条文的说明》（劳办发〔1994〕289 号）第五十条对此做出解释，“克扣”系指用人单位对履行了劳动合同规定的义务和责任，保质保量完成生产工作任务的劳动者，不支付或未足额支付其工资。

二是依法依规代扣不视为“克扣”。依法依规代扣包括代扣代缴个人所得税、代扣代缴个人负担的社会保险费用、法院判决裁定中要求代扣的抚养费、赡养费以及法律法规规定可以从劳动者工资中扣除的其他费用等。对此，《工资支付暂行规定》第十五条有相关规定。

三是依法减发不视为“克扣”。依法减发指的是国家法律法规明确规定、依法签订的劳动合同中明确规定、用人单位依法合规的制度明确规定等情形下的减发。可以依法减发劳动者工资的一些情形，在原劳动部发布的《对〈工资支付暂行规定〉有关问题的补充规定》（劳部发〔1995〕226号）第三条中也有相关规定：克扣“不包括以下减发工资的情况：（1）国家的法律、法规中有明确规定的；（2）依法签订的劳动合同中有明确规定的；（3）用人单位依法制定并经职代会批准的厂规、厂纪中有明确规定的；（4）企业工资总额与经济效益相联系，经济效益下浮时，工资必须下浮的（但支付给劳动者工资不得低于当地的最低工资标准）；（5）因劳动者请事假等相应减发工资等。”需要注意的是，除上述依法减发情形外，用人单位不得滥用减发权，提供正常劳动的劳动者其工资不得低于当地最低工资标准。对此，《工资支付暂行规定》第十六条规定：“因劳动者本人原因给用人单位造成经济损失的，用人单位可按照劳动合同的约定要求其赔偿经济损失。经济损失的赔偿，可从劳动者本人的工资中扣除。但每月扣除的部分不得超过劳动者当月工资的20%。若扣除后的剩余工资部分低于当地月最低工资标准，则按最低工资标准支付。”

第十三条　实行月、周、日、小时工资制的，按照月、周、日、小时为周期支付工资；实行计件工资制的，工资支付周期由双方依法约定。

【释义】本条旨在规范工资支付周期的确定。

工资支付根据劳动量计量方法的不同，可分为计时工资和计件工资两种，这两种情形下工资支付周期的确定，有所不同。

一、关于实行月、周、日、小时工资制的工资支付周期

计时工资是最基本的工资形式，根据劳动者本人的技术、业务等级水平，或者劳动者所在岗位、职务的劳动等级，预先规定相应的工资标准，按劳动者实际有效工作时间计付工资的形式。计时工资制包括月、周、日、小时等工资制，按照月、周、日、小时等为周期支付工资。

其中，全日制用工，工资应当每月至少支付一次。劳动法第五十条规定，“工资应当以货币形式按月支付给劳动者本人”。《工资支付暂行规定》第七条规定，工资至少每月支付一次，实行周、日、小时工资制的，可按周、日、小时支付工资。

非全日制用工工资支付周期不得超过十五日。劳动合同法第七十二条规定，非全日制用工劳动报酬结算支付周期最长不得超过十五日。

二、关于计件工资制“工资支付周期由双方依法约定”

计件工资是根据劳动者在规定时间内完成的合格产品量或工作量，以预先确定的计件单价计算与支付工资的形式。计件工资包括超额累进计件、直接无限计件、限额计件、超定额计件、工作任务包干、按营业额或利润提成等工资制。

实行计件工资制的，工资支付周期由双方依法约定。这里的“依法约定”是指农民工与用人单位可以约定工资支付周期，但是不得违反相关法律的规定。这方面法律主要是两条：一是劳动法第五十条规定，“工资应当以货币形式按月支付给劳动者本人”。对于劳动法第五十条“按月支付”的理解，《关于〈中华人民共和国劳动法〉若干条文的说明》做出解释，“应理解为每月至少发放一次工资”。二是劳动合同法第七十二条规定，“非全日制用工劳动报酬结算支付周期最长不得超过十五日”。

实行计件工资制，未依法明确约定工资支付周期的，按照上述劳动法第五十条和劳动合同法第七十二条的规定执行。

第十四条　用人单位与农民工书面约定或者依法制定的规章制度规定的具体支付日期，可以在农民工提供劳动的当期或者次期。具体支付日期遇法定节假日或者休息日的，应当在法定节假日或者休息日前支付。

用人单位因不可抗力未能在支付日期支付工资的，应当在不可抗力消除后及时支付。

【释义】本条旨在明确具体工资支付日期的确定。

为确保农民工干完活后能及时获得劳动报酬，本条规定农民工工资的具体支付日期，可以在农民工提供劳动的当期或者次期。

一、关于“当期”和“次期”的理解

“当期”或者“次期”是指劳动者提供劳动后的本个工资支付周期或者下一个工资支付周期。根据本条规定的要求，农民工工资的具体支付日期，应当在书面约定或者规章制度规定时，明确在劳动者提供劳动后的本个工资支付周期或者下一个工资支付周期中的一个时间，最晚不能晚于其提供劳动后的下一个工资支付周期结束前发放。

需要注意的是，这是用人单位与农民工书面约定或者依法制定规章制度规定具体支付日期的时限要求，用人单位无正当理由，不得超过工资支付具体日期仍不支付劳动者工资，否则，就构成无故拖欠劳动者工资的违法行为。需要说明的是，参照劳动部关于《对〈工资支付暂行规定〉有关问题的补充规定》的规定，这里一般不包括以下情形：（1）用人单位遇到非人力所能抗拒的自然灾害、战争等原因，无法按时支付工资；（2）用人单位确因生产经营困难、资金周转受到影响，在征得本单位工会同意后，可暂时延期支付劳动者工资，延期时间的最长限制可由各省、自治区、直辖市劳动行政部门根据各地情况确定。

二、关于“法定节假日”和“休息日”

关于“法定节假日”，根据《全国年节及纪念日放假办法》第二条的规定，包括：（一）新年，放假1天（1月1日）；（二）春节，放假3天（农历正月初一、初二、初三）；（三）清明节，放假1天（农历清明当日）；（四）劳动节，放假1天（5月1日）；（五）端午节，放假1天（农历端午当日）；（六）中秋节，放假1天（农历中秋当日）；（七）国庆节，放假3天（10月1日、2日、3日）。关于“休息日”，《国务院关于职工工作时间的规定》第七条规定：“国家机关、事业单位实行统一的工作时间，星期六和星期日为周休息日。企业和不能实行前款规定的事业单位，可以根据实际情况灵活安排周休息日。”

具体支付日期遇法定节假日或者休息日的，应当在法定节假日或者休息日前支付，这一规定是为了保障劳动者及时获得劳动报酬，同时也是劳动法第五十条“工资按月支付给劳动者本人”及相应的“每月至少支付一次”规定的具体落实。《条例》的这一规定，将《工资支付暂行规定》第七条“工资必须在用人单位与劳动者约定的日期支付。如遇节假日或休息日，则应提前在最近的工作日支付”这一部门的规定上升为行政法规，进一步明确下来。

三、关于“不可抗力”

“不可抗力”是指人力不可抗拒的自然灾害或社会事件，如地震、洪涝灾害、战争等。根据民法总则第一百八十条、合同法第一百一十七条的规定，不可抗力是指不能预见、不能避免且不能克服的客观情况。首先，不可抗力必须是一种“客观情况”。其次，“不能预见”“不能避免”“不能克服”这三个要件缺一不可。“不能预见”是指拥有基本知识与认知水平的一般人，依靠自身认知和知识无法预见某一客观情况发生。“不能避免”是指当事人尽最大努力，仍然无法避免事情发生。“不能克服”是指事件发生后，当事人尽了最大努力，仍然无法克服事件造成的损害后果。

基于不可抗力的性质，发生不可抗力，影响到用人单位通过银行转账或者现金按照规定的支付日期支付给农民工本人的，用人单位应当在不可抗力消除后及时支付，这样才能有力保障农民工及时获得劳动报酬。

第十五条　用人单位应当按照工资支付周期编制书面工资支付台账，并至少保存3年。

书面工资支付台账应当包括用人单位名称，支付周期，支付日期，支付对象姓名、身份证号码、联系方式，工作时间，应发工资项目及数额，代扣、代缴、扣除项目和数额，实发工资数额，银行代发工资凭证或者农民工签字等内容。

用人单位向农民工支付工资时，应当提供农民工本人的工资清单。

【释义】 本条旨在规范农民工用工管理和工资支付，保留工资支付记录凭证。

关于书面工资支付台账包括的项目，《工资支付暂行规定》第六条规定，“用人单位必须书面记录支付劳动者工资的数额、时间、领取者的姓名以及签字，并保存两年以上备查。用人单位在支付工资时应向劳动者提供一份其个人的工资清单”。本条根据当前农民工用工实际情况，对书面工资支付台账应包含的项目进一步细化和明确，同时，为体现对农民工的特殊保护，提高农民工依法维权能力，明确台账“至少保存3年”。

一、关于实名制用工相关信息

与通常的工资支付台账要求相比，本条增加了“用人单位名称，支付周期，支付日期，支付对象姓名、身份证号码、联系方式，工作时间”等实名制用工的内容。台账包含工资支付的详细信息和农民工实名制身份信息，有利于从源头上规范农民工用工管理，切实保障农民工合法工资报酬权益，同时实名制信息还可以作为有关部门处理农民工劳动纠纷的依据。

二、关于代扣、代缴、扣除项目

本条在《工资支付暂行规定》的“支付劳动者工资的数额”这一工资支付台账内容基础上，将其进一步细化为“应发工资项目及数额，代扣、代缴、扣除项目和数额，实发工资数额”，体现了规范的工资记录凭证所应包含的要素，也反映了个税改革不断深化、社会保障体系不断完善的要求。个人所得税法（2018 年修改）第二条规定：“下列各项个人所得，应当缴纳个人所得税：（一）工资、薪金所得；（二）劳务报酬所得；（三）稿酬所得；（四）特许权使用费所得；（五）经营所得；（六）利息、股息、红利所得；（七）财产租赁所得；（八）财产转让所得；（九）偶然所得……”第九条规定，个人所得税以所得人为纳税人，以支付所得的单位或个人为扣缴义务人。社会保险法第四条规定，中华人民共和国境内的用人单位和个人依法缴纳社会保险费。

三、关于工资支付凭证

本条将工资支付凭证细化为“银行代发工资凭证或者农民工签字”，对应《条例》第十一条中“农民工工资通过银行转账或者现金支付给农民工本人”两种支付方式，以更好地督促农民工工资发放到本人。

四、关于工资支付台账保存时间

关于工资支付台账的保存时间以往通常要求是两年，《工资支付暂行规定》第六条规定，书面支付记录保存两年以上备查。国办发〔2016〕1 号文件要求，施工总承包企业和分包企业应将经农民工本人签字确认的工资支付书面记录保存两年以上备查。本条将农民工工资支台账规定为至少保存三年，体现了对农民工的特殊保护，最大限度地保护农民工能够在法定的诉讼时效内行使权利，有利于强化对农民工合法劳动报酬权益的保护。民法总则第一百八十八条规定，向人民法院请求保护民事权利的诉讼时效期间为三年，法律另有规定的，依照其规定。本条将农民工工资支付台账的保存期限确定为不少于三年，这样规定也符合民法总则将民事诉讼时效由民法通则规定的二年改为三年的精神。

五、关于工资清单

工资清单不仅是用人单位支付农民工工资的书面凭证，也是保障农民工对于自身工资收入、社保、个税扣缴等情况知情权的实现方式，在劳动纠纷中还可以作为依法维权的依据。个人所得税法第十条规定，扣缴义务人应当按照国家规定办理全员全额扣缴申报，并向纳税义务人提供其个人所得和已扣缴税款等信息。社会保险法第四条也规定，个人有权监督本单位为其缴费情况。因此，本条明确规定，用人单位向农民工支付工资时，应向农民工提供本人工资清单。

第三章　工资清偿

本章旨在明确拖欠农民工工资发生后的清偿责任主体，以依法快速解决工资拖欠。实践中，企业生产组织方式和用工方式日趋复杂，导致发生农民工工资拖欠后有时难以及时确定拖欠工资的清偿责任主体。为此，本章在规定“用人单位拖欠农民工工资的，应当依法予以清偿”的同时，做好与相关法律法规的衔接，对一些特殊情形下拖欠农民工工资的清偿作出规定，便于确定拖欠工资的清偿责任主体，及时有效解决拖欠农民工工资问题。工资支付责任主体和工资清偿主体可能相同也可能不同，但是不改变工资支付责任主体依法应当承担的民事责任以及可能构成的拒不支付劳动报酬罪等刑事责任。

本章共8条，对用人单位、不具备合法经营资格的单位招用农民工，用工单位使用个人、不具备合法经营资格的单位或者未依法取得劳务派遣许可证的单位派遣的农民工，将工作任务发包给个人或者不具备合法经营资格的单位，允许个人、不具备合法经营资格或者未取得相应资质的单位以用人单位的名义对外经营，合伙企业、个人独资企业、个体经济组织等用人单位拖欠农民工工资，用人单位合并或者分立时，用人单位被依法吊销营业执照或者登记证书、被责令关闭、被撤销或者依法解散等特殊情形下的工资清偿责任作出了相应的规定。

第十六条　用人单位拖欠农民工工资的，应当依法予以清偿。

【释义】 本条旨在对清偿责任最基本的情形进行明确。

在工资支付法律关系中，“谁用人谁付酬、谁欠薪谁清偿”是劳动法律法规规定的一项基本原则。

关于用人单位支付工资，劳动法第五十条规定：“工资应当以货币形式按月支付给劳动者本人。不得克扣或者无故拖欠劳动者的工资。”劳动合同法第三十条第一款规定：“用人单位应当按照劳动合同约定和国家规定，向劳动者及时足额支付劳动报酬。”同时，《条例》第二条第三款关于“本条例所称工资，是指农民工为用人单位提供劳动后应当获得的劳动报酬”的规定和第五条关于“保障农民工工资支付，应当坚持市场主体负责……”的要求，也体现了用人单位依法支付工资的原则。

关于用人单位拖欠劳动者工资，劳动法第九十一条规定：“用人单位有下列侵害劳动者合法权益情形之一的，由劳动行政部门责令支付劳动者的工资报酬、经济补偿，并可以责令支付赔偿金：（一）克扣或者无故拖欠劳动者工资的；（二）拒不支付劳动者延长工作时间工资报酬的；（三）低于当地最低工资标准支付劳动者工资的；（四）解除劳动合同后，未依照本法规定给予劳动者经济补偿的。”劳动合同法第三十条第二款规定：“用人单位拖欠或者未足额支付劳动报酬的，劳动者可以依法向当地人民法院申请支付令，人民法院应当依法发出支付令。”第八十五条规定：“用人单位未按照劳动合同的约定或者国家规定及时足额支付劳动者劳动报酬的，由劳动行政部门责令限期支付劳动报酬，逾期不支付的，责令用人单位按应付金额百分之五十以上百分之一百以下的标准向劳动者加付赔偿金。”《劳动保障监察条例》第二十六条规定：“用人单位有下列行为之一的，由劳动保障行政部门分别责令限期支付劳动者的工资报酬、劳动者工资低于当地最低工资标准的差额或者解除劳动合同的经济补偿；逾期不支付的，责令用人单位按照应付金额50%以上1倍以下的标准计算，向劳动者加付赔偿金：（一）克扣或者无故拖欠劳动者工资报酬的；（二）支付劳动者的工资低于当地最低工资标准的；（三）解除劳动合同未依法给予劳动者经济补偿的。”

上述规定表明，用人单位承担工资支付主体责任。用人单位拖欠农民工工资的，应当依法清偿。根据上述劳动法、劳动合同法的规定，需要清偿的范围，既包括劳动报酬、经济补偿，也包括逾期不支付时应当依法加付的赔偿金。

需要注意的是，无论劳动者是否签订了书面劳动合同，无论与用人单位订立的劳动合同是否有效，只要农民工为用人单位提供了劳动，拖欠工资的，用人单位应当依法予以清偿。关于劳动合同确认无效时，劳动合同法及相关司法解释对于此种情形时劳动报酬的确定有明确规定。劳动合同法第二十八条规定，劳动合同被确认无效，劳动者已付出劳动的，用人单位应当向劳动者支付劳动报酬。劳动报酬的数额，参照本单位相同或者相近岗位的劳动者的劳动报酬确定。根据《最高人民法院关于审理劳动争议案件适用法律若干问题的解释》（法释〔2001〕14号）的规定，“参照本单位相同或相近岗位的劳动者的劳动报酬确定”指的是“参照本单位同期、同工种、同岗位的工资标准支付劳动报酬”。

第十七条　不具备合法经营资格的单位招用农民工，农民工已经付出劳动而未获得工资的，依照有关法律规定执行。

【释义】 本条旨在对不具备合法经营资格的单位招用农民工的劳动报酬权益进行保护。

一、关于“不具备合法经营资格的单位”

“不具备合法经营资格的单位”主要是指违反法律、法规和国务院决定的规定，从事无照经营的单位，其属于非法的市场主体，依法应当予以取缔，同时它也不具备合法的劳动用工主体资格，但是提供了劳动的劳动者权益应当予以保护。根据劳动合同法第九十三条的规定，“不具备合法经营资格的用人单位”中的劳动者获取劳动报酬权也纳入了劳动合同法保护范围。据此，为了保护农民工的工资权益，本条针对“不具备合法经营资格的单位招用农民工，农民工已经付出劳动而未获得工资”的情形，也作了相应规定。

2003年3月1日起施行的《无照经营查处取缔办法》第二条规定，任何单位和个人不得违反法律、法规的规定，从事无照经营。（目前，该办法已经被2017年10月1日开始施行的《无证无照经营查处办法》取代）。对“不具备合法经营资格的用人单位”的把握，主要是指具有下列情形之一的单位：（1）应当取得而未依法取得营业执照，擅自从事经营活动的；（2）已经办理注销登记，擅自继续从事经营活动的；（3）被吊销营业执照，擅自继续从事经营活动的；（4）营业执照有效期届满后未按照规定重新办理登记手续，擅自继续从事经营活动的。

二、关于“依照有关法律规定执行”

“不具备合法经营资格的单位”虽然不具备合法的劳动用工主体资格，但是为其付出劳动的农民工工资权益仍然应当受到保护。本条“依照有关法律规定执行”，主要是指依照劳动合同法第九十三条“对不具备合法经营资格的用人单位的违法犯罪行为，依法追究法律责任；劳动者已经付出劳动的，该单位或者其出资人应当依照本法有关规定向劳动者支付劳动报酬、经济补偿、赔偿金”的规定，即不具备合法经营资格的单位招用农民工，农民工付出劳动而未获得工资，由该单位或者其出资人依法清偿，清偿范围包括了依法应当支付给农民工的劳动报酬、经济补偿、赔偿金等。

第十八条　用工单位使用个人、不具备合法经营资格的单位或者未依法取得劳务派遣许可证的单位派遣的农民工，拖欠农民工工资的，由用工单位清偿，并可以依法进行追偿。

【释义】 本条旨在明确用人单位使用个人、单位不规范派遣农民工时的工资清偿责任。

针对实践中有关个人、单位违法派遣农民工，导致劳动用工关系复杂化，为保障被派遣农民工的合法权益，设置本条规定。

一、关于劳务派遣经营许可

劳动合同法第五十七条规定，“经营劳务派遣业务应当具备以下条件：（一）注册资本不得少于人民币二百万元；（二）有与开展业务相适应的固定的经营场所和设施；（三）有符合法律、行政法规规定的劳务派遣管理制度；（四）法律、行政法规规定的其他条件。经营劳务派遣业务，应当向劳动行政部门依法申请行政许可；经许可的，依法办理相应的公司登记。未经许可，任何单位和个人不得经营劳务派遣业务”。根据行政许可法及有关规章的规定，劳务派遣行政许可由申请人本人或者委托代理人向劳动行政部门提出，劳动行政部门对申请人提交的材料进行审查符合法定条件的，在法定期限内作出准予行政许可的决定，颁发劳务派遣经营许可证。据此，个人、不具备合法经营资格的单位或者未依法取得劳务派遣许可证的单位是不能从事劳务派遣业务的，否则，就要承担相应的法律责任。

二、劳务派遣单位应履行用人单位对劳动者的全部义务

劳动合同法第五十八条规定，“劳务派遣单位是本法所称用人单位，应当履行用人单位对劳动者的义务。劳务派遣单位与被派遣劳动者订立的劳动合同，除应当载明本法第十七条规定的事项外，还应当载明被派遣劳动者的用工单位以及派遣期限、工作岗位等情况。劳务派遣单位应当与被派遣劳动者订立二年以上的固定期限劳动合同，按月支付劳动报酬；被派遣劳动者在无工作期间，劳务派遣单位应当按照所在地人民政府规定的最低工资标准，向其按月支付报酬”；第六十条第二款规定，“劳务派遣单位不得克扣用工单位按照劳务派遣协议支付给被派遣劳动者的劳动报酬”。劳务派遣单位作为被派遣劳动者的用人单位，应当履行法律、法规所规定的一般劳动关系中用人单位对劳动者的全部义务。实际工作中，往往是用工单位以劳务费的形式将劳动者的劳动报酬、社会保险费以及劳务派遣单位的管理费等支付给劳务派遣单位，再由劳务派遣单位向劳动者发放工资。若用工单位违反劳务派遣协议约定，没有向劳务派遣单位支付被派遣者的劳动报酬，不能构成劳务派遣单位拒绝向被派遣劳动者支付劳动报酬的正当理由，在这种情况下，劳务派遣单位应先向被派遣劳动者支付工资，其后可以向用工单位主张劳务派遣协议的违约责任，进行追偿。

三、用工单位不规范用工，拖欠农民工工资的，由用工单位清偿，并可以依法追偿

劳动报酬是保障被派遣劳动者本人及其家庭成员生存权益和生活质量的重要经济来源，是劳动者的基本权利。劳动合同法第六十二条规定，“用工单位应当履行下列义务：（一）执行国家劳动标准，提供相应的劳动条件和劳动保护；（二）告知被派遣劳动者的工作要求和劳动报酬；（三）支付加班费、绩效奖金，提供与工作岗位相关的福利待遇；（四）对在岗被派遣劳动者进行工作岗位所必需的培训；（五）连续用工的，实行正常的工资调整机制。用工单位不得将被派遣劳动者再派遣到其他用人单位”。其中第（二）、（三）、（五）项均涉及劳动报酬权益。劳动合同法实施条例第二十九条明确，“用工单位应当履行劳动合同法第六十二条规定的义务，维护被派遣劳动者的合法权益”。

劳动合同法第九十二条规定，“用工单位给被派遣者造成损害的，劳务派遣

单位与用工单位承担连带赔偿责任”。关于给被派遣者造成的损害，一般认为，既包括人身损害，也包括侵犯被派遣农民工的报酬权益。立法过程中，有意见认为，根据劳动合同法第九十二条的规定，用工单位使用个人、不具备合法经营资格的单位或者未依法取得劳务派遣许可证的单位派遣的农民工，拖欠农民工工资的，用工单位应当与上述实施所谓劳务派遣活动的个人、不具备合法经营资格的单位或者未依法取得劳务派遣许可证的单位承担连带责任。考虑到民法总则第一百七十八条明确规定，“连带责任，由法律规定或者当事人约定”，《条例》作为行政法规，不宜明确规定连带责任，而是从最大程度保障农民工工资支付角度考虑，对这种情形下拖欠农民工工资的清偿作了规定。

用工单位使用个人、不具备合法经营资格的单位或者未依法取得劳务派遣许可证的单位派遣的农民工，实际上属于不规范用工，而且导致劳动关系难以准确认定，因此，《条例》规定这种情形下发生农民工工资拖欠的，由用工单位清偿。这样规定，有利于农民工及时获得劳动报酬，体现对农民工的特殊保护，还可以倒逼用工单位规范用工。同时，考虑到《条例》未排除民事法律的适用，未改变相关方的民事权利和义务，本条同时明确，用工单位在清偿拖欠的农民工工资后，可以依法进行追偿。

第十九条　用人单位将工作任务发包给个人或者不具备合法经营资格的单位，导致拖欠所招用农民工工资的，依照有关法律规定执行。

用人单位允许个人、不具备合法经营资格或者未取得相应资质的单位以用人单位的名义对外经营，导致拖欠所招用农民工工资的，由用人单位清偿，并可以依法进行追偿。

【释义】 本条旨在保护不合法发包、允许挂名对外经营等情形下农民工的劳动报酬权益。

一、关于第一款“依照有关法律规定执行”的理解

“依照有关法律规定执行”，主要是指依照劳动合同法第九十三条和九十四条的规定执行。

用人单位将工作任务发包给不具备合法经营资格的单位，导致拖欠所招用农民工工资的，由不具备合法经营资格的单位或者其出资人清偿。劳动合同法第九十三条对不具备合法经营资格的用人单位的法律责任作了规定，“对不具备合法经营资格的用人单位的违法犯罪行为，依法追究法律责任；劳动者已经付出劳动的，该单位或者其出资人应当依照本法有关规定向劳动者支付劳动报酬、经济补偿、赔偿金；给劳动者造成损害的，应当承担赔偿责任”。不具备合法经营资格的单位因不具备合法的劳动用工主体资格，其用工行为不具有法律效力，但是不等于不会产生其他法律后果，农民工付出劳动后的劳动报酬权益应该得到保障。因此，用人单位将工作任务发包给不具备合法经营资格的单位的，依照劳动合同法第九十三条的规定，由该单位或者其出资人清偿。

用人单位将工作任务发包给个人，导致拖欠所招用农民工工资的，发包单位和承包者双方共同承担清偿责任。劳动合同法第九十四条明确对个人承包经营违反劳动合同法规定招用劳动者，给劳动者造成损害的，发包的组织与个人承包经营者承担连带赔偿责任。这里的损害既包括人身损害，也包括侵犯劳动者报酬权益。本条体现了与劳动合同法的衔接，在此情形下，发包单位和承包者共同承担清偿责任，发包单位和承包者均可作为清偿主体清偿拖欠的农民工工资，以有效保护农民工的合法劳动报酬权益。

二、关于第二款允许挂名对外经营情形下的工资清偿

本条第二款针对招用农民工的行业大量存在的挂靠经营情形，即企业等用人单位允许其他个人、不具备合法经营资格或者未取得相应资质的单位在一定时间内使用自己的名义对外经营的行为，导致拖欠农民工工资的，明确由用人单位清偿，并可以依法进行追偿。

用人单位允许个人或者其他单位挂靠对外经营，有过错在先，为保障农民工及时获得劳动报酬，本条明确用人单位清偿。有些法律法规对挂靠行为作出了明确的禁止性规定，比如，建筑法第二十六条第二款规定：“禁止建筑施工企业超越本企业资质等级许可的业务范围或者以任何形式用其他建筑企业的名义承揽工程。禁止建筑施工企业以任何形式允许其他单位或者个人使用本企业的资质证书、营业执照，以本企业的名义承揽工程。”基于此，本条规定用人单位允许个人、不具备合法经营资格或者未取得相应资质的单位以本单位名义对外经营，导致拖欠农民工工资的，由该用人单位清偿。考虑到清偿责任未排除民

事法律关系的适用，未改变相关方的民事权利和义务，本条同时明确，用人单位可以依法进行追偿。

第二十条 合伙企业、个人独资企业、个体经济组织等用人单位拖欠农民工工资的，应当依法予以清偿；不清偿的，由出资人依法清偿。

【释义】 本条旨在保护在合伙企业、个人独资企业、个体经济组织等用人单位提供劳动农民工的劳动报酬权益。

按照“谁用人谁付酬、谁欠薪谁清偿”的原则，合伙企业、个人独资企业、个体经济组织等用人单位发生拖欠，用人单位承担清偿责任。如《条例》第十六条所述，作为用人单位的合伙企业、个人独资企业、个体经济组织，首先需要根据劳动法、劳动合同法的规定进行清偿；同时，考虑到这类主体在债务承担上具有特殊性，拖欠的农民工工资作为一种特殊债务，用人单位不清偿的，应当由出资人依法清偿，这主要涉及有关民商事法律的适用问题。

一、关于合伙企业拖欠农民工工资时的依法清偿

根据合伙企业法第二条的规定，合伙企业是指自然人、法人和其他组织依照该法在中国境内设立的普通合伙企业和有限合伙企业。普通合伙企业由普通合伙人组成，合伙人对合伙企业债务承担无限连带责任。有限合伙企业由普通合伙人和有限合伙人组成，普通合伙人对合伙企业债务承担无限连带责任，有限合伙人以其认缴的出资额为限对合伙企业债务承担责任。

合伙企业拖欠农民工工资的，按照劳动法、劳动合同法规定由合伙企业进行清偿，不清偿的，依据合伙企业法相关规定进行清偿。合伙企业法第三十八条规定：“合伙企业对其债务，应先以其全部财产进行清偿”，合伙企业清偿劳动者工资首先以合伙企业的财产来清偿，合伙企业的财产不足以清偿的，劳动者也可以要求合伙人以其个人全部财产来清偿。第三十九条规定：“合伙企业不能清偿到期债务的，合伙人承担无限连带责任。”根据该规定，合伙企业不能清偿到期债务，当然也包括不能清偿拖欠劳动者的工资，劳动者可以向合伙人中的任何一人提出清偿要求，合伙人中的任何一人都有义务清偿劳动者全部被拖欠的工资。第四十条规定，合伙人由于承担无限连带责任，清偿数额超过其亏损分担比例的，有权向其他合伙人追偿。根据该规定，合伙人清偿被拖欠的劳动者工资超过其应当分担的比例的，可以向其他合伙人依法追偿。当然，这主要是合伙人内部的债务分担问题。

二、关于个人独资企业对拖欠农民工工资依法清偿

根据个人独资企业法第二条的规定，个人独资企业，是指依照该法在中国境内设立，由一个自然人投资，财产为投资人个人所有，投资人以其个人财产对企业债务承担无限责任的经营实体。

个人独资企业对拖欠的农民工工资，按照劳动法、劳动合同法规定由个人独资企业进行清偿；不清偿的，依据个人独资企业法相关条款进行清偿。个人独资企业法第十八条规定，个人独资企业投资人在申请企业设立登记时明确以其家庭共有财产作为个人出资的，应当依法以家庭共有财产对企业债务承担无限责任。第二十八条规定，个人独资企业解散后，原投资人对个人独资企业存续期间的债务仍承担偿还责任，但债权人在五年内未向债务人提出偿债请求的，该责任消灭。第二十九条规定，个人独资企业解散的，财产应当按照下列顺序清偿：（1）所欠职工工资和社会保险费用；（2）所欠税款；（3）其他债务。第三十一条规定，个人独资企业财产不足以清偿债务的，投资人应当以其个人的其他财产予以清偿。据此，个人独资企业拖欠农民工工资的，由个人独资企业以企业财产清偿；不清偿的，根据企业设立登记时的不同情形，由出资人以个人或者家庭共有财产依法清偿。

三、关于个体经济组织对拖欠农民工工资依法清偿

个体经济组织，主要是指经市场监督管理部门登记注册，并领取营业执照的个体工商户。

个体经济组织对拖欠的农民工工资，按照劳动法、劳动合同法规定进行清偿；不清偿的，依据民法总则和《个体工商户条例》相关规定进行清偿。民法总则第五十六条第一款规定，“个体工商户的债务，个人经营的，以个人财产承担；家庭经营的，以家庭财产承担；无法区分的，以家庭财产承担”。《个体工商户条例》第二十一条规定，“个体工商户可以根据经营需要招用从业人员。个体工商户应当依法与招用的从业人员订立劳动合同，履行法律、行政法规规定和合同规定的义务，不得侵害从业人员合法权益。”据此，个体经济组织应承

担用人单位未及时足额支付农民工劳动报酬的相关法律责任。按照“谁用人谁付酬、谁欠薪谁清偿”的原则，个体经济组织拖欠农民工工资的，由个体经济组织予以清偿；不清偿的，根据不同经营情况，由出资人以个人或者家庭财产依法清偿。

第二十一条 用人单位合并或者分立时，应当在实施合并或者分立前依法清偿拖欠的农民工工资；经与农民工书面协商一致的，可以由合并或者分立后承继其权利和义务的用人单位清偿。

【释义】 本条旨在对用人单位合并或分立时农民工劳动报酬权益提供保护。

我国法律对用人单位合并、分立前后债权债务的承担责任作了较为全面系统的规范，总体坚持以下原则：用人单位合并，合并前的权利义务由合并后的单位继续履行；用人单位分立，分立前的债权债务由分立后的单位连带承继，但在分立前对债权债务的承担有约定并且得到债权人认可的，按照约定承担。民法总则第六十七条规定，“法人合并的，其权利和义务由合并后的法人享有和承担。法人分立的，其权利和义务由分立后的法人享有连带债权，承担连带债务，但是债权人和债务人另有约定的除外”。公司法第一百七十六条规定，“公司分立前的债务由分立后的公司承担连带责任。但是，公司在分立前与债权人就债务清偿达成的书面协议另有约定的除外”。合同法第九十条规定，“当事人订立合同后合并的，由合并后的法人或者其他组织行使合同权利，履行合同义务。当事人订立合同后分立的，除债权人和债务人另有约定的以外，由分立的法人或者其他组织对合同的权利和义务享有连带债权，承担连带债务”。《最高人民法院关于审理与企业改制相关的民事纠纷案件若干问题的规定》（法释〔2003〕1号）第十二条规定：“债权人向分立后的企业主张债权，企业分立时对原企业的债务承担有约定，并经债权人认可的，按照当事人的约定处理；企业分立时对原企业债务承担没有约定或者约定不明，或者虽然有约定但债权人不予认可的，分立后的企业应当承担连带责任。”劳动合同法第三十四条规定：“用人单位发生合并或者分立等情况，原劳动合同继续有效，劳动合同由承继其权利和义务的用人单位继续履行。”

拖欠的劳动者工资属于劳动者债权，对于劳动者债权在用人单位合并、分立前后的承担规则应当适用上述法律规定。同时，为最大程度地体现保障农民工劳动报酬权益，本条将依法清偿拖欠的农民工工资作为前置条件，要求在实施合并或者分立前依法清偿。本条在劳动合同法规定的基础上，增加了“应当在实施合并或者分立前依法清偿拖欠的农民工工资”，同时规定“经与农民工协商一致的，可以由合并或者分立后承继其权利和义务的用人单位清偿”，即在取得农民工同意的前提下，也可以由承继单位清偿，增强了其实际可操作性。

第二十二条　用人单位被依法吊销营业执照或者登记证书、被责令关闭、被撤销或者依法解散的，应当在申请注销登记前依法清偿拖欠的农民工工资。

未依据前款规定清偿农民工工资的用人单位主要出资人，应当在注册新用人单位前清偿拖欠的农民工工资。

【释义】 本条旨在保护农民工在用人单位注销登记、丧失主体资格情形下的劳动报酬权益，规定用人单位在申请注销登记前依法清偿拖欠的农民工工资。

本条和第二十一条都是针对近年来经常出现的企业等用人单位通过合并、分立、解散等方式逃避工资清偿责任的现象，对相应情形下的清偿责任予以明确。

公司法对用人单位解散前后债权债务的承担责任作了较为明确的规定。公司法第一百八十条规定：“公司因下列原因解散：（一）公司章程规定的营业期限届满或者公司章程规定的其他解散事由出现；（二）股东会或者股东大会决议解散；（三）因公司合并或者分立需要解散；（四）依法被吊销营业执照、责令关闭或者被撤销；（五）人民法院依照本法第一百八十二条的规定予以解散”；第一百八十三条规定：“公司因本法第一百八十条第（一）项、第（二）项、第（四）项、第（五）项规定而解散的，应当在解散事由出现之日起十五日内成立清算组，开始清算……”；第一百八十六条第二款规定：“公司财产在分别支付清算费用、职工的工资、社会保险费用和法定补偿金，缴纳所欠税款，清偿公司债务后的剩余财产，……按照股东持有的股份比例分配”；第一百八十七条规定：“清算组在清理公司财产、编制资产负债表和财产清单后，发现公司财产不足清偿债务的，应当依法向人民法院申请宣告破产。公司经人民法院裁定宣告破产后，清算组应当将清算事务移交给人民法院。”第一百八十八条规定：“公司清算结束后，清算组应当制作清算报告，报股东会、股东大会或者人民法院确认，并报送公司登记机关，申请注销公司登记，公告公司终止。”用人单位依法破产时，劳动者有权获得其工资，在破产清偿中应当按照企业破产法第一百一十三条规定的清偿顺序，依法支付欠付本单位劳动者的工资。

在上述法律法规及相关制度的基础上，本条第一款明确在申请注销登记前应依法清偿，将清偿拖欠的农民工工资作为申请注销的前置条件；本条第二款规定了未依据第一款清偿拖欠工资的用人单位主要出资人，应当在注册新用人单位前清偿，即未清偿的，无法注册新用人单位，两款均将清偿拖欠的农民工工资作为前置条件，这将对用人单位及其主要出资人形成极大震慑，可以倒逼其依法优先清偿拖欠的农民工工资，以最大限度保护农民工劳动报酬权益。

第四章　工程建设领域特别规定

长期以来，工程建设领域欠薪问题较为突出，其中，工程款及工资款支付链条过长，容易引发欠薪，同时还涉及施工企业用工管理不规范的问题，有的总承包单位、分包单位没有自有施工队伍，通过劳务企业（甚至“包工头”）招揽工人作业，有工资支付能力的总承包单位、分包单位没有直接承担工资支付责任，而是由工资支付能力完全依赖于总承包单位、分包单位的劳务企业来承担，一定程度上造成了工资支付责任和支付能力的错配。一旦发生欠薪，农民工的合法权益往往得不到及时和有效的维护。近年来，国务院及有关部门出台了一批规范性文件，对工程建设领域欠薪问题进行集中和专项治理，形成了一套较为完备的治理模式，各地区也根据实际，创造性地提出了一些制度安排，如工资保证金、农民工实名制管理、农民工工资专用账户制度等。总结各地经验做法，国办发〔2016〕1号文件对全面治理拖欠农民工工资问题提出了系统化的治理方案，基本涵盖了本章的主要框架。近年来的实践证明，这些制度措施是针对工程建设领域欠薪问题难点、痛点、堵点的有效手段。为了进一步细化相关制度措施，提升有关制度措施的法律权威性和可操作性，《条例》设立专章予以明确规定。

第二十三条　建设单位应当有满足施工所需要的资金安排。没有满足施工所需要的资金安排的，工程建设项目不得开工建设；依法需要办理施工许可证的，相关行业工程建设主管部门不予颁发施工许可证。

政府投资项目所需资金，应当按照国家有关规定落实到位，不得由施工单位垫资建设。

【释义】 本条是对建设单位应当落实建设资金的规定。

在工程建设领域，确保农民工按时足额拿到工资，首当其冲的是要确保项目具有满足施工需要的建设资金，否则农民工工资就将成为无源之水。当前，一些项目资金不落实即开工建设，施工单位垫资施工。对于政府投资项目，由于未及时拨付工程款导致的欠薪问题将严重损害政府公信力。为此，《条例》专设一条，对落实建设资金责任加以重申和强调。

一、施工许可

行政许可，是指行政机关根据公民、法人或者其他组织的申请，经依法审查，准予其从事特定活动的行为。在具体表现形式上，并不局限于许可证，也可以是批准文件或其他体现行政许可内容的文书。根据建筑法等工程建设领域专门法的规定，工程项目在开工前，应当取得工程建设主管部门的行政许可（施工许可证或其他批准文件）。

以建筑工程为例，按照建筑法第七条的规定，除国务院建设行政主管部门确定的限额以下的小型工程外，建筑工程开工前，建设单位应当按照国家有关规定向工程所在地县级以上人民政府建设行政主管部门申请领取施工许可证；但是按照国务院规定的权限和程序批准开工报告的建筑工程，不再领取施工许可证。《建筑工程施工许可管理办法》第二条规定，在中华人民共和国境内从事各类房屋建筑及其附属设施的建造、装修装饰和与其配套的线路、管道、设备的安装，以及城镇市政基础设施工程的施工，建设单位在开工前应当依照本办法的规定，向工程所在地的县级以上地方人民政府住房城乡建设主管部门申请领取施工许可证。工程投资额在 30 万元以下或者建筑面积在 300 平方米以下的建筑工程，可以不申请办理施工许可证。省、自治区、直辖市人民政府住房城乡建设主管部门可以根据当地的实际情况，对限额进行调整，并报国务院住房城乡建设主管部门备案。

建筑领域以外的其他工程建设项目，也应当按照相关法律法规的规定，向有关部门申请取得行政许可或取得对项目可行性研究报告的批复，方可开工建设。比如，在公路建设中，公路法第二十五条规定，公路建设项目的施工，必须按照国务院交通主管部门的规定报请县级以上地方人民政府交通主管部门批准。在水利领域，根据《水利工程建设项目管理规定（试行）》第十二条、第十三条的规定，水利工程项目开始施工准备前，应当取得水利建设项目可行性研究报告的批复。

二、建设单位应在开工前做好相应施工资金安排

具备满足施工所需要的资金安排，是确保工程建设顺利进行的必要条件，也是保证农民工按时足额拿到工资的必要条件。因此，本条第一款即明确规定了建设单位做好施工所需资金安排的法定义务，并在第二款对政府投资项目作了特别强调，要求不得由施工单位垫资建设。本条规定的建设单位落实资金的义务在相关的工程建设领域专门法律法规中，也有明确规定。对房屋市政类建设项目，建筑法第八条中，明确要求建设单位申请领取施工许可证，应当落实建设资金；对公路建设项目，《公路建设市场管理办法》第二十五条规定，公路建设项目施工应当落实建设资金；对水利建设项目，《水利工程建设项目管理规定（试行）》第十三条规定，主体工程开工，应当落实建设资金。

目前，在房屋、市政类建设项目中，对建设资金落实情况已经实行承诺制。《建筑工程施工许可管理办法》第四条规定："建设单位申请领取施工许可证，应当具备下列条件，并提交相应的证明文件：……（七）建设资金已经落实。建设单位应当提供建设资金已经落实承诺书……"同时，对建设资金落实情况，发证机关应当在施工许可证核发后一个月内对申请人履行承诺的情况进行检查，对申请人未履行承诺的，撤销施工许可决定并追究申请人的相应责任；建立"黑名单"制度，将申请人不履行承诺的不良行为向社会公开，构建"一处失信、处处受限"的联合惩戒机制。

对没有满足施工所需要的资金安排的、拒绝提供建设资金已落实承诺或提供虚假承诺的，属于《建筑工程施工许可管理办法》第十四条规定的建设单位隐瞒有关情况或者提供虚假材料申请施工许可证情形，发证机关应当不予受理或者不予许可，并处1万元以上3万元以下罚款；构成犯罪的，依法追究刑事责任。

三、政府投资项目应当落实建设资金并不得垫资施工

政府投资一般是指使用预算安排的资金进行的新建、扩建、改建、技术改造等固定资产投资建设活动，其投资领域主要涉及市场不能有效配置资源的社会公益服务、公共基础设施、农业农村、生态环境保护、重大科技进步、社会管理、国家安全等公共领域，一般以非经营项目为主。

从政府投资工程项目的范围和资金属性看，政府运用公共资金从事建设活动，直接参与工程建设活动，在这个层面，与其他社会投资主体并无显著区别；但另一方面，政府投资活动也代表了国家公信力，其从事的建设活动更应当严格执行并带头遵守国家有关落实建设资金的规定，否则将破坏统一平等的市场竞争环境。如果政府投资项目迫使施工单位垫资施工，一旦由此引发欠薪问题，除直接侵害劳动者工资权益外，还必将进一步损害政府形象和信誉。为此，本条设专款，规定政府投资项目应当按照国家有关规定确保建设资金落实到位，不得由施工单位垫资建设。对此，国办发〔2016〕1 号文件明确要求："加强对政府投资工程项目的管理，对建设资金来源不落实的政府投资工程项目不予批准。政府投资项目一律不得以施工企业带资承包的方式进行建设，并严禁将带资承包有关内容写入工程承包合同及补充条款。"《政府投资条例》第二十二条规定："政府投资项目所需资金应当按照国家有关规定确保落实到位。政府投资项目不得由施工单位垫资建设。"。

"垫资建设"在工程建设领域亦可表述为"垫资施工""带资承包"，一般是指建设单位未支付工程款或未按工程进度支付工程进度款，由施工单位垫款施工，使用自有资金进行建设。"垫资建设"主要表现为两种形式：

一种是全额垫资建设，即工程建设过程中建设单位不向施工单位支付任何工程价款，待工程项目建设完毕经竣工验收合格后，方按照约定支付工程价款。

另一种是部分垫资建设，即采用不足额支付工程进度款方式，或者要求施工单位向建设单位支付保证金作为工程项目启动资金，保证金在施工过程中根据工程进度返还，造成部分垫资施工。政府投资项目要求施工单位垫资建设，将工程建设项目巨大的资金缺口和工程款无法支付的风险由建设单位转嫁给了施工单位，施工单位将难以及时足额获得工程款，资金周转困难，财务费用加大，企业不堪重负。施工单位在资金紧缺的情况下，就会出现拖欠农民工工资问题，从而陷入恶性循环。

需要注意的是，从建筑法、公路法等工程建设领域专门法来看，对落实建设资金的要求，政府投资项目与其他社会投资项目都同样应当遵守，并无例外；施工所需资金安排，应当根据工程总投资、资金筹措方案等，与建设工期、年度投资计划等一致，及时筹措到位，在开工前应当保证足够的建设启动资金。在建设过程中，应当根据建设进度，及时筹措到位，避免发生拖欠。对施工单位垫资施工问题，一般情况下，建设单位和施工单位属于平等民事主体，按照合同法、建筑法、《建设工程价款结算暂行办法》等有关规定，订立施工合同，确定双方对建设资金的支付结算方式和权利义务关系，实际上并没有从制度上明确排除垫资施工情形的存在。但考虑到政府投资项目的特殊属性，国家已三令五申明确要求政府投资项目不得由施工单位垫资施工，特别是在国办发〔2016〕1号文件和2019年颁布的《政府投资条例》中作出了明确规定，政府投资项目所需资金应当按照国家有关规定确保落实到位，并特别强调政府投资项目不得由施工单位垫资建设。

在实践中，按照本条第一款的规定，建设单位没有满足施工许可所需要的资金安排的，实行施工许可证的工程项目，有关行业工程建设主管部门不得颁发施工许可证，已经颁发的应当依法进行处理；不实行施工许可证制度的，有关行业工程建设主管部门应当加强监管，不得批准相应的可行性研究报告，已经开始施工的，应当依法给予行政处罚或采取其他行政处理措施。

第二十四条　建设单位应当向施工单位提供工程款支付担保。

建设单位与施工总承包单位依法订立书面工程施工合同，应当约定工程款计量周期、工程款进度结算办法以及人工费用拨付周期，并按照保障农民工工资按时足额支付的要求约定人工费用。人工费用拨付周期不得超过1个月。

建设单位与施工总承包单位应当将工程施工合同保存备查。

【释义】本条是对建设单位与施工单位签订合同、约定工程款支付和人工费拨付周期的规定。

一、建设单位应当向施工单位提供工程款支付担保

在工程建设施工过程中，建设单位一般是指工程建设领域施工活动中的甲方，也就是工程项目的业主，施工总承包单位是施工活动中的乙方，也就是工程项目的施工承包方。《条例》中的施工总承包单位包括实行工程总承包的总包单位、施工总承包单位，以及直接从建设单位承揽工程的专业承包单位。

建设单位工程款支付担保，是指为保证建设单位（业主）履行工程合同约定的工程款支付义务，由担保人向施工单位提供的，保证建设单位支付工程款的担保。施工单位与建设单位签订施工合同、承建发包人发包工程的目的在于获得建设单位支付的工程价款，而施工单位获得的工程价款，是其支付农民工工资的来源。建设单位向施工单位提供工程款支付担保，意在要求建设单位为其支付工程款行为进行保证，约束建设单位履约行为，避免因建设单位资金不落实或支付不及时形成工程款拖欠，导致拖欠农民工工资。

常见的工程款支付担保包括银行担保和担保公司担保两种方式。工程款支付担保的具体形式，可由合同当事人在建设工程施工合同专项条款中约定。

《国务院办公厅转发〈住房城乡建设部关于完善质量保障体系提升建筑工程品质指导意见〉的通知》（国办函〔2019〕92 号）规定，招标人要求中标人提供履约担保的，招标人应当同时向中标人提供工程款支付担保。2013 年修订的国家发展和改革委员会等七部门联合印发的《工程建设项目施工招标投标办法》第六十二条第二款规定："招标人要求中标人提供履约保证金或其他形式履约担保的，招标人应当同时向中标人提供工程款支付担保。"但在实践中，发包人（建设单位）往往利用其优势地位，要求施工单位提供履约担保而不向施工单位提供工程款支付担保，从而导致发生工程款拖欠行为时，缺少对建设单位的约束，增加了解决由此导致的拖欠农民工工资问题的难度。此次《条例》将建设单位向施工单位提供工程款支付担保作为建设单位的义务予以明确，是维护工程建设市场公平，强化对建设单位经济约束的有力措施，保障工程款支付的有效手段，为保障农民工工资支付提供了坚实基础。

建设单位未依法提供工程款支付担保的，按照《条例》第四十九条和第五十七条规定，将承担相应法律责任，特别是可能影响其信用记录，进而影响其融资、贷款、服务准入、金融交易等活动。

二、建设单位应当与施工总承包单位书面订立合同，并约定工程款拨付和人工费用拨付周期

1. 关于合同形式，建筑法第十五条第一款规定："建筑工程的发包单位与承包单位应当依法订立书面合同，明确双方的权利和义务"。公路法第二十四条第一款规定："公路建设单位应当根据公路建设工程的特点和技术要求选择具有相应资格的勘查设计单位、施工单位和工程监理单位，并依照有关法律、法规、规章的规定和公路工程技术标准的要求，分别签订合同，明确双方的权利义务。"根据建筑法、公路法等法律规定，《条例》对要求建设单位与施工总承包单位依法订立书面工程施工合同作了重申。关于合同内容，合同法第二百七十五条规定："施工合同的内容包括工程范围、建设工期、中间交工工程的开工和竣工时间、工程质量、工程造价、技术资料交付时间、材料和设备供应责任、拨款和结算、竣工验收、质量保修范围和质量保证期、双方相互协作等条款。"住房和城乡建设部、原国家工商行政管理总局2017年发布的《建设工程施工合同（示范文本）》（GF—2017－0201）第十二条，要求对工程量计量、工程进度款支付进行规范约定。"拨款和结算"相关内容，属于施工合同主要条款，应在书面施工合同中进行约定。因此，《条例》明确要求在施工合同中约定工程款计量周期、工程款进度结算办法以及人工费用拨付周期的方式，从资金源头上为农民工工资支付提供合同保障。

2. 关于人工费用的拨付要求。工程施工合同中，应当按照保障农民工工资按时足额支付的要求约定人工费用。建设单位将人工费从工程款中剥离出来，及时足额拨付到农民工工资专用账户，专项用于支付该工程建设项目农民工工资。《住房和城乡建设部、财政部关于印发〈建筑安装工程费用项目组成〉的通知》（建标〔2013〕44号）明确，建筑安装工程费用项目按费用构成要素组成划分为人工费、材料费（包含工程设备）、施工机具使用费、企业管理费、利润、规费和税金。其中，人工费是指按工资总额构成规定，支付给从事建筑安装工程施工的生产工人和附属生产单位工人的各项费用。内容包括：（1）计时工资或计件工资：是指按计时工资标准和工作时间或对已做工作按计件单价支付给个人的劳动报酬。（2）奖金：是指对超额劳动和增收节支支付给个人的劳动报酬。如节约奖、劳动竞赛奖等。（3）津贴补贴：是指为了补偿职工特殊或额外的劳动消耗和因其他特殊原因支付给个人的津贴，以及为了保证职工工资水平不受物价影响支付给个人的物价补贴。如流动施工津贴、特殊地区施工津贴、高温（寒）作业临时津贴、高空津贴等。（4）加班加点工资：是指按规定支付的在法定节假日工作的加班工资和在法定日工作时间外延时工作的加点工资。

将人工费用拨付从工程款支付中单独规范和强调，要求建设单位按照保障农民工工资按时足额支付的要求约定人工费用，主要目的在于确保人工费用拨付到位，防止与材料费、管理费等资金混同或者被挤占，同时防止拖欠工程款和拖欠农民工工资问题相互交织。

人工费用的确定，在实际操作中不易把握。一是工程概预算中的人工定额，与实际人工工资往往不完全一致。二是具体到不同地区、不同工程、不同施工单位，由于区域差异、项目特点，工程建设内容，企业施工机械化程度、工程管理水平等不同，人工费用也不相同。三是从施工组织来说，不同时段的农民工数量是动态变化的，前后差异很大，所需岗位、工种也不尽相同，工资水平不同。与农民工工资对应的人工费用，需由建设单位拨付到施工总承包单位的专用账户，专用账户资金除支付农民工工资外，在工程完工之前不能挪用。因此，如果约定和划拨的人工费用超出实际支付的工资数额，将会造成资金沉淀，影响资金使用效益，增加企业负担，进而影响工程顺利实施。为此，《条例》对于约定人工费用作了原则性规定，即“按照保障农民工工资按时足额支付的要求约定人工费用”。

3. 人工费用作为工程建设领域农民工工资的主要来源，按时足额支付人工费用的要求，应考量用人单位与农民工的工资支付周期及金额约定。劳动法第五十条规定，工资应当以货币形式按月支付给劳动者本人。国办发〔2016〕1号文件要求，全面落实企业对招用农民工的工资支付责任，督促各类企业严格依法将工资按月足额支付给农民工本人。为此，《条例》规定“人工费用拨付周期不得超过1个月”。

三、建设单位与施工总承包单位应当将工程施工合同保存备查

工程施工合同是核查工程款和农民工工资结算的基础资料，要求存档备查是为了维护各方利益，便于在发生拖欠的情况下尽快查明有关情况。建设单位和施工总承包单位应当依法保存订立的施工合同，如果在监管过程中无正当理由拒不提供或者无法提供工程施工合同的，按照《条例》第五十七条的规定，有可能面临项目停工、并处5万元以上10万元以下罚款的处罚。

第二十五条　施工总承包单位与分包单位依法订立书面分包合同，应当约定工程款计量周期、工程款进度结算办法。

【释义】 本条是对施工总承包单位与分包单位签订合同的规定。

一、施工总承包单位应与分包单位订立书面分包合同

施工总承包单位与分包单位之间权利义务关系明确，是确保施工管理规范、计量支付及时、农民工工资得到有效保证的基础条件之一。由于各种原因，部分项目施工总承包单位与分包单位之间可能存在没有订立合同的情况，或者合同内容过于简单，口头约定或不完整的简易合同可能会导致经济纠纷，不能有效保障双方合法权益，例如，分包单位不能及时获得分包工程款或劳务费，缺少索赔凭据；而施工总承包单位也可能因为分包单位或个体劳务承包人超出实际的索赔、恶意举报、恶意敲诈等而蒙受损失。无论出现哪种情况，都有可能影响农民工工资的支付。因此，《条例》首次以行政法规形式明确施工总承包单位与分包单位应订立书面分包合同，分包合同应当约定工程款计量周期、工程款进度结算办法。当然，分包合同的内容不仅仅限于工程款计量和支付，一般还包括质量、安全、进度、环保以及其他技术要求，但工程款计量和支付在实践中最易引发欠薪问题。因此，《条例》从保障农民工工资支付的需要出发，对工程款计量和支付专门进行了强调。

通过明确分包合同关于工程款计量、支付条款的书面约定，有利于强化施工总承包单位按合同约定付款的意识，有助于明确分包合同各方权利义务；通过对工程款计量、结算办法的具体约定，明确分包合同进度结算依据，有利于提升分包合同进度结算效率，从而有效保障农民工工资按时准确发放。

二、分包工程款计量周期

分包工程款计量周期，是指分包单位付款各期工作量计算的间隔时间，可以由分包合同当事人协商约定，如未专门约定，则按照通常工程实践的惯例，可按月进行计量。分包工程款计量周期内应计量的内容则包括了计量周期内已完工程款、合同约定的变更价款、预付款（如有）的扣减和返还、质量保证金的扣减、应增加或扣减的索赔金额、计日工和零星用工的结算等内容。

三、工程款进度结算办法

工程进度款结算方式通常有以下两种：（1）按月或季度结算与支付，即实行按月或季度支付工程进度款，竣工后清算的办法。合同工期在两个年度以上

的工程，在年终进行工程盘点，办理年度结算。（2）分段结算与支付，即当年不能竣工的工程按照工程项目进度，划分不同阶段支付工程进度款，具体划分方式在分包合同中明确。

关于分包工程结算办法，有关部门规章也有所规定，比如，《房屋建筑和市政基础设施工程施工分包管理办法》第十条第一款规定，分包工程发包人和分包工程承包人应当依法签订分包合同，并按照合同履行约定的义务；分包合同必须明确约定支付工程款和劳务工资的时间、结算方式以及保证按期支付的相应措施、确保工程款和劳务工资的支付。

第二十六条　施工总承包单位应当按照有关规定开设农民工工资专用账户，专项用于支付该工程建设项目农民工工资。

开设、使用农民工工资专用账户有关资料应当由施工总承包单位妥善保存备查。

【释义】 本条是对施工总承包单位开设农民工工资专用账户的规定。

在工程建设领域，除了建设单位未拨付工程款导致的欠薪外，还有的是因为工程款中包含了工资，在工程款拨付不足额的情况下，用人单位挪用本应用于发放工资的款项用于支付其他工程费用，从而导致的欠薪。总的来看，虽然建设单位和施工总承包单位之间是基于施工合同的约定收付工程款，在没有特别法律规定的情况下，并不必然将工资从工程款中分离，也就可能出现拖欠工程款和拖欠工资相混淆，导致用人单位以拖欠工程款为由拖欠农民工工资。

近年来，一些地方探索建立农民工工资专用账户制度，将工资从工程款拨付的源头即行分离，从而在最大限度上保证农民工工资款项独立运行，减少发生拖欠的风险。国办发〔2016〕1 号文件中首次统一要求施工总承包单位应当分解工程价款中的人工费用，开设农民工工资专用账户，专项用于支付农民工工资。

一、施工总承包单位开立农民工工资专用账户义务

农民工工资专用账户，是指施工总承包单位在银行开设的专项用于支付本项目农民工工资的账户。具体形式可以是本单位的基本存款账户，也可以是基本存款账户之外的一般存款账户、异地临时存款账户。

一般存款账户是存款人因借款或其他结算需要，在基本存款账户开户银行以外的银行营业机构开立的银行结算账户。临时存款账户是存款人因临时需要并在规定期限内使用而开立的银行结算账户。根据中国人民银行颁布的《人民币银行结算账户管理办法》第十二条、第十四条、第十八条、第二十一条的规定，一个单位只能在银行开立一个基本存款账户，单位设立临时机构或异地开展临时经营活动的，可以开立临时存款账户。具体到工程建设领域，施工总承包单位异地从事工程建设活动开立临时存款账户，一般需要出具其营业执照正本或其隶属单位的营业执照正本，以及施工及安装地建设主管部门核发的许可证或建筑施工及安装合同。

二、农民工工资专用账户资金的来源和用途

建设单位应当按照与施工总承包单位依法订立的工程施工合同约定的比例，或者施工总承包单位按照双方约定据实提供的农民工工资数额，最长不超过1个月的周期内，定期将资金拨付到施工总承包单位开立的农民工工资专用账户，施工总承包单位委托开户银行对账户进行日常监管，确保账户资金专门用于支付该工程项目的农民工工资。施工总承包单位开立账户后，应当向人力资源社会保障部门和相应的行业工程建设主管部门备案。

需要注意的是，关于账户的使用，应当与本章第三十一条的规定结合起来理解。在各地区探索农民工工资专用账户时，一些地方采取总承包单位、分包单位、劳务分包单位都层层设立工资专户的形式，在实践过程中，企业开设账户、维护账户、撤销账户都需要牵扯额外人力物力，而且往往由于工程项目实际有多层施工主体，账户很难层层开设到直接招用农民工的单位。为此，在推行分包单位农民工工资委托施工总承包单位代发制度时，农民工工资专用账户可以只设在总承包单位一层，项目其他单位无论涉及多少层，涉及几个分包单位，所有项目招用农民工的工资，均由总承包单位受分包单位委托代发。这样就大大减少了工资支付链条，把总承包单位的监督工资发放责任进一步做实，从而最大限度减少因为工程款结算问题造成的拖欠工资风险。

三、施工总承包单位对开设、使用工资专用账户有关账册资料的保存义务

保存农民工工资专用账户相关资料既是总承包单位的法定义务，也是证明

其履行了法定义务的重要方式。这是因为，本条第二款要求妥善保存相关资料备查，创设了施工总承包单位的相应义务，相应的，主管部门在履行监管责任时需要检查施工总承包单位是否履行了该义务，施工总承包单位为证明履行了义务，必然要保存开户和使用账户过程中形成的各类凭证资料。

对本条第一款，施工总承包单位未按规定开设或使用农民工工资专用账户的，按照《条例》第五十五条的规定予以处理。对施工总承包单位拒不提供或者无法提供农民工工资专用账户有关资料的，按照《条例》第五十七条的规定处理。

第二十七条　金融机构应当优化农民工工资专用账户开设服务流程，做好农民工工资专用账户的日常管理工作；发现资金未按约定拨付等情况的，及时通知施工总承包单位，由施工总承包单位报告人力资源社会保障行政部门和相关行业工程建设主管部门，并纳入欠薪预警系统。

工程完工且未拖欠农民工工资的，施工总承包单位公示30日后，可以申请注销农民工工资专用账户，账户内余额归施工总承包单位所有。

【释义】 本条是农民工工资专用账户的日常管理和注销程序的规定。

一、农民工工资专用账户管理服务和日常监管

本条所称金融机构是指在我国境内依法经批准设立，可经营人民币支付结算业务的银行业金融机构，具体范围按照人民银行分类标准确定。

施工总承包单位建立农民工工资专用账户后，金融机构对账户的管理和监管就显得尤为重要，一方面要监控资金的拨付进账情况，确保建设单位按照约定拨付人工费用，另一方面要按照施工总承包单位的指令向农民工银行卡及时划转工资，确保账户正常运行。

国办发〔2016〕1号文件对农民工工资专用账户的建立和监管作出了原则性规定，要求建设单位将应付工程款中的人工费单独拨付到施工总承包单位开设的农民工工资专用账户。施工总承包单位应将农民工工资专用账户设立和注销情况向人力资源社会保障部门和交通、水利等工程建设项目主管部门备案，并委托开户银行负责日常监管，确保专款专用。开户银行发现账户资金不足、被挪用等情况，应及时向人力资源社会保障部门和交通、水利等工程建设项目主管部门报告。

根据本条的规定，金融机构对农民工工资专用账户的法律义务有以下两方面：

一是优化账户开设流程的义务。《条例》颁布后，人力资源社会保障部将会同有关主管部门对农民工工资专用账户制度制定专门的管理办法，金融机构应当按照《条例》和有关管理办法的规定，依法优化账户开户流程，提供必要的便利。

二是对人工费用拨付情况的监管义务。金融机构在日常管理过程中，发现建设单位未拨付人工费用、拨付不足等情况的，应当按照本条第一款的规定，及时通知施工总承包单位，由施工总承包单位报告人力资源社会保障行政部门和相关行业工程建设主管部门，并纳入欠薪预警系统。

二、农民工工资专用账户销户

施工总承包单位对农民工工资账户内资金具有所有权，工程完工后，经履行必要的法定程序，可以注销账户并自行处理账户内剩余资金。

本条第二款中的“工程完工”，是指工程项目在建设意义上的完工，即施工总承包单位已经完成工程合同约定的各项内容，建设单位予以确认或签发工程接收证书，而不是指建设单位依照工程建设领域有关法律法规对符合条件的完工项目进行核验，并形成竣工验收报告的状态。

施工总承包单位在工程完工后且不存在拖欠农民工工资的，应在工程项目显著位置张贴账户即将注销的公示，经过法定的30个自然日公示期后，即可以向金融机构申请注销账户。

第二十八条　施工总承包单位或者分包单位应当依法与所招用的农民工订立劳动合同并进行用工实名登记，具备条件的行业应当通过相应的管理服务信息平台进行用工实名登记、管理。未与施工总承包单位或者分包单位订立劳动合同并进行用工实名登记的人员，不得进入项目现场施工。

施工总承包单位应当在工程项目部配备劳资专管员，对分包单位劳动用工实施监督管理，掌握施工现场用工、考勤、工资支付等情况，审核分包单位编制的农民工工资支付表，分包单位应当予以配合。

施工总承包单位、分包单位应当建立用工管理台账，并保存至工程完工且

工资全部结清后至少3年。

【释义】 本条是关于施工总承包单位或者分包单位应开展用工实名制管理、建立工资支付表和用工管理台账的规定。

一、全面实行用工实名制管理

我国建筑业农民工数量约占全国农民工总数的五分之一，是我国产业工人队伍的重要组成部分，为城乡建设做出了巨大贡献。但是由于工程项目建设的特点，建筑业农民工流动性大，经常在不同项目、不同公司、不同地域、不同行业之间流动。同时，还存在现场管理方式粗放、进出场管理无序、对农民工用工情况底账不清、用工关系不明等突出问题，导致在解决拖欠农民工工资案件中，对于工人的实际工作情况经常出现用工单位与农民工各执一词的情况，给保障农民工工资支付带来很大困难。为解决这些问题，部分地区先行先试，对农民工进行实名制管理，建立农民工用工台账，有效管控人员进出施工现场，取得了良好的效果。

2015年中共中央、国务院印发的《关于构建和谐劳动关系的意见》明确要求，全面推进劳动用工信息申报备案制度建设，加强对企业劳动用工的动态管理。国办发〔2016〕1号文件明确提出：全面实行农民工实名制管理制度，建立劳动计酬手册，记录施工现场作业农民工的身份信息、劳动考勤、工资结算等信息，逐步实现信息化实名制管理。《国务院办公厅关于促进建筑业持续健康发展的意见》（国办发〔2017〕19号）要求，建立全国建筑工人管理服务信息平台，开展建筑工人实名制管理，记录建筑工人的身份信息、培训情况、职业技能、从业记录等信息，逐步实现全覆盖。

为贯彻落实党中央、国务院决策部署，2019年3月，住房和城乡建设部与人力资源社会保障部共同印发《建筑工人实名制管理办法（试行）》（建市〔2019〕18号），对房屋建筑和市政基础设施工程领域建筑工人的实名制管理工作进行了系统规定，明确实名制是指对建筑企业所招用建筑工人的从业、培训、技能和权益保障等以真实身份信息认证方式进行综合管理的制度；建筑工人实名制信息由基本信息、从业信息、诚信信息等内容组成。基本信息应包括建筑工人和项目管理人员的身份证信息、文化程度、工种（专业）、技能（职称或岗位证书）等级和基本安全培训等信息。从业信息应包括工作岗位、劳动合同签订、考勤、工资支付和从业记录等信息。诚信信息应包括诚信评价、举报投诉、良好及不良行为记录等信息。此外，建筑项目以外的其他工程建设领域如何实行实名制管理，各地也根据实际情况进行了积极探索。比如，一些交通、水利建设项目点多线长，无法实行封闭式施工并安装考勤闸机，有地方要求做到“五清”，即现场点名、做工情况、考勤记录、工资发放记录、进出时间五个方面台账记录清楚，就视为实施了实名制管理。立法过程中，地方普遍认为，用工实名制管理是实现工程建设领域“干活有数据、用工有实据、讨薪有依据”的基础性工作，建议加大实施力度。《条例》正是在总结上述管理和实践经验基础上，就实行用工实名制管理作出规定的。

二、施工总承包单位或分包单位应当依法与所招用的农民工订立劳动合同并进行用工实名登记

劳动合同法第十条规定：“建立劳动关系，应当订立书面劳动合同。已建立劳动关系，未同时订立书面劳动合同的，应当自用工之日起一个月内订立书面劳动合同。用人单位与劳动者在用工前订立劳动合同的，劳动关系自用工之日起建立。”劳动法第十六条规定：“劳动合同是劳动者与用人单位确立劳动关系、明确双方权利和义务的协议。建立劳动关系应当订立劳动合同。”施工总承包单位或者分包单位依法与其直接招用的农民工订立劳动合同，这是实名制管理的前提。

工程建设领域分包的情况比较常见，用工也以劳务分包为主，因此多数时候需要劳务公司与招用的工人签订书面合同。劳动合同法第十二条规定：“劳动合同分为固定期限劳动合同、无固定期限劳动合同和以完成一定工作任务为期限的劳动合同。”据调查，工程建设领域农民工多签订以完成一定工作任务为期限的劳动合同。2015 年中共中央、国务院印发的《关于构建和谐劳动关系的意见》提出，在用工季节性强、职工流动性大的行业推广简易劳动合同示范文本，依法规范劳动合同订立、履行、变更、解除、终止等行为，切实提高劳动合同签订率和履行质量。部分地区在工程建设领域推行简易劳动合同（示范文本），取得了良好的效果，应当尽快推广。需要注意的是，施工总承包单位或者分包单位需要与招用的农民工签订合同，核实实名信息，进行用工实名登记，否则，均不允许其进入施工现场。

关于通过信息管理服务平台实行农民工劳动用工实名登记，目前主要是在建筑领域，其他具备条件的行业也应当通过相应的管理服务信息平台进行用工实名登记、管理。2018 年 10 月 16 日，住房和城乡建设部办公厅印发《关于启用全国建筑工人管理服务信息平台的通知》（建办市函〔2018〕603 号），决定自 2018 年 11 月 12 日启用全国建筑工人管理服务信息平台，并公布了数据标准和数据接口标准，在房屋建筑和市政基础设施工程领域推行建筑工人实名制信息化管理。《建筑工人实名制管理办法（试行）》第五条规定："省（自治区、直辖市）级以下住房和城乡建设部门、人力资源社会保障部门负责本行政区域建筑工人实名制管理工作，制定建筑工人实名制管理制度，督促建筑企业在施工现场全面落实建筑工人实名制管理工作的各项要求；负责建立完善本行政区域建筑工人实名制管理平台，确保各项数据的完整、及时、准确，实现与全国建筑工人管理服务信息平台联通、共享。"

三、施工总承包单位应当配备专人负责用工管理，分包单位应当予以配合

国办发〔2016〕1 号文件明确提出，施工总承包企业要加强对分包企业劳动用工和工资发放的监督管理，在工程项目部配备劳资专管员，建立施工人员进出场登记制度和考勤计量、工资支付等管理台账，实时掌握施工现场用工及其工资支付情况，不得以包代管。《建筑工人实名制管理办法（试行）》第七条第一款规定："建筑企业应承担施工现场建筑工人实名制管理职责，制定本企业建筑工人实名制管理制度，配备专（兼）职建筑工人实名制管理人员，通过信息化手段将相关数据实时、准确、完整上传至相关部门的建筑工人实名制管理平台。总承包企业（包括施工总承包、工程总承包以及依法与建设单位直接签订合同的专业承包企业，下同）对所承接工程项目的建筑工人实名制管理负总责，分包企业对其招用的建筑工人实名制管理负直接责任，配合总承包企业做好相关工作。"在总结实践经验的基础上，本条明确施工总承包单位要在项目管理机构中设立劳资专管员，其主要职责包括：对分包单位劳动用工实施监督管理，掌握施工现场用工、考勤、工资支付等情况，审核分包单位编制的农民工工资支付表等。同时，分包单位按照施工总承包单位的要求，做好其招用的农民工的管理，是其应尽的义务，因此，本条同时明确分包单位应当予以配合。

需要注意的是，本条还对用工管理台账作了明确要求，施工总承包单位、分包单位应当建立用工管理台账，并保存至工程完工且工资全部结清后至少3年。

第二十九条　建设单位应当按照合同约定及时拨付工程款，并将人工费用及时足额拨付至农民工工资专用账户，加强对施工总承包单位按时足额支付农民工工资的监督。

因建设单位未按照合同约定及时拨付工程款导致农民工工资拖欠的，建设单位应当以未结清的工程款为限先行垫付被拖欠的农民工工资。

建设单位应当以项目为单位建立保障农民工工资支付协调机制和工资拖欠预防机制，督促施工总承包单位加强劳动用工管理，妥善处理与农民工工资支付相关的矛盾纠纷。发生农民工集体讨薪事件的，建设单位应当会同施工总承包单位及时处理，并向项目所在地人力资源社会保障行政部门和相关行业工程建设主管部门报告有关情况。

【释义】 本条是对建设单位保障农民工工资支付有关义务的规定。

一、建设单位拨付工程款的义务和对施工总承包单位按时足额支付农民工工资的监督责任

建设单位作为项目的业主，其对项目的权利义务在合同法的意义上，主要是通过与施工总承包单位订立的施工合同来具体实现，其对项目中各类施工单位招用的农民工以及支付工资并没有直接的义务，但另一方面，由于建设领域特殊的生产组织方式，各类施工单位能否切实履行其工资支付责任，很大程度上有赖于建设单位能否按约定及时拨付工程款，从这个意义上说，建设单位对保障建设项目的农民工工资支付起到了源头性的保障作用，《条例》为此专设一条，对建设单位的相关责任作出了具体规定。

对建设单位拨付工程款和人工费用的义务，《条例》第二十四条已作规定，本条第一款在此基础上，明确了建设单位对施工总承包单位按时足额支付工资的监督责任，按照《条例》第三十一条和第三十五条的规定，建设单位的监督责任主要内容是督促施工总承包单位依法支付直接招用农民工的工资和代发本项目分包单位招用农民工工资的情况，结合本条第三款，还包括督促施工总承包单位加强项目的劳动用工管理，预防和处理本项目的欠薪问题。

二、建设单位在拖欠工程款情况下的工资先行垫付责任

此处的工程款，是指已经与其他工程款分账的人工费用或未实现分账运行的工程款，建设单位未按照合同约定拨付人工费用或工程款，导致工程项目农民工欠薪的，建设单位应当以未结清的数额为限承担先行垫付责任，其中，未结清的数额是指按照合同约定应付而未付的工程款或人工费，而非全部尚未支付的部分。产生建设单位垫付责任的原因仅限于其未按施工合同的约定按期拨付工程款而导致的欠薪，如欠薪并非因工程款拨付不足导致，则适用本章其他条款。

工程项目属于政府投资项目的，发生因未及时拨付工程款导致拖欠农民工工资的，除要求建设单位承担垫付责任外，属地人力资源社会保障部门还要根据《条例》第五十九条的规定，经本级人民政府批准，责令建设单位限期足额拨付工程款，并按程序对相关单位负责人采取约谈、通报等后续处置措施，对负有工程款支付责任的地方人民政府及其有关部门负责人、直接负责的主管人员和其他直接责任人员，提请有关机关依法依规给予处分。

三、建设单位的工资拖欠预防、处置和报告义务

建设单位除按照合同约定履行及时拨付工程款及监督施工总承包单位按时足额支付农民工工资的责任外，还应当协调工程项目有关施工单位切实履行用工主体责任，发生拖欠农民工工资问题特别是集体讨薪事件时，主动会同施工总承包单位及时处理，并有义务向项目所在地人力资源社会保障行政部门和相关行业工程建设主管部门报告有关情况。

第三十条　分包单位对所招用农民工的实名制管理和工资支付负直接责任。

施工总承包单位对分包单位劳动用工和工资发放等情况进行监督。

分包单位拖欠农民工工资的，由施工总承包单位先行清偿，再依法进行追偿。

工程建设项目转包，拖欠农民工工资的，由施工总承包单位先行清偿，再依法进行追偿。

【释义】 本条是关于施工总承包单位和分包单位对农民工工资的支付和清

偿责任的规定。

工程建设领域涉及多层数个用人单位，仅就施工过程而言，涉及施工总承包单位、专业分包单位以及劳务分包单位等。从劳动关系上讲，分包单位对其招用的农民工负有直接责任，施工总承包单位对分包单位招用的农民工并非用人单位，但施工总承包单位从建设单位承接全部施工项目，理应对项目分包单位招用农民工的工资支付情况承担相应责任。分包单位是施工总承包单位委托的，分包单位向施工总承包单位负责并接受管理。因此，施工总承包单位应当对分包单位的劳动用工及工资发放情况进行监督，在出现拖欠问题时先行清偿。明确这一原则，对于一些转包、违法分包等特殊案件中，在主管部门和建设单位难以找到责任主体的情况下，有利于及时迅速地解决拖欠农民工工资问题。

一、分包单位落实实名制管理和工资支付的直接责任

本条中的分包，既包括从施工总承包单位合法直接承包工程的专业分包，也包括从施工总承包单位和分包单位合法承接劳务作业的劳务分包。需要强调的是，这里并未排除施工总承包单位直接招用农民工情况下的落实实名制管理和工资支付直接责任。

实名制管理，是指施工单位对其所招用的农民工从业、培训、技能和权益保障等信息以真实信息认证方式进行综合管理的制度。工资支付责任，是用人单位基于与招用的劳动者建立劳动关系的基本义务之一。对此，劳动法第三条明确规定，劳动者享有取得劳动报酬的权利；劳动合同法第三十条第一款规定，用人单位应当按照劳动合同约定和国家规定，向劳动者及时足额支付劳动报酬。对直接招用农民工的分包单位而言，其作为招用的农民工的用人单位，是实行实名制管理和工资支付的直接责任人，依法承担用工主体责任，本条对此作出重申，意义也正在于此。分包单位未实行劳动用工实名制管理的，需要按照《条例》第五十五条的规定承担法律责任。

二、总承包单位对分包单位劳动用工和工资发放情况的监督责任

在合同法范畴下，施工总承包单位和分包单位是平等民事主体，各自根据合同约定承担相应的权利义务，但基于工程建设领域生产组织方式和管理方式的特殊性，施工总承包单位对其承担的工程项目负总责，并在法律法规规定的

特定情况下与分包单位承担连带责任。比如，建筑法第四十五条规定，施工总承包单位负责施工现场安全，分包单位向施工总承包单位负责；第五十五条规定，施工总承包单位对工程质量负责，分包单位就其分包工程的质量与施工总承包单位承担连带责任。在劳动用工和工资支付环节，《条例》也按照施工总承包单位负总责的原则，对施工总承包单位对其承包的项目中分包单位劳动用工和工资发放情况设定了相应的监督责任。对劳动用工和工资支付的监督，施工总承包单位应当以实名制管理为基础，对分包单位用工全过程进行监督，督促分包单位履行用工主体责任，发现分包单位的违法违规行为，监督及时改正，具体的监督方式和监督内容，可结合《条例》第二十八条理解。

三、总承包单位对分包单位欠薪的先行清偿责任

分包单位对其招用的农民工依法承担用工主体责任，是支付工资的法定义务主体，这是毋庸置疑的。同时，根据工程建设领域行业特点，为了更好地解决工程建设领域欠薪问题，《条例》在明确分包单位支付义务的前提下，规定施工总承包单位在工程项目分包单位发生欠薪时，由其先行清偿；在清偿后，可以向拖欠农民工工资的分包单位依法追偿。需要强调的是，施工总承包单位清偿后，并未免除分包单位的法律责任，施工总承包单位可以依法提起民事诉讼或依照分包合同约定申请商事仲裁，维护其合法权益。

需要说明的是，本条第三款中的分包涉及总承包单位分包给个人或不具备合法经营资格单位的，应当适用《条例》第三十六条，除此之外的分包单位发生拖欠农民工工资，均应当按照本条第三款执行。

四、转包情况下发生欠薪时的总承包单位清偿责任

转包，一般是指承包单位承包工程后，不履行合同约定的责任和义务，将其承包的全部工程或者将其承包的全部工程肢解后，以分包的名义分别转给其他单位或个人施工的行为。在房屋市政类建筑工程、公路建设、水利工程项目等领域，建筑法、《建设工程质量管理条例》以及有关专门法规规章对转包行为有清晰的界定。以建筑工程为例，住房和城乡建设部制定了《建筑工程施工发包与承包违法行为认定查处管理办法》，其中第九条对转包行为的情形进行了详细的列举。对工程项目转包情况下发生的欠薪，由总承包单位先行清偿，对

清偿的部分可以向有关的转包单位或个人进行追偿。对转包的认定，依照部门职责分工，应由相关行业工程建设主管部门作出认定。

具体执法实践中，工程项目中的分包单位发生拖欠农民工工资或因项目施工过程中发生转包，拖欠农民工工资的，人力资源社会保障部门责令拖欠农民工工资的单位或个人限期支付欠薪而其逾期未支付的，应当向施工总承包单位作出行政处理决定，责令其限期先行清偿，施工总承包单位到期拒不履行的，可以动用该项目的工资保证金予以清偿，不足额部分，可以依照《条例》第四十二条的规定，申请人民法院强制执行。

第三十一条　工程建设领域推行分包单位农民工工资委托施工总承包单位代发制度。

分包单位应当按月考核农民工工作量并编制工资支付表，经农民工本人签字确认后，与当月工程进度等情况一并交施工总承包单位。

施工总承包单位根据分包单位编制的工资支付表，通过农民工工资专用账户直接将工资支付到农民工本人的银行账户，并向分包单位提供代发工资凭证。

用于支付农民工工资的银行账户所绑定的农民工本人社会保障卡或者银行卡，用人单位或者其他人员不得以任何理由扣押或者变相扣押。

【释义】 本条是工程建设领域总承包单位代发工资制度的规定。

工程建设领域发生拖欠农民工工资的一个重要原因是工资支付链条长，施工总承包单位等上游企业支付能力相对较强，但不承担工资支付责任，分包单位等下游企业特别是劳务分包单位对工资支付承担直接责任，但其支付能力相对薄弱且依赖上游企业能否及时拨付工程款。为破解这一难题，在落实农民工实名制管理和农民工工资专用账户的前提下，推行总承包单位代发工资制度就显得十分必要，本条对此作出了制度安排。

一、施工总承包单位代发农民工工资

国办发〔2016〕1号文件明确提出，在工程建设领域要鼓励实行分包企业农民工工资委托施工总承包企业直接代发的办法。《条例》对上述要求进行了重申并明确要推行此项制度，也就是说，落实此项制度，既是工程建设领域各类施工单位的法定义务，也是人力资源社会保障部门和相关行业工程建设主管部门的法定职责。按照《条例》和国办发〔2016〕1号文件的要求，对分包单位而言，一方面，要为招用的农民工申办实名制的用于支付工资的银行卡或其他支付工资的银行账户，另一方面，要按月考核农民工工作量并编制工资支付表，经农民工本人签字确认后，与当月工程进度等情况一并交施工总承包单位。对施工总承包单位而言，一方面，要根据分包单位编制的工资表，通过农民工工资专用账户直接将应付的农民工工资支付给农民工本人的银行账户，另一方面，要将农民工工资专用账户代发农民工工资的凭证提供给分包单位。

需要说明的是，委托代发工资与直接发放工资不同，在分包单位委托施工总承包单位代发农民工工资过程中，并未改变分包单位与其招用的农民工之间的劳动关系，施工总承包单位与分包单位招用的农民工之间并不存在基于劳动关系的法律关系，其受分包单位委托代发工资，工资支付法律责任及效果仍归于委托方即分包单位。

在立法过程中，对工程建设领域是否全面强制实行施工总承包单位代发工资制度，各方有不同意见。赞同的意见认为，这是根治欠薪的核心制度，可以实现由用工行为能力强和用工责任能力好、“靠谱”的市场主体（施工总承包单位）承担起支付工资的监管责任。对建设单位而言，确保农民工平时按月足额拿到工钱，农民工安稳做工，工程进度上去了，实现了建设单位利益最大化；对施工总承包单位而言，虽然增加了管理成本，但也倒逼劳务公司规范管理，形成相对稳定的建筑工人队伍；对监管部门而言，降低了监管成本和监管半径，实现了政府监管效果的最大化；对农民工而言，总承包单位代发工资，减少了工资层层拨付的中间环节，工资支付更有保障。反对的意见则认为，这样做不符合实际，因为施工总承包单位、分包单位都签订合同，应当按照合同承担各自责任，分包单位作为用人单位应当依法支付工资；还有一些施工企业担心增加农民工税务负担及可能产生劳务费发票的合规问题。从实际情况看，施工企业的这些担心是不必要的。首先，依法纳税是包括农民工在内的每个公民的义务，并无例外；其次，我国在个人所得税制度中已引入按家庭计算和专项扣除等综合计算机制，征税起征点也根据实际情况动态调整，农民工实际纳税水平与其他群体劳动者并无显著区别。关于劳务费发票合规问题，实际上属于操作层面的问题，只要分包单位和施工总承包单位依法签订代发协议，真实履行代发工资义务，发票自然能够与劳务费资金流向实现互相印证，也就不存在所谓虚开发票等合规性问题。在综合考虑各方面意见的基础上，从确保农民工工资按时足额发放的立法目的考虑，同时兼顾各方面的承受能力，《条例》最终规定，工程建设领域推行分包单位农民工工资委托施工总承包单位代发制度。

二、禁止扣押或变相扣押农民工银行卡

实践中，一些工程项目的劳务分包单位或班组长将农民工的工资银行卡收归其集中保管，掌握其银行卡密码，从形式上看，农民工已经在其个人银行账户中获得了工资，但却实质上丧失了对相关款项的支配权利。针对以各种方式扣押或者变相扣押农民工本人银行卡的问题，本条第四款作出了明确的禁止性规定。

对扣押或者变相扣押农民工银行卡的做法，《条例》在予以明确禁止的同时，还在第五十四条规定了违反此规定的法律责任。

本条中提到的社会保障卡，指由人力资源和社会保障部统一规划，由各地人力资源和社会保障部门面向社会发行，用于人力资源和社会保障各项业务领域的集成电路（IC）卡。社会保障卡作用十分广泛。持卡人不仅可以凭卡就医进行医疗保险个人账户实时结算，还可以办理养老保险事务、办理求职登记和失业登记手续、申领失业保险金、申请参加就业培训、申请劳动能力鉴定和申领享受工伤保险待遇、在网上办理有关劳动和社会保障事务等。为进一步扩展社会保障卡的使用功能，2011 年人力资源社会保障部和中国人民银行印发《关于社会保障卡加载金融功能的通知》，决定在社会保障卡中加载金融功能，加载金融功能后的社会保障卡在具有信息记录、信息查询、业务办理等功能的同时，还可作为银行卡使用，具有现金存取、转账、消费等金融功能，以便促进金融服务民生，方便群众享受社保待遇和金融服务。

第三十二条　施工总承包单位应当按照有关规定存储工资保证金，专项用于支付为所承包工程提供劳动的农民工被拖欠的工资。

工资保证金实行差异化存储办法，对一定时期内未发生工资拖欠的单位实行减免措施，对发生工资拖欠的单位适当提高存储比例。工资保证金可以用金融机构保函替代。

工资保证金的存储比例、存储形式、减免措施等具体办法，由国务院人力

资源社会保障行政部门会同有关部门制定。

【释义】 本条是工程建设领域实行工资保证金制度的规定。

工资保证金制度，是指施工总承包企业在商业银行设立专用账户，按照工程项目造价的一定比例存储资金，专项用于预防和解决拖欠农民工工资问题的行政管理措施。国办发〔2016〕1 号文件明确要求在建筑市政、交通、水利等工程建设领域全面实行工资保证金制度，并逐步将实施范围扩大到其他易发欠薪行业。从各地贯彻落实情况看，工资保证金制度，既有利于从源头上预防拖欠农民工工资问题，也有利于及时妥善解决拖欠农民工工资问题。2016 年，国务院办公厅印发的《关于清理规范工程建设领域保证金的通知》（国办发〔2016〕49 号），决定保留工资保证金制度，并对进一步规范和完善工资保证金制度提出要求。在总结各地实践经验的基础上，《条例》明确规定了工资保证金制度。

一、工资保证金的存储主体和用途

从各地已有的实践情况看，对工资保证金的存储主体规定不尽相同，既有规定由施工总承包单位承担的，也有规定由建设单位承担的，还有要求施工总承包单位和分包单位分别承担等做法。对此，《条例》作出了统一规定，即由施工总承包企业作为存储工资保证金的主体。对工资保证金的用途，本条第一款也作出了明确规定，即用于为施工总承包单位所承包的工程提供劳动的农民工被拖欠的工资。其中，关于工程项目，是指施工总承包单位承包的项目整体，涵盖了由其总承包后分包给其他分包单位的部分；关于农民工范围，是指为施工总承包企业承包的工程项目提供劳动的所有农民工，不局限于其直接招用的农民工，还包括分包单位招用以及通过其他方式招用的为该项目提供劳动的农民工；关于支付项目，仅限于解决工资保证金所覆盖的工程项目发生的拖欠农民工工资问题，而不能用于解决缴存单位非该笔保证金覆盖的其他承建工程项目欠薪。

二、保证金差异化存储和保函替代

保证金起源于民事领域，一般指合同当事人一方或双方为保证合同的履行，而留存于对方或提存于第三人的金钱。保证金在一般民事领域并非普遍设立，通常仅在涉及大额交易或为保证一方或双方诚实信用履行合同时，通过设立违约责任在难以有效保证合同履行的情况下，才会另行约定设立保证金。与之相类似，在工资支付权利义务关系中，并非所有工资支付都存在拖欠的问题，只有对特定的易发多发拖欠工资行业企业，才需要设立工资保证金制度。同时，为了对屡次欠薪的施工总承包单位加以惩戒，有必要采取措施适当增加其存储数额，提高发生欠薪后工资保证金的偿付能力。故此，本条第二款规定工资保证金要实行差异化存储，对在一定时期内没有发生欠薪的单位实行减免措施，对发生工资拖欠的单位适当提高存储比例。

为切实减轻企业缴存工资保证金的压力，结合《优化营商环境条例》第二十五条关于“推广以金融机构保函替代现金缴纳涉企保证金”的规定，本条还规定，除了以现金形式实缴工资保证金的方式，施工总承包单位可以选取金融机构保函替代工资保证金。金融机构保函，一般是指银行等金融机构应申请人的申请，向第三方开立的书面信用担保凭证。在工程建设领域，住房和城乡建设部、发展改革委、财政部、人力资源社会保障部、人民银行和银保监会于2019年联合印发《关于加快推进房屋建筑和市政基础设施工程实行工程担保制度的指导意见》，其中明确要求农民工工资支付保函全部采用具有见索即付性质的独立保函。从地方实践看，保函多数采取的是见索即付的独立保函，如北京市人力资源社会保障局等部门于2018年印发的《北京市工程建设领域农民工工资保证金管理办法》第八条规定，开具保函的银行接到市人力资源社会保障行政部门出具的《关于启用农民工工资保证金的函》后，应按保函中的承诺及时支付农民工工资。

三、制定工资保证金具体实施办法

国办发〔2016〕1号文件出台后，各地对本地区实行工资保证金制度陆续出台了实施办法。在形式上，有地方性法规、地方政府规章和规范性文件等多种形式，其中监管部门、对缴存比例、存储形式和减免措施、动用和返还程序等规定有很大不同，同一企业在不同地区面临着监管标准“碎片化”问题，对企业合规带来较大压力。为进一步统一全国工资保证金制度，为施工企业创造平等竞争的市场环境，在本条第三款明确授权国务院人力资源社会保障行政部门会同有关部门制定具体办法，对本条中尚未明确的工资保证金存储比例、存储形式、减免措施等问题作出细化规定。需要指出的是，根据《条例》授权，人力资源社会保障部会同有关部门将制定具体实施办法，各地已有的制度规定与《条例》和该具体办法存在不一致的，应当及时修订调整。

第三十三条 除法律另有规定外，农民工工资专用账户资金和工资保证金不得因支付为本项目提供劳动的农民工工资之外的原因被查封、冻结或者划拨。

【释义】 本条是对农民工工资专用账户和工资保证金的查封、冻结或划拨措施予以限制的规定。

农民工工资专用账户的资金和工资保证金本质上都是施工总承包单位财产，但其用途和功能具有特殊性，农民工工资专用账户的资金只能用于对应的工程项目农民工工资支付，工资保证金只能用于其所保证的工程项目发生拖欠工资以后，经行政部门责令支付未支付情况下的工资清偿。为了保证两类资金安全，确保专款专用，不被随意查封、冻结或者划拨，切实保障农民工工资权益，《条例》专条作出规定，规定除法律另有规定外，农民工工资专用账户资金和工资保证金不得因支付为本项目提供劳动的农民工工资之外的原因被查封、冻结或者划拨。

一、查封、冻结、划拨

查封、冻结或者划拨三种措施，按照不同的实施阶段，可以分为两类：一是强制措施，即查封和冻结；二是强制执行，即划拨。按照权力来源，可以分为行政行为和司法行为两类，行政行为类主要受行政强制法和有关的专门性法律、法规调整，司法行为类主要受民事诉讼法、刑事诉讼法、行政诉讼法的调整，除诉讼保全、诉前保全外，一般处于判决或裁定的执行阶段。

其中，行政行为类的查封、冻结、划拨可区分为行政强制措施和行政强制执行两类，查封或者冻结属于行政强制措施（资金处于实物现金状态，应为查封；处于账户资金等非实物状态，应为冻结），而划拨属于行政强制执行措施。行政强制法第二条规定："本法所称行政强制，包括行政强制措施和行政强制执行。行政强制措施，是指行政机关在行政管理过程中，为制止违法行为、防止证据损毁、避免危害发生、控制危险扩大等情形，依法对公民的人身自由实施暂时性限制，或者对公民、法人或者其他组织的财物实施暂时性控制的行为。

行政强制执行，是指行政机关或者行政机关申请人民法院，对不履行行政决定的公民、法人或者其他组织，依法强制履行义务的行为。”行政强制法第九条规定：“行政强制措施的种类：（一）限制公民人身自由；（二）查封场所、设施或者财物；（三）扣押财物；（四）冻结存款、汇款；（五）其他行政强制措施。”行政强制法第十二条规定：“行政强制执行的方式：（一）加处罚款或者滞纳金；（二）划拨存款、汇款；（三）拍卖或者依法处理查封、扣押的场所、设施或者财物；（四）排除妨碍、恢复原状；（五）代履行；（六）其他强制执行方式。”

司法行为类则没有严格区分，除诉讼保全和诉前保全措施以外，一般都被视为执行措施，比如，民事诉讼法中，法院的执行措施包括了查询、冻结、扣押、划拨等措施。对诉讼保全，民事诉讼法第一百条规定：“人民法院对于可能因当事人一方的行为或者其他原因，使判决难以执行或者造成当事人其他损害的案件，根据对方当事人的申请，可以裁定对其财产进行保全……”；第一百零三条第一款规定，“财产保全采取查封、扣押、冻结或者法律规定的其他方法”。对诉前保全，民事诉讼法第一百零一条第一款规定，“利害关系人因情况紧急，不立即申请保全将会使其合法权益受到难以弥补的损害的，可以在提起诉讼或者申请仲裁前向被保全财产所在地、被申请人住所地或者对案件有管辖权的人民法院申请采取保全措施”。对民事执行措施，民事诉讼法第二百四十二条规定：“被执行人未按执行通知履行法律文书确定的义务，人民法院有权向有关单位查询被执行人的存款、债券、股票、基金份额等财产情况。人民法院有权根据不同情形扣押、冻结、划拨、变价被执行人的财产。”

二、对查封、冻结或者划拨限制的两个例外

一是法律明确规定可以查封、冻结或者划拨的。这里排除了法律的一般性授权或规定（其他行政法规的规定当然排除），如实施查封、冻结或者划拨措施，必须有法律对农民工工资专用账户资金和工资保证金查封、冻结或划拨的特别规定。

二是基于支付为本项目提供劳动的农民工工资的原因，人民法院或行政机关依法采取的查封、冻结或者划拨措施。此类例外不含为其他项目农民工支付工资而作出的查封、冻结或者划拨。

此外，需要注意的是，本条中的农民工工资专用账户资金是指专门用于支付该工程项目农民工工资并存放在账户内的资金，除前面提到的限制性规定以外，工程完工且未拖欠农民工工资，施工总承包单位公示期满后未申请注销账户的，该账户从性质上说已不再属于农民工工资专用账户，其账户内剩余的资金也就自然不受本条有关不得查封、冻结、划拨的限制。

第三十四条 施工总承包单位应当在施工现场醒目位置设立维权信息告示牌，明示下列事项：

（一）建设单位、施工总承包单位及所在项目部、分包单位、相关行业工程建设主管部门、劳资专管员等基本信息；

（二）当地最低工资标准、工资支付日期等基本信息；

（三）相关行业工程建设主管部门和劳动保障监察投诉举报电话、劳动争议调解仲裁申请渠道、法律援助申请渠道、公共法律服务热线等信息。

【释义】本条是对施工现场维权信息公示制度的规定。

农民工与用人单位通过订立劳动合同明确双方权利义务，但在实践中，由于主观客观等多方面原因，工程建设领域农民工劳动合同签订率偏低，已订立的合同对工资支付的条款特别是工资支付日期等往往约定不甚明确，对合同履行过程中的争议解决机制、投诉渠道等也较少作规定。同时，多数农民工直接受雇于劳务分包等作业单位，对项目整体情况和建设单位、施工总承包单位（包括项目部）也不甚了解，在维权时甚至不清楚项目的具体名称，在一定程度上造成了维权难的问题。针对这些问题，国办发〔2016〕1 号文件明确要求实行施工现场维权信息公示制度。在总结地方实践经验基础上，《条例》对施工总承包单位落实维权信息公示的义务作出专门规定。

一、维权信息告示牌的设立主体

《条例》明确，设立维权信息告示牌的义务主体是施工总承包单位，不包含建设单位或分包单位。需要明确的是，本规定并没有排除施工总承包单位以外的施工单位或建设单位自愿在相关的工程项目设立类似的维权信息告示设施。

二、维权信息告示牌的位置

《条例》规定，维权信息告示牌要设立在施工现场的醒目位置，比如，施工驻地办公区的主要出入口、农民工集中住宿区等，以方便农民工知晓咨询。如果施工总承包单位设立了维权信息告示牌，但并没有设立在施工现场的显著位置，农民工难以知晓其存在并查看，也就不属于完整地落实施工现场维权信息公示制度的情形。

三、维权信息告示牌的内容

《条例》规定，维权信息告示牌应当包括以下三类具体内容：

一是建设项目基本概况，包括建设单位、施工总承包单位、项目部、分包单位、行业工程建设主管部门、劳资专管员等信息。

二是工程项目所在地最低工资标准，工资支付日期等信息。此处的最低工资是指劳动者在法定工作时间内提供了正常劳动的前提下，其所在企业应支付的最低劳动报酬，也就是工资下限。各省、自治区、直辖市人民政府劳动行政部门会同工会和企业方共同研究确定本地区的最低工资标准，在履行《最低工资规定》规定的必要程序后，向社会公布实施。

三是农民工的权益救济渠道。包括行业工程建设主管部门和劳动保障监察举报投诉电话、劳动争议调解仲裁申请渠道、法律援助申请渠道、“12348”公共法律服务热线等信息，方便农民工咨询或维权。

对本条第（三）项中的行政部门举报投诉电话、调解仲裁渠道、法律援助渠道、公共法律服务热线等信息，有关主管部门或单位应当在实施监管过程中主动向施工总承包单位提供，并给予必要的指导帮助，督促施工总承包单位履行本条规定的法定义务。

对施工总承包单位不履行本条规定义务的，《条例》规定了相应的法律责任，具体可按照《条例》第五十六条执行。

第三十五条　建设单位与施工总承包单位或者承包单位与分包单位因工程数量、质量、造价等产生争议的，建设单位不得因争议不按照本条例第二十四条的规定拨付工程款中的人工费用，施工总承包单位也不得因争议不按照规定代发工资。

【释义】 本条是对建设单位拨付人工费用和总承包单位代发工资的强制性规定。

在《条例》颁布之前，实践中建设单位与施工总承包单位以及承包单位和分包单位在履行施工合同过程中发生争议，往往会引发工程款结算纠纷，出现施工总承包单位或分包单位以上游工程款拨付不足为由，拖欠农民工工资。针对上述问题，《条例》在第二十四条设立建设单位按照约定定期拨付人工费的义务和第三十一条设立施工总承包单位代发工资制度的基础上，专设一条，禁止建设单位和施工总承包单位以工程项目因工程数量、质量、造价存在争议为由，拒绝履行定期拨付人工费用和代发工资的义务。

一、关于“争议”

本条中的“争议”，既包括建设单位和施工总承包单位之间的争议，也包括施工总承包单位和其他分包单位及劳动分包单位之间的争议。对争议的类型，本条列举了三种争议类型，即工程数量、质量、造价。实际上，在工程项目的建设过程中，出现争议的类型并不限于上述原因，但透过现象看本质，我们可以从这些纷繁复杂的争议中归纳出一种共同特质，即所有的争议实际上都属于或者可归结对工程价款结算的争议，争议各方提起的种种理由，仅仅是提起争议的缘由或起点，其终点均指向工程款的结算，如果从更抽象的层面看，所有工程建设市场主体之间的争议都属于施工合同履行过程中的争议。

二、解决“争议”和拨付人工费、代发农民工工资责任的分离

以往实践中，人工费用或者说农民工工资是工程款的一部分，与其他工程款的区别主要是资金的用途不同，在工程款的拨付过程中，一般未加以区分，因此，当工程价款结算发生纠纷时，建设单位、各类施工单位等有关的市场参与主体之间往往出现资金结算支付停顿，从而直接或间接导致拖欠工资。为了更加突出保护农民工工资报酬权益，有必要将农民工工资或者人工费从工程款结算中分离出来，并通过立法的形式明确有关市场主体之间不得以存在结算纠纷为由，拒绝履行拨付人工费用或代发工资的责任。基于以上考虑，本条在第二十四条设立的人工费与工程款分账制度的基础上，从设立禁止性规定的角度再次重申了人工费相对于其他工程款的独立性。本条对相关行为设立的禁止性规定，并不妨碍建设单位或施工总承包单位依照合同法等有关法律规定及合同相关争议解决条款，通过协商、商事仲裁或民事诉讼等方式就工程价款结算问

题寻求权益救济。

第三十六条　建设单位或者施工总承包单位将建设工程发包或者分包给个人或者不具备合法经营资格的单位，导致拖欠农民工工资的，由建设单位或者施工总承包单位清偿。

施工单位允许其他单位和个人以施工单位的名义对外承揽建设工程，导致拖欠农民工工资的，由施工单位清偿。

【释义】 本条是对建设单位或者总承包单位违法发包、分包及挂靠情况下的拖欠工资清偿责任的规定。

为治理工程建设领域挂靠承包和建设单位、施工总承包单位违法发包、违法分包造成的欠薪问题，本条专门对清偿责任主体予以明确。

一、违法发包、违法分包导致欠薪的清偿责任

根据建筑法等有关工程建设领域法规规定，建设单位或施工总承包单位不得将工程建设项目违法发包或违法分包给个人或不具备合法经营资格的单位。比如，建筑法对从事建筑活动的主体资格作出了明确的限定，第十二条规定，“从事建筑活动的建筑施工企业、勘察单位、设计单位和工程监理单位，应当具备下列条件：（一）有符合国家规定的注册资本；（二）有与其从事的建筑活动相适应的具有法定执业资格的专业技术人员；（三）有从事相关建筑活动所应有的技术装备；（四）法律、行政法规规定的其他条件”。比如，公路法第二十四条规定，“公路建设单位应当根据公路建设工程的特点和技术要求，选择具有相应资格的勘查设计单位、施工单位和工程监理单位，并依照有关法律、法规、规章的规定和公路工程技术标准的要求，分别签订合同，明确双方的权利义务。承担公路建设项目的可行性研究单位、勘查设计单位、施工单位和工程监理单位，必须持有国家规定的资质证书”。由此可见，我国法律对从事工程建设活动的施工单位主体资格有明确的规定，个人和不具备合法经营资格的单位不得作为主体参与建设活动。住房和城乡建设部2019年颁布的《建筑工程施工发包与承包违法行为认定查处管理办法》中也有明确的规定，该办法第六条第一款规定：“存在下列情形之一的，属于违法发包：（一）建设单位将工程发包给个人的；（二）建设单位将工程发包给不具有相应资质的单位的……”；第十二条第一款规定，“存在下列情形之一的，属于违法分包：（一）承包单位将其承包的工程分包给个人的；（二）施工总承包单位或专业承包单位将工程分包给不具备相应资质单位的……”

需要注意的是，《建筑工程施工发包与承包违法行为认定查处管理办法》第六条和第十二条对违法发包和违法分包的认定情形要远多于本条列举的种类。本条所讲的建设单位或施工总承包单位违法发包、违法分包，是指建设单位或施工总承包单位直接违法发包或违法分包给个人或不具备合法经营资格单位，不包括其他类型的违法发包或违法分包。考虑到此情况下发生的拖欠工资问题是由建设单位或施工总承包单位直接违法行为所导致，建设单位或施工总承包单位理应承担比先行清偿更为严格的责任。本条规定此种情形下的农民工工资清偿责任由违法发包或违法分包的建设单位或施工总承包单位直接承担，这里的清偿责任与《条例》第三十条中的先行清偿责任有所区别。

二、“挂靠”施工导致欠薪的清偿责任

工程建设领域的挂靠行为，一般是指单位或个人以其他有资质的施工单位的名义承揽工程的行为。对挂靠行为，工程建设领域的法律法规均明确禁止。住房和城乡建设部发布的《建筑工程施工发包与承包违法行为认定查处管理办法》第十条对挂靠的情形进行了列举，包括：“（一）没有资质的单位或个人借用其他施工单位的资质承揽工程的；（二）有资质的施工单位相互借用资质承揽工程的，包括资质等级低的借用资质等级高的，资质等级高的借用资质等级低的，相同资质等级相互借用的”。该办法第十五条同时也规定了对挂靠行为的处罚规则。除建筑工程外，交通和水利工程建设也有类似的规定，明确禁止各类形式的挂靠施工。

考虑到挂靠施工行为的源头违法性，《条例》对此情形下导致的欠薪清偿责任作出规定，即施工单位出借资质和营业执照，允许其他单位或个人以施工单位名义对外承揽工程项目的，导致拖欠工资问题，由被挂靠的施工单位承担清偿责任。

需要明确的是，本条中涉及的有关建设单位、施工总承包单位或其他施工单位承担的工资清偿责任，行政部门可以直接责令其清偿，不必以有关个人或不具备合法经营资格的单位承担工资支付责任为前提。相应的建设单位、施工

总承包单位或其他施工单位清偿拖欠的农民工工资后，可依法向有关个人或单位主张追偿的权利。

第三十七条　工程建设项目违反国土空间规划、工程建设等法律法规，导致拖欠农民工工资的，由建设单位清偿。

【释义】 本条旨在明确工程建设项目违法导致拖欠农民工工资的清偿责任。

根据工程建设领域相关法律法规，比如，土地管理法、城乡规划法的规定，工程建设项目需履行相应的建设审批程序，取得用地审批（或用地预审意见）和规划选址意见，明确项目法人（或投资主体），落实资金筹措方案，取得投资主管部门或其他有关部门的立项审批，依法开展前期工作。

实践中，一些项目违反规划建设程序，擅自开工建设，由于项目无法立项、资金没有着落、工程陷入停滞甚至成为烂尾工程，导致拖欠工程款和农民工工资。在这种情况下，建设单位需承担农民工工资的清偿责任，应当与施工单位共同核实农民工工资信息，依法优先清偿农民工工资，保护农民工合法权益。《条例》第二十九条第二款亦规定“因建设单位未按照合同约定及时拨付工程款导致农民工工资拖欠的，建设单位应当以未结清的工程款为限先行垫付被拖欠的农民工工资”，与本条规定的立法精神是相同的。

实际上，建设单位承担清偿后，并不排斥其依法寻求权益救济的权利，有关施工单位亦应依照其过错程度承担相应的法律责任。需要明确的是，对确认是否违反本条所称的国土空间规划、工程建设等法律法规的情形，应当以有关主管部门的认定为准。

第五章　监督检查

本章是《条例》的监督检查部分。监督检查是保障《条例》有效贯彻实施的重要制度。本章共15条，为突出过程监管，规定了农民工工资支付监控预警，监督检查主体和监督检查事项，相关行业工程建设主管部门依法规范建设市场秩序，查处违法发包、转包、违法分包及挂靠等行为，政府投资项目建设单位向农民工工资专用账户拨付资金的监督、法律援助和公共法律服务、“谁执法谁普法”责任制落实。为强化执法手段，规定了人力资源社会保障行政部门的财产查询措施、请求公安机关协助、移送涉嫌拒不支付劳动报酬犯罪案件、申请法院强制执行。为加强信用监管，规定了用人单位守法诚信等级评价、严重拖欠农民工工资违法行为社会公布、拖欠农民工工资失信联合惩戒，对未依法提供工程款支付担保或者政府投资项目拖欠工程款导致拖欠农民工工资的建设单位予以信用约束。此外，还规定了用人单位不提供证据材料的不利后果、工会法律监督和对“非法讨薪”的依法处理等。

第三十八条　县级以上地方人民政府应当建立农民工工资支付监控预警平台，实现人力资源社会保障、发展改革、司法行政、财政、住房城乡建设、交通运输、水利等部门的工程项目审批、资金落实、施工许可、劳动用工、工资支付等信息及时共享。

人力资源社会保障行政部门根据水电燃气供应、物业管理、信贷、税收等反映企业生产经营相关指标的变化情况，及时监控和预警工资支付隐患并做好防范工作，市场监管、金融监管、税务等部门应当予以配合。

【释义】 本条是关于农民工工资支付监控预警的规定。

一、建立农民工工资支付监控预警平台

保障农民工工资支付工作是一项系统工程，特别是在工程建设领域，需要

工程建设项目审批部门、政府投资项目的管理部门，负责《条例》监督检查的人力资源社会保障行政部门、相关行业工程建设主管部门等有关部门在各自职责范围内加强监管，协同联动。2019 年“两会”上，李克强总理在《政府工作报告》中明确提出，要推进“双随机、一公开”跨部门联合监管，推行信用监管和“互联网 + 监管”改革。建立农民工工资支付监控预警平台，运用信息化手段将工程建设项目农民工工资支付监管相关信息及时互通共享，促使相关职能部门各司其职、密切协同、通力合作，从而实现在线查询各部门监管信息、在线追溯各环节监管过程、在线监测违法违规问题。

农民工工资支付监控预警平台归集和共享的信息主要是与保障农民工工资支付工作相关的监管信息，包括本条第一款列举的人力资源社会保障、发展改革、司法行政、财政、住房城乡建设、交通运输、水利等部门的工程项目审批、资金落实、施工许可或者备案、有关规范建筑市场秩序的信息，以及《条例》规定的监督检查事项的信息，包括用人单位与农民工签订劳动合同、工资支付、工程建设项目实行农民工实名制管理、农民工工资专用账户管理、施工总承包单位代发工资、工资保证金存储、维权信息公示等。信息归集到平台上，负责《条例》监督检查的部门，通过平台可以及时掌握辖区内工程建设项目前端审批、资金安排、开工建设情况，及早深入工地开展预防和检查工作，对存在违法违规建设，建设资金不到位，违法发包、转包、违法分包、挂靠等欠薪隐患的项目重点监控，防范于未然。

《条例》第四条规定，县级以上地方人民政府对本行政区域内保障农民工工资支付工作负责。农民工工资支付监控预警平台涉及多个监管部门监管信息的归集，为推进形成在各地政府领导下各司其职、各负其责、相互配合、齐抓共管的根治欠薪工作机制，本条规定，由县级以上地方人民政府具体负责建立农民工工资支付监控预警平台。一些地方在工作实践中，已经将工程建设领域保障农民工工资支付各项制度监管情况纳入监控预警平台。比如，《山东省农民工工资支付监管平台管理办法》规定，监管平台将农民工实名制管理、工资专用账户、委托银行代发工资等制度系统整合，通过政府主管部门、建设单位、承包企业、农民工、银行等各方信息互联互通，实现对在建工程项目工资专用账户、实名制管理信息、银行代发工资等全过程实时监管，对工资支付情况进行监测预警和统计分析。

二、监控和预警工资支付隐患并做好防范工作

本条第二款是根据企业生产经营指标变化开展工资支付监测预警的规定。国办发〔2016〕1号文件要求，“建立和完善欠薪预警系统，根据工商、税务、银行、水电供应等单位反映的企业生产经营状况相关指标变化情况，定期对重点行业企业进行综合分析研判，发现欠薪隐患要及时预警并做好防范工作。”《国务院关于加强和规范事中事后监管的指导意见》（国发〔2019〕18号）指出，要充分运用大数据等技术，加强对风险的跟踪预警，探索推行以远程监管、移动监管、预警防控为特征的非现场监管，提升监管精准化、智能化水平。

实践表明，在非工程建设领域，绝大多数欠薪事件也是“有迹可循”，如果运用信息化手段，提前监测到位，可以“早发现、早预防、早处置”。在总结近年来地方成功经验的基础上，《条例》规定，地方人力资源社会保障行政部门根据企业生产经营指标变化开展监测预警并加以保障。企业生产经营指标，主要是水电燃气供应、物业管理、信贷、税收等相关指标，这些指标发生变化，一定程度上提醒该企业经营状况发生变化。如企业因生产经营困难欠缴水电燃气费、物业管理费、税费以及逾期偿还贷款时，人力资源社会保障行政部门应通过市场监管、金融监管、税务等部门提供的数据进行分析比对，将欠薪隐患企业纳入重点监测范围，特别要对重点行业、企业进行综合研判预警，对可能导致拖欠工资数额较大并引发群体性事件的苗头性问题，及时预警、及早干预，指导督促企业采取措施尽快解决拖欠问题。为做好信息归集工作，本条要求市场监管、金融监管、税务等部门应当予以配合，及时向人力资源社会保障行政部门提供企业生产经营状况相关指标变化情况。

建立企业欠薪监控预警机制，是通过信息化大数据管理手段积极应对企业欠薪的一项重要举措，是变被动处理欠薪案件为主动预防的一项重要手段。浙江省积极建立企业欠薪预警监控平台，其功能主要是三个方面：一是通过对水电税费、违法记录和劳动纠纷等数据的监测，及时发现经营风险和欠薪隐患，及早介入处置。二是对不同市场主体的经营和用工行为进行建模分析，实现分类监管。三是通过平台与银行建立工资发放数据的共享机制，对企业和工程项目的工资发放实现动态监管，确保工资按月足额发放。为多渠道归集企业欠薪隐患情况，各地按照国办发〔2016〕1号文件要求，依托劳动保障监察“网格化、网络化”管理工作机制，开展走访、调查，在为企业提供法规政策咨询服务的同时，了解掌握本辖区范围企业欠薪苗头，向用人单位提出建议和警示，消除潜在隐患，防范化解工资矛盾纠纷。

第三十九条　人力资源社会保障行政部门、相关行业工程建设主管部门和其他有关部门应当按照职责，加强对用人单位与农民工签订劳动合同、工资支付以及工程建设项目实行农民工实名制管理、农民工工资专用账户管理、施工总承包单位代发工资、工资保证金存储、维权信息公示等情况的监督检查，预防和减少拖欠农民工工资行为的发生。

【释义】 本条是关于监督检查主体和内容的规定。

监督检查主体包括人力资源社会保障行政部门、相关行业工程建设主管部门和其他有关部门。监督检查内容包括用人单位与农民工签订劳动合同、工资支付以及工程建设项目实行农民工实名制管理、农民工工资专用账户管理、施工总承包单位代发工资、工资保证金存储、维权信息公示等情况。《条例》之所以将监督检查主体确定为人力资源社会保障行政部门、相关行业工程建设主管部门和其他有关部门，是依据劳动保障法律法规对监督检查职责的规定和目前工程建设项目农民工实名制管理、农民工工资专用账户管理、施工总承包单位代发工资、工资保证金存储、维权信息公示等情况监管工作现状作出的规定。

一、劳动合同签订和工资支付情况的监督检查

劳动法第八十五条规定：“县级以上各级人民政府劳动行政部门依法对用人单位遵守劳动法律、法规的情况进行监督检查，对违反劳动法律、法规的行为有权制止，并责令改正。”第八十七条规定：“县级以上各级人民政府有关部门在各自职责范围内，对用人单位遵守劳动法律、法规的情况进行监督。”因此，县级以上各级人民政府人力资源社会保障行政部门负责劳动法律、法规的监督检查和对违法行为的纠正处理，县级以上各级人民政府有关部门在各自职责范围内，对用人单位遵守劳动法律、法规的情况进行监督。

劳动合同是用人单位与劳动者建立劳动关系、明确双方权利义务关系的协议。劳动合同对确立和维系合同双方的权利和义务，保护劳动关系双方当事人的合法权益具有重要作用。劳动合同法第七十四条规定，县级以上地方人民政府劳动行政部门依法对用人单位与劳动者订立和解除劳动合同的情况、对用人单位支付劳动合同约定的劳动报酬和执行最低工资标准的情况进行监督检查。因此，用人单位与劳动者签订劳动合同、支付工资情况，由人力资源社会保障行政部门负责监督检查。

同时，按照劳动法第八十七条的规定，住房城乡建设、交通运输、水利等工程建设行业主管部门和有关部门也应当通过行政监督和管理手段督促行业内用人单位落实劳动合同签订、工资支付义务，加强劳动用工管理，形成监管合力。

二、工程建设项目农民工实名制管理、农民工工资专用账户管理、施工总承包单位代发工资、工资保证金存储、维权信息公示等情况的监督检查

国办发〔2016〕1号文件对工程建设项目农民工实名制管理、农民工工资专用账户管理、施工总承包单位代发工资、工资保证金存储、维权信息公示等制度建立和落实提出了明确要求。各地在贯彻落实国办发〔2016〕1号文件过程中结合实际，既有发挥行业主管部门行业监管优势，由行业主管部门牵头落实的，也有由人力资源社会保障行政部门牵头落实的。在明确分工的前提下，人力资源社会保障行政部门和相关行业工程建设主管部门加强协作配合，农民工实名制管理、农民工工资专用账户管理、施工总承包单位代发工资、工资保证金存储、维权信息公示等制度的推进取得了很好的成效。《条例》以行政法规形式第一次将上述制度执行情况列为监督检查内容。立法中考虑到现行法律法规和相关部门“三定”规定中尚未明确这些制度建立和落实的具体主管部门，《条例》尊重地方实践，在监督检查主体上作出原则规定。

第四十条　人力资源社会保障行政部门在查处拖欠农民工工资案件时，需要依法查询相关单位金融账户和相关当事人拥有房产、车辆等情况的，应当经设区的市级以上地方人民政府人力资源社会保障行政部门负责人批准，有关金融机构和登记部门应当予以配合。

【释义】 本条是关于人力资源社会保障行政部门在查处拖欠农民工工资案件时依法查询相关单位金融账户和相关当事人拥有房产、车辆等情况的规定。

一、规定财产查询措施的必要性

2011年2月25日，第十一届全国人民代表大会常务委员会第十九次会议通过的《中华人民共和国刑法修正案（八）》规定，“以转移财产、逃匿等方法逃避支付劳动者的劳动报酬或者有能力支付而不支付劳动者的劳动报酬，数额较大，经政府有关部门责令支付仍不支付的”，构成拒不支付劳动报酬罪，从该罪的构成要件来看，“有能力支付而不支付劳动者的劳动报酬”是其要件之一。

现实中，在一些用人单位和个人有能力支付却找各种理由试图逃避工资支付义务或者不支付农民工工资等情形下，由于人力资源社会保障行政部门没有财产查询的措施，在查处这类案件过程中，无法通过现有的调查检查措施，了解用人单位金融账户和相关当事人拥有房产、车辆等资产情况，无法获取用人单位和相关当事人是否有能力支付工资的情况，更无从掌握有能力支付而不支付的证据，影响到拖欠农民工工资案件的解决，甚至导致一些涉嫌拒不支付劳动报酬犯罪案件止步于行政处理环节。对被执行人财产进行查询，是人力资源社会保障行政部门获取被执行对象财产线索的最有效途径。依据《最高人民法院关于人民法院执行工作若干问题的规定（试行）》（法释〔1998〕15号），申请执行应向人民法院提交申请执行书。申请执行书中应当写明申请执行的理由、事项、执行标的，以及申请执行人所了解的被执行人的财产状况。在实践中，农民工工资报酬是农民工养家的“活命钱”，被拖欠后急于讨回。人力资源社会保障行政部门在申请法院强制执行时，提供详细明确的执行线索，有利于人民法院尽快将拖欠的农民工工资报酬执行到位，维护农民工工资报酬权益。为此，本条规定人力资源社会保障行政部门在一定条件下可以采取查询的措施。

二、查询财产的范围

查询财产的范围包括查询相关单位金融账户和相关当事人拥有房产、车辆等情况。

根据商业银行法第三十条规定，“对单位存款，商业银行有权拒绝任何单位或者个人查询，但法律、行政法规另有规定的除外”。《条例》属于行政法规，可以设定对单位存款的查询权。需要注意的是，根据商业银行法第二十九条规定，“对个人储蓄存款，商业银行有权拒绝任何单位或者个人查询、冻结、扣划，但法律另有规定的除外。”对个人账户查询权，只有法律才可以规定，《条例》无权规定。因此，本条规定的查询权仅限于对单位的存款账户等金融账户，对个人的存款账户不能查询。

《条例》根据查处拖欠农民工工资案件的实际需要，还规定了对相关当事人拥有房产、车辆等情况的查询权，相关当事人既包括相关单位，也包括个人。对此，《不动产登记暂行条例》第二十七条第二款规定：“有关国家机关可以依照法律、行政法规的规定查询、复制与调查处理事项有关的不动产登记资料。”

三、查询的适用条件和程序

1. 查询的适用条件。在查处拖欠农民工工资案件时，需要依法查询相关单位金融账户和相关当事人拥有房产、车辆等情况的。

《条例》的立法宗旨是规范农民工工资支付行为，保障农民工按时足额获得工资，查询措施的行使限于查处拖欠农民工工资案件这个前提。劳动保障监察事项包括订立劳动合同、禁止使用童工、遵守女职工和未成年工特殊劳动保护规定、遵守工作时间和休息休假规定等情况，除拖欠农民工工资案件外，其他类别案件不能行使查询权。

查询措施行使，关系到当事人财产信息，不能滥用，确有查询需要，才能依法查询，这是查询措施行使的另一个前提条件。查处的拖欠农民工工资案件，应经过人力资源社会保障行政部门劳动保障监察机构立案开展调查，违法事实清楚，确实存在需要依法查询相关单位金融账户和相关当事人拥有房产、车辆等情况的，才可提出查询申请。

2. 查询的程序。查询当事人财产情况，事关当事人财产权益和正常生产经营，为严谨、慎重行使查询措施，《条例》规定，查询须经设区的市级以上人力资源社会保障行政部门负责人批准，未经批准不得查询。需要说明的是，直辖市所属的区虽然不属于设区的市，但是级别上属于设区的市级人民政府，因此，开展查询由直辖市的区人力资源社会保障行政部门负责人批准即可。

市级以上人力资源社会保障行政部门负责人应认真审查查询申请，确有查询需要的，应当批准查询申请。经批准后，具体实施查询的人力资源社会保障行政部门凭书面协助查询文书，指派劳动保障监察工作执法人员到有关金融机构和登记部门，出示执法证件，开展查询工作。

四、有关金融机构和登记部门应当予以配合

各商业银行等金融机构、不动产登记部门、车辆登记部门在收到人力资源社会保障行政部门的查询文书后，应积极配合开展查询工作，并出具书面查询结果。对于未经市级以上的人力资源社会保障行政部门负责人批准的查询，可依法拒绝。

第四十一条　人力资源社会保障行政部门在查处拖欠农民工工资案件时，发生用人单位拒不配合调查、清偿责任主体及相关当事人无法联系等情形的，可以请求公安机关和其他有关部门协助处理。

人力资源社会保障行政部门发现拖欠农民工工资的违法行为涉嫌构成拒不支付劳动报酬罪的，应当按照有关规定及时移送公安机关审查并作出决定。

【释义】 本条是关于人力资源社会保障行政部门在查处拖欠农民工工资案件时请求公安机关和其他有关部门协助处理以及向公安机关移送涉嫌拒不支付劳动报酬罪案件的规定。

一、请求公安机关和其他有关部门协助处理的必要性

在执法实践中，用人单位拒不配合调查或者清偿责任主体及相关当事人无法联系等情形时有发生，比如，用人单位法定代表人或者主要负责人无正当理由不接受调查，行为人逃匿等情形下，人力资源社会保障行政部门难以收集用工、工资支付等相关证据，无法认定拖欠的数额，也无法判断是否构成拒不支付劳动报酬罪，致使拖欠农民工工资案件查处特别是涉嫌拒不支付劳动报酬犯罪案件移送非常困难，不能及时维护农民工的工资报酬权益。公安机关和其他有关部门及时介入并协助处理，有助于人力资源社会保障行政部门做好证据收集和固定工作，也有利于公安机关提前掌握案件情况及当事人涉嫌拒不支付劳动报酬犯罪线索，及时接收人力资源社会保障行政部门移送的案件资料，开展立案调查。对恶意欠薪的当事人还可以起到教育、震慑作用，促使当事人尽快支付农民工工资。本条中的“其他有关部门”是指在用人单位、清偿责任主体及相关当事人无法联系等情形下，有权限、有能力进行联系查找的部门。

实践中，有些地方工资支付立法中有“公安机关提前介入调查”的规定。比如，《广东省工资支付条例》第五十条规定：“人力资源社会保障行政部门在办理拒不支付劳动报酬案件过程中，发现涉案人员有拒绝调查、逃匿或者转移、隐藏、销毁证据等行为，依法可以要求公安机关提前介入调查，公安机关应当予以配合。有关行为涉嫌犯罪的，人力资源社会保障行政部门应当依法向公安机关移送案件。”

二、请求公安机关和其他有关部门协助处理的条件

从实践看，用人单位拒不配合调查或者清偿责任主体及相关当事人无法联系等情形有：拒绝、阻挠劳动保障监察员进行调查、检查；出具伪证或者隐匿证据、毁灭证据；以及清偿责任主体及相关当事人逃匿或者无法取得联系等情形。人力资源社会保障行政部门向公安机关请求介入协助的前提，应是出现上述情形，确属拒不配合调查，没有公安机关或者其他有关部门协助就无法查处。除紧急情形外，协助处理请求一般采取书面形式，写明协助原因、协助事项。

三、移送涉嫌拒不支付劳动报酬罪案件

刑法修正案（八）规定了拒不支付劳动报酬罪，强化了刑法对劳动者劳动报酬权益的保护。查处拒不支付劳动报酬犯罪行为需要人力资源社会保障行政部门、人民法院、人民检察院、公安机关四个部门既履行好各自的职责，又要相互配合。其中，人力资源社会保障行政部门负责拖欠工资违法案件的调查处理和涉嫌犯罪案件的移送，公安机关负责移送案件的受理、立案和案件侦查，人民检察院负责立案监督、审查批捕、审查起诉，人民法院负责案件的审理和判决。

为了加强案件移送工作，2012 年，人力资源社会保障部联合最高人民法院、最高人民检察院、公安部印发《关于加强对拒不支付劳动报酬案件查处工作的通知》（人社部发〔2012〕3 号），明确了四部门的职责分工和案件移送的法律程序。2013 年，人力资源社会保障部积极配合最高人民法院制定《最高人民法院关于审理拒不支付劳动报酬刑事案件应用法律若干问题的解释》，细化相关标准，在指导和规范司法机关办理此类案件的同时，也明确了人力资源社会保障行政部门移送涉嫌犯罪案件的条件。2014 年，人力资源社会保障部联合最高人民法院、最高人民检察院、公安部下发《关于加强涉嫌拒不支付劳动报酬犯罪案件查处衔接工作的通知》（人社部发〔2014〕100 号），进一步完善移送标准和程序，有效解决了证据获取、犯罪嫌疑人“逃而不匿”、责令文书下达等问题。根据上述规定，涉嫌拒不支付劳动报酬犯罪案件查处工作主要遵循以下程序：

1. 涉嫌拒不支付劳动报酬违法犯罪案件查处。人力资源社会保障行政机关依法对农民工工资支付情况进行监督检查，对经调查核实，违法事实清楚、证据确凿的，依法责令支付工资。查处过程中，根据《关于加强涉嫌拒不支付劳动报酬犯罪案件查处衔接工作的通知》（人社部发〔2014〕100 号）的要求，注意以下几个方面：

（1）由于行为人逃匿导致工资账册等证据材料无法调取或用人单位在规定的时间内未提供有关工资支付等相关证据材料的，人力资源社会保障行政部门应及时对劳动者进行调查询问并制作询问笔录，同时应积极收集可证明劳动用工、欠薪数额等事实的相关证据，依据劳动者提供的工资数额及其他有关证据认定事实。调查询问过程一般要录音录像。

（2）行为人拖欠劳动者劳动报酬后，人力资源社会保障行政部门通过书面、电话、短信等能够确认其收悉的方式，通知其在指定的时间内到指定的地点配合解决问题，但其在指定的时间内未到指定的地点配合解决问题或明确表示拒不支付劳动报酬的，视为刑法第二百七十六条之一第一款规定的“以逃匿方法逃避支付劳动者的劳动报酬”。但是，行为人有证据证明因自然灾害、突发重大疾病等非人力所能抗拒的原因造成其无法在指定的时间内到指定的地点配合解决问题的除外。

（3）企业将工程或业务分包、转包给不具备用工主体资格的单位或个人，该单位或个人违法招用劳动者不支付劳动报酬的，人力资源社会保障行政部门应向具备用工主体资格的企业下达限期整改指令书或行政处罚决定书，责令该企业限期支付劳动者劳动报酬。对于该企业有充足证据证明已向不具备用工主体资格的单位或个人支付了劳动者全部的劳动报酬，该单位或个人仍未向劳动者支付的，应向不具备用工主体资格的单位或个人下达限期整改指令书或行政处理决定书，并要求企业监督该单位或个人向劳动者发放到位。

（4）经人力资源社会保障行政部门调查核实，行为人拖欠劳动者劳动报酬事实清楚、证据确凿、数额较大的，应及时下达责令支付文书。对于行为人逃匿，无法将责令支付文书送交其同住成年家属或所在单位负责收件人的，人力资源社会保障行政部门可以在行为人住所地、办公地、生产经营场所、建筑施工项目所在地等地张贴责令支付文书，并采用拍照、录像等方式予以记录，相关影像资料应当纳入案卷。

2. 向公安机关移送涉嫌拒不支付劳动报酬罪案件。对涉嫌拒不支付劳动报酬罪案件的，依法及时移送公安机关。移送应按照《行政执法机关移送涉嫌犯罪案件的规定》要求，履行相关手续，并制作涉嫌犯罪案件移送文书，在规定的期限内将案件移送公安机关。

移送的案件卷宗中应当附有以下材料：（1）涉嫌犯罪案件移送书；（2）涉嫌拒不支付劳动报酬犯罪案件调查报告；（3）涉嫌犯罪案件移送审批表；（4）限期整改指令书或行政处理决定书等执法文书及送达证明材料；（5）劳动者本人或劳动者委托代理人调查询问笔录；（6）拖欠劳动者劳动报酬的单位或个人的基本信息；（7）涉案的书证、物证等有关涉嫌拒不支付劳动报酬的证据材料。

人力资源社会保障行政部门向公安机关移送涉嫌犯罪案件应当移送与案件相关的全部材料，同时应将案件移送书及有关材料目录抄送同级人民检察院。在移送涉嫌犯罪案件时已经作出行政处罚决定的，应当将行政处罚决定书一并抄送公安机关、人民检察院。

3. 公安机关审查决定。公安机关收到人力资源社会保障行政部门移送的涉嫌犯罪案件，应当在涉嫌犯罪案件移送书回执上签字，对移送材料不全的，可通报人力资源社会保障行政部门按上述规定补充移送。受理后认为不属于本机关管辖的，应当及时转送有管辖权的机关，并书面告知移送案件的人力资源社会保障行政部门。对受理的案件，公安机关应当及时审查，依法作出立案或者不予立案的决定，并书面通知人力资源社会保障行政部门，同时抄送人民检察院。公安机关立案后决定撤销案件的，应当书面通知人力资源社会保障行政部门，同时抄送人民检察院。公安机关作出不立案决定或者撤销案件的，应当同时将案卷材料退回人力资源社会保障行政部门，并书面说明理由。

第四十二条　人力资源社会保障行政部门作出责令支付被拖欠的农民工工资的决定，相关单位不支付的，可以依法申请人民法院强制执行。

【释义】 本条是关于人力资源社会保障行政部门申请人民法院强制执行的规定。

一、拖欠农民工工资违法案件的查处

按照《劳动保障监察条例》《劳动和社会保障部关于实施〈劳动保障监察条例〉若干规定》的要求，人力资源社会保障行政部门查处拖欠农民工工资违法案件一般按照登记立案、调查取证、依法处理和送达的程序进行。

1. 登记立案。接到投诉或者在日常巡视检查、专项检查中发现拖欠农民工工资违法行为，依法需要进行调查处理的，应当登记立案。《劳动和社会保障部关于实施〈劳动保障监察条例〉若干规定》第十九条第一款规定，“劳动保障行政部门通过日常巡视检查、书面审查、举报等发现用人单位有违反劳动保障法律的行为，需要进行调查处理的，应当及时立案查处。”

2. 调查取证。对已经立案的案件，劳动保障监察机构要全面、客观、公正地开展调查，收集违法相关证据。按照《劳动保障监察条例》第十五条及本《条例》规定，可以采取的调查、检查措施包括：进入用人单位的劳动场所进行检查；就调查、检查事项询问有关人员；要求用人单位提供与调查、检查事项相关的文件资料，必要时可以发出调查询问书；采取记录、录音、录像、照相和复制等方式收集有关的情况和资料；对事实确凿、可以当场处理的拖欠工资行为当场予以纠正；可以委托注册会计师事务所对用人单位工资支付的情况进行审计；查询相关单位金融账户和相关当事人拥有房产、车辆等情况；法律、法规规定可以采取的其他调查、检查措施。

3. 依法处理和送达。调查取证后，对拖欠农民工工资违法行为事实清楚、证据确凿的，依法作出责令支付农民工工资的决定，制作劳动保障监察限期整改指令书或者劳动保障监察行政处理决定书。劳动保障监察限期整改指令书、劳动保障监察行政处处理决定书要载明法定事项，加盖人力资源社会保障行政部门印章。依照民事诉讼法的有关规定，将劳动保障监察限期整改指令书、劳动保障监察行政处理决定书送达当事人。

二、依法申请人民法院强制执行

行政强制法第十三条规定：“行政强制执行由法律设定。法律没有规定行政机关强制执行的，作出行政决定的行政机关应当申请人民法院强制执行。”人力资源社会保障行政部门对拖欠农民工工资违法行为没有查封、划拨、扣押等强制执行措施，责令支付农民工工资的法律文书送达给相关单位后，相关单位在规定期限内不履行的，农民工依然拿不到自己的工资。因此，本条规定，相关单位不支付的，人力资源社会保障行政部门可以依法申请人民法院强制执行。这样既可以在执法过程中向当事人宣传申请人民法院强制执行的相关规定，教育、引导当事人按期自觉履行，也可以督促人力资源社会保障行政部门在相关单位不支付的情况下，依法及时申请人民法院强制执行，将农民工工资执行到位。

人力资源社会保障行政部门申请人民法院强制执行，应当按照行政强制法规定的条件、时限、步骤等要求进行。

1. 时限。当事人在法定期限内不申请行政复议或者提起行政诉讼，又不履行行政决定的，人力资源社会保障行政部门可以自责令支付决定的文书规定的期限届满之日起三个月内，申请人民法院强制执行。

2. 催告。申请人民法院强制执行前，应当催告当事人履行义务。催告书送达十日后当事人仍未履行义务的，可以向所在地有管辖权的人民法院申请强制执行；执行对象是不动产的，向不动产所在地有管辖权的人民法院申请强制执行。

3. 提交材料。向人民法院申请强制执行，应当提供下列材料：（1）强制执行申请书；（2）行政决定书及作出决定的事实、理由和依据；（3）当事人的意见及行政机关催告情况；（4）申请强制执行标的情况；（5）法律、行政法规规定的其他材料。强制执行申请书应当由人力资源社会保障行政部门负责人签名，加盖印章，并注明日期。

人民法院接到强制执行的申请，应当在五日内受理。对人民法院不予受理的裁定有异议的，人力资源社会保障行政部门可以在十五日内向上一级人民法院申请复议，上一级人民法院应当自收到复议申请之日起十五日内作出是否受理的裁定。人民法院对行政机关强制执行的申请进行书面审查，对符合规定，且行政决定具备法定执行效力的，人民法院应当依法自受理之日起七日内作出执行裁定。

三、依法申请人民法院强制执行与向人民法院申请支付令的区别

为了保护劳动者的工资报酬权益，劳动合同法将支付令制度引入欠薪案件的解决，赋予劳动者快捷进入司法救济程序途径。劳动合同法第三十条第二款规定："用人单位拖欠或者未足额支付劳动报酬的，劳动者可以依法向当地人民法院申请支付令，人民法院应当依法发出支付令。"根据民事诉讼法有关规定，支付令制度包括适用条件、支付令的申请、受理和发出以及异议等内容。农民工申请支付令，一般需要符合下列规定：

1. 申请支付令的条件：用人单位拖欠农民工工资，用人单位和农民工之间没有其他债务纠纷且支付令能够送达用人单位的，农民工可以向有管辖权的基层人民法院申请支付令。

2. 支付令的申请、受理和发出：农民工在申请书上应当写明请求给付劳动报酬的金额和所根据的事实、证据；农民工提出申请后，人民法院应当在五日内通知其是否受理；人民法院受理申请后，经审查农民工提供的事实、证据，对工资债权债务关系明确、合法的，应当在受理之日起十五日内向用人单位发出支付令；人民法院经审查认为农民工的申请不成立的，可以裁定予以驳回；用人单位应当自收到支付令之日起十五日内清偿债务即拖欠的工资或者向人民法院提出书面异议。用人单位在规定期限内不提出异议又不履行支付令的，农民工可以向人民法院申请强制执行。人民法院在收到用人单位提出的书面异议后，可以裁定终结支付令这一督促程序，支付令自行失效。

可见，依法申请人民法院强制执行与向人民法院申请支付令的性质、申请主体、条件和程序不同。人力资源社会保障行政部门申请人民法院强制执行属行政强制，遵循行政强制法的要求；农民工向人民法院申请支付令，按照民事诉讼法的督促程序进行。农民工向人民法院申请支付令，在人民法院发出支付令后，如果用人单位提出异议，支付令自行失效，农民工可以依法投诉，也可以依法申请劳动争议调解仲裁和向人民法院提起诉讼。

第四十三条　相关行业工程建设主管部门应当依法规范本领域建设市场秩序，对违法发包、转包、违法分包、挂靠等行为进行查处，并对导致拖欠农民工工资的违法行为及时予以制止、纠正。

【释义】 本条是对相关行业工程建设主管部门依法规范本领域建设市场秩序、查处有关违法行为的规定。

国办发〔2016〕1号文件要求，“住房城乡建设、交通运输、水利等部门要切实履行行业监管责任，规范工程建设市场秩序……负责督办因挂靠承包、违法分包、转包、拖欠工程款等造成的欠薪案件”，《条例》第七条第二款也对相关行业工程建设主管部门的职责作了规定。实际施工中，一些建设项目层层分包甚至转包，以包代管，由自然人（俗称“包工头”）组织农民工进场施工的现象仍然存在。由于管理层级多，人工费中本应发放给农民工的工资容易被层层截留，造成欠薪和工程款纠纷。发生欠薪后，施工总承包单位、劳务公司都很难拿出证据证明是否真实欠薪及欠薪的具体数额，难以查证欠薪事实和确定责任主体。近年来，相关行业工程建设主管部门依法加强建设市场监管，整治违法发包、转包、违法分包、挂靠等行为，建设市场秩序不断规范。要有效遏制这类违法行为，必须加强行业监管，按照“谁主管谁负责”的原则，由住房城乡建设、交通运输、水利等行业工程建设主管部门加强对违法发包、转包、违法分包、挂靠等行为的查处，做到标本兼治、综合治理。

国家立法对违法发包、转包、违法分包、挂靠等行为，一直有严格的禁止性规定，并且明确认定标准、具体情形、处理方式和监管部门。合同法第二百七十二条第二款规定：“……承包人不得将其承包的全部建设工程转包给第三人或者将其承包的全部建设工程肢解以后以分包的名义分别转包给第三人。”建筑法第二十四条第一款规定：“提倡对建筑工程实行总承包，禁止将建筑工程肢解发包。”第二十八条第一款规定：“禁止承包单位将其承包的全部建筑工程转包给他人，禁止承包单位将其承包的全部建筑工程肢解以后以分包的名义分别转包给他人。”第二十九条第三款规定：“禁止总承包单位将工程分包给不具备相应资质条件的单位。禁止分包单位将其承包的工程再分包。”《建设工程质量管理条例》第七条规定，建设单位应当将工程发包给具有相应资质等级的单位，不得将建设工程肢解发包；第二十五条规定，禁止施工单位超越本单位资质等级许可的业务范围或者以其他施工单位的名义承揽工程。禁止施工单位允许其他单位或者个人以本单位的名义承揽工程。施工单位不得转包或者违法分包工程。关于肢解发包、违法分包、转包的情形，《建设工程质量管理条例》第七十八条作出具体规定：“本条例所称肢解发包，是指建设单位将应当由一个承包单位完成的建设工程分解成若干部分发包给不同的承包单位的行为。本条例所称违法分包，是指下列行为：（一）总承包单位将建设工程分包给不具备相应资质条件的单位的；（二）建设工程总承包合同中未有约定，又未经建设单位认可，承包单位将其承包的部分建设工程交由其他单位完成的；（三）施工总承包单位将建设工程主体结构的施工分包给其他单位的；（四）分包单位将其承包的建设工程再分包的。本条例所称转包，是指承包单位承包建设工程后，不履行合同约定的责任和义务，将其承包的全部建设工程转给他人或者将其承包的全部建设工程肢解以后以分包的名义分别转给其他单位承包的行为。”

有关违法发包、转包、违法分包、挂靠等行为的认定，应当以建筑法、《建设工程质量管理条例》为依据，相关行业有其他补充规定的，还应满足其他相关规定。2019 年 1 月，住房和城乡建设部印发的《建筑工程施工发包与承包违法行为认定查处管理办法》（建市规〔2019〕1 号）第五条规定，违法发包，是指建设单位将工程发包给个人或不具有相应资质的单位、肢解发包、违反法定程序发包及其他违反法律法规规定发包的行为。转包，是指承包单位承包工程后，不履行合同约定的责任和义务，将其承包的全部工程或者将其承包的全部工程肢解后以分包的名义分别转给其他单位或个人施工的行为。挂靠，是指单位或个人以其他有资质的施工单位的名义承揽工程的行为。承揽工程，包括参与投标、订立合同、办理有关施工手续、从事施工等活动。违法分包，是指承包单位承包工程后违反法律法规规定，把单位工程或分部分项工程分包给其他单位或个人施工的行为。此外，该办法还对转包、挂靠、违法分包情形进行了列举。交通运输部制定的《公路工程施工分包管理办法》（交公路发〔2011〕685 号）明确了分包人应当具备的条件，以及转包、违法分包的情形。水利部制定的《水利工程施工转包违法分包等违法行为认定查处管理暂行办法》（水建管〔2016〕420 号）也明确了转包、违法分包、出借借用资质三种违法行为的定义及具体情形。

主管工程建设的住房城乡建设、交通运输、水利等部门，应当按照法律法规、国务院和各级地方政府明确规定的职责，依法规范本领域建设市场秩序，完善建设市场监管政策，规范招标投标行为，严格从业单位资质、从业人员资格管理，组织相关业务培训，开展市场主体的信用评价，加强合同履约监管和监督检查，依法受理投诉举报，查处扰乱市场秩序的违法违规行为。同时，还应当发挥行业监管优势，对违法发包、转包、违法分包、挂靠等行为导致的拖欠农民工工资行为及时予以制止、纠正。

第四十四条　财政部门、审计机关和相关行业工程建设主管部门按照职责，依法对政府投资项目建设单位按照工程施工合同约定向农民工工资专用账户拨付资金情况进行监督。

【释义】 本条是对政府投资项目建设单位向农民工工资专用账户拨付资金情况监督的规定。

一、政府投资项目建设单位向农民工工资专用账户拨付资金

农民工工资专用账户制度的核心是，工程款中的人工费用单独拨付、专户储存、专项支付，确保农民工工资按时足额支付，这是从源头上依法治理建设领域欠薪的有效措施。为此，《条例》在第二十九条将人工费用按时足额拨付设定为建设单位的法定义务，在法律责任中的第五十七条规定了相应的行政处罚，在本条规定了过程监管。为确保政府投资项目在签约后的实施过程中，建设单位依法依约向农民工工资专用账户按时足额拨付资金，发挥政府投资项目在保障农民工工资支付的带头、示范作用，本条规定财政部门、审计机关和相关行业工程建设主管部门按照职责依法开展监督。

二、财政部门、审计机关和相关行业工程建设主管部门按照职责开展监督

1. 监督主体。（1）财政部门。财政部门负责政府投资资金的预算管理，根据经批准的预算，按照法律、行政法规和国库管理的有关规定，及时、足额办理政府投资资金拨付。预算法第五十七条第一款规定："各级政府财政部门必须依照法律、行政法规和国务院财政部门的规定，及时、足额地拨付预算支出资金，加强对预算支出的管理和监督。"第八十八条规定："各级政府财政部门负责监督本级各部门及其所属各单位预算管理有关工作，并向本级政府和上一级政府财政部门报告预算执行情况。"国办发〔2016〕1 号文件要求，"财政部门要加强对政府投资项目建设全过程的资金监管，按规定及时拨付财政资金"。（2）审计机关。审计是指审计机关依法独立检查被审计单位的会计凭证、会计账簿、财务会计报告以及其他与财政收支、财务收支有关的资料和资产，监督财政收支、财务收支真实、合法和效益的行为。国家实行审计监督制度，国务院各部门和地方各级人民政府及其各部门的财政收支，国有的金融机构和企业事业组织的财务收支，以及其他依照审计法规定应当接受审计的财政收支、财务收支，依照审计法规定接受审计监督。审计法第二十二条规定：“审计机关对政府投资和以政府投资为主的建设项目的预算执行情况和决算，进行审计监督。”审计法实施条例第二十条规定：“审计法第二十二条所称政府投资和以政府投资为主的建设项目，包括：（一）全部使用预算内投资资金、专项建设基金、政府举借债务筹措的资金等财政资金的；（二）未全部使用财政资金，财政资金占项目总投资的比例超过50%，或者占项目总投资的比例在50%以下，但政府拥有项目建设、运营实际控制权的。审计机关对前款规定的建设项目的总预算或者概算的执行情况、年度预算的执行情况和年度决算、单项工程结算、项目竣工决算，依法进行审计监督；对前款规定的建设项目进行审计时，可以对直接有关的设计、施工、供货等单位取得建设项目资金的真实性、合法性进行调查。”预算法第八十九条第一款规定，“县级以上政府审计部门依法对预算执行、决算实行审计监督”。（3）相关行业工程建设主管部门。《政府投资条例》第二十七条第一款规定：“投资主管部门和依法对政府投资项目负有监督管理职责的其他部门应当采取在线监测、现场核查等方式，加强对政府投资项目实施情况的监督检查。”

2. 监督内容。监督内容为建设单位是否按照法律规定及工程施工合同约定向农民工工资专用账户拨付资金。监督的重点包括：资金拨付的周期、时间是否与合同一致；资金拨付的金额是否符合合同约定要求以及计量支付的人工费数额；相关凭据是否规范等其他内容。建设单位应积极配合上述部门开展的监管工作，并及时提供工程施工合同、农民工工资专用账户等有关资料。这里需要强调的是，有关部门应当依法实施监督，并且要按照工程施工合同约定。由于工程建设情况复杂多样，施工合同约定也不尽相同，应当本着实事求是的原则，在确保农民工工资按时足额支付的前提下进行监督检查。

同时，各部门依据各自职责，监督的内容和方式也有所不同，各有侧重。《基本建设财务规则》第五十七条规定：“财政部门和项目主管部门应当加强项目的监督管理，采取事前、事中、事后相结合，日常监督与专项监督相结合的方式，对项目财务行为实施全过程监督管理。”《政府投资项目审计规定》（审投发〔2010〕173号）第六条规定，审计机关对政府投资项目重点审计履行基本建设程序情况、投资控制和资金管理使用等情况。

财政部门、审计机关和相关行业工程建设主管部门在依法履行建设资金监管职责时，均有可能获得建设单位未按照工程施工合同约定向农民工工资专用账户拨付资金的违法线索，在监督过程中应当协同配合，全过程、全方位监管建设单位向农民工工资专用账户拨付资金情况，确保政府投资项目农民工工资专用账户制度切实发挥作用。

第四十五条　司法行政部门和法律援助机构应当将农民工列为法律援助的重点对象，并依法为请求支付工资的农民工提供便捷的法律援助。

公共法律服务相关机构应当积极参与相关诉讼、咨询、调解等活动，帮助解决拖欠农民工工资问题。

【释义】 本条是关于司法行政部门、法律援助机构及公共法律服务相关机构在保障农民工工资支付中相关职责的规定。

为广大农民工提供便捷、高效的公共法律服务，是一项重要的民生工程，也是保障农民工工资支付制度体系不可或缺的重要组成部分。实践中，许多农民工由于经济条件有限且缺乏必要的法律知识，往往不能及时、有效地维护自身合法权益，有的甚至转而采用极端方式讨要工资。《条例》对司法行政部门和法律援助机构为请求支付工资的农民工提供法律援助、公共法律服务相关机构帮助解决拖欠农民工工资问题加以明确规定，目的在于解决农民工维权的实际困难、发挥公共法律服务在保障农民工工资支付中的重要作用，确保农民工能够依法、及时、充分地维护自身工资权益。

一、为依法请求支付工资的农民工提供法律援助

法律援助是国家建立的保障经济困难公民和特殊案件当事人免费获得必要的法律咨询、代理、辩护、值班律师法律帮助等无偿法律服务，维护当事人合法权益、维护法律正确实施、维护社会公平正义的一项重要法律制度，是公共法律服务体系的重要组成部分。

目前我国的法律援助对象是符合法定条件的公民，不包括法人和其他组织。公民获得民事、行政法律援助一般需要经过经济状况和事项范围的审查，刑事法律援助对事项范围无限制。

1. 法律援助经济困难标准。《法律援助条例》授权省、自治区、直辖市人民政府规定本行政区域的经济困难标准。目前，全国绝大多数省份将经济困难标准调整至低收入、最低工资标准或者低保标准的二倍。

关于法律援助的事项范围，《法律援助条例》第十条规定了民事和行政事项的基本范围，主要是公民主张与其基本生存有关的事项，包括六类：（1）依法请求国家赔偿；（2）请求给予社会保险待遇或者最低生活保障待遇；（3）请求发给抚恤金、救济金；（4）请求给付赡养费、抚养费、扶养费的；（5）请求支付劳动报酬；（6）主张因见义勇为行为产生的民事权益。同时，根据第十条第二款的授权，各省、自治区、直辖市人民政府可以根据本地经济发展状况和法律援助需求状况，对法律援助事项作出补充规定。随着法律援助事项范围的不断扩大，包括损害赔偿事项、婚姻家庭事项、因劳动关系请求赔偿等劳动保障事项以及残疾人、老年人、军人军属等特定群体主张侵权赔偿事项等纳入了援助范围。

2. 法律援助的实施与监督。法律援助机构负责受理、审查法律援助申请，统一接受司法机关通知辩护，指派或安排人员为符合条件的公民提供法律援助。国务院司法行政部门监督管理全国的法律援助工作，县级以上地方各级人民政府司法行政部门监督管理本行政区域的法律援助工作。

公民申请法律援助的，应当向法律援助机构提交以下材料：身份证或者其他有效身份证件，经济困难证明以及与所申请法律援助事项有关的案件材料。法律援助机构对当事人的申请依法进行审查，对符合法律援助条件的，作出给予法律援助的决定；对不符合法律援助条件的，作出不予法律援助的决定，申请人可向司法行政机关提出异议，由其进行审查并作出相应决定。

接受法律援助指派或者安排办理法律援助案件的法律援助人员主要有以下几类主体：律师事务所律师、法律援助机构工作人员、基层法律服务工作者、社会组织人员和志愿者。

3. 农民工是法律援助的重点对象。近年来，农民工等特殊群体能否切实享有法律援助等基本公共法律服务权益，受到越来越多的关注。2006 年 1 月，《国务院关于解决农民工问题的若干意见》（国发〔2006〕5 号）规定，对申请支付劳动报酬和工伤赔偿法律援助的农民工，不再审查其经济困难条件。中共中央办公厅、国务院办公厅2015年6月印发的《关于完善法律援助制度的意见》（中办发〔2015〕37号）、2019年7月印发的《关于加快推进公共法律服务体系建设的意见》，均将农民工等特殊群体作为法律援助的重点对象，并要求进一步放宽经济困难标准，使法律援助覆盖人群逐步拓展至低收入群体。

现实中，工资收入往往占据农民工乃至其家庭收入的主要部分，大多数被欠薪农民工经济困难，亟须通过便捷的法律援助维护自身合法权益。因此，《条例》规定将农民工群体作为法律援助的重点对象，明确其在请求支付工资过程中依法拥有获得法律援助的资格，第三十四条还要求施工总承包单位应当在施工现场醒目位置设立维权信息告示牌，明示法律援助申请渠道、公共法律服务热线等信息。这体现了以人民为中心，维护社会公平正义的立法理念，对提高农民工的获得感、幸福感、安全感具有现实意义。实践中，法律援助对解决农民工维权实际困难，引导其依法、有效保护工资权益，具有不可替代的作用。广大农民工已经成为法律援助制度实施的重要受益群体。

二、公共法律服务相关机构帮助解决拖欠农民工工资问题

2019年9月，司法部印发的《公共法律服务事项清单》规定了16个具体服务事项。除法律援助（申请类）、法律援助（通知辩护、通知代理类）、值班律师法律帮助、军人军属法律援助、公证、司法鉴定法律援助等由法律援助机构提供的服务事项外，还包括：（1）司法行政机关及相关部门设立以法治为主题的广场、长廊、宣传栏等文化阵地；（2）由司法行政机关制作发布普法公益广告、歌曲、动漫等法治文化作品；（3）司法行政机关及相关部门开展的法治宣传教育；（4）司法行政机关向社会公众解答基本法律问题、导引相关服务、提供专业法律意见等法律咨询服务；（5）司法部通过中国法律服务网提供法律法规查询；（6）司法部通过中国法律服务网提供司法行政（法律服务）典型案例查询；（7）司法行政机关提供法律服务机构和人员信息查询；（8）司法行政机关以提供法律服务办事指南为形式开展的法律便利服务；（9）由人民调解组织提供的人民调解，包括依申请调解和主动调解，主要是对民间纠纷当事人进行说服、疏导、促使当事人自愿达成调解协议；（10）在公共法律服务中心（站）设立的律师调解工作室、在律师协会设立的法律调解中心、在人民法院设立的律师调解工作室提供的律师调解，主要是对符合条件的纠纷进行调解，

协助纠纷各方当事人通过自愿协商达成协议、解决争议；（11）村（居）配备的法律顾问参与矛盾纠纷化解、服务村（居）依法治理、为村（居）民提供法律咨询和法律服务、开展普法宣传。

实践中，公共法律服务相关机构提供的法律服务可以有效降低农民工维权成本、满足其多元化的权益保障需求，对更好解决拖欠农民工工资问题具有积极意义。农民工可以通过设在各地的公共法律服务中心（工作站、工作室）、“12348”公共法律服务热线、法律服务网获取相关法律服务。《条例》在本条第二款明确要求公共法律服务相关机构积极参与相关诉讼、咨询、调解等活动，目的在于为广大农民工构建更为全面、有效的工资权益保障网络，推动形成全社会关注根治拖欠农民工工资问题的良好氛围。

2020 年 2 月，司法部办公厅印发的《关于学习宣传贯彻〈保障农民工工资支付条例〉进一步做好根治拖欠农民工工资工作的通知》提出，要引导农民工优先通过公共法律服务热线和网络平台进行法律咨询和申请法律援助。要深化便民服务措施，依托司法部及地方法律服务网“农民工欠薪求助绿色通道”，做好农民工欠薪线索收集、留言咨询解答、法律援助案件办理等工作。要联合人力资源社会保障等部门，明确施工总承包单位应当在施工现场醒目位置设立维权信息告示牌，明示法律援助申请渠道、“12348”公共法律服务热线等信息。要充分发挥各类调解组织在解决农民工工资争议案件中的积极作用，将拖欠农民工工资纠纷作为排查调解重点内容之一，及时发现苗头隐患线索，实现抓早抓小、应调尽调，依法及时有效化解矛盾纠纷。

第四十六条　人力资源社会保障行政部门、相关行业工程建设主管部门和其他有关部门应当按照“谁执法谁普法”普法责任制的要求，通过以案释法等多种形式，加大对保障农民工工资支付相关法律法规的普及宣传。

【释义】 本条是关于人力资源社会保障行政部门、相关行业工程建设主管部门和其他有关部门落实保障农民工工资支付相关法律法规普法宣传要求的规定。

党的十八届四中全会明确提出实行国家机关“谁执法谁普法”的普法责任制。《全国人民代表大会常务委员会关于开展第七个五年法治宣传教育的决议》提出健全普法责任制，要求国家机关建立普法责任清单。中共中央办公厅、国务院办公厅印发《关于实行国家机关“谁执法谁普法”普法责任制的意见》（中办发〔2017〕31号），将普法责任制进一步细化、实化，提出了更加明确、具体的要求。人力资源社会保障行政部门、相关行业工程建设主管部门和其他有关部门在保障农民工工资支付工作中，既是实施法律法规的主体，同时也是普及宣传法律法规的主体。《条例》明确规定上述部门的普法责任，目的在于强化落实“谁执法谁普法”普法责任制的行动自觉，通过加大普法，引导农民工合法、理性维权，督促用人单位切实规范农民工工资支付，为保障农民工工资权益营造良好的法治环境。

一、普法是保障农民工工资支付工作的重要内容

国办发〔2016〕1号文件明确提出，加大普法宣传力度，发挥新闻媒体宣传引导和舆论监督作用，大力宣传劳动保障法律法规，依法公布典型违法案件，引导企业经营者增强依法用工、按时足额支付工资的法律意识，引导农民工依法理性维权，营造保障农民工工资支付的良好舆论氛围。根据“谁执法谁普法”的普法责任制要求，人力资源社会保障行政部门、相关行业工程建设主管部门和其他有关部门肩负着普及宣传保障农民工工资支付相关法律法规的职责。

在现实生活中，一些用人单位之所以违反劳动保障法律、法规或者规章，除了片面追求经济效益以外，有很多情况是因不了解相关规定内容所造成。与此同时，一些劳动者特别是部分农民工，由于不知法、不懂法，在合法权益受到用人单位侵害时，很难有效地维护和争取自身权益。人力资源社会保障行政部门在执法过程中，要切实履行宣传保障农民工工资支付法律、法规、规章的职责，使用人单位明确违法后果，主动认识到尊法守法与自身利益的一致性；同时要向农民工普及宣传法律和维权知识，提高其法治意识，在工资权益受到侵害时，能够依法维护自身权益。《人力资源社会保障部关于贯彻“谁执法谁普法”普法责任制的实施意见》（人社部发〔2017〕98号）提出注重在依法履行职责过程中开展普法，明确要求在组织开展农民工工资支付等专项检查活动时要对普法内容、普法形式、普法责任等作出具体部署，要求建立并落实工作人员以案释法制度，结合具体案情向当事人进行释法说理。

相关行业工程建设主管部门和其他有关部门也应当切实履行普法职责，把普及宣传保障农民工工资支付相关法律法规纳入部门工作安排，结合保障农民工工资支付具体实践，制定并完善普法计划，明确有针对性的普法任务和工作要求，将实施法律与普法工作紧密联系在一起，把普法融入保障农民工工资支付相关法律法规实施的全过程、各环节。

二、以多种形式加大保障农民工工资支付相关法律法规的普及宣传

做好保障农民工工资支付相关法律法规的普及宣传，需要根据农民工群体及相关领域用人单位的特点，以形式新颖、灵活多样的方式，推动形成知法、尊法、守法的良好法治氛围。

人力资源社会保障行政部门、相关行业工程建设主管部门和其他有关部门在普及宣传保障农民工工资支付相关法律法规工作中，要做到日常与集中结合、普遍与重点结合、广度与深度结合、教育与监督结合，增强工作的针对性，实效性。同时，积极创新普法手段，利用以案说法等方式，提高普及宣传效果，使保障农民工工资支付工作能够更好地融入本领域、本行业法治建设工作之中。

近年来，随着根治欠薪工作不断推向深入，与之相关的普法力度持续加大，探索出许多行之有效的普法宣传形式。人力资源社会保障行政部门、相关行业工程建设主管部门和其他有关部门在官网开通“根治欠薪进行时”专栏、召开专题新闻发布会、开展集中宣传、组织法律培训、加大重大欠薪典型案例的曝光力度，扩大了保障农民工工资支付相关法律法规普及宣传的覆盖面和影响力，切实提高了农民工自我保护意识和维权意识，增强了用人单位依法用工、守法经营的法律意识，在社会上营造了保障农民工工资权益的良好法治氛围。

第四十七条　人力资源社会保障行政部门应当建立用人单位及相关责任人劳动保障守法诚信档案，对用人单位开展守法诚信等级评价。

用人单位有严重拖欠农民工工资违法行为的，由人力资源社会保障行政部门向社会公布，必要时可以通过召开新闻发布会等形式向媒体公开曝光。

【释义】 本条是关于人力资源社会保障行政部门开展用人单位劳动保障守法诚信等级评价和严重拖欠农民工工资违法行为社会公布的规定。

一、劳动保障守法诚信等级评价和重大劳动保障违法行为社会公布制度

社会信用体系是市场经济体制中的重要制度安排，党中央、国务院高度重视社会信用体系建设工作，2007 年，国务院办公厅印发《关于社会信用体系建设的若干意见》（国办发〔2007〕17 号），提出全面推进社会信用体系建设，加快建立与我国经济社会发展水平相适应的社会信用体系基本框架和运行机制的发展目标。劳动用工领域信用建设是社会信用体系建设的重要组成部分，《中共中央、国务院关于构建和谐劳动关系的意见》《社会信用体系建设规划纲要（2014—2020 年）》（国发〔2014〕21 号）以及国办发〔2016〕1 号文件都对加强劳动保障守法诚信评价制度，推进企业工资支付诚信体系建设，建立用人单位拖欠工资违法行为公示制度提出要求。《劳动保障监察条例》第二十二条明确规定，“劳动保障行政部门应当建立用人单位劳动保障守法诚信档案。用人单位有重大违反劳动保障法律、法规或者规章的行为的，由有关的劳动保障行政部门向社会公布。”近年来，人力资源社会保障部大力推进劳动用工领域信用建设，创新监管模式，陆续出台《企业劳动保障守法诚信等级评价办法》《重大劳动保障违法行为社会公布办法》，稳步开展企业劳动保障守法诚信等级评价，定期向社会公布重大典型欠薪案件，取得明显成效。保障农民工工资支付，信用监管是必不可少的有效途径，因此，《条例》将实践中行之有效的劳动保障守法诚信等级评价、重大劳动保障违法行为社会公布制度在立法中明确下来。

二、建立劳动保障守法诚信档案，开展守法诚信等级评价

劳动保障守法诚信等级评价是根据用人单位遵守劳动保障法律、法规和规章的情况，对其进行劳动保障守法诚信等级评价的行为。开展这项工作的目的是增强劳动保障监察的针对性和效率，实行分类监管，督促用人单位遵守劳动保障法律规定，履行守法诚信义务。建立劳动保障守法诚信档案是开展劳动保障守法诚信等级评价的基础性工作。人力资源社会保障行政部门通过劳动保障监察“网格化、网络化”管理、书面审查等工作全面收集用人单位守法诚信信息，结合日常巡视检查、举报投诉查处、专项检查等劳动保障监察工作中获取的有关信息，建立守法诚信档案库。推进劳动保障守法诚信等级评价，应加强信息化建设，充分利用信息技术和手段，整合信息资源，提高劳动保障守法诚信等级评价工作效率。

按照《企业劳动保障守法诚信等级评价办法》规定，开展评价工作的依据包括用人单位制定内部劳动保障规章制度的情况、与劳动者订立劳动合同的情况、遵守劳务派遣规定的情况、遵守禁止使用童工规定的情况、遵守女职工和未成年工特殊劳动保护规定的情况、遵守工作时间和休息休假规定的情况、支付劳动者工资和执行最低工资标准的情况、参加各项社会保险和缴纳社会保险费等情况。根据评价情况，劳动保障守法诚信等级划分为A级、B级和C级。具体划分标准为：遵守劳动保障法律、法规和规章，未因劳动保障违法行为被查处的，评为A级；因劳动保障违法行为被查处，但不属于C级所列情形的，评为B级；符合所列情形之一的，即属于C级：因劳动保障违法行为被查处三次以上（含三次）的；因劳动保障违法行为引发群体性事件、极端事件或造成严重社会影响的；因使用童工、强迫劳动等严重劳动保障违法行为被查处的；拒不履行劳动保障监察限期整改指令、行政处理决定或者行政处罚决定的；无理抗拒、阻挠人力资源社会保障行政部门实施劳动保障监察的；因劳动保障违法行为被追究刑事责任的。对这三类企业分别有相应的激励和惩戒措施。对于被评为A级的企业，人力资源社会保障行政部门适当减少劳动保障监察日常巡视检查频次。对于被评为B级的企业，适当增加劳动保障监察日常巡视检查频次，督促其尽快改正违法行为。对于被评为C级的企业，列入劳动保障监察重点对象，强化劳动保障监察日常巡视检查。同时，对于C级企业，人力资源社会保障行政部门也将对其主要负责人、直接责任人进行约谈，敦促其遵守劳动保障法律、法规和规章。实践证明，这项工作一方面提高了劳动保障监察事中事后监管的针对性和有效性，另一方面能够促进用人单位自我规范、自我约束、自我激励和主动守法。

三、严重拖欠农民工工资违法行为社会公布

实行严重拖欠农民工工资违法行为社会公布制度是加强对严重拖欠农民工工资违法行为惩戒，强化社会舆论监督，促进用人单位遵守劳动保障法律、法规和规章的重要措施。《条例》作为保障农民工工资支付的专门法规再次明确这项工作，有利于进一步推进和规范社会公布工作。

认定标准是依法规范严重拖欠农民工工资违法行为社会公布工作的关键环节。《重大劳动保障违法行为社会公布办法》第五条规定："人力资源社会保障行政部门对下列已经依法查处并作出处理决定的重大劳动保障违法行为，应当向社会公布：（一）克扣、无故拖欠劳动者劳动报酬，数额较大的；拒不支付劳动报酬，依法移送司法机关追究刑事责任的；（二）不依法参加社会保险或

者不依法缴纳社会保险费，情节严重的；（三）违反工作时间和休息休假规定，情节严重的；（四）违反女职工和未成年工特殊劳动保护规定，情节严重的；（五）违反禁止使用童工规定的；（六）因劳动保障违法行为造成严重不良社会影响的；（七）其他重大劳动保障违法行为。”其中，拖欠劳动报酬方面包括了克扣、无故拖欠劳动者劳动报酬，数额较大以及拒不支付劳动报酬，依法移送司法机关追究刑事责任两种情形。“数额较大”的标准，由各地结合实际情况予以确定和把握。为了强调社会公布的严肃性、规范性和公平性，对严重拖欠农民工工资的违法行为，人力资源社会保障行政部门应当予以公布。

对严重拖欠农民工工资违法行为进行社会公布有四项具体内容：违法主体全称、统一社会信用代码（或者注册号）以及地址；法定代表人或者负责人姓名；主要违法事实及相关处理情况。社会公布主要通过本级人力资源社会保障行政部门门户网站、当地主要报刊、电视等媒体途径，必要时可召开新闻发布会公布。为形成制度化公布机制，有效引导和促进用人单位遵守工资支付法律规定，减少地方保护主义等导致的不敢公布、不愿公布问题，《重大劳动保障违法行为社会公布办法》对公布频次作出明确要求，同时还规定可随时公布的方式，进一步增强社会公布的及时性、有效性。近年来，人力资源社会保障部每年都对一些在全国有重大影响的拖欠农民工工资违法行为进行社会公布，2019年，全国人力资源社会保障行政部门共向社会公布重大劳动保障违法案件3286件，其中，公布重大欠薪案件2395件，取得了较好的警示和教育效果。

向社会公布严重拖欠农民工工资违法行为，是新形势下加强社会治理的一项制度创新，具有重大意义。一是加大了对违法者的惩戒力度。社会公布制度借助新闻媒体将严重拖欠农民工工资违法行为广而告之，扩大了公众的知晓和监督范围，加重了对违法者的负面评价，对违法者的声誉和信用特别是在劳动力市场上的信用度必定会产生消极影响。二是有助于劳动保障监察的预防和教育功能。预防和惩戒是劳动保障监察工作的两个方面，“查处一案，带动一片”是劳动保障监察机构追求的目标。将严重拖欠农民工工资违法行为“张榜公布”，形成“前车之鉴”，可以在一定程度上震慑潜在违法者和漏网违法者，打消他们的侥幸心理，从而起到预防违法的功效。同时，真名实姓、内容完整地公布典型案件，也是开展劳动保障法律宣传教育的有效方式。通过真实案例，用人单位可以切实体会到劳动保障法律法规的严肃性和违法的严重后果；劳动者可以直观地了解自身正当的工资权利和理性的维权手段。三是有益于提高劳动保障监察执法水平。将劳动保障监察机构自身的执法行为向社会公开，接受社会的监督和评价，可以规范执法行为，促进依法行政。

第四十八条　用人单位拖欠农民工工资，情节严重或者造成严重不良社会影响的，有关部门应当将该用人单位及其法定代表人或者主要负责人、直接负责的主管人员和其他直接责任人员列入拖欠农民工工资失信联合惩戒对象名单，在政府资金支持、政府采购、招投标、融资贷款、市场准入、税收优惠、评优评先、交通出行等方面依法依规予以限制。

拖欠农民工工资需要列入失信联合惩戒名单的具体情形，由国务院人力资源社会保障行政部门规定。

【释义】 本条是关于用人单位拖欠农民工工资失信联合惩戒的规定。

一、拖欠农民工工资失信联合惩戒制度

《国务院关于促进市场公平竞争维护市场正常秩序的若干意见》（国发〔2014〕20号）、《国务院关于建立完善守信联合激励和失信联合惩戒制度加快推进社会诚信建设的指导意见》（国发〔2016〕33号）以及国办发〔2016〕1号文件等强调要加快建立拖欠农民工工资“黑名单”管理制度，健全欠薪失信联合惩戒机制。《国务院办公厅关于促进建筑业持续健康发展的意见》（国办发〔2017〕19号）也明确规定，“将存在拖欠工资行为的企业列入黑名单，对其采取限制市场准入等惩戒措施，情节严重的降低资质等级”。

2017年，人力资源社会保障部印发《拖欠农民工工资“黑名单”管理暂行办法》（人社部规〔2017〕16号），与国家发展改革委、人民银行、中央组织部、中央文明办、中央网信办、最高人民法院、工业和信息化部、财政部、国土资源部、住房和城乡建设部、交通运输部、水利部、商务部、国资委、海关总署、税务总局、工商总局、质检总局、新闻出版广电总局、银监会、证监会、保监会、国家公务员局、国家外汇管理局、民航局、全国总工会、共青团中央、全国妇联、铁路总公司等三十个部门联合签署《关于对严重拖欠农民工工资用人单位及其有关人员开展联合惩戒的合作备忘录》（发改财金〔2017〕2058

号)，实施拖欠农民工工资“黑名单”管理，会同有关部门开展联合惩戒。

拖欠农民工工资“黑名单”管理的实施具有重要意义。一是落实国家社会信用体系建设规划，加强劳动用工守法诚信体系建设的重要内容。继制定《企业劳动保障守法诚信等级评价办法》《重大劳动保障违法行为社会公布办法》之后，出台《拖欠农民工工资“黑名单”管理暂行办法》，进一步加强了劳动用工诚信体系建设，为劳动保障监察信用监管措施提供制度依据。二是进一步完善了劳动保障监察长效制度机制，促进完善源头预防、动态监管和失信惩戒相结合的监察执法体系，是对违法失信用人单位行政处理或者行政处罚的有力补充，将进一步增加劳动保障监察执法效果。三是保障农民工工资支付的重要措施。“黑名单”管理制度的建立运行，有利于通过多部门联合惩戒和社会信用体系评价，使得用人单位“一处违法、处处受限”，震慑和警示用人单位规范用工行为，让其形成“不敢违法、不愿违法”的自觉守法意识，规范工资支付行为。为加大对用人单位拖欠农民工工资违法行为的信用惩戒力度，提高用人单位违法成本，推动在全社会范围内建设和谐有序、良性发展的工资支付法治环境，《条例》在总结实践经验的基础上，对拖欠农民工工资失信联合惩戒制度予以明确。

二、拖欠农民工工资失信联合惩戒的情形、对象及限制

1. 拖欠农民工工资失信联合惩戒的情形。关于本条第一款中的“情节严重或者造成严重不良社会影响”的理解。按照《拖欠农民工工资“黑名单”管理暂行办法》第五条的规定，主要包括两种情形：一是克扣、无故拖欠农民工工资，数额达到认定拒不支付劳动报酬罪数额标准的；二是因拖欠农民工工资违法行为引发群体性事件、极端事件造成严重不良社会影响的。《最高人民法院关于审理拒不支付劳动报酬刑事案件适用法律若干问题的解释》规定，认定拒不支付劳动报酬罪数额标准为：(1) 拒不支付一名劳动者三个月以上的劳动报酬且数额在五千元至二万元以上的；(2) 拒不支付十名以上劳动者的劳动报酬且数额累计在三万元至十万元以上的。该司法解释同时规定，各省、自治区、直辖市高级人民法院可以根据本地区经济社会发展状况，在前款规定的数额幅度内，研究确定本地区执行的具体数额标准，报最高人民法院备案。目前各省、自治区、直辖市都已确定本地区执行的具体数额标准。

此外，针对在因违法分包、层层转包等因素导致拖欠农民工工资主体难以确定的问题，《拖欠农民工工资"黑名单"管理暂行办法》第五条单列一款："将劳务违法分包、转包给不具备用工主体资格的组织和个人造成拖欠农民工工资且符合前款规定情形的，应将违法分包、转包单位及不具备用工主体资格的组织和个人一并列入拖欠工资'黑名单'。"该款规定旨在督促工程建设领域行业规范用工行为，加强对拖欠农民工工资问题的源头治理。

2. 拖欠农民工工资失信联合惩戒的对象及限制。拖欠农民工工资失信联合惩戒的对象包括该用人单位及其法定代表人或者主要负责人、直接负责的主管人员和其他直接责任人员。

本条对限制措施作出原则性规定，包括在政府资金支持、政府采购、招投标、融资贷款、市场准入、税收优惠、评优评先、交通出行等方面依法依规予以限制。具体限制措施在《关于对严重拖欠农民工工资用人单位及其有关人员开展联合惩戒的合作备忘录》已经明确规定，即在政府资金支持、政府采购、招投标、生产许可、资质审核、融资贷款、市场准入、税收优惠、评优评先等方面，按部门职责采取依法限制参与工程建设项目招投标活动、依法限制或取消政策性资金、政府补贴性资金和社会保障资金支持、限制取得或终止其基础设施和公用事业特许经营、依法禁止其作为供应商参与政府采购活动、依法限制取得政府供应土地等三十项具体措施。

第四十九条　建设单位未依法提供工程款支付担保或者政府投资项目拖欠工程款，导致拖欠农民工工资的，县级以上地方人民政府应当限制其新建项目，并记入信用记录，纳入国家信用信息系统进行公示。

【释义】 本条是对建设单位未依法提供工程款支付担保或者政府投资项目拖欠工程款导致拖欠农民工工资处理的规定。

建设单位依法筹措建设资金，及时到位建设资金，及时支付工程款，是防止拖欠农民工工资的必要前提。为确保建设单位具备工程款支付能力，《条例》第二十四条第一款规定："建设单位应当向施工单位提供工程款支付担保。"本条和《条例》第五十七条相应规定了法律责任，明晰了建设单位违规成本和可能带来的潜在风险，加大了工程款支付担保制度的推行力度。政府投资项目要带头落实建设资金，带头防止拖欠，未落实建设资金的不得违规开工建设。《条例》第二十三条第二款规定："政府投资项目所需资金，应当按照国家有关规定落实到位，不得由施工单位垫资建设。"《条例》第二十三条、第二十四条均要求建设单位落实建设资金，从源头确保工程款支付，从而保障农民工工资支付。由于建设单位不履行相关义务，导致拖欠农民工工资的，建设单位应当受到相应处理。

一、建设单位未依法提供工程款支付担保或者政府投资项目拖欠工程款，导致拖欠农民工工资的行为

本条所指建设单位应理解为对相应项目负有工程款支付义务的建设单位。违法行为有两种情形：一是建设单位未依法提供工程款支付担保导致拖欠农民工工资的；二是政府投资项目拖欠工程款导致拖欠农民工工资的。《优化营商环境条例》第三十二条规定："国家机关、事业单位不得违约拖欠市场主体的货物、工程、服务等账款，大型企业不得利用优势地位拖欠中小企业账款……"明确要求国家机关、事业单位不得拖欠工程款，但若未导致拖欠农民工工资的，就不构成本条的违法行为。

"未依法提供工程款支付担保"是指"未依据法律、行政法规提供工程款支付担保"。《国务院办公厅关于促进建筑业持续健康发展的意见》（国办发〔2017〕19号）规定"通过工程款支付担保等经济、法律手段约束建设单位履约行为，预防拖欠工程款"，《条例》对提供工程款支付担保提出明确要求，但在现行法律和行政法规对建设单位提供工程款支付担保的额度、比例、期限、方式等并无明确规定的情况下，各地可以根据本地实际情况出台地方性法规或规范，予以明确。若无规定的，则本条"未依法提供工程款支付担保"应限于"建设单位未提供工程款支付担保"的情形。

二、县级以上地方人民政府应当限制其新建项目，并记入信用记录，纳入国家信用信息系统进行公示

1. 限制其新建项目。《国务院关于建立完善守信联合激励和失信联合惩戒制度加快推进社会诚信建设的指导意见》（国发〔2016〕33号）规定，"对重点领域和严重失信行为实施联合惩戒"，对严重失信主体"从严审核行政许可审批项目"。《国务院办公厅关于促进建筑业持续健康发展的意见》（国办发

〔2017〕19号）要求，“对长期拖欠工程款的单位不得批准新项目开工。”本条规定违法行为的处理是由县级以上地方人民政府实施限制其新建项目，具体限制措施可以由政府相关主管部门负责实施。对新建项目的限制主要包括但不局限于以下方面：一是对新开发建设项目全流程涉及的审批、备案、核准等事项停止办理；二是不得办理新建项目的用地许可、规划许可等手续，不得允许其组织招标；三是对其新建项目，不予批准开工。

2. 记入信用记录，纳入国家信用信息系统进行公示。国务院印发的《社会信用体系建设规划纲要（2014—2020年）》（国发〔2014〕21号）明确提出，推进工程建设领域项目信息公开和诚信体系建设，加大对有重大失信行为的企业的惩戒力度，将拖欠工程款和农民工工资等列入失信责任追究范围。《优化营商环境条例》第五十三条规定：“政府及其有关部门应当按照国家关于加快构建以信用为基础的新型监管机制的要求，创新和完善信用监管，强化信用监管的支撑保障，加强信用监管的组织实施，不断提升信用监管效能。”本条将建设单位未依法提供工程款支付担保或者政府投资项目拖欠工程款导致拖欠农民工工资情况记入信用记录，纳入国家信用信息系统进行公示，目的就是充分发挥失信行为联合惩戒机制，真正使失信者“一处失信，寸步难行”。在具体实施上，由县级以上人民政府依法进行认定，记入信用记录，并纳入国家信用信息系统进行公示。

第五十条　农民工与用人单位就拖欠工资存在争议，用人单位应当提供依法由其保存的劳动合同、职工名册、工资支付台账和清单等材料；不提供的，依法承担不利后果。

【释义】 本条是用人单位不提供依法由其保存的有关证据材料依法承担不利后果的规定。

拖欠工资问题作为劳动违法行为，需要通过证据材料查明案件真实情况，劳动合同、职工名册、工资支付台账和清单这些材料都是证明用人单位工资支付相关情况的书面证据。劳动合同法对用人单位订立劳动合同、建立职工名册提出了明确要求。第七条规定，“用人单位应当建立职工名册备查”；第十六条第二款规定，“劳动合同文本由用人单位和劳动者各执一份”；第十七条规定，劳动报酬是劳动合同的必备条款之一。《条例》第十五条对用人单位编制工资支付台账、工资支付台账内容和保存期限及提供清单作出明确要求。

实践中，一些用人单位用工管理不规范，未依法与农民工订立劳动合同，没有建立职工名册、未编制书面工资支付台账或者向农民工本人提供工资清单，导致劳动者没有相应证据，拖欠的情况无法查清。特别是一些工程项目施工单位劳动用工管理不规范，层层转包、违法分包，在由“包工头”带人进场施工的情况下，工资一般只是口头约定，没有劳动合同、职工名册、工资支付表、工资清单和考勤记录。还有一种情况，在劳动关系双方中，劳动者隶属于用人单位，受用人单位管理和制约，劳动合同、职工名册、工资支付台账即使有，也由用人单位单方管理和保存，劳动者不掌握，无法提供。大部分农民工发生欠薪案件时，选择向劳动保障监察机构投诉反映。这些有争议的欠薪案件进入劳动保障监察程序，单位如果不愿甚至拒不提供不利于自己的证据，经过监察机构调查后，案件无法继续办理，农民工工资报酬权益难以落实。因此，本条对拖欠农民工工资案件，用人单位不提供有关证据，依法承担不利后果作了规定。

最高人民法院、最高人民检察院、人力资源和社会保障部、公安部《关于加强涉嫌拒不支付劳动报酬犯罪案件查处衔接工作的通知》（人社部发〔2014〕100 号）作出规定，“由于行为人逃匿导致工资账册等证据材料无法调取或用人单位在规定的时间内未提供有关工资支付等相关证据材料的，人力资源社会保障行政部门应及时对劳动者进行调查询问并制作询问笔录，同时应积极收集可证明劳动用工、欠薪数额等事实的相关证据，依据劳动者提供的工资数额及其他有关证据认定事实。调查询问过程一般要录音录像”。浙江、江苏、广东、海南、广西等地区为便于依法、高效、迅捷处理欠薪违法案件，切实保障劳动者工资权益，在地方立法中作出规定，对用人单位不提供证据的，可以根据相关证据材料认定欠薪数额，责令用人单位支付。比如，《广东省工资支付条例》第四十八条第一款规定：“……用人单位拒绝提供或者在规定时间内不能提供有关工资支付凭证等证据材料的，人力资源社会保障行政部门、劳动人事争议仲裁委员会或者人民法院可以按照劳动者提供的工资数额及其他有关证据作出认定。”《江苏省工资支付条例》第五十一条规定：“……用人单位拒绝提供或者在规定时间内不能提供有关工资支付凭证等证据材料的，劳动保障行政部门、劳动争议仲裁委员会和人民法院可以按照劳动者提供的工资数额及其他有关证据直接作出认定。用人单位和劳动者都不能对工资数额举证的，由劳动保障行政部门、劳动争议仲裁委员会和人民法院参照本单位同岗位的平均工资或者当地在岗职工平均工资水平，按照有利于劳动者的原则计算确定。”因此，在人力资源社会保障行政部门查处拖欠农民工工资案件时，用人单位应当提供相关证据材料，拒绝提供或者在规定的时间内不能提供有效证据的，人力资源社会保障行政部门可以根据农民工提供的证据及其他有关证据，参照用人单位同岗位工资水平或者当地在岗职工上年度平均工资，按照有利于农民工的原则认定拖欠工资金额，责令其支付工资。对此，有关部门和地方可以通过制定规章或者地方性法规等方式进一步细化和明确。

此外，劳动争议调解仲裁法第六条规定：“发生劳动争议，当事人对自己提出的主张，有责任提供证据。与争议事项有关的证据属于用人单位掌握管理的，用人单位应当提供；用人单位不能提供的，应当承担不利后果。”第三十九条规定：“当事人提供的证据经查证属实的，仲裁庭应当将其作为认定事实的根据。劳动者无法提供由用人单位掌握管理的与仲裁请求有关的证据，仲裁庭可以要求用人单位在指定期限内提供。用人单位在指定期限内不提供的，应当承担不利后果。”在劳动争议调解仲裁过程中，拖欠农民工工资争议案件的证据问题，可以按照劳动争议调解仲裁法的上述规定和本条规定处理。

第五十一条　工会依法维护农民工工资权益，对用人单位工资支付情况进行监督；发现拖欠农民工工资的，可以要求用人单位改正，拒不改正的，可以请求人力资源社会保障行政部门和其他有关部门依法处理。

【释义】 本条是关于工会对用人单位支付农民工工资情况进行劳动法律监督的规定。

工会是职工自愿结合的工人阶级的群众组织。中华全国总工会及其各工会组织代表职工的利益，依法维护职工的合法权益。现阶段，全国工会会员人数已达3亿人，其中农民工会员1.4亿人，是工会工作的重要对象。工会要做好农民工工作，其中很重要的一个方面，就是充分运用劳动法律监督手段，切实保障农民工劳动报酬权益。

一、工会依法对用人单位支付农民工工资情况进行监督

工会劳动法律监督，是各级工会依法对劳动法律、法规的实施情况进行的有组织的群众监督。我国法律明确赋予工会组织实施劳动法律监督的权利。劳动法第八十八条规定，各级工会依法维护劳动者的合法权益，对用人单位遵守劳动法律、法规的情况进行监督。劳动合同法第七十八条规定，工会依法维护劳动者的合法权益，对用人单位履行劳动合同、集体合同的情况进行监督，用人单位违反劳动法律、法规和劳动合同、集体合同的，工会有权提出意见或者要求纠正。《条例》在法律规定基础上，进一步细化规定了工会在保障农民工工资权益方面的职能，明确了工会的监督对象、方式、途径，目的是更好地发挥工会监督的优势和作用，提升工会监督的针对性和实效性，从多个方面、多个渠道为维护农民工劳动经济权益提供法律支撑。

工资是劳动者最基本的生活来源，是劳动者生存权利的基础物质保障，是劳动者的核心权益之一。推动落实农民工工资权益，是工会劳动法律监督的重要任务。全国总工会制定下发的《工会劳动法律监督试行办法》明确规定，用人单位执行国家有关工资报酬规定的情况，属于工会劳动法律监督范围。在各地出台的工会劳动法律监督地方性法规及相关政策文件中，也均将职工工资权益落实情况列为工会监督事项。中华全国总工会、地方总工会、产业工会和基层工会均负有组织和代表职工开展劳动法律监督职责，各级工会设立的劳动法律监督委员会、监督小组和监督员负责监督工作的具体实施。多年来，全国各级工会积极推动解决农民工工资拖欠问题，充分发挥密切联系基层企业和职工群众的优势，开展了劳动法律监督“一函两书”、劳动用工法律“体检”、劳动违法曝光谴责、劳动关系监测、协助信用监管等多种形式的监督工作，切实推动解决了一大批包括欠薪在内的劳动违法突出问题。

二、发现拖欠农民工工资的，工会可以要求用人单位改正

工会法第二十二条规定，企业、事业单位存在克扣职工工资等违反劳动法律行为的，工会应当与其交涉并要求改正；企业、事业单位应当研究处理，并向工会作出答复。实践中，农民工工资支付问题往往较为复杂，特别在工程建设领域，工资支付链条较长，可能涉及总包单位、分包单位以及“包工头”等多个环节。工会在这个领域实施监督，需要做到主动介入、源头防控、动态跟进。基层工会作为职工群众的直接联系者和服务者，在开展监督工作中具有特殊优势，应当充分运用平等协商、职工代表大会等民主管理制度机制，及时掌握所在单位工资发放情况，对发现的欠薪问题向行政管理方提出改进意见，并视情况向上级工会报告。地方工会在实施日常监督过程中，应注重做好预防预警和分析研判工作，密切关注劳动密集型行业的工资支付问题，经常性地走访招用农民工较多、欠薪问题较为集中的企业，了解工资支付状况，排查欠薪隐患。对于基层工会和农民工反映的欠薪问题和线索，地方工会应认真开展调查核实，一经确认存在违法欠薪问题的，应及时介入并交涉，视情况采取对话协商、口头提醒、书面通知等形式，向涉事单位指明问题、加强引导。对因欠薪引发的群体性事件，地方工会应第一时间深入农民工中间，关心了解农民工维权诉求，做好安抚疏导和沟通协商工作，并及时向同级党委和上级工会报告情况，促使问题尽快得到依法妥善解决。

三、用人单位拒不改正的，工会可以请求政府依法处理

根据工会法第二十二条规定，企业、事业单位拒不改正违反劳动法律、法规行为的，工会可以请求当地人民政府依法作出处理。工会劳动法律监督作为群众性监督，应注重加强与行政执法尤其是劳动保障监察的联动配合，实现分工协作、优势互补、力量整合。原劳动和社会保障部、中华全国总工会联合发布《关于加强劳动保障监察与工会劳动保障法律监督相互协调配合工作的通知》（劳社部发〔2001〕18 号），确立了双方协作配合的工作制度。原劳动和社会保障部办公厅《关于规范聘请劳动保障法律监督员工作的通知》（劳社部厅发〔2001〕7 号）规定，各级劳动保障行政部门可以从工会等单位聘请劳动保障法律监督员。

在保障农民工工资支付工作中，工会法律监督与劳动保障监察可采取多种形式加强协作配合。（1）建立情况通报制度和工作例会制度，开展农民工工资支付监测协作，加强信息交流和数据共享，定期会商根治欠薪重点难点问题，研究提出联动工作举措。（2）建立联合监督检查制度。工会应根据根治欠薪需要，积极派员参加劳动保障监察机构日常检查以及专项检查等执法行动，也可邀请劳动保障监察人员参与工会监督活动，对发现的欠薪问题及时会同研究解决。（3）建立案件处理和反馈制度。各级地方工会就欠薪问题与用人单位交涉无果的，可以通过书面形式提请同级劳动保障监察机构予以查处，并移交违法线索。劳动保障监察机构应充分考虑工会建议，及时反馈处理结果。（4）建立重大案件会商处理制度。对于重大欠薪案件，工会应协助劳动保障监察机构开展调查、会商和处置等工作，并为有需要的农民工提供法律咨询、法律援助等服务。（5）建立信用监管协作制度。工会对于发现的、达到规定标准的欠薪行为，应及时报送人力资源社会保障行政部门，并配合实施联合惩戒。人力资源社会保障行政部门按照《拖欠农民工工资“黑名单”管理暂行办法》规定，将有关单位和个人列入欠薪“黑名单”。（6）建立工会劳动保障法律监督员制度。劳动保障监察机构可以在同级工会中聘请劳动保障法律监督员，联合组织培训考核，实施持证上岗制度。工会劳动保障法律监督员应切实履行监督职责，按要求参与协助农民工工资支付保障工作。

第五十二条　单位或者个人编造虚假事实或者采取非法手段讨要农民工工资，或者以拖欠农民工工资为名讨要工程款的，依法予以处理。

【释义】 本条是对采取非法手段讨要农民工工资或者以拖欠农民工工资为名讨要工程款的行为依法处理的规定。

一、采取非法手段讨要农民工工资或者以拖欠农民工工资为名讨要工程款的行为

农民工是我国产业工人的主体，是推动国家现代化建设的重要力量，为经济社会发展作出了巨大贡献。保障农民工工资报酬权益，既关系到广大农民工的切身利益，也是实现社会公平正义的必然要求，是政府的重要职责。党中央、国务院历来高度重视解决拖欠农民工工资问题，先后出台一系列政策措施。各地区、各有关部门坚持标本兼治、综合治理，严格落实属地监管责任，健全工资支付保障制度，加大执法整治力度，对欠薪违法失信行为实施联合惩戒，依法依规从重查处恶意欠薪案件，根治欠薪工作取得明显成效。

但是，实践中也出现了另外的现象，一些单位或者个人编造虚假事实或者采取非法手段讨要农民工工资，有的通过组织未进施工现场工作过的社会人员聚集讨薪，还有的为了解决经济纠纷，以讨要农民工工资为名讨要工程款，这些行为有的涉及违反治安管理法律法规，有的甚至直接涉嫌构成犯罪。这类问题影响到企业的正常生产经营，也增加了政府部门的行政成本，影响到社会稳定和根治欠薪工作。国办发〔2016〕1号文件提出，“对采取非法手段讨薪或以拖欠工资为名讨要工程款，构成违反治安管理行为的，要依法予以治安处罚；涉嫌犯罪的，依法移送司法机关追究刑事责任”。

二、对编造虚假事实或者采取非法手段讨要农民工工资，或者以拖欠农民工工资为名讨要工程款的依法处理

编造虚假事实是指没有拖欠农民工工资的情况，编造虚假的农民工名册、身份信息、出勤记录、工资表、工资欠条、承包合同、工程款结算证明等资料来要求解决工资。采取非法手段讨要农民工工资是指不通过合法的途径和救济渠道反映拖欠农民工工资诉求、主张工资权利，而是通过扰乱工作秩序、公共场所秩序等非法方式讨要农民工工资。以拖欠农民工工资为名讨要工程款，是指没有拖欠农民工工资的事实，为解决工程款拖欠、工程款纠纷、材料款支付等应通过民事途径解决的经济纠纷，组织人员以拖欠农民工工资为名讨要工程款。

对编造虚假事实或者采取非法手段讨要农民工工资，或者以拖欠农民工工资为名讨要工程款，比如，扰乱机关、团体、企业、事业单位秩序，致使工作、生产、营业等不能正常进行，尚未造成严重损失；扰乱车站、港口、码头等公共场所秩序；扰乱公共汽车、电车、火车公共交通工具上的秩序；非法拦截或者强登、扒乘机动车等交通工具，影响交通工具正常行驶，构成违反治安管理行为的，按照治安管理处罚法的规定，由公安机关将依法处警告、罚款；情节较重的，处以拘留，可以并处罚款。如果触犯刑法，还会被追究刑事责任。

人力资源社会保障行政部门或者有关部门在查处拖欠农民工工资违法行为过程中，对于当事人存在违反治安管理规定的行为，要及时提请公安机关依法对其违反治安管理规定违法行为予以处理。

第六章　法律责任

本章是《条例》的法律责任部分。法律责任是违反《条例》规定应承担的法律后果，是《条例》有关权利义务规定和制度实施的重要保障。本章共10条，规定了对违反工资支付制度的行政处罚、不配合查询相关单位金融账户的法律责任等。为保证第四章“工程建设领域特别规定”的贯彻落实，对建设单位、施工总承包单位、分包单位违反特别规定的要求，经责令改正后逾期不改的，规定了罚款、责令停工、限制承接新工程、降低资质等级或者吊销资质证书等较为严厉的处罚措施。对政府投资项目政府投资资金不到位拖欠农民工工资的，政府投资项目建设单位未经批准立项建设、擅自扩大建设规模、擅自增加投资概算、未及时拨付工程款等导致拖欠农民工工资的，规定了责令限期拨付、约谈、通报、处分等措施；对建设资金不到位、违法违规开工建设的社会投资工程建设项目拖欠农民工工资的，规定了处罚、处分等措施。对政府部门工作人员未履行规定职责的，规定了依法依规处分、依法追究刑事责任等责任形式。

第五十三条　违反本条例规定拖欠农民工工资的，依照有关法律规定执行。

【释义】 本条是拖欠农民工工资法律责任的规定。

一、违法行为

依法按时足额支付农民工工资是用人单位的法定义务。《条例》第十二条规定：“用人单位应当按照与农民工书面约定或者依法制定的规章制度规定的工资支付周期和具体支付日期足额支付工资。”第十四条规定：“……具体支付日期遇法定节假日或者休息日的，应当在法定节假日或者休息日前支付。用人单位因不可抗力未能在支付日期支付工资的，应当在不可抗力消除后及时支付。”第十六条规定：“用人单位拖欠农民工工资的，应当依法予以清偿。”据此，用人单位违反按时足额支付农民工工资的法定义务，拖欠农民工工资，“依照有关法律规定执行”，这里的“有关法律规定”主要是劳动法、劳动合同法。但是，拖欠农民工工资情节严重，涉嫌拒不支付劳动报酬罪的，将依照刑法的有关规定执行。

二、执法主体及责任形式

1. 劳动法律责任。劳动法第五十条规定：“工资应当以货币形式按月支付给劳动者本人。不得克扣或者无故拖欠劳动者的工资。”第九十一条规定：“用人单位有下列侵害劳动者合法权益情形之一的，由劳动行政部门责令支付劳动者的工资报酬、经济补偿，并可以责令支付赔偿金：（一）克扣或者无故拖欠劳动者工资的；（二）拒不支付劳动者延长工作时间工资报酬的；（三）低于当地最低工资标准支付劳动者工资的；（四）解除劳动合同后，未依照本法规定给予劳动者经济补偿的。”劳动合同法第八十五条规定：“用人单位未按照劳动合同的约定或者国家规定及时足额支付劳动者劳动报酬的，由劳动行政部门责令限期支付劳动报酬，逾期不支付的，责令用人单位按应付金额百分之五十以上百分之一百以下的标准向劳动者加付赔偿金。”据此，用人单位“违反本条例规定拖欠农民工工资的”，应当依照劳动法、劳动合同法的上述规定执行，即由人力资源社会保障行政部门责令限期支付，逾期不支付的，责令用人单位按应付金额百分之五十以上百分之一百以下的标准向劳动者加付赔偿金。

劳动合同法第九十三条规定：“对不具备合法经营资格的用人单位的违法犯罪行为，依法追究法律责任；劳动者已经付出劳动的，该单位或者其出资人应当依照本法有关规定向劳动者支付劳动报酬、经济补偿、赔偿金；给劳动者造成损害的，应当承担赔偿责任。”据此，不具备合法经营资格的单位“违反本条例规定拖欠农民工工资的”，也应当依照上述法律规定执行，即该单位或者其出资人除了应当向农民工支付劳动报酬、经济补偿外，还将依法加付赔偿金。

2. 刑事法律责任。按照刑法第二百七十六条之一的规定，以转移财产、逃匿等方法逃避支付劳动者的劳动报酬或者有能力支付而不支付劳动者的劳动报酬，数额较大，经政府有关部门责令支付仍不支付的，构成拒不支付劳动报酬罪。拒不支付劳动报酬罪的刑事责任为：处三年以下有期徒刑或者拘役，并处或者单处罚金；造成严重后果的，处三年以上七年以下有期徒刑，并处罚金。单位犯罪的，对单位判处罚金，并对其直接负责的主管人员和其他直接责任人员，依照规定处罚。尚未造成严重后果，在提起公诉前支付劳动者的劳动报酬，并依法承担相应赔偿责任的，可以减轻或者免除处罚。据此，“违反本条例规定拖欠农民工工资的”，情节严重，构成拒不支付劳动报酬罪的，人力资源社会保障行政部门应当及时移送公安机关处理，由其依照刑法规定追究刑事责任。

2013 年公布的《最高人民法院关于审理拒不支付劳动报酬刑事案件适用法律若干问题的解释》进一步明确了相关刑事案件的法律适用标准。明确了“劳动者的劳动报酬”的具体含义、“以转移财产、逃匿等方法逃避支付劳动者的劳动报酬”的认定标准、“经政府有关部门责令支付仍不支付”的认定标准，特别对行为人逃匿情形下“经政府有关部门责令支付”的内涵作了规定；确立了拒不支付劳动报酬罪的定罪量刑标准，对“数额较大”“造成严重后果”的认定标准作了解释；规定了拒不支付劳动报酬罪的从宽处罚情形，以最大限度地发挥刑法的威慑和教育功能，充分维护劳动者权益；还明确了拒不支付报酬罪的主体范围、单位犯罪等问题。

司法是保护权利的重要手段，近年来人民法院充分发挥审判职能作用、严厉惩治拒不支付劳动报酬犯罪。自 2011 年 5 月 1 日以来，各级人民法院严格按照刑法和司法解释有关规定，准确认定事实，正确适用法律，依法公正审理拒不支付劳动报酬刑事案件。截至 2019 年 9 月，各级法院共受理拒不支付劳动报酬刑事案件 10651 件，审结 10243 件。其中对 7674 名被告人判处有期徒刑或者拘役，对 116 名被告人判处 3 年以上有期徒刑。

第五十四条　有下列情形之一的，由人力资源社会保障行政部门责令限期改正；逾期不改正的，对单位处 2 万元以上 5 万元以下的罚款，对法定代表人或者主要负责人、直接负责的主管人员和其他直接责任人员处 1 万元以上 3 万元以下的罚款：

（一）以实物、有价证券等形式代替货币支付农民工工资；

（二）未编制工资支付台账并依法保存，或者未向农民工提供工资清单；

（三）扣押或者变相扣押用于支付农民工工资的银行账户所绑定的农民工本人社会保障卡或者银行卡。

【释义】 本条是关于违反工资支付形式、未编制和保存工资支付台账、未提供工资支付清单、扣押或者变相扣押农民工本人社会保障卡或者银行卡的法律责任的规定。

一、违法行为

本条规定的三种违法情形源于《条例》明确的法定义务，这些违法情形虽然不是拖欠工资行为，但影响到农民工工资权利的实现，为充分保障农民工工资权利，设定法律责任。

1. 以实物、有价证券等形式代替货币支付农民工工资。《条例》第十一条规定，“农民工工资应当以货币形式，通过银行转账或者现金支付给农民工本人，不得以实物或者有价证券等其他形式替代。”实践中一些用人单位以实物或者有价证券替代货币支付工资。这些实物在商品市场虽然可销售获得收益，但收益实现不确定。有价证券包括商品证券、货币证券及资本证券，虽然有交易价格，可以在证券市场上买卖和流通，但影响有价证券价格的因素很多，所以实物、有价证券不具备法定货币的流动性，无法实现货币的功能和作用，这都会影响到农民工工资权益的实现。因此，用实物或者有价证券等其他形式替代货币支付工资都是违法行为。

2. 未编制工资支付台账并依法保存，或者未向农民工提供工资清单。《条例》第十五条规定了用人单位编制书面工资支付台账并至少保存3年和向农民工提供工资清单的法定义务，这是加强工资支付管理的基本要求，也是预防工资争议和查实拖欠工资问题的重要措施。一些用人单位在工资支付过程中未履行这些法定义务，在发生工资争议时，不利于农民工和用人单位举证维护自身合法权益，也不利于有权机关及时查明事实，依法准确处理拖欠农民工工资问题。为督促上述法定义务的履行，切实保障农民工工资支付，需要给予行政处罚。

3. 扣押或者变相扣押用于支付农民工工资的银行账户所绑定的农民工本人社会保障卡或者银行卡。《条例》第三十一条规定了工程建设领域推行分包单位农民工工资委托施工总承包单位通过银行代发的制度，要求施工总承包单位根据分包单位编制的工资支付表，通过农民工工资专用账户直接将工资支付到农民工本人的银行账户，并向分包单位提供代发工资凭证。为确保工资发放给农民工本人，提出“用于支付农民工工资的银行账户所绑定的农民工本人社会保障卡或者银行卡，用人单位或者其他人员不得以任何理由扣押或者变相扣押。”实践中，工程建设领域一些单位或者个人以为农民工保管工资为由变相扣押农民工社会保障卡或者银行卡，以各种理由从中提取自己的利润或者管理费等费用，导致农民工不能及时足额获得工资，这些都属于违法行为。为此，部分地方已采取措施加以规制，比如，《四川省解决企业拖欠工资问题联席会议关于在工程建设领域全面落实农民工工资专用账户制度的通知》（川人社办发〔2018〕180 号）明确要求，“农民工工资卡实行一人一卡，由农民工本人掌握，不得掌握在农民工本人以外的其他个人或单位手中”。

二、执法主体及责任形式

有上述违法情形之一，由人力资源社会保障行政部门责令限期改正；逾期不改正的，对单位和有关人员实行“双罚制”。一是对单位的行政处罚，对单位处 2 万元以上 5 万元以下的罚款。二是对个人的行政处罚。对单位法定代表人或者主要负责人、直接负责的主管人员和其他直接责任人员处 1 万元以上 3 万元以下的罚款，具体罚款数额根据违法情节的轻重确定。

第五十五条　有下列情形之一的，由人力资源社会保障行政部门、相关行业工程建设主管部门按照职责责令限期改正；逾期不改正的，责令项目停工，并处 5 万元以上 10 万元以下的罚款；情节严重的，给予施工单位限制承接新工程、降低资质等级、吊销资质证书等处罚：

（一）施工总承包单位未按规定开设或者使用农民工工资专用账户；

（二）施工总承包单位未按规定存储工资保证金或者未提供金融机构保函；

（三）施工总承包单位、分包单位未实行劳动用工实名制管理。

【释义】 本条是违反农民工工资专用账户、工资保证金、劳动用工实名制管理法律责任的规定。

一、违法行为

1. 施工总承包单位未按规定开设或者使用农民工工资专用账户。《条例》第二十六条规定，“施工总承包单位应当按照有关规定开设农民工工资专用账户，专项用于支付该工程建设项目农民工工资”。农民工工资专用账户的开设和使用是施工总承包单位义务，从实际情况看，未按规定开设农民工工资专用账户的情形主要是未按规定的时间、地点开设专用账户等。为规范农民工工资专用账户管理，实践中，福建、四川、重庆、广西、海南等地方制定了农民工工资专用账户管理的相关规定。从地方规定看，未按规定使用农民工工资专用账户的情形包括：专用账户内的资金用于支付施工总承包单位材料款等其他费用；支付给劳务企业以及不具备用工主体资格的组织和个人等。

2. 施工总承包单位未按规定存储工资保证金或者未提供金融机构保函。《条例》第三十二条规定了施工总承包单位按规定存储工资保证金或者提供金融机构保函的义务。违反该项义务的情形主要包括：未存储农民工工资保证金、未按照规定比例存储农民工工资保证金、未在指定的专户存储农民工工资保证金、未提供金融机构保函或者提供的金融机构保函不符合规定等。

3. 施工总承包单位、分包单位未实行劳动用工实名制管理。《条例》第二十八条规定了工程建设领域施工总承包单位或者分包单位应当依法与所招用的农民工进行用工实名登记、管理的义务，明确具备条件的行业应当通过相应的管理服务信息平台进行用工实名登记、管理。《建筑工人实名制管理办法（试行）》对房屋建筑和市政基础设施工程项目实行劳动用工实名制管理作了规定，其他行业的实名制管理要求，可以按照各地、各有关部门出台的符合《条例》规定的管理要求执行。如果未对依法招用的农民工进行实名登记、管理，就属于违法行为。

二、执法主体及责任形式

执法主体为人力资源社会保障行政部门或者相关行业工程建设主管部门。上述违法行为，首先由人力资源社会保障行政部门或者相关行业工程建设主管部门责令限期改正；逾期不改正的，由人力资源社会保障行政部门或者相关行业工程建设主管部门责令项目停工，并处5万元以上10万元以下的罚款；情节严重的，由相关行业工程建设主管部门给予施工单位限制承接新工程、降低资质等级、吊销资质证书等处罚。

需要注意的是，关于给予施工单位限制承接新工程、降低资质等级、吊销资质证书等处罚。限制承接新工程是相关行业工程建设主管部门对有违反法定情形的施工单位作出的，在一定期限和指定的地域范围限制承接新工程项目的决定。降低资质等级和吊销资质证书的行政处罚，是由确定资质等级、颁发资质证书的相关行业工程建设主管部门作出的决定。在施工单位资质等级管理方面，根据《建筑业企业资质管理规定》的规定，建筑业企业应当按照其拥有的注册资本、净资产、专业技术人员、技术装备和已完成的建筑工程业绩等资质条件申请资质，经审查合格，取得相应等级的资质证书后，方可在其资质等级许可的范围内从事建筑活动。监管上，住房城乡建设主管部门负责建筑业企业资质的统一监督管理。交通运输、水利、工业信息化等有关部门配合住房城乡建设主管部门实施相关资质类别建筑业企业资质的管理工作。因此，给予施工单位限制承接新工程、降低资质等级、吊销资质证书由相关行业工程建设主管部门负责。

第五十六条　有下列情形之一的，由人力资源社会保障行政部门、相关行业工程建设主管部门按照职责责令限期改正；逾期不改正的，处5万元以上10万元以下的罚款：

（一）分包单位未按月考核农民工工作量、编制工资支付表并经农民工本人签字确认；

（二）施工总承包单位未对分包单位劳动用工实施监督管理；

（三）分包单位未配合施工总承包单位对其劳动用工进行监督管理；

（四）施工总承包单位未实行施工现场维权信息公示制度。

【释义】 本条是工程建设领域施工总承包单位、分包单位违反工资支付、用工管理、施工现场维权信息公示制度法律责任的规定。

一、违法行为

1. 分包单位未按月考核农民工工作量、编制工资支付表并经农民工本人签字确认。《条例》规定，工程建设领域推行分包单位农民工工资委托施工总承包单位代发制度，总包代发没有改变用工主体，分包单位对所招用农民工的实名制管理和工资支付负直接责任。同时，作为用工主体的分包单位要对所招用的农民工依法管理，做好工资支付的基础工作，即第三十一条规定的“按月考核农民工工作量并编制工资支付表，经农民工本人签字确认后，……交施工总承包单位”。否则，施工总承包单位无从代发工资。为此，《条例》规定分包单位违反该项义务的法律责任。违法的具体情形包括：未按月考核农民工工作量，或者未编制工资支付表，或者工资支付表未经农民工本人签字确认等，这三项违法行为具备一项即可，不要求三项全部具备。

2. 施工总承包单位未对分包单位劳动用工实施监督管理。实践中，一些施工总承包单位“以包代管”，一包了之，施工现场用工、考勤、工资支付等管理不规范，没有进出场登记制度和考勤计量、工资支付等管理台账，容易发生农民工身份、工资数额争议以及工程款和工资交织的纠纷。为此，《条例》第二十八条第二款规定了施工总承包单位对分包单位劳动用工实施监督管理的义务。违反该项义务的具体情形包括：未在工程项目部配备劳资专管员，或者劳资专管员未对分包单位劳动用工实施监督管理的，不掌握施工现场用工、考勤、工资支付等情况的。

3. 分包单位未配合施工总承包单位对其劳动用工进行监督管理。分包单位是所招用农民工的用工主体，对工资支付负有直接责任。施工总承包单位对分包单位的劳动用工进行监督管理，需要分包单位的配合。对这项违法行为设定法律责任，目的是促进双方在工程项目劳动用工管理、工资支付上依法协作配合，各尽职责和义务，形成规范有序、守法诚信的用工秩序。

4. 施工总承包单位未实行施工现场维权信息公示制度。为推动维权信息公开、透明，方便农民工随时获取真实、有效的维权信息，维护其合法权益，《条例》第三十四条规定，施工总承包单位应当在施工现场醒目位置设立维权信息告示牌并明示法定事项，本条对违反这项义务的行为规定了法律责任。具体违法情形包括：施工总承包单位未在施工现场设立维权信息告示牌；维权信息告示牌载明的信息不完整、不准确，比如，未载明建设单位或者施工总承包单位及所在项目部、分包单位、相关行业工程建设主管部门、劳资专管员等基本信息；未载明当地最低工资标准、工资支付日期等基本信息；或者未载明相关行业工程建设主管部门和劳动保障监察投诉举报电话、劳动争议调解仲裁申请渠道、法律援助申请渠道、公共法律服务热线等信息。

二、执法主体及责任形式

上述违法行为，由人力资源社会保障行政部门或者相关行业工程建设主管部门按照职责负责查处。对施工总承包单位或者分包单位的上述违法行为，首先是由人力资源社会保障行政部门或者相关行业工程建设主管部门责令限期改正，超过责令改正期限仍不改正的，处5万元以上10万元以下的罚款。

第五十七条　有下列情形之一的，由人力资源社会保障行政部门、相关行业工程建设主管部门按照职责责令限期改正；逾期不改正的，责令项目停工，并处5万元以上10万元以下的罚款：

（一）建设单位未依法提供工程款支付担保；

（二）建设单位未按约定及时足额向农民工工资专用账户拨付工程款中的人工费用；

（三）建设单位或者施工总承包单位拒不提供或者无法提供工程施工合同、农民工工资专用账户有关资料。

【释义】 本条是违反工程款支付担保、人工费用拨付、提供工程施工合同和农民工工资专用账户有关资料法律责任的规定。

一、违法行为

1. 建设单位未依法提供工程款支付担保。工程建设领域上游单位以各种理由拖欠工程款，必然造成下游单位资金紧张，甚至无钱可发，这是引发农民工工资拖欠问题的重要原因。《条例》第二十四条第一款明确规定，“建设单位应当向施工单位提供工程款支付担保”。目的是采用担保这一经济手段，约束建设单位按照工程施工合同约定支付工程款，如果发生工程款拖欠时，由担保人承担支付工程款的义务。建设单位未依法提供工程款支付担保的情形包括：未按照合同约定的时间和形式提供担保、担保金额不符合合同约定，或者不能满足一定时期内（如3个月）工程建设计量支付的需要。

2. 建设单位未按约定及时足额向农民工工资专用账户拨付工程款中的人工费用。施工总承包单位按照《条例》规定开设农民工工资专用账户后，建设单位应当按照工程施工合同约定的比例或数额、周期将人工费即工资性工程款拨付至专用账户，确保该工程项目的农民工工资按时足额发放。《条例》第二十九条第一款规定：“建设单位应当按照合同约定及时拨付工程款，并将人工费用及时足额拨付至农民工工资专用账户……”建设单位未按约定及时足额向农民工工资专用账户拨付工程款中的人工费用的情形主要包括：建设单位未按工程施工合同约定的比例将人工费拨付至专用账户，比如工程施工合同约定拨付比例为25%，建设单位拨付比例为20%；工程施工合同约定为一个月拨付一次，建设单位超过一个月拨付；建设单位将人工费拨付至施工总承包单位的非农民工工资专用账户等。

3. 建设单位或者施工总承包单位拒不提供或者无法提供工程施工合同、农民工工资专用账户有关资料。《条例》第二十四条对工程施工合同的形式和有关必备内容作出规定，形式要求为书面形式，不能用口头形式。必备内容包括工程款计量周期、工程款进度结算办法以及人工费用拨付周期、拨付比例或者数额要求。工程施工合同是证明人工费用拨付周期、拨付比例或者数额的重要书证，建设单位与施工总承包单位要将工程施工合同保存备查。如果监管部门检查人工费用拨付情况时，建设单位与施工总承包单位拒不提供或者无法提供工程施工合同，因缺乏证据无法继续确认事实作出相应处理。为此，《条例》规定了这一违法行为的法律责任。

开设、使用农民工工资专用账户有关资料包括：开立单位银行结算账户申请书、代发农民工工资协议、付款凭证、转账凭证、存款凭证、银行存款明细账、银行账户交易对账单、工资发放明细、银行对账单等。这些资料是反映开设、使用农民工工资专用账户、向农民工发放工资情况的书面凭证，《条例》要求施工总承包单位要妥善保存备查。特别是《条例》第三十九条已经将农民工工资专用账户管理作为法定监督检查事项，第六十六条还规定了施工总承包单位未按规定开设或者使用农民工工资专用账户的法律责任。施工总承包单位应当保存这些资料备查，如果拒不提供或者无法提供开设、使用农民工工资专用账户有关资料，监管部门因缺乏证据，难以认定违法事实并作出相应的处理。具体违法情形包括：建设单位或者施工总承包单位拒不提供或者无法提供工程施工合同、农民工工资专用账户有关资料等。

二、执法主体及责任形式

上述违法行为的处理，由人力资源社会保障行政部门或者相关行业工程建设主管部门按照职责负责，具体处理上，首先是责令限期改正。对逾期不改正的，责令项目停工，并处5万元以上10万元以下的罚款。

第五十八条 不依法配合人力资源社会保障行政部门查询相关单位金融账户的，由金融监管部门责令改正；拒不改正的，处 2 万元以上 5 万元以下的罚款。

【释义】 本条是不依法配合查询相关单位金融账户法律责任的规定。

一、违法行为

《条例》第四十条规定了人力资源社会保障行政部门查询相关单位金融账户的执法手段，查询结果将成为用人单位“有能力支付而不支付”、拖延支付等逃避工资支付义务的确凿证据，可以帮助判断是否涉嫌构成拒不支付劳动报酬犯罪，是否逃避支付工资，有利于加快解决拖欠农民工工资问题。为保障人力资源社会保障行政部门依法履行查询金融账户职能，确保调查取证工作依法顺利进行，《条例》规定了对不依法配合人力资源社会保障行政部门查询相关单位金融账户行为的法律责任。

本条规定的违法情形包括：人力资源社会保障行政部门按照法定条件和程序向有关金融机构提出查询相关单位金融账户要求，有关金融机构在指定时限内不提供相关单位存款的金额、币种以及其他存款信息的行为、不提供相关单位其他金融账户情况等情形。

二、执法主体及责任形式

上述违法行为，由银行保险业监督管理机构等金融监管部门责令改正；对拒不改正，即超过责令改正文书规定的期限不改正的，处 2 万元以上 5 万元以下的罚款。

为加强解决拖欠农民工工资问题的协调配合，保证《条例》规定的查询权落到实处，在查询过程中，人力资源社会保障行政部门与银行保险业监督管理机构等金融监管部门应当建立情况通报和工作配合机制，当有关金融机构拒不配合查询时，人力资源社会保障行政部门应当将该情况及时移送给银行保险业监督管理机构等金融监管部门，由其按照本条规定予以处理；有关银行保险业监督管理机构等金融监管部门也应当将处理情况反馈给人力资源社会保障行政部门。

第五十九条　政府投资项目政府投资资金不到位拖欠农民工工资的，由人力资源社会保障行政部门报本级人民政府批准，责令限期足额拨付所拖欠的资金；逾期不拨付的，由上一级人民政府人力资源社会保障行政部门约谈直接责任部门和相关监管部门负责人，必要时进行通报，约谈地方人民政府负责人。情节严重的，对地方人民政府及其有关部门负责人、直接负责的主管人员和其他直接责任人员依法依规给予处分。

【释义】 本条是政府投资项目政府投资资金不到位拖欠农民工工资的违法行为法律责任的规定。

一、违法行为

本条规定的违法行为是指政府投资项目政府投资资金不到位拖欠农民工工资的情形。政府投资资金不到位是指没有满足政府投资项目建设需要使用的全部或部分资金，拖欠农民工工资是指未按时足额支付农民工工资。

政府投资作为一项重大政府职能，事关经济社会发展全局，既是实施宏观调控、落实国家发展战略的重要手段，也是引导和带动社会资本扩大有效投资的有力抓手，在稳增长、促改革、调结构、惠民生、防风险以及补齐发展短板、优化供给结构、增强发展后劲等方面发挥着关键作用。为确保政府投资项目顺利实施，《政府投资条例》规定政府投资项目所需资金应当按规定确保落实到位，不得由施工单位垫资建设；项目建设投资原则上不得超过经核定的投资概算，确需增加投资概算的，项目单位应当提出调整方案及资金来源，报原初步设计审批部门或者投资概算核定部门核定。但政府投资项目在决策和实施过程中，一些地方和部门存在决策程序不规范、无预算或超预算上项目、未落实资金让企业带资建设等问题，源头上建设资金不足，资金压力从建设单位层层传导到施工企业，传导到资金链条的最后一端，容易造成农民工拖欠工资，影响政府公信力。

二、执法主体及责任形式

严格追究政府投资项目政府投资资金不到位拖欠农民工工资行为的法律责任，关乎农民工工资权益的落实，事关政府公信力，也是维护正常市场经济秩序和社会信用的必然要求，是优化营商环境和稳定市场预期的重要举措。为此，

《条例》坚持“刀刃向内”，明确了责令拨付资金、约谈、通报、处分等一整套约束处理的责任形式；在责任对象上，既包括负有政府投资资金拨付职责的有关部门、相关监管部门负责人，也有地方人民政府及其有关部门负责人等，以此督促相关部门和地方政府将政府投资项目政府投资资金拨付到位，促进政府投资行为更加规范，确保政府投资项目在保障农民工工资支付方面起到示范带头作用。

1. 责令拨付所拖欠的资金。对政府投资资金不到位拖欠农民工工资的，由人力资源社会保障行政部门在报本级人民政府批准后，责令限期足额拨付所拖欠的资金。在这个处理措施实施过程中，应注意：作出责令拨付的部门是人力资源社会保障行政部门，批准部门是该人力资源社会保障行政部门所属的人民政府，责令拨付内容是将未到位的政府投资资金限期足额拨付到位，责令对象是负有政府投资资金拨付职责的发展改革、财政、相关行业工程建设主管部门等。

2. 约谈、通报。在责令拨付政府投资资金的文书指定的期限内未拨付资金的，由作出责令拨付资金的人力资源社会保障行政部门的上一级人民政府人力资源社会保障行政部门进行约谈，约谈对象是资金拨付的直接责任部门和相关监管部门负责人。考虑到政府投资项目决策有时不仅仅是某个部门决定的事，而是政府决策作出的，逾期拨付的情况下，在必要时，可以由上一级人民政府人力资源社会保障行政部门进行通报、约谈，约谈对象是资金拨付部门所属的地方人民政府负责人。

3. 处分。本条规定，政府投资项目政府投资资金不到位拖欠农民工工资的，情节严重的，对相关地方人民政府及其有关部门负责人、直接负责的主管人员和其他直接责任人员依法依规给予处分。关于“情节严重”的具体情形，需要根据实际情况来把握，比如，政府投资资金未到位的时间长、金额大，特别是拖欠农民工工资人数多、拖欠金额大、因此造成的社会影响恶劣等情况。关于处分的依据和形式，公务员法第六十二条规定，对公务员的处分分为：警告、记过、记大过、降级、撤职、开除。此外，目前我国正在制定公职人员政务处分法，其中，拟规定：公职人员有违法行为，需要给予政务处分的，由处分决定机关、单位依照本法给予政务处分。法律另有规定的，从其规定。处分决定机关、单位包括任免机关、单位和监察机关。公职人员政务处分的种类为：

警告、记过、记大过、降级、撤职和开除。该法通过生效后，对上述相关人员给予处分时还要遵守相应规定。

第六十条　政府投资项目建设单位未经批准立项建设、擅自扩大建设规模、擅自增加投资概算、未及时拨付工程款等导致拖欠农民工工资的，除依法承担责任外，由人力资源社会保障行政部门、其他有关部门按照职责约谈建设单位负责人，并作为其业绩考核、薪酬分配、评优评先、职务晋升等的重要依据。

【释义】 本条是政府投资项目建设单位未经批准立项建设、擅自扩大建设规模、擅自增加投资概算、未及时拨付工程款等导致拖欠农民工工资法律责任的规定。

一、违法行为

本条规定的违法行为是指政府投资项目建设单位存在未经批准立项建设、擅自扩大建设规模、擅自增加投资概算、未及时拨付工程款等其中任一种违法行为，并导致拖欠农民工工资的情形。实践中，一些政府投资项目建设单位盲目铺摊子、上项目、“未批先建、批建不符”、“超规模、超标准、超概算”和拖欠工程款等问题时有发生，导致拖欠农民工工资。

政府投资资金的公共性，必然要求对政府的资金使用行为进行有效约束。按照《政府投资条例》规定，在政府投资项目投资决策上，投资主管部门或者其他有关部门根据国民经济和社会发展规划、相关领域专项规划、产业政策等，依法对政府投资项目进行审查，作出是否批准的决定。对经济社会发展、社会公众利益有重大影响或者投资规模较大的政府投资项目，投资主管部门或者其他有关部门还应当在中介服务机构评估、公众参与、专家评议、风险评估的基础上作出是否批准的决定。在政府投资项目实施上，政府投资项目应当按照投资主管部门或者其他有关部门批准的建设地点、建设规模和建设内容实施；拟变更建设地点或者拟对建设规模、建设内容等作较大变更的，应当按照规定的程序报原审批部门审批。政府投资项目建设投资原则上不得超过经核定的投资概算。因国家政策调整、价格上涨、地质条件发生重大变化等原因确需增加投资概算的，项目单位应当提出调整方案及资金来源，按照规定的程序报原初步设计审批部门或者投资概算核定部门核定；涉及预算调整或者调剂的，依照有关预算的法律、行政法规和国家有关规定办理。

总之，政府投资项目立项建设、扩大建设规模、增加投资概算必须严格规范地按照法定条件、程序等要求向投资主管部门或者其他有关部门办理审批或者核定。因此，本条规定，未经批准立项建设、擅自扩大建设规模、擅自增加投资概算、未及时拨付工程款等导致拖欠农民工工资的，依法承担责任。

二、执法主体及责任形式

1. 政府投资项目建设单位的责任。建设单位未经批准立项建设、擅自扩大建设规模、擅自增加投资概算、未及时拨付工程款等导致拖欠农民工工资的，依法承担责任，主要是指依照《政府投资条例》第三十四条的规定，“项目单位有下列情形之一的，责令改正，根据具体情况，暂停、停止拨付资金或者收回已拨付的资金，暂停或者停止建设活动，对负有责任的领导人员和直接责任人员依法给予处分：（一）未经批准或者不符合规定的建设条件开工建设政府投资项目；（二）弄虚作假骗取政府投资项目审批或者投资补助、贷款贴息等政府投资资金；（三）未经批准变更政府投资项目的建设地点或者对建设规模、建设内容等作较大变更；（四）擅自增加投资概算；（五）要求施工单位对政府投资项目垫资建设；（六）无正当理由不实施或者不按照建设工期实施已批准的政府投资项目。”

2. 建设单位负责人的责任。在建设单位依法执行政府投资项目的立项、扩大建设规模、增加概算、拨付工程款等相关规定过程中，建设单位负责人作为决策者，发挥着重要作用。为有效约束和处理本条规定的违法行为，本条在规定建设单位依法承担责任的同时，对建设单位负责人进一步提出了处理措施。一是约谈。约谈的主体是人力资源社会保障行政部门或者其他有关部门，比如，国有企事业单位的上级主管部门等。约谈的对象是建设单位负责人。二是作为建设单位负责人业绩考核、薪酬分配、评优评先、职务晋升等的重要依据。作为政府投资项目建设单位的国有企业、机关、事业单位应当带头履约，重合同、守信用，在维护市场秩序、优化营商环境中做表率。对国有企业、机关、事业单位存在本条规定的违法行为，除依法承担相应责任外，国有资产监督管理、其上级主管部门等有关部门，在对建设单位负责人进行业绩考核、薪酬分配、评优评先、职务晋升等工作中，应将本条规定的违法情况作为重要依据，这是对国有企业、机关、事业单位依法进行政府投资项目建设强有力的规范和约束。对于建设单位是民营企业的，如果存在本条规定的违法行为，除依法承担相应责任外，有关部门在对其负责人评优评先等工作中，应将本条规定的违法情况作为重要依据。

第六十一条　对于建设资金不到位、违法违规开工建设的社会投资工程建设项目拖欠农民工工资的，由人力资源社会保障行政部门、其他有关部门按照职责依法对建设单位进行处罚；对建设单位负责人依法依规给予处分。相关部门工作人员未依法履行职责的，由有关机关依法依规给予处分。

【释义】 本条是关于建设资金不到位、违法违规开工建设的社会投资工程建设项目拖欠农民工工资的，对建设单位及其负责人、未依法履行职责的法律责任的规定。

一、违法行为

本条规定的违法行为是指社会投资工程建设项目建设资金不到位或者违法违规开工建设拖欠农民工工资的情形。社会投资工程建设项目，主要是指各类企业不使用政府预算资金所进行的投资建设项目。

建设资金不到位，是指建设单位没有满足项目建设需要筹集使用的全部或部分资金。《条例》第二十三条规定，“建设单位应当有满足施工所需要的资金安排。没有满足施工所需要的资金安排的，工程建设项目不得开工建设”。

违法违规开工建设，主要是指违反建筑法、土地管理法、城乡规划法、《村庄和集镇规划建设管理条例》等相关法律法规的规定，未取得规划、立项等许可证明，未履行核准、备案等法律法规规定的手续的情况下开展工程建设活动的行为。对于建筑工程，建筑法第七条规定，“建筑工程开工前，建设单位应当按照国家有关规定向工程所在地县级以上人民政府建设行政主管部门申请领取施工许可证；但是，国务院建设行政主管部门确定的限额以下的小型工程除外。按照国务院规定的权限和程序批准开工报告的建筑工程，不再领取施工许可证”。第八条规定，“申请领取施工许可证，应当具备下列条件：（一）已经办理该建筑工程用地批准手续；（二）依法应当办理建设工程规划许可证的，已经取得建设工程规划许可证；（三）需要拆迁的，其拆迁进度符合施工要求；（四）已经确定建筑施工企业；（五）有满足施工需要的资金安排、施工图纸及技术资料；（六）有保证工程质量和安全的具体措施。建设行政主管部门应当自收到申请之日起七日内，对符合条件的申请颁发施工许可证”。该条对申请施工许可证的条件进行了明确规定。住房和城乡建设部制定的《建筑工程施工许可管理办法》第三条规定，“本办法规定应当申请领取施工许可证的建筑工程未取得施工许可证的，一律不得开工。任何单位和个人不得将应当申请领取施工许可证的工程项目分解为若干限额以下的工程项目，规避申请领取施工许可证”。同时，第四条对建设单位申请领取施工许可证的条件作更为细致的规定。根据前述规定，对于建筑工程，除国务院建设行政主管部门确定的限额以下小型工程以及按照国务院规定权限和程序批准开工报告的以外，需要取得施工许可证后方可开工建设，未取得施工许可证不能开工建设。如果未取得施工许可证，或在未具备前述法律法规规定的条件下采用欺骗、贿赂等不正当手段取得施工许可证后开工的，即属于“违法违规开工”。

固定资产投资在我国经济社会发展中起着重要作用，国家对此高度重视并依法规范。2017 年 2 月 1 日起施行的《企业投资项目核准和备案管理条例》第三条规定：“对关系国家安全、涉及全国重大生产力布局、战略性资源开发和重大公共利益等项目，实行核准管理。具体项目范围以及核准机关、核准权限依照政府核准的投资项目目录执行。政府核准的投资项目目录由国务院投资主管部门会同国务院有关部门提出，报国务院批准后实施，并适时调整。国务院另有规定的，依照其规定。对前款规定以外的项目，实行备案管理。除国务院另有规定的，实行备案管理的项目按照属地原则备案，备案机关及其权限由省、自治区、直辖市和计划单列市人民政府规定。”第十六条第一款规定：“核准机关、备案机关以及依法对项目负有监督管理职责的其他有关部门应当加强事中事后监管，按照谁审批谁监管、谁主管谁监管的原则，落实监管责任，采取在线监测、现场核查等方式，加强对项目实施的监督检查。”第十七条规定：“核准机关、备案机关以及依法对项目负有监督管理职责的其他有关部门应当建立项目信息共享机制，通过在线平台实现信息共享。企业在项目核准、备案以及项目实施中的违法行为及其处理信息，通过国家社会信用信息平台向社会公示。”2016 年 7 月印发的《中共中央、国务院关于深化投融资体制改革的意见》在提出改善企业投资管理，充分激发社会投资动力和活力的同时，也对规范企业投资行为提出明确要求：“各类企业要严格遵守城乡规划、土地管理、环境保护、安全生产等方面的法律法规，认真执行相关政策和标准规定，依法落实项目法人责任制、招标投标制、工程监理制和合同管理制……对于未依法办理其他相关手续擅自开工建设，以及建设过程中违反城乡规划、土地管理、环境保护、安全生产等方面的法律法规的项目，相关部门应依法予以处罚。相关责任人员涉嫌犯罪的，依法移送司法机关处理……”《国家发展改革委关于依法依规加强 PPP 项目投资和建设管理的通知》（发改投资规〔2019〕1098 号）要求：“根据 PPP 项目合同约定，加强对社会资本方履约能力全过程动态监管，防止因社会资本方超出自身能力过度投资、过度举债，或因公司股权、管理结构发生重大变化等导致项目无法实施。依照规定将存在严重失信行为的地方政府、社会资本，通过‘信用中国’网站等平台向社会公示，由相关部门依法依规对其实施联合惩戒”。

实践中，一些企业投资行为不规范，项目建设资金不到位、违法违规开工建设等问题时有发生，这也是社会投资工程建设项目引发欠薪问题的主要原因。为加强社会投资工程建设项目建设资金、审批程序的监管，有效解决社会投资工程建设项目拖欠农民工工资的源头性问题，本条规定了相应的法律责任，与《条例》第六十条规定的政府投资项目建设单位及其负责人的法律责任相对应。

二、执法主体及责任形式

人力资源社会保障行政部门在监督检查农民工工资支付情况过程中，发现社会投资工程建设项目存在建设资金不到位、违法违规开工建设拖欠农民工工资的，应当及时通报给其他有关部门，由住房城乡建设、自然资源管理、交通运输、水利等有关部门按照职责依法处罚。相关部门工作人员未依法履行职责的，由有关机关依法依规给予处分。

1. 建设单位建设资金不到位的责任。建设资金不到位属于不符合开工条件的情形，按照建筑法规定，不得颁发施工许可证。建筑法第六十四条规定，“违反本法规定，未取得施工许可证或者开工报告未经批准擅自施工的，责令改正，对不符合开工条件的责令停止施工，可以处以罚款”。《建设工程质量管理条例》第五十七条规定，“违反本条例规定，建设单位未取得施工许可证或者开工报告未经批准，擅自施工的，责令停止施工，限期改正，处工程合同价款1%以上2%以下的罚款”。不实行施工许可证制度的，有关的行业工程建设主管部门应当加强监管，不得批准相应的可行性研究报告，已经开始施工的，应当责令整改，并依法给予行政处罚或采取其他行政处理措施。

2. 建设单位违法违规开工建设的责任。土地管理法、城乡规划法等法律法规对违法违规开工建设的法律责任均作出明确规定。土地管理法对买卖或者以其他形式非法转让土地的，规定由县级以上人民政府自然资源主管部门没收违法所得；对违反土地利用总体规划擅自将农用地改为建设用地的，限期拆除在非法转让的土地上新建的建筑物和其他设施，恢复土地原状，对符合土地利用总体规划的，没收在非法转让的土地上新建的建筑物和其他设施；可以并处罚款。城乡规划法对未取得建设工程规划许可证或者未按照建设工程规划许可证的规定进行建设的，规定由县级以上地方人民政府城乡规划主管部门责令停止建设、罚款、限期拆除、没收实物或者违法收入的法律责任。水土保持法对生产建设单位未依法编制水土保持方案的，规定由县级以上人民政府水行政主管部门责令停止违法行为，限期补办手续；逾期不补办手续的，处五万元以上五十万元以下的罚款。水法对在河道管理范围内建设妨碍行洪的建筑物、构筑物，或者从事影响河势稳定、危害河岸堤防安全和其他妨碍河道行洪的活动的，规定由县级以上人民政府水行政主管部门或者流域管理机构依据职权，责令停止违法行为，限期拆除违法建筑物、构筑物，恢复原状；逾期不拆除、不恢复原状的，强行拆除，所需费用由违法单位或者个人负担，并处一万元以上十万元以下的罚款。

除了对建设单位的处罚外，相关法律法规还规定可以对建设单位负责人依法依规给予处分。比如，土地管理法第七十七条规定，对非法占用土地的，对该单位的直接负责的主管人员和其他直接责任人员，依法给予处分。水土保持法第五十三条规定，对依法应当编制水土保持方案的生产建设项目，未编制水土保持方案或者编制的水土保持方案未经批准而开工建设的；生产建设项目的地点、规模发生重大变化，未补充、修改水土保持方案或者补充、修改的水土保持方案未经原审批机关批准的；水土保持方案实施过程中，未经原审批机关批准，对水土保持措施作出重大变更的，在对生产建设单位责令停止违法行为，限期补办手续的同时，由县级以上人民政府水行政主管部门对生产建设单位直接负责的主管人员和其他直接责任人员依法给予处分。据此，对违反本条规定，负有责任的建设单位负责人，可以根据有关法律法规的规定依法依规给予处分。

3. 相关部门工作人员未依法履行职责的责任。社会投资工程建设项目开工建设过程中，相关法律法规明确规定对有关部门工作人员未依法履行职责的给予处分。比如，城乡规划法第六十一条规定："县级以上人民政府有关部门有下列行为之一的，由本级人民政府或者上级人民政府有关部门责令改正，通报批评；对直接负责的主管人员和其他直接责任人员依法给予处分：（一）对未依法取得选址意见书的建设项目核发建设项目批准文件的；……"水法第六十四条规定："水行政主管部门或者其他有关部门以及水工程管理单位及其工作人员，利用职务上的便利收取他人财物、其他好处或者玩忽职守，对不符合法定条件的单位或者个人核发许可证、签署审查同意意见，……或者发现违法行为不予查处，造成严重后果，构成犯罪的，对负有责任的主管人员和其他直接责任人员依照刑法的有关规定追究刑事责任；尚不够刑事处罚的，依法给予行政处分。"水土保持法第四十七条规定："不依法作出行政许可决定或者办理批准文件的，……行政主管部门或者其他依照本法规定行使监督管理权的部门，对直接负责的主管人员和其他直接责任人员依法给予处分。"

第六十二条　县级以上地方人民政府人力资源社会保障、发展改革、财政、公安等部门和相关行业工程建设主管部门工作人员，在履行农民工工资支付监督管理职责过程中滥用职权、玩忽职守、徇私舞弊的，依法依规给予处分；构成犯罪的，依法追究刑事责任。

【释义】 本条是对有关政府部门工作人员滥用职权、玩忽职守、徇私舞弊违法行为法律责任的规定。

一、违法行为

本条的违法行为包括人力资源社会保障、发展改革、财政、公安等部门和住房城乡建设、交通运输、水利等相关行业工程建设主管部门工作人员滥用职权、玩忽职守、徇私舞弊。

滥用职权是一种主观违法行为，是指行为人违反法律法规的职责权限，不正当行使职权、超越自己职权范围的行为。例如，无法定依据给予行政处罚，超出法定的行政处罚种类、幅度给予行政处罚等。

玩忽职守是一种行政失职行为，是指行为人不履行或者不正确履行职责。不履行职责，是指行为人消极不履行其应当履行的义务，主要表现为不按照法定要求履职、擅离职守。不正确履行职责，是指行为人在履职过程中草率从事，敷衍塞责，没有恪尽职守。

徇私舞弊是指行为人在公务中出于私心滥用职权或故意不履行职责的行为，即利用职务上的便利，以权谋私，例如，为贪图钱财、袒护亲友、照顾关系，或者为其他私利而违法处理公务。

二、执法主体及责任形式

1. 处分。人力资源社会保障、发展改革、财政、公安等部门和住房城乡建设、交通、水利等行业工程建设主管部门工作人员属于国家公务员，对其处分按照公务员法执行。公务员法规定，公务员必须遵守纪律，不得有滥用职权，侵害公民、法人或者其他组织的合法权益的行为，不得有玩忽职守，贻误工作的行为，不得有贪污、行贿、受贿，利用职务之便为自己或者他人谋取私利等行为。公务员因违法违纪应当承担纪律责任的，依照公务员法给予处分；违纪行为情节轻微，经批评教育后改正的，可以免予处分。对公务员的处分种类分有警告、记过、记大过、降级、撤职、开除。处分决定机关认为对公务员应当给予处分的，应当在规定的期限内，按照管理权限和规定的程序作出处分决定。

2. 刑事责任。滥用职权、玩忽职守、徇私舞弊，情节严重的，可能构成犯罪。滥用职权罪是指国家机关工作人员违反法律规定行使职权，或者超越权限行使职权或者故意违法处理公务，致使公共财产、国家和人民遭受重大财产损失等行为。玩忽职守罪，是指国家机关工作人员严重不负责任，不履行或者不正确履行职责，致使公共财产、国家和人民遭受重大财产损失等行为。徇私舞弊罪，是指国家机关工作人员利用职务上的便利，为了个人或者亲友私利而弄虚作假致使公共财产、国家和人民遭受重大财产损失等行为。根据刑法第三百九十七条规定，“国家机关工作人员滥用职权或者玩忽职守，致使公共财产、国家和人民利益遭受重大损失的，处三年以下有期徒刑或者拘役；情节特别严重的，处三年以上七年以下有期徒刑。本法另有规定的，依照规定。国家机关工作人员徇私舞弊，犯前款罪的，处五年以下有期徒刑或者拘役，造成严重后果的，处五年以上十年以下有期徒刑。本法另有规定的，依照规定”。

第七章　附　　则

附则是法的整体中作为总则和分则辅助性内容而存在的一个组成部分，通常置于一部法的最后一部分。附则一般不对实体性内容作出规定，即不对权利与义务作出规定。从我国立法实践来看，附则一般规定以下内容：(1) 关于名词、术语的定义。(2) 关于解释权的授权规定。(3) 关于实施细则的授权规定。(4) 关于制定变通或补充规定的授权规定。(5) 关于宣告有关法或者法的规定失效或者废止的规定。(6) 关于实施问题的规定。(7) 其他需要在附则中规定的事项。当然，附则并不一定包括上面的全部内容。本章共2条，分别规定了应急周转金和《条例》的实施日期。

第六十三条　用人单位一时难以支付拖欠的农民工工资或者拖欠农民工工资逃匿的，县级以上地方人民政府可以动用应急周转金，先行垫付用人单位拖欠的农民工部分工资或者基本生活费。对已经垫付的应急周转金，应当依法向拖欠农民工工资的用人单位进行追偿。

【释义】 本条是关于应急周转金的规定。

国办发〔2016〕1号文件明确要求："完善欠薪应急周转金制度，探索建立欠薪保障金制度，对企业一时难以解决拖欠工资或企业主欠薪逃匿的，及时动用应急周转金、欠薪保障金或通过其他渠道筹措资金，先行垫付部分工资或基本生活费，帮助解决被拖欠工资农民工的临时生活困难。"

从性质上说，应急周转金是属地政府在企业无力支付欠薪或企业主欠薪逃匿，为应对已经发生或可能发生的欠薪突发事件而设立的应急性财政资金安排。需要指出的是，应急周转金是财政资金，不向用人单位收取费用，不会增加企业负担。各地区市、县（区）级政府已普遍建立了应急周转金，为应对欠薪引发的突发事件、帮助解决被拖欠工资农民工的临时生活困难起到了积极作用。同时，应急周转金只是"垫付"部分工资或基本生活费，不改变用人单位清偿工资的责任，对已经垫付的应急周转金，应当依法向拖欠农民工工资的用人单位进行追偿。

还需要说明的是，国办发〔2016〕1 号文件还提到探索建立欠薪保障金制度。应急周转金与欠薪保障金是两种不同的制度。欠薪保障金是指从用人单位筹集一定的资金建立基金，在用人单位出现经营困难、破产、资不抵债或法定代表人逃匿等特定条件下，由相关部门根据规定用基金垫付一定数额工资或者生活费的社会共济制度。实践中，上海、深圳开展了欠薪保障金的试点工作。《条例》制定过程中，有意见提出应当同时规定欠薪保障金制度，认为欠薪保障金制度有利于为劳动者提供兜底性保障，对解决确因企业生产经营严重困难等情形下的欠薪问题、维护社会稳定具有积极作用。考虑到从当前实践来看，欠薪保障金仅在上海、深圳两个地方探索试点，征收方式、拨付程序、问责机制等也不够明确，有关方面的认识也不统一，还需要在实践中继续探索。因此，《条例》对此未作规定。

第六十四条　本条例自 2020 年 5 月 1 日起施行。

【释义】 本条是关于《条例》实行日期的规定。

法的实施日期条款是法的重要内容之一，直接影响法的时间效力，进而影响到法律主体的权利义务关系。因此，立法法、《行政法规制定程序条例》和《规章制定程序条例》对法律、行政法规、规章的实施日期都作了规定。立法法第五十七条规定，法律应当明确规定施行日期。第五十八条规定，签署公布法律的主席令载明该法律的制定机关、通过和实施日期。《行政法规制定程序条例》第二十七条规定，国务院法制机构应当根据国务院对行政法规草案的审议意见，对行政法规草案进行修改，形成草案修改稿，报请总理签署国务院令公布施行。签署公布行政法规的国务院令载明该行政法规的施行日期。第二十九条规定，行政法规应当自公布之日起 30 日后施行；但是，涉及国家安全、外汇汇率、货币政策的确定以及公布后不立即施行将有碍行政法规施行的，可以自公布之日起施行。《规章制定程序条例》第三十二条规定，规章应当自公布之日起 30 日后施行；但是，涉及国家安全、外汇汇率、货币政策的确定以及公布后不立即施行将有碍规章施行的，可以自公布之日起施行。

实践中，行政法规的施行时间会根据每部行政法规的具体情况和实际需要确定，主要有以下几种方式：一是由行政法规直接规定施行日期，在行政法规公布一段时间后才施行，比如，《人力资源市场暂行条例》《事业单位人事管理条例》等。二是在行政法规中没有直接规定施行日期，而是规定“本条例自公布之日起施行”，比如，《戒毒条例》。本《条例》采用第一种方式，主要是为做好《条例》的宣传贯彻，相关部门和社会公众周知、完善相关配套规章留下一定的准备时间。具体到本《条例》的实施：一方面有关部门需要时间做好《条例》的宣传解读，根据《条例》制定相关的配套办法，比如，工资保证金的存储比例、存储形式、减免措施等具体办法，有关地方还需要对与《条例》不相符的内容进行清理规范，有关部门还要进一步完善协作机制；另一方面，相关企业、人员也需要时间学习掌握《条例》和有关配套办法，并做好相应准备，特别是工程建设领域，如施工总承包单位代发工资等制度，虽然国办发〔2016〕1 号文件已有规定，但是要进一步推行，有关企业、人员都需要时间做好相应准备。同时，将施行日期定于 5 月 1 日，除了留足了充分的准备时间，更考虑到广大的农民工是推动我国社会主义现代化建设的重要力量，用辛勤的劳动为经济社会发展作出了重大而独特的贡献，5 月 1 日是劳动节，《条例》在这一天开始施行，具有特别的意义。

第三部分

附　　录

一、法律

中华人民共和国劳动法

（1994年7月5日第八届全国人民代表大会常务委员会第八次会议通过　根据2009年8月27日第十一届全国人民代表大会常务委员会第十次会议《关于修改部分法律的决定》第一次修正　根据2018年12月29日第十三届全国人民代表大会常务委员会第七次会议《关于修改〈中华人民共和国劳动法〉等七部法律的决定》第二次修正）

目　录

第一章　总　则

第一条　为了保护劳动者的合法权益，调整劳动关系，建立和维护适应社会主义市场经济的劳动制度，促进经济发展和社会进步，根据宪法，制定本法。

第二条　在中华人民共和国境内的企业、个体经济组织（以下统称用人单位）和与之形成劳动关系的劳动者，适用本法。

国家机关、事业组织、社会团体和与之建立劳动合同关系的劳动者，依照本法执行。

第三条 劳动者享有平等就业和选择职业的权利、取得劳动报酬的权利、休息休假的权利、获得劳动安全卫生保护的权利、接受职业技能培训的权利、享受社会保险和福利的权利、提请劳动争议处理的权利以及法律规定的其他劳动权利。

劳动者应当完成劳动任务，提高职业技能，执行劳动安全卫生规程，遵守劳动纪律和职业道德。

第四条 用人单位应当依法建立和完善规章制度，保障劳动者享有劳动权利和履行劳动义务。

第五条 国家采取各种措施，促进劳动就业，发展职业教育，制定劳动标准，调节社会收入，完善社会保险，协调劳动关系，逐步提高劳动者的生活水平。

第六条 国家提倡劳动者参加社会义务劳动，开展劳动竞赛和合理化建议活动，鼓励和保护劳动者进行科学研究、技术革新和发明创造，表彰和奖励劳动模范和先进工作者。

第七条 劳动者有权依法参加和组织工会。

工会代表和维护劳动者的合法权益，依法独立自主地开展活动。

第八条 劳动者依照法律规定，通过职工大会、职工代表大会或者其他形式，参与民主管理或者就保护劳动者合法权益与用人单位进行平等协商。

第九条 国务院劳动行政部门主管全国劳动工作。

县级以上地方人民政府劳动行政部门主管本行政区域内的劳动工作。

第二章 促进就业

第十条 国家通过促进经济和社会发展，创造就业条件，扩大就业机会。

国家鼓励企业、事业组织、社会团体在法律、行政法规规定的范围内兴办产业或者拓展经营，增加就业。

国家支持劳动者自愿组织起来就业和从事个体经营实现就业。

第十一条 地方各级人民政府应当采取措施，发展多种类型的职业介绍机构，提供就业服务。

第十二条 劳动者就业，不因民族、种族、性别、宗教信仰不同而受歧视。

第十三条 妇女享有与男子平等的就业权利。在录用职工时，除国家规定的不适合妇女的工种或者岗位外，不得以性别为由拒绝录用妇女或者提高对妇女的录用标准。

第十四条　残疾人、少数民族人员、退出现役的军人的就业，法律、法规有特别规定的，从其规定。

第十五条　禁止用人单位招用未满十六周岁的未成年人。

文艺、体育和特种工艺单位招用未满十六周岁的未成年人，必须遵守国家有关规定，并保障其接受义务教育的权利。

第三章　劳动合同和集体合同

第十六条　劳动合同是劳动者与用人单位确立劳动关系、明确双方权利和义务的协议。

建立劳动关系应当订立劳动合同。

第十七条　订立和变更劳动合同，应当遵循平等自愿、协商一致的原则，不得违反法律、行政法规的规定。

劳动合同依法订立即具有法律约束力，当事人必须履行劳动合同规定的义务。

第十八条　下列劳动合同无效：

（一）违反法律、行政法规的劳动合同；

（二）采取欺诈、威胁等手段订立的劳动合同。

无效的劳动合同，从订立的时候起，就没有法律约束力。确认劳动合同部分无效的，如果不影响其余部分的效力，其余部分仍然有效。

劳动合同的无效，由劳动争议仲裁委员会或者人民法院确认。

第十九条　劳动合同应当以书面形式订立，并具备以下条款：

（一）劳动合同期限；

（二）工作内容；

（三）劳动保护和劳动条件；

（四）劳动报酬；

（五）劳动纪律；

（六）劳动合同终止的条件；

（七）违反劳动合同的责任。

劳动合同除前款规定的必备条款外，当事人可以协商约定其他内容。

第二十条　劳动合同的期限分为有固定期限、无固定期限和以完成一定的工作为期限。

劳动者在同一用人单位连续工作满十年以上，当事人双方同意续延劳动合同的，如果劳动者提出订立无固定期限的劳动合同，应当订立无固定期限的劳动合同。

第二十一条 劳动合同可以约定试用期。试用期最长不得超过六个月。

第二十二条 劳动合同当事人可以在劳动合同中约定保守用人单位商业秘密的有关事项。

第二十三条 劳动合同期满或者当事人约定的劳动合同终止条件出现，劳动合同即行终止。

第二十四条 经劳动合同当事人协商一致，劳动合同可以解除。

第二十五条 劳动者有下列情形之一的，用人单位可以解除劳动合同：

（一）在试用期间被证明不符合录用条件的；

（二）严重违反劳动纪律或者用人单位规章制度的；

（三）严重失职，营私舞弊，对用人单位利益造成重大损害的；

（四）被依法追究刑事责任的。

第二十六条 有下列情形之一的，用人单位可以解除劳动合同，但是应当提前三十日以书面形式通知劳动者本人：

（一）劳动者患病或者非因工负伤，医疗期满后，不能从事原工作也不能从事由用人单位另行安排的工作的；

（二）劳动者不能胜任工作，经过培训或者调整工作岗位，仍不能胜任工作的；

（三）劳动合同订立时所依据的客观情况发生重大变化，致使原劳动合同无法履行，经当事人协商不能就变更劳动合同达成协议的。

第二十七条 用人单位濒临破产进行法定整顿期间或者生产经营状况发生严重困难，确需裁减人员的，应当提前三十日向工会或者全体职工说明情况，听取工会或者职工的意见，经向劳动行政部门报告后，可以裁减人员。

用人单位依据本条规定裁减人员，在六个月内录用人员的，应当优先录用被裁减的人员。

第二十八条 用人单位依据本法第二十四条、第二十六条、第二十七条的规定解除劳动合同的，应当依照国家有关规定给予经济补偿。

第二十九条 劳动者有下列情形之一的，用人单位不得依据本法第二十六条、

第二十七条的规定解除劳动合同：

（一）患职业病或者因工负伤并被确认丧失或者部分丧失劳动能力的；

（二）患病或者负伤，在规定的医疗期内的；

（三）女职工在孕期、产期、哺乳期内的；

（四）法律、行政法规规定的其他情形。

第三十条　用人单位解除劳动合同，工会认为不适当的，有权提出意见。如果用人单位违反法律、法规或者劳动合同，工会有权要求重新处理；劳动者申请仲裁或者提起诉讼的，工会应当依法给予支持和帮助。

第三十一条　劳动者解除劳动合同，应当提前三十日以书面形式通知用人单位。

第三十二条　有下列情形之一的，劳动者可以随时通知用人单位解除劳动合同：

（一）在试用期内的；

（二）用人单位以暴力、威胁或者非法限制人身自由的手段强迫劳动的；

（三）用人单位未按照劳动合同约定支付劳动报酬或者提供劳动条件的。

第三十三条　企业职工一方与企业可以就劳动报酬、工作时间、休息休假、劳动安全卫生、保险福利等事项，签订集体合同。集体合同草案应当提交职工代表大会或者全体职工讨论通过。

集体合同由工会代表职工与企业签订；没有建立工会的企业，由职工推举的代表与企业签订。

第三十四条　集体合同签订后应当报送劳动行政部门；劳动行政部门自收到集体合同文本之日起十五日内未提出异议的，集体合同即行生效。

第三十五条　依法签订的集体合同对企业和企业全体职工具有约束力。职工个人与企业订立的劳动合同中劳动条件和劳动报酬等标准不得低于集体合同的规定。

第四章　工作时间和休息休假

第三十六条　国家实行劳动者每日工作时间不超过八小时、平均每周工作时间不超过四十四小时的工时制度。

第三十七条　对实行计件工作的劳动者，用人单位应当根据本法第三十六条规定的工时制度合理确定其劳动定额和计件报酬标准。

第三十八条 用人单位应当保证劳动者每周至少休息一日。

第三十九条 企业因生产特点不能实行本法第三十六条、第三十八条规定的，经劳动行政部门批准，可以实行其他工作和休息办法。

第四十条 用人单位在下列节日期间应当依法安排劳动者休假：

（一）元旦；

（二）春节；

（三）国际劳动节；

（四）国庆节；

（五）法律、法规规定的其他休假节日。

第四十一条 用人单位由于生产经营需要，经与工会和劳动者协商后可以延长工作时间，一般每日不得超过一小时；因特殊原因需要延长工作时间的，在保障劳动者身体健康的条件下延长工作时间每日不得超过三小时，但是每月不得超过三十六小时。

第四十二条 有下列情形之一的，延长工作时间不受本法第四十一条规定的限制：

（一）发生自然灾害、事故或者因其他原因，威胁劳动者生命健康和财产安全，需要紧急处理的；

（二）生产设备、交通运输线路、公共设施发生故障，影响生产和公众利益，必须及时抢修的；

（三）法律、行政法规规定的其他情形。

第四十三条 用人单位不得违反本法规定延长劳动者的工作时间。

第四十四条 有下列情形之一的，用人单位应当按照下列标准支付高于劳动者正常工作时间工资的工资报酬：

（一）安排劳动者延长工作时间的，支付不低于工资的百分之一百五十的工资报酬；

（二）休息日安排劳动者工作又不能安排补休的，支付不低于工资的百分之二百的工资报酬；

（三）法定休假日安排劳动者工作的，支付不低于工资的百分之三百的工资报酬。

第四十五条 国家实行带薪年休假制度。

劳动者连续工作一年以上的，享受带薪年休假。具体办法由国务院规定。

第五章 工 资

第四十六条 工资分配应当遵循按劳分配原则，实行同工同酬。

工资水平在经济发展的基础上逐步提高。国家对工资总量实行宏观调控。

第四十七条 用人单位根据本单位的生产经营特点和经济效益，依法自主确定本单位的工资分配方式和工资水平。

第四十八条 国家实行最低工资保障制度。最低工资的具体标准由省、自治区、直辖市人民政府规定，报国务院备案。

用人单位支付劳动者的工资不得低于当地最低工资标准。

第四十九条 确定和调整最低工资标准应当综合参考下列因素：

（一）劳动者本人及平均赡养人口的最低生活费用；

（二）社会平均工资水平；

（三）劳动生产率；

（四）就业状况；

（五）地区之间经济发展水平的差异。

第五十条 工资应当以货币形式按月支付给劳动者本人。不得克扣或者无故拖欠劳动者的工资。

第五十一条 劳动者在法定休假日和婚丧假期间以及依法参加社会活动期间，用人单位应当依法支付工资。

第六章 劳动安全卫生

第五十二条 用人单位必须建立、健全劳动安全卫生制度，严格执行国家劳动安全卫生规程和标准，对劳动者进行劳动安全卫生教育，防止劳动过程中的事故，减少职业危害。

第五十三条 劳动安全卫生设施必须符合国家规定的标准。

新建、改建、扩建工程的劳动安全卫生设施必须与主体工程同时设计、同时施工、同时投入生产和使用。

第五十四条 用人单位必须为劳动者提供符合国家规定的劳动安全卫生条件和必要的劳动防护用品，对从事有职业危害作业的劳动者应当定期进行健康检查。

第五十五条 从事特种作业的劳动者必须经过专门培训并取得特种作业资格。

第五十六条 劳动者在劳动过程中必须严格遵守安全操作规程。

劳动者对用人单位管理人员违章指挥、强令冒险作业，有权拒绝执行；对危害生命安全和身体健康的行为，有权提出批评、检举和控告。

第五十七条 国家建立伤亡事故和职业病统计报告和处理制度。县级以上各级人民政府劳动行政部门、有关部门和用人单位应当依法对劳动者在劳动过程中发生的伤亡事故和劳动者的职业病状况，进行统计、报告和处理。

第七章 女职工和未成年工特殊保护

第五十八条 国家对女职工和未成年工实行特殊劳动保护。

未成年工是指年满十六周岁未满十八周岁的劳动者。

第五十九条 禁止安排女职工从事矿山井下、国家规定的第四级体力劳动强度的劳动和其他禁忌从事的劳动。

第六十条 不得安排女职工在经期从事高处、低温、冷水作业和国家规定的第三级体力劳动强度的劳动。

第六十一条 不得安排女职工在怀孕期间从事国家规定的第三级体力劳动强度的劳动和孕期禁忌从事的劳动。对怀孕七个月以上的女职工，不得安排其延长工作时间和夜班劳动。

第六十二条 女职工生育享受不少于九十天的产假。

第六十三条 不得安排女职工在哺乳未满一周岁的婴儿期间从事国家规定的第三级体力劳动强度的劳动和哺乳期禁忌从事的其他劳动，不得安排其延长工作时间和夜班劳动。

第六十四条 不得安排未成年工从事矿山井下、有毒有害、国家规定的第四级体力劳动强度的劳动和其他禁忌从事的劳动。

第六十五条 用人单位应当对未成年工定期进行健康检查。

第八章 职业培训

第六十六条 国家通过各种途径，采取各种措施，发展职业培训事业，开发劳动者的职业技能，提高劳动者素质，增强劳动者的就业能力和工作能力。

第六十七条 各级人民政府应当把发展职业培训纳入社会经济发展的规划，鼓励和支持有条件的企业、事业组织、社会团体和个人进行各种形式的职业培训。

第六十八条 用人单位应当建立职业培训制度，按照国家规定提取和使用职业培训经费，根据本单位实际，有计划地对劳动者进行职业培训。

从事技术工种的劳动者，上岗前必须经过培训。

第六十九条 国家确定职业分类，对规定的职业制定职业技能标准，实行职业资格证书制度，由经备案的考核鉴定机构负责对劳动者实施职业技能考核鉴定。

第九章 社会保险和福利

第七十条 国家发展社会保险事业，建立社会保险制度，设立社会保险基金，使劳动者在年老、患病、工伤、失业、生育等情况下获得帮助和补偿。

第七十一条 社会保险水平应当与社会经济发展水平和社会承受能力相适应。

第七十二条 社会保险基金按照保险类型确定资金来源，逐步实行社会统筹。用人单位和劳动者必须依法参加社会保险，缴纳社会保险费。

第七十三条 劳动者在下列情形下，依法享受社会保险待遇：

（一）退休；

（二）患病、负伤；

（三）因工伤残或者患职业病；

（四）失业；

（五）生育。

劳动者死亡后，其遗属依法享受遗属津贴。

劳动者享受社会保险待遇的条件和标准由法律、法规规定。

劳动者享受的社会保险金必须按时足额支付。

第七十四条 社会保险基金经办机构依照法律规定收支、管理和运营社会保险基金，并负有使社会保险基金保值增值的责任。

社会保险基金监督机构依照法律规定，对社会保险基金的收支、管理和运营实施监督。

社会保险基金经办机构和社会保险基金监督机构的设立和职能由法律规定。

任何组织和个人不得挪用社会保险基金。

第七十五条 国家鼓励用人单位根据本单位实际情况为劳动者建立补充保险。

国家提倡劳动者个人进行储蓄性保险。

第七十六条 国家发展社会福利事业，兴建公共福利设施，为劳动者休息、休养和疗养提供条件。

用人单位应当创造条件，改善集体福利，提高劳动者的福利待遇。

第十章　劳动争议

第七十七条　用人单位与劳动者发生劳动争议，当事人可以依法申请调解、仲裁、提起诉讼，也可以协商解决。

调解原则适用于仲裁和诉讼程序。

第七十八条　解决劳动争议，应当根据合法、公正、及时处理的原则，依法维护劳动争议当事人的合法权益。

第七十九条　劳动争议发生后，当事人可以向本单位劳动争议调解委员会申请调解；调解不成，当事人一方要求仲裁的，可以向劳动争议仲裁委员会申请仲裁。当事人一方也可以直接向劳动争议仲裁委员会申请仲裁。对仲裁裁决不服的，可以向人民法院提起诉讼。

第八十条　在用人单位内，可以设立劳动争议调解委员会。劳动争议调解委员会由职工代表、用人单位代表和工会代表组成。劳动争议调解委员会主任由工会代表担任。

劳动争议经调解达成协议的，当事人应当履行。

第八十一条　劳动争议仲裁委员会由劳动行政部门代表、同级工会代表、用人单位方面的代表组成。劳动争议仲裁委员会主任由劳动行政部门代表担任。

第八十二条　提出仲裁要求的一方应当自劳动争议发生之日起六十日内向劳动争议仲裁委员会提出书面申请。仲裁裁决一般应在收到仲裁申请的六十日内作出。对仲裁裁决无异议的，当事人必须履行。

第八十三条　劳动争议当事人对仲裁裁决不服的，可以自收到仲裁裁决书之日起十五日内向人民法院提起诉讼。一方当事人在法定期限内不起诉又不履行仲裁裁决的，另一方当事人可以申请人民法院强制执行。

第八十四条　因签订集体合同发生争议，当事人协商解决不成的，当地人民政府劳动行政部门可以组织有关各方协调处理。

因履行集体合同发生争议，当事人协商解决不成的，可以向劳动争议仲裁委员会申请仲裁；对仲裁裁决不服的，可以自收到仲裁裁决书之日起十五日内向人民法院提起诉讼。

第十一章　监督检查

第八十五条　县级以上各级人民政府劳动行政部门依法对用人单位遵守劳动

法律、法规的情况进行监督检查，对违反劳动法律、法规的行为有权制止，并责令改正。

第八十六条 县级以上各级人民政府劳动行政部门监督检查人员执行公务，有权进入用人单位了解执行劳动法律、法规的情况，查阅必要的资料，并对劳动场所进行检查。

县级以上各级人民政府劳动行政部门监督检查人员执行公务，必须出示证件，秉公执法并遵守有关规定。

第八十七条 县级以上各级人民政府有关部门在各自职责范围内，对用人单位遵守劳动法律、法规的情况进行监督。

第八十八条 各级工会依法维护劳动者的合法权益，对用人单位遵守劳动法律、法规的情况进行监督。

任何组织和个人对于违反劳动法律、法规的行为有权检举和控告。

第十二章 法律责任

第八十九条 用人单位制定的劳动规章制度违反法律、法规规定的，由劳动行政部门给予警告，责令改正；对劳动者造成损害的，应当承担赔偿责任。

第九十条 用人单位违反本法规定，延长劳动者工作时间的，由劳动行政部门给予警告，责令改正，并可以处以罚款。

第九十一条 用人单位有下列侵害劳动者合法权益情形之一的，由劳动行政部门责令支付劳动者的工资报酬、经济补偿，并可以责令支付赔偿金：

（一）克扣或者无故拖欠劳动者工资的；

（二）拒不支付劳动者延长工作时间工资报酬的；

（三）低于当地最低工资标准支付劳动者工资的；

（四）解除劳动合同后，未依照本法规定给予劳动者经济补偿的。

第九十二条 用人单位的劳动安全设施和劳动卫生条件不符合国家规定或者未向劳动者提供必要的劳动防护用品和劳动保护设施的，由劳动行政部门或者有关部门责令改正，可以处以罚款；情节严重的，提请县级以上人民政府决定责令停产整顿；对事故隐患不采取措施，致使发生重大事故，造成劳动者生命和财产损失的，对责任人员依照刑法有关规定追究刑事责任。

第九十三条 用人单位强令劳动者违章冒险作业，发生重大伤亡事故，造成严重后果的，对责任人员依法追究刑事责任。

第九十四条 用人单位非法招用未满十六周岁的未成年人的，由劳动行政部门责令改正，处以罚款；情节严重的，由市场监督管理部门吊销营业执照。

第九十五条 用人单位违反本法对女职工和未成年工的保护规定，侵害其合法权益的，由劳动行政部门责令改正，处以罚款；对女职工或者未成年工造成损害的，应当承担赔偿责任。

第九十六条 用人单位有下列行为之一，由公安机关对责任人员处以十五日以下拘留、罚款或者警告；构成犯罪的，对责任人员依法追究刑事责任：

（一）以暴力、威胁或者非法限制人身自由的手段强迫劳动的；

（二）侮辱、体罚、殴打、非法搜查和拘禁劳动者的。

第九十七条 由于用人单位的原因订立的无效合同，对劳动者造成损害的，应当承担赔偿责任。

第九十八条 用人单位违反本法规定的条件解除劳动合同或者故意拖延不订立劳动合同的，由劳动行政部门责令改正；对劳动者造成损害的，应当承担赔偿责任。

第九十九条 用人单位招用尚未解除劳动合同的劳动者，对原用人单位造成经济损失的，该用人单位应当依法承担连带赔偿责任。

第一百条 用人单位无故不缴纳社会保险费的，由劳动行政部门责令其限期缴纳；逾期不缴的，可以加收滞纳金。

第一百零一条 用人单位无理阻挠劳动行政部门、有关部门及其工作人员行使监督检查权，打击报复举报人员的，由劳动行政部门或者有关部门处以罚款；构成犯罪的，对责任人员依法追究刑事责任。

第一百零二条 劳动者违反本法规定的条件解除劳动合同或者违反劳动合同中约定的保密事项，对用人单位造成经济损失的，应当依法承担赔偿责任。

第一百零三条 劳动行政部门或者有关部门的工作人员滥用职权、玩忽职守、徇私舞弊，构成犯罪的，依法追究刑事责任；不构成犯罪的，给予行政处分。

第一百零四条 国家工作人员和社会保险基金经办机构的工作人员挪用社会保险基金，构成犯罪的，依法追究刑事责任。

第一百零五条 违反本法规定侵害劳动者合法权益，其他法律、行政法规已规定处罚的，依照该法律、行政法规的规定处罚。

第十三章　附　　则

第一百零六条　省、自治区、直辖市人民政府根据本法和本地区的实际情况，规定劳动合同制度的实施步骤，报国务院备案。

第一百零七条　本法自1995年1月1日起施行。

中华人民共和国劳动合同法

（2007年6月29日第十届全国人民代表大会常务委员会第二十八次会议通过　根据2012年12月28日《全国人民代表大会常务委员会关于修改〈中华人民共和国劳动合同法〉的决定》修正）

目　　录

第一章　总　　则

第一条　为了完善劳动合同制度，明确劳动合同双方当事人的权利和义务，保护劳动者的合法权益，构建和发展和谐稳定的劳动关系，制定本法。

第二条　中华人民共和国境内的企业、个体经济组织、民办非企业单位等组织（以下称用人单位）与劳动者建立劳动关系，订立、履行、变更、解除或者终止劳动合同，适用本法。

国家机关、事业单位、社会团体和与其建立劳动关系的劳动者，订立、履行、变更、解除或者终止劳动合同，依照本法执行。

第三条 订立劳动合同，应当遵循合法、公平、平等自愿、协商一致、诚实信用的原则。

依法订立的劳动合同具有约束力，用人单位与劳动者应当履行劳动合同约定的义务。

第四条 用人单位应当依法建立和完善劳动规章制度，保障劳动者享有劳动权利、履行劳动义务。

用人单位在制定、修改或者决定有关劳动报酬、工作时间、休息休假、劳动安全卫生、保险福利、职工培训、劳动纪律以及劳动定额管理等直接涉及劳动者切身利益的规章制度或者重大事项时，应当经职工代表大会或者全体职工讨论，提出方案和意见，与工会或者职工代表平等协商确定。

在规章制度和重大事项决定实施过程中，工会或者职工认为不适当的，有权向用人单位提出，通过协商予以修改完善。

用人单位应当将直接涉及劳动者切身利益的规章制度和重大事项决定公示，或者告知劳动者。

第五条 县级以上人民政府劳动行政部门会同工会和企业方面代表，建立健全协调劳动关系三方机制，共同研究解决有关劳动关系的重大问题。

第六条 工会应当帮助、指导劳动者与用人单位依法订立和履行劳动合同，并与用人单位建立集体协商机制，维护劳动者的合法权益。

第二章 劳动合同的订立

第七条 用人单位自用工之日起即与劳动者建立劳动关系。用人单位应当建立职工名册备查。

第八条 用人单位招用劳动者时，应当如实告知劳动者工作内容、工作条件、工作地点、职业危害、安全生产状况、劳动报酬，以及劳动者要求了解的其他情况；用人单位有权了解劳动者与劳动合同直接相关的基本情况，劳动者应当如实说明。

第九条 用人单位招用劳动者，不得扣押劳动者的居民身份证和其他证件，不得要求劳动者提供担保或者以其他名义向劳动者收取财物。

第十条 建立劳动关系，应当订立书面劳动合同。

已建立劳动关系，未同时订立书面劳动合同的，应当自用工之日起一个月内订立书面劳动合同。

用人单位与劳动者在用工前订立劳动合同的，劳动关系自用工之日起建立。

第十一条 用人单位未在用工的同时订立书面劳动合同，与劳动者约定的劳动报酬不明确的，新招用的劳动者的劳动报酬按照集体合同规定的标准执行；没有集体合同或者集体合同未规定的，实行同工同酬。

第十二条 劳动合同分为固定期限劳动合同、无固定期限劳动合同和以完成一定工作任务为期限的劳动合同。

第十三条 固定期限劳动合同，是指用人单位与劳动者约定合同终止时间的劳动合同。

用人单位与劳动者协商一致，可以订立固定期限劳动合同。

第十四条 无固定期限劳动合同，是指用人单位与劳动者约定无确定终止时间的劳动合同。

用人单位与劳动者协商一致，可以订立无固定期限劳动合同。有下列情形之一，劳动者提出或者同意续订、订立劳动合同的，除劳动者提出订立固定期限劳动合同外，应当订立无固定期限劳动合同：

（一）劳动者在该用人单位连续工作满十年的；

（二）用人单位初次实行劳动合同制度或者国有企业改制重新订立劳动合同时，劳动者在该用人单位连续工作满十年且距法定退休年龄不足十年的；

（三）连续订立二次固定期限劳动合同，且劳动者没有本法第三十九条和第四十条第一项、第二项规定的情形，续订劳动合同的。

用人单位自用工之日起满一年不与劳动者订立书面劳动合同的，视为用人单位与劳动者已订立无固定期限劳动合同。

第十五条 以完成一定工作任务为期限的劳动合同，是指用人单位与劳动者约定以某项工作的完成为合同期限的劳动合同。

用人单位与劳动者协商一致，可以订立以完成一定工作任务为期限的劳动合同。

第十六条 劳动合同由用人单位与劳动者协商一致，并经用人单位与劳动者在劳动合同文本上签字或者盖章生效。

劳动合同文本由用人单位和劳动者各执一份。

第十七条 劳动合同应当具备以下条款：

（一）用人单位的名称、住所和法定代表人或者主要负责人；

（二）劳动者的姓名、住址和居民身份证或者其他有效身份证件号码；

（三）劳动合同期限；

（四）工作内容和工作地点；

（五）工作时间和休息休假；

（六）劳动报酬；

（七）社会保险；

（八）劳动保护、劳动条件和职业危害防护；

（九）法律、法规规定应当纳入劳动合同的其他事项。

劳动合同除前款规定的必备条款外，用人单位与劳动者可以约定试用期、培训、保守秘密、补充保险和福利待遇等其他事项。

第十八条 劳动合同对劳动报酬和劳动条件等标准约定不明确，引发争议的，用人单位与劳动者可以重新协商；协商不成的，适用集体合同规定；没有集体合同或者集体合同未规定劳动报酬的，实行同工同酬；没有集体合同或者集体合同未规定劳动条件等标准的，适用国家有关规定。

第十九条 劳动合同期限三个月以上不满一年的，试用期不得超过一个月；劳动合同期限一年以上不满三年的，试用期不得超过二个月；三年以上固定期限和无固定期限的劳动合同，试用期不得超过六个月。

同一用人单位与同一劳动者只能约定一次试用期。

以完成一定工作任务为期限的劳动合同或者劳动合同期限不满三个月的，不得约定试用期。

试用期包含在劳动合同期限内。劳动合同仅约定试用期的，试用期不成立，该期限为劳动合同期限。

第二十条 劳动者在试用期的工资不得低于本单位相同岗位最低档工资或者劳动合同约定工资的百分之八十，并不得低于用人单位所在地的最低工资标准。

第二十一条 在试用期中，除劳动者有本法第三十九条和第四十条第一项、第二项规定的情形外，用人单位不得解除劳动合同。用人单位在试用期解除劳动合同的，应当向劳动者说明理由。

第二十二条 用人单位为劳动者提供专项培训费用，对其进行专业技术培训的，可以与该劳动者订立协议，约定服务期。

劳动者违反服务期约定的，应当按照约定向用人单位支付违约金。违约金的数额不得超过用人单位提供的培训费用。用人单位要求劳动者支付的违约金不得超过服务期尚未履行部分所应分摊的培训费用。

用人单位与劳动者约定服务期的，不影响按照正常的工资调整机制提高劳动者在服务期期间的劳动报酬。

第二十三条 用人单位与劳动者可以在劳动合同中约定保守用人单位的商业秘密和与知识产权相关的保密事项。

对负有保密义务的劳动者，用人单位可以在劳动合同或者保密协议中与劳动者约定竞业限制条款，并约定在解除或者终止劳动合同后，在竞业限制期限内按月给予劳动者经济补偿。劳动者违反竞业限制约定的，应当按照约定向用人单位支付违约金。

第二十四条 竞业限制的人员限于用人单位的高级管理人员、高级技术人员和其他负有保密义务的人员。竞业限制的范围、地域、期限由用人单位与劳动者约定，竞业限制的约定不得违反法律、法规的规定。

在解除或者终止劳动合同后，前款规定的人员到与本单位生产或者经营同类产品、从事同类业务的有竞争关系的其他用人单位，或者自己开业生产或者经营同类产品、从事同类业务的竞业限制期限，不得超过二年。

第二十五条 除本法第二十二条和第二十三条规定的情形外，用人单位不得与劳动者约定由劳动者承担违约金。

第二十六条 下列劳动合同无效或者部分无效：

（一）以欺诈、胁迫的手段或者乘人之危，使对方在违背真实意思的情况下订立或者变更劳动合同的；

（二）用人单位免除自己的法定责任、排除劳动者权利的；

（三）违反法律、行政法规强制性规定的。

对劳动合同的无效或者部分无效有争议的，由劳动争议仲裁机构或者人民法院确认。

第二十七条 劳动合同部分无效，不影响其他部分效力的，其他部分仍然有效。

第二十八条 劳动合同被确认无效，劳动者已付出劳动的，用人单位应当向劳动者支付劳动报酬。劳动报酬的数额，参照本单位相同或者相近岗位劳动者的劳动报酬确定。

第三章　劳动合同的履行和变更

第二十九条　用人单位与劳动者应当按照劳动合同的约定，全面履行各自的义务。

第三十条　用人单位应当按照劳动合同约定和国家规定，向劳动者及时足额支付劳动报酬。

用人单位拖欠或者未足额支付劳动报酬的，劳动者可以依法向当地人民法院申请支付令，人民法院应当依法发出支付令。

第三十一条　用人单位应当严格执行劳动定额标准，不得强迫或者变相强迫劳动者加班。用人单位安排加班的，应当按照国家有关规定向劳动者支付加班费。

第三十二条　劳动者拒绝用人单位管理人员违章指挥、强令冒险作业的，不视为违反劳动合同。

劳动者对危害生命安全和身体健康的劳动条件，有权对用人单位提出批评、检举和控告。

第三十三条　用人单位变更名称、法定代表人、主要负责人或者投资人等事项，不影响劳动合同的履行。

第三十四条　用人单位发生合并或者分立等情况，原劳动合同继续有效，劳动合同由承继其权利和义务的用人单位继续履行。

第三十五条　用人单位与劳动者协商一致，可以变更劳动合同约定的内容。变更劳动合同，应当采用书面形式。

变更后的劳动合同文本由用人单位和劳动者各执一份。

第四章　劳动合同的解除和终止

第三十六条　用人单位与劳动者协商一致，可以解除劳动合同。

第三十七条　劳动者提前三十日以书面形式通知用人单位，可以解除劳动合同。劳动者在试用期内提前三日通知用人单位，可以解除劳动合同。

第三十八条　用人单位有下列情形之一的，劳动者可以解除劳动合同：

（一）未按照劳动合同约定提供劳动保护或者劳动条件的；

（二）未及时足额支付劳动报酬的；

（三）未依法为劳动者缴纳社会保险费的；

（四）用人单位的规章制度违反法律、法规的规定，损害劳动者权益的；

（五）因本法第二十六条第一款规定的情形致使劳动合同无效的；

（六）法律、行政法规规定劳动者可以解除劳动合同的其他情形。

用人单位以暴力、威胁或者非法限制人身自由的手段强迫劳动者劳动的，或者用人单位违章指挥、强令冒险作业危及劳动者人身安全的，劳动者可以立即解除劳动合同，不需事先告知用人单位。

第三十九条　劳动者有下列情形之一的，用人单位可以解除劳动合同：

（一）在试用期间被证明不符合录用条件的；

（二）严重违反用人单位的规章制度的；

（三）严重失职，营私舞弊，给用人单位造成重大损害的；

（四）劳动者同时与其他用人单位建立劳动关系，对完成本单位的工作任务造成严重影响，或者经用人单位提出，拒不改正的；

（五）因本法第二十六条第一款第一项规定的情形致使劳动合同无效的；

（六）被依法追究刑事责任的。

第四十条　有下列情形之一的，用人单位提前三十日以书面形式通知劳动者本人或者额外支付劳动者一个月工资后，可以解除劳动合同：

（一）劳动者患病或者非因工负伤，在规定的医疗期满后不能从事原工作，也不能从事由用人单位另行安排的工作的；

（二）劳动者不能胜任工作，经过培训或者调整工作岗位，仍不能胜任工作的；

（三）劳动合同订立时所依据的客观情况发生重大变化，致使劳动合同无法履行，经用人单位与劳动者协商，未能就变更劳动合同内容达成协议的。

第四十一条　有下列情形之一，需要裁减人员二十人以上或者裁减不足二十人但占企业职工总数百分之十以上的，用人单位提前三十日向工会或者全体职工说明情况，听取工会或者职工的意见后，裁减人员方案经向劳动行政部门报告，可以裁减人员：

（一）依照企业破产法规定进行重整的；

（二）生产经营发生严重困难的；

（三）企业转产、重大技术革新或者经营方式调整，经变更劳动合同后，仍需裁减人员的；

（四）其他因劳动合同订立时所依据的客观经济情况发生重大变化，致使劳动合同无法履行的。

裁减人员时，应当优先留用下列人员：

（一）与本单位订立较长期限的固定期限劳动合同的；

（二）与本单位订立无固定期限劳动合同的；

（三）家庭无其他就业人员，有需要扶养的老人或者未成年人的。

用人单位依照本条第一款规定裁减人员，在六个月内重新招用人员的，应当通知被裁减的人员，并在同等条件下优先招用被裁减的人员。

第四十二条 劳动者有下列情形之一的，用人单位不得依照本法第四十条、第四十一条的规定解除劳动合同：

（一）从事接触职业病危害作业的劳动者未进行离岗前职业健康检查，或者疑似职业病病人在诊断或者医学观察期间的；

（二）在本单位患职业病或者因工负伤并被确认丧失或者部分丧失劳动能力的；

（三）患病或者非因工负伤，在规定的医疗期内的；

（四）女职工在孕期、产期、哺乳期的；

（五）在本单位连续工作满十五年，且距法定退休年龄不足五年的；

（六）法律、行政法规规定的其他情形。

第四十三条 用人单位单方解除劳动合同，应当事先将理由通知工会。用人单位违反法律、行政法规规定或者劳动合同约定的，工会有权要求用人单位纠正。用人单位应当研究工会的意见，并将处理结果书面通知工会。

第四十四条 有下列情形之一的，劳动合同终止：

（一）劳动合同期满的；

（二）劳动者开始依法享受基本养老保险待遇的；

（三）劳动者死亡，或者被人民法院宣告死亡或者宣告失踪的；

（四）用人单位被依法宣告破产的；

（五）用人单位被吊销营业执照、责令关闭、撤销或者用人单位决定提前解散的；

（六）法律、行政法规规定的其他情形。

第四十五条 劳动合同期满，有本法第四十二条规定情形之一的，劳动合同应当续延至相应的情形消失时终止。但是，本法第四十二条第二项规定丧失或者部分丧失劳动能力劳动者的劳动合同的终止，按照国家有关工伤保险的规定执行。

第四十六条 有下列情形之一的，用人单位应当向劳动者支付经济补偿：

（一）劳动者依照本法第三十八条规定解除劳动合同的；

（二）用人单位依照本法第三十六条规定向劳动者提出解除劳动合同并与劳动者协商一致解除劳动合同的；

（三）用人单位依照本法第四十条规定解除劳动合同的；

（四）用人单位依照本法第四十一条第一款规定解除劳动合同的；

（五）除用人单位维持或者提高劳动合同约定条件续订劳动合同，劳动者不同意续订的情形外，依照本法第四十四条第一项规定终止固定期限劳动合同的；

（六）依照本法第四十四条第四项、第五项规定终止劳动合同的；

（七）法律、行政法规规定的其他情形。

第四十七条 经济补偿按劳动者在本单位工作的年限，每满一年支付一个月工资的标准向劳动者支付。六个月以上不满一年的，按一年计算；不满六个月的，向劳动者支付半个月工资的经济补偿。

劳动者月工资高于用人单位所在直辖市、设区的市级人民政府公布的本地区上年度职工月平均工资三倍的，向其支付经济补偿的标准按职工月平均工资三倍的数额支付，向其支付经济补偿的年限最高不超过十二年。

本条所称月工资是指劳动者在劳动合同解除或者终止前十二个月的平均工资。

第四十八条 用人单位违反本法规定解除或者终止劳动合同，劳动者要求继续履行劳动合同的，用人单位应当继续履行；劳动者不要求继续履行劳动合同或者劳动合同已经不能继续履行的，用人单位应当依照本法第八十七条规定支付赔偿金。

第四十九条 国家采取措施，建立健全劳动者社会保险关系跨地区转移接续制度。

第五十条 用人单位应当在解除或者终止劳动合同时出具解除或者终止劳动合同的证明，并在十五日内为劳动者办理档案和社会保险关系转移手续。

劳动者应当按照双方约定，办理工作交接。用人单位依照本法有关规定应当向劳动者支付经济补偿的，在办结工作交接时支付。

用人单位对已经解除或者终止的劳动合同的文本，至少保存二年备查。

第五章 特别规定

第一节 集体合同

第五十一条 企业职工一方与用人单位通过平等协商，可以就劳动报酬、工作时间、休息休假、劳动安全卫生、保险福利等事项订立集体合同。集体合同草案应当提交职工代表大会或者全体职工讨论通过。

集体合同由工会代表企业职工一方与用人单位订立；尚未建立工会的用人单位，由上级工会指导劳动者推举的代表与用人单位订立。

第五十二条 企业职工一方与用人单位可以订立劳动安全卫生、女职工权益保护、工资调整机制等专项集体合同。

第五十三条 在县级以下区域内，建筑业、采矿业、餐饮服务业等行业可以由工会与企业方面代表订立行业性集体合同，或者订立区域性集体合同。

第五十四条 集体合同订立后，应当报送劳动行政部门；劳动行政部门自收到集体合同文本之日起十五日内未提出异议的，集体合同即行生效。

依法订立的集体合同对用人单位和劳动者具有约束力。行业性、区域性集体合同对当地本行业、本区域的用人单位和劳动者具有约束力。

第五十五条 集体合同中劳动报酬和劳动条件等标准不得低于当地人民政府规定的最低标准；用人单位与劳动者订立的劳动合同中劳动报酬和劳动条件等标准不得低于集体合同规定的标准。

第五十六条 用人单位违反集体合同，侵犯职工劳动权益的，工会可以依法要求用人单位承担责任；因履行集体合同发生争议，经协商解决不成的，工会可以依法申请仲裁、提起诉讼。

第二节 劳务派遣

第五十七条 经营劳务派遣业务应当具备下列条件：

（一）注册资本不得少于人民币二百万元；

（二）有与开展业务相适应的固定的经营场所和设施；

（三）有符合法律、行政法规规定的劳务派遣管理制度；

（四）法律、行政法规规定的其他条件。

经营劳务派遣业务，应当向劳动行政部门依法申请行政许可；经许可的，依法办理相应的公司登记。未经许可，任何单位和个人不得经营劳务派遣业务。

第五十八条 劳务派遣单位是本法所称用人单位，应当履行用人单位对劳动者的义务。劳务派遣单位与被派遣劳动者订立的劳动合同，除应当载明本法第十七条规定的事项外，还应当载明被派遣劳动者的用工单位以及派遣期限、工作岗位等情况。

劳务派遣单位应当与被派遣劳动者订立二年以上的固定期限劳动合同，按月支付劳动报酬；被派遣劳动者在无工作期间，劳务派遣单位应当按照所在地人民政府规定的最低工资标准，向其按月支付报酬。

第五十九条 劳务派遣单位派遣劳动者应当与接受以劳务派遣形式用工的单位（以下称用工单位）订立劳务派遣协议。劳务派遣协议应当约定派遣岗位和人员数量、派遣期限、劳动报酬和社会保险费的数额与支付方式以及违反协议的责任。

用工单位应当根据工作岗位的实际需要与劳务派遣单位确定派遣期限，不得将连续用工期限分割订立数个短期劳务派遣协议。

第六十条 劳务派遣单位应当将劳务派遣协议的内容告知被派遣劳动者。

劳务派遣单位不得克扣用工单位按照劳务派遣协议支付给被派遣劳动者的劳动报酬。

劳务派遣单位和用工单位不得向被派遣劳动者收取费用。

第六十一条 劳务派遣单位跨地区派遣劳动者的，被派遣劳动者享有的劳动报酬和劳动条件，按照用工单位所在地的标准执行。

第六十二条 用工单位应当履行下列义务：

（一）执行国家劳动标准，提供相应的劳动条件和劳动保护；

（二）告知被派遣劳动者的工作要求和劳动报酬；

（三）支付加班费、绩效奖金，提供与工作岗位相关的福利待遇；

（四）对在岗被派遣劳动者进行工作岗位所必需的培训；

（五）连续用工的，实行正常的工资调整机制。

用工单位不得将被派遣劳动者再派遣到其他用人单位。

第六十三条 被派遣劳动者享有与用工单位的劳动者同工同酬的权利。用工单位应当按照同工同酬原则，对被派遣劳动者与本单位同类岗位的劳动者实行相同的劳动报酬分配办法。用工单位无同类岗位劳动者的，参照用工单位所在地相同或者相近岗位劳动者的劳动报酬确定。

劳务派遣单位与被派遣劳动者订立的劳动合同和与用工单位订立的劳务派遣协议，载明或者约定的向被派遣劳动者支付的劳动报酬应当符合前款规定。

第六十四条 被派遣劳动者有权在劳务派遣单位或者用工单位依法参加或者组织工会，维护自身的合法权益。

第六十五条 被派遣劳动者可以依照本法第三十六条、第三十八条的规定与劳务派遣单位解除劳动合同。

被派遣劳动者有本法第三十九条和第四十条第一项、第二项规定情形的，用工单位可以将劳动者退回劳务派遣单位，劳务派遣单位依照本法有关规定，可以与劳动者解除劳动合同。

第六十六条 劳动合同用工是我国的企业基本用工形式。劳务派遣用工是补充形式，只能在临时性、辅助性或者替代性的工作岗位上实施。

前款规定的临时性工作岗位是指存续时间不超过六个月的岗位；辅助性工作岗位是指为主营业务岗位提供服务的非主营业务岗位；替代性工作岗位是指用工单位的劳动者因脱产学习、休假等原因无法工作的一定期间内，可以由其他劳动者替代工作的岗位。

用工单位应当严格控制劳务派遣用工数量，不得超过其用工总量的一定比例，具体比例由国务院劳动行政部门规定。

第六十七条 用人单位不得设立劳务派遣单位向本单位或者所属单位派遣劳动者。

第三节 非全日制用工

第六十八条 非全日制用工，是指以小时计酬为主，劳动者在同一用人单位一般平均每日工作时间不超过四小时，每周工作时间累计不超过二十四小时的用工形式。

第六十九条 非全日制用工双方当事人可以订立口头协议。

从事非全日制用工的劳动者可以与一个或者一个以上用人单位订立劳动合同；但是，后订立的劳动合同不得影响先订立的劳动合同的履行。

第七十条 非全日制用工双方当事人不得约定试用期。

第七十一条 非全日制用工双方当事人任何一方都可以随时通知对方终止用工。终止用工，用人单位不向劳动者支付经济补偿。

第七十二条 非全日制用工小时计酬标准不得低于用人单位所在地人民政府

规定的最低小时工资标准。

非全日制用工劳动报酬结算支付周期最长不得超过十五日。

第六章 监督检查

第七十三条 国务院劳动行政部门负责全国劳动合同制度实施的监督管理。

县级以上地方人民政府劳动行政部门负责本行政区域内劳动合同制度实施的监督管理。

县级以上各级人民政府劳动行政部门在劳动合同制度实施的监督管理工作中，应当听取工会、企业方面代表以及有关行业主管部门的意见。

第七十四条 县级以上地方人民政府劳动行政部门依法对下列实施劳动合同制度的情况进行监督检查：

（一）用人单位制定直接涉及劳动者切身利益的规章制度及其执行的情况；

（二）用人单位与劳动者订立和解除劳动合同的情况；

（三）劳务派遣单位和用工单位遵守劳务派遣有关规定的情况；

（四）用人单位遵守国家关于劳动者工作时间和休息休假规定的情况；

（五）用人单位支付劳动合同约定的劳动报酬和执行最低工资标准的情况；

（六）用人单位参加各项社会保险和缴纳社会保险费的情况；

（七）法律、法规规定的其他劳动监察事项。

第七十五条 县级以上地方人民政府劳动行政部门实施监督检查时，有权查阅与劳动合同、集体合同有关的材料，有权对劳动场所进行实地检查，用人单位和劳动者都应当如实提供有关情况和材料。

劳动行政部门的工作人员进行监督检查，应当出示证件，依法行使职权，文明执法。

第七十六条 县级以上人民政府建设、卫生、安全生产监督管理等有关主管部门在各自职责范围内，对用人单位执行劳动合同制度的情况进行监督管理。

第七十七条 劳动者合法权益受到侵害的，有权要求有关部门依法处理，或者依法申请仲裁、提起诉讼。

第七十八条 工会依法维护劳动者的合法权益，对用人单位履行劳动合同、集体合同的情况进行监督。用人单位违反劳动法律、法规和劳动合同、集体合同的，工会有权提出意见或者要求纠正；劳动者申请仲裁、提起诉讼的，工会依法给予支持和帮助。

第七十九条 任何组织或者个人对违反本法的行为都有权举报，县级以上人民政府劳动行政部门应当及时核实、处理，并对举报有功人员给予奖励。

第七章 法律责任

第八十条 用人单位直接涉及劳动者切身利益的规章制度违反法律、法规规定的，由劳动行政部门责令改正，给予警告；给劳动者造成损害的，应当承担赔偿责任。

第八十一条 用人单位提供的劳动合同文本未载明本法规定的劳动合同必备条款或者用人单位未将劳动合同文本交付劳动者的，由劳动行政部门责令改正；给劳动者造成损害的，应当承担赔偿责任。

第八十二条 用人单位自用工之日起超过一个月不满一年未与劳动者订立书面劳动合同的，应当向劳动者每月支付二倍的工资。

用人单位违反本法规定不与劳动者订立无固定期限劳动合同的，自应当订立无固定期限劳动合同之日起向劳动者每月支付二倍的工资。

第八十三条 用人单位违反本法规定与劳动者约定试用期的，由劳动行政部门责令改正；违法约定的试用期已经履行的，由用人单位以劳动者试用期满月工资为标准，按已经履行的超过法定试用期的期间向劳动者支付赔偿金。

第八十四条 用人单位违反本法规定，扣押劳动者居民身份证等证件的，由劳动行政部门责令限期退还劳动者本人，并依照有关法律规定给予处罚。

用人单位违反本法规定，以担保或者其他名义向劳动者收取财物的，由劳动行政部门责令限期退还劳动者本人，并以每人五百元以上二千元以下的标准处以罚款；给劳动者造成损害的，应当承担赔偿责任。

劳动者依法解除或者终止劳动合同，用人单位扣押劳动者档案或者其他物品的，依照前款规定处罚。

第八十五条 用人单位有下列情形之一的，由劳动行政部门责令限期支付劳动报酬、加班费或者经济补偿；劳动报酬低于当地最低工资标准的，应当支付其差额部分；逾期不支付的，责令用人单位按应付金额百分之五十以上百分之一百以下的标准向劳动者加付赔偿金：

（一）未按照劳动合同的约定或者国家规定及时足额支付劳动者劳动报酬的；

（二）低于当地最低工资标准支付劳动者工资的；

（三）安排加班不支付加班费的；

（四）解除或者终止劳动合同，未依照本法规定向劳动者支付经济补偿的。

第八十六条　劳动合同依照本法第二十六条规定被确认无效，给对方造成损害的，有过错的一方应当承担赔偿责任。

第八十七条　用人单位违反本法规定解除或者终止劳动合同的，应当依照本法第四十七条规定的经济补偿标准的二倍向劳动者支付赔偿金。

第八十八条　用人单位有下列情形之一的，依法给予行政处罚；构成犯罪的，依法追究刑事责任；给劳动者造成损害的，应当承担赔偿责任：

（一）以暴力、威胁或者非法限制人身自由的手段强迫劳动的；

（二）违章指挥或者强令冒险作业危及劳动者人身安全的；

（三）侮辱、体罚、殴打、非法搜查或者拘禁劳动者的；

（四）劳动条件恶劣、环境污染严重，给劳动者身心健康造成严重损害的。

第八十九条　用人单位违反本法规定未向劳动者出具解除或者终止劳动合同的书面证明，由劳动行政部门责令改正；给劳动者造成损害的，应当承担赔偿责任。

第九十条　劳动者违反本法规定解除劳动合同，或者违反劳动合同中约定的保密义务或者竞业限制，给用人单位造成损失的，应当承担赔偿责任。

第九十一条　用人单位招用与其他用人单位尚未解除或者终止劳动合同的劳动者，给其他用人单位造成损失的，应当承担连带赔偿责任。

第九十二条　违反本法规定，未经许可，擅自经营劳务派遣业务的，由劳动行政部门责令停止违法行为，没收违法所得，并处违法所得一倍以上五倍以下的罚款；没有违法所得的，可以处五万元以下的罚款。

劳务派遣单位、用工单位违反本法有关劳务派遣规定的，由劳动行政部门责令限期改正；逾期不改正的，以每人五千元以上一万元以下的标准处以罚款，对劳务派遣单位，吊销其劳务派遣业务经营许可证。用工单位给被派遣劳动者造成损害的，劳务派遣单位与用工单位承担连带赔偿责任。

第九十三条　对不具备合法经营资格的用人单位的违法犯罪行为，依法追究法律责任；劳动者已经付出劳动的，该单位或者其出资人应当依照本法有关规定向劳动者支付劳动报酬、经济补偿、赔偿金；给劳动者造成损害的，应当承担赔偿责任。

第九十四条　个人承包经营违反本法规定招用劳动者，给劳动者造成损害的，发包的组织与个人承包经营者承担连带赔偿责任。

第九十五条 劳动行政部门和其他有关主管部门及其工作人员玩忽职守、不履行法定职责，或者违法行使职权，给劳动者或者用人单位造成损害的，应当承担赔偿责任；对直接负责的主管人员和其他直接责任人员，依法给予行政处分；构成犯罪的，依法追究刑事责任。

第八章 附　　则

第九十六条 事业单位与实行聘用制的工作人员订立、履行、变更、解除或者终止劳动合同，法律、行政法规或者国务院另有规定的，依照其规定；未作规定的，依照本法有关规定执行。

第九十七条 本法施行前已依法订立且在本法施行之日存续的劳动合同，继续履行；本法第十四条第二款第三项规定连续订立固定期限劳动合同的次数，自本法施行后续订固定期限劳动合同时开始计算。

本法施行前已建立劳动关系，尚未订立书面劳动合同的，应当自本法施行之日起一个月内订立。

本法施行之日存续的劳动合同在本法施行后解除或者终止，依照本法第四十六条规定应当支付经济补偿的，经济补偿年限自本法施行之日起计算；本法施行前按照当时有关规定，用人单位应当向劳动者支付经济补偿的，按照当时有关规定执行。

第九十八条 本法自2008年1月1日起施行。

中华人民共和国劳动争议调解仲裁法

（2007年12月29日第十届全国人民代表大会常务委员会第三十一次会议通过）

目　　录

第一章　总　　则

第一条　为了公正及时解决劳动争议，保护当事人合法权益，促进劳动关系和谐稳定，制定本法。

第二条　中华人民共和国境内的用人单位与劳动者发生的下列劳动争议，适用本法：

（一）因确认劳动关系发生的争议；

（二）因订立、履行、变更、解除和终止劳动合同发生的争议；

（三）因除名、辞退和辞职、离职发生的争议；

（四）因工作时间、休息休假、社会保险、福利、培训以及劳动保护发生的争议；

（五）因劳动报酬、工伤医疗费、经济补偿或者赔偿金等发生的争议；

（六）法律、法规规定的其他劳动争议。

第三条　解决劳动争议，应当根据事实，遵循合法、公正、及时、着重调解的原则，依法保护当事人的合法权益。

第四条　发生劳动争议，劳动者可以与用人单位协商，也可以请工会或者第三方共同与用人单位协商，达成和解协议。

第五条　发生劳动争议，当事人不愿协商、协商不成或者达成和解协议后不履行的，可以向调解组织申请调解；不愿调解、调解不成或者达成调解协议后不履行的，可以向劳动争议仲裁委员会申请仲裁；对仲裁裁决不服的，除本法另有规定的外，可以向人民法院提起诉讼。

第六条　发生劳动争议，当事人对自己提出的主张，有责任提供证据。与争议事项有关的证据属于用人单位掌握管理的，用人单位应当提供；用人单位不提供的，应当承担不利后果。

第七条　发生劳动争议的劳动者一方在十人以上，并有共同请求的，可以推举代表参加调解、仲裁或者诉讼活动。

第八条　县级以上人民政府劳动行政部门会同工会和企业方面代表建立协调劳动关系三方机制，共同研究解决劳动争议的重大问题。

第九条　用人单位违反国家规定，拖欠或者未足额支付劳动报酬，或者拖欠工伤医疗费、经济补偿或者赔偿金的，劳动者可以向劳动行政部门投诉，劳动行政部门应当依法处理。

第二章　调　　解

第十条　发生劳动争议，当事人可以到下列调解组织申请调解：

（一）企业劳动争议调解委员会；

（二）依法设立的基层人民调解组织；

（三）在乡镇、街道设立的具有劳动争议调解职能的组织。

企业劳动争议调解委员会由职工代表和企业代表组成。职工代表由工会成员担任或者由全体职工推举产生，企业代表由企业负责人指定。企业劳动争议调解委员会主任由工会成员或者双方推举的人员担任。

第十一条　劳动争议调解组织的调解员应当由公道正派、联系群众、热心调解工作，并具有一定法律知识、政策水平和文化水平的成年公民担任。

第十二条　当事人申请劳动争议调解可以书面申请，也可以口头申请。口头申请的，调解组织应当当场记录申请人基本情况、申请调解的争议事项、理由和时间。

第十三条　调解劳动争议，应当充分听取双方当事人对事实和理由的陈述，耐心疏导，帮助其达成协议。

第十四条　经调解达成协议的，应当制作调解协议书。

调解协议书由双方当事人签名或者盖章，经调解员签名并加盖调解组织印章后生效，对双方当事人具有约束力，当事人应当履行。

自劳动争议调解组织收到调解申请之日起十五日内未达成调解协议的，当事人可以依法申请仲裁。

第十五条　达成调解协议后，一方当事人在协议约定期限内不履行调解协议的，另一方当事人可以依法申请仲裁。

第十六条　因支付拖欠劳动报酬、工伤医疗费、经济补偿或者赔偿金事项达成调解协议，用人单位在协议约定期限内不履行的，劳动者可以持调解协议书依法向人民法院申请支付令。人民法院应当依法发出支付令。

第三章 仲 裁

第一节 一般规定

第十七条 劳动争议仲裁委员会按照统筹规划、合理布局和适应实际需要的原则设立。省、自治区人民政府可以决定在市、县设立；直辖市人民政府可以决定在区、县设立。直辖市、设区的市也可以设立一个或者若干个劳动争议仲裁委员会。劳动争议仲裁委员会不按行政区划层层设立。

第十八条 国务院劳动行政部门依照本法有关规定制定仲裁规则。省、自治区、直辖市人民政府劳动行政部门对本行政区域的劳动争议仲裁工作进行指导。

第十九条 劳动争议仲裁委员会由劳动行政部门代表、工会代表和企业方面代表组成。劳动争议仲裁委员会组成人员应当是单数。

劳动争议仲裁委员会依法履行下列职责：

（一）聘任、解聘专职或者兼职仲裁员；

（二）受理劳动争议案件；

（三）讨论重大或者疑难的劳动争议案件；

（四）对仲裁活动进行监督。

劳动争议仲裁委员会下设办事机构，负责办理劳动争议仲裁委员会的日常工作。

第二十条 劳动争议仲裁委员会应当设仲裁员名册。

仲裁员应当公道正派并符合下列条件之一：

（一）曾任审判员的；

（二）从事法律研究、教学工作并具有中级以上职称的；

（三）具有法律知识、从事人力资源管理或者工会等专业工作满五年的；

（四）律师执业满三年的。

第二十一条 劳动争议仲裁委员会负责管辖本区域内发生的劳动争议。

劳动争议由劳动合同履行地或者用人单位所在地的劳动争议仲裁委员会管辖。双方当事人分别向劳动合同履行地和用人单位所在地的劳动争议仲裁委员会申请仲裁的，由劳动合同履行地的劳动争议仲裁委员会管辖。

第二十二条 发生劳动争议的劳动者和用人单位为劳动争议仲裁案件的双方当事人。

劳务派遣单位或者用工单位与劳动者发生劳动争议的，劳务派遣单位和用工单位为共同当事人。

第二十三条 与劳动争议案件的处理结果有利害关系的第三人，可以申请参加仲裁活动或者由劳动争议仲裁委员会通知其参加仲裁活动。

第二十四条 当事人可以委托代理人参加仲裁活动。委托他人参加仲裁活动，应当向劳动争议仲裁委员会提交有委托人签名或者盖章的委托书，委托书应当载明委托事项和权限。

第二十五条 丧失或者部分丧失民事行为能力的劳动者，由其法定代理人代为参加仲裁活动；无法定代理人的，由劳动争议仲裁委员会为其指定代理人。劳动者死亡的，由其近亲属或者代理人参加仲裁活动。

第二十六条 劳动争议仲裁公开进行，但当事人协议不公开进行或者涉及国家秘密、商业秘密和个人隐私的除外。

第二节 申请和受理

第二十七条 劳动争议申请仲裁的时效期间为一年。仲裁时效期间从当事人知道或者应当知道其权利被侵害之日起计算。

前款规定的仲裁时效，因当事人一方向对方当事人主张权利，或者向有关部门请求权利救济，或者对方当事人同意履行义务而中断。从中断时起，仲裁时效期间重新计算。

因不可抗力或者有其他正当理由，当事人不能在本条第一款规定的仲裁时效期间申请仲裁的，仲裁时效中止。从中止时效的原因消除之日起，仲裁时效期间继续计算。

劳动关系存续期间因拖欠劳动报酬发生争议的，劳动者申请仲裁不受本条第一款规定的仲裁时效期间的限制；但是，劳动关系终止的，应当自劳动关系终止之日起一年内提出。

第二十八条 申请人申请仲裁应当提交书面仲裁申请，并按照被申请人人数提交副本。

仲裁申请书应当载明下列事项：

（一）劳动者的姓名、性别、年龄、职业、工作单位和住所，用人单位的名称、住所和法定代表人或者主要负责人的姓名、职务；

（二）仲裁请求和所根据的事实、理由；

（三）证据和证据来源、证人姓名和住所。

书写仲裁申请确有困难的，可以口头申请，由劳动争议仲裁委员会记入笔录，并告知对方当事人。

第二十九条 劳动争议仲裁委员会收到仲裁申请之日起五日内，认为符合受理条件的，应当受理，并通知申请人；认为不符合受理条件的，应当书面通知申请人不予受理，并说明理由。对劳动争议仲裁委员会不予受理或者逾期未作出决定的，申请人可以就该劳动争议事项向人民法院提起诉讼。

第三十条 劳动争议仲裁委员会受理仲裁申请后，应当在五日内将仲裁申请书副本送达被申请人。

被申请人收到仲裁申请书副本后，应当在十日内向劳动争议仲裁委员会提交答辩书。劳动争议仲裁委员会收到答辩书后，应当在五日内将答辩书副本送达申请人。被申请人未提交答辩书的，不影响仲裁程序的进行。

第三节 开庭和裁决

第三十一条 劳动争议仲裁委员会裁决劳动争议案件实行仲裁庭制。仲裁庭由三名仲裁员组成，设首席仲裁员。简单劳动争议案件可以由一名仲裁员独任仲裁。

第三十二条 劳动争议仲裁委员会应当在受理仲裁申请之日起五日内将仲裁庭的组成情况书面通知当事人。

第三十三条 仲裁员有下列情形之一，应当回避，当事人也有权以口头或者书面方式提出回避申请：

（一）是本案当事人或者当事人、代理人的近亲属的；

（二）与本案有利害关系的；

（三）与本案当事人、代理人有其他关系，可能影响公正裁决的；

（四）私自会见当事人、代理人，或者接受当事人、代理人的请客送礼的。

劳动争议仲裁委员会对回避申请应当及时作出决定，并以口头或者书面方式通知当事人。

第三十四条 仲裁员有本法第三十三条 第四项规定情形，或者有索贿受贿、徇私舞弊、枉法裁决行为的，应当依法承担法律责任。劳动争议仲裁委员会应当将其解聘。

第三十五条 仲裁庭应当在开庭五日前，将开庭日期、地点书面通知双方当事人。当事人有正当理由的，可以在开庭三日前请求延期开庭。是否延期，由劳动争议仲裁委员会决定。

第三十六条 申请人收到书面通知，无正当理由拒不到庭或者未经仲裁庭同意中途退庭的，可以视为撤回仲裁申请。

被申请人收到书面通知，无正当理由拒不到庭或者未经仲裁庭同意中途退庭的，可以缺席裁决。

第三十七条 仲裁庭对专门性问题认为需要鉴定的，可以交由当事人约定的鉴定机构鉴定；当事人没有约定或者无法达成约定的，由仲裁庭指定的鉴定机构鉴定。

根据当事人的请求或者仲裁庭的要求，鉴定机构应当派鉴定人参加开庭。当事人经仲裁庭许可，可以向鉴定人提问。

第三十八条 当事人在仲裁过程中有权进行质证和辩论。质证和辩论终结时，首席仲裁员或者独任仲裁员应当征询当事人的最后意见。

第三十九条 当事人提供的证据经查证属实的，仲裁庭应当将其作为认定事实的根据。

劳动者无法提供由用人单位掌握管理的与仲裁请求有关的证据，仲裁庭可以要求用人单位在指定期限内提供。用人单位在指定期限内不提供的，应当承担不利后果。

第四十条 仲裁庭应当将开庭情况记入笔录。当事人和其他仲裁参加人认为对自己陈述的记录有遗漏或者差错的，有权申请补正。如果不予补正，应当记录该申请。

笔录由仲裁员、记录人员、当事人和其他仲裁参加人签名或者盖章。

第四十一条 当事人申请劳动争议仲裁后，可以自行和解。达成和解协议的，可以撤回仲裁申请。

第四十二条 仲裁庭在作出裁决前，应当先行调解。

调解达成协议的，仲裁庭应当制作调解书。

调解书应当写明仲裁请求和当事人协议的结果。调解书由仲裁员签名，加盖劳动争议仲裁委员会印章，送达双方当事人。调解书经双方当事人签收后，发生法律效力。

调解不成或者调解书送达前，一方当事人反悔的，仲裁庭应当及时作出裁决。

第四十三条 仲裁庭裁决劳动争议案件，应当自劳动争议仲裁委员会受理仲裁申请之日起四十五日内结束。案情复杂需要延期的，经劳动争议仲裁委员会主任批准，可以延期并书面通知当事人，但是延长期限不得超过十五日。逾期未作出仲裁裁决的，当事人可以就该劳动争议事项向人民法院提起诉讼。

仲裁庭裁决劳动争议案件时，其中一部分事实已经清楚，可以就该部分先行裁决。

第四十四条 仲裁庭对追索劳动报酬、工伤医疗费、经济补偿或者赔偿金的案件，根据当事人的申请，可以裁决先予执行，移送人民法院执行。

仲裁庭裁决先予执行的，应当符合下列条件：

（一）当事人之间权利义务关系明确；

（二）不先予执行将严重影响申请人的生活。

劳动者申请先予执行的，可以不提供担保。

第四十五条 裁决应当按照多数仲裁员的意见作出，少数仲裁员的不同意见应当记入笔录。仲裁庭不能形成多数意见时，裁决应当按照首席仲裁员的意见作出。

第四十六条 裁决书应当载明仲裁请求、争议事实、裁决理由、裁决结果和裁决日期。裁决书由仲裁员签名，加盖劳动争议仲裁委员会印章。对裁决持不同意见的仲裁员，可以签名，也可以不签名。

第四十七条 下列劳动争议，除本法另有规定的外，仲裁裁决为终局裁决，裁决书自作出之日起发生法律效力：

（一）追索劳动报酬、工伤医疗费、经济补偿或者赔偿金，不超过当地月最低工资标准十二个月金额的争议；

（二）因执行国家的劳动标准在工作时间、休息休假、社会保险等方面发生的争议。

第四十八条 劳动者对本法第四十七条规定的仲裁裁决不服的，可以自收到仲裁裁决书之日起十五日内向人民法院提起诉讼。

第四十九条 用人单位有证据证明本法第四十七条规定的仲裁裁决有下列情形之一，可以自收到仲裁裁决书之日起三十日内向劳动争议仲裁委员会所在地的中级人民法院申请撤销裁决：

（一）适用法律、法规确有错误的；

（二）劳动争议仲裁委员会无管辖权的；

（三）违反法定程序的；

（四）裁决所根据的证据是伪造的；

（五）对方当事人隐瞒了足以影响公正裁决的证据的；

（六）仲裁员在仲裁该案时有索贿受贿、徇私舞弊、枉法裁决行为的。

人民法院经组成合议庭审查核实裁决有前款规定情形之一的，应当裁定撤销。

仲裁裁决被人民法院裁定撤销的，当事人可以自收到裁定书之日起十五日内就该劳动争议事项向人民法院提起诉讼。

第五十条 当事人对本法第四十七条规定以外的其他劳动争议案件的仲裁裁决不服的，可以自收到仲裁裁决书之日起十五日内向人民法院提起诉讼；期满不起诉的，裁决书发生法律效力。

第五十一条 当事人对发生法律效力的调解书、裁决书，应当依照规定的期限履行。一方当事人逾期不履行的，另一方当事人可以依照民事诉讼法的有关规定向人民法院申请执行。受理申请的人民法院应当依法执行。

第四章 附　　则

第五十二条 事业单位实行聘用制的工作人员与本单位发生劳动争议的，依照本法执行；法律、行政法规或者国务院另有规定的，依照其规定。

第五十三条 劳动争议仲裁不收费。劳动争议仲裁委员会的经费由财政予以保障。

第五十四条 本法自2008年5月1日起施行。

中华人民共和国建筑法

（1997年11月1日第八届全国人民代表大会常务委员会第二十八次会议通过　根据2011年4月22日第十一届全国人民代表大会常务委员会第二十次会议《关于修改〈中华人民共和国建筑法〉的决定》第一次修正　根据2019年4月23日第十三届全国人民代表大会常务委员会第十次会议《关于修改〈中华人民共和国建筑法〉等八部法律的决定》第二次修正）

目　　录

第一章 总 则

第一条 为了加强对建筑活动的监督管理，维护建筑市场秩序，保证建筑工程的质量和安全，促进建筑业健康发展，制定本法。

第二条 在中华人民共和国境内从事建筑活动，实施对建筑活动的监督管理，应当遵守本法。

本法所称建筑活动，是指各类房屋建筑及其附属设施的建造和与其配套的线路、管道、设备的安装活动。

第三条 建筑活动应当确保建筑工程质量和安全，符合国家的建筑工程安全标准。

第四条 国家扶持建筑业的发展，支持建筑科学技术研究，提高房屋建筑设计水平，鼓励节约能源和保护环境，提倡采用先进技术、先进设备、先进工艺、新型建筑材料和现代管理方式。

第五条 从事建筑活动应当遵守法律、法规，不得损害社会公共利益和他人的合法权益。

任何单位和个人都不得妨碍和阻挠依法进行的建筑活动。

第六条 国务院建设行政主管部门对全国的建筑活动实施统一监督管理。

第二章 建筑许可

第一节 建筑工程施工许可

第七条 建筑工程开工前，建设单位应当按照国家有关规定向工程所在地县级以上人民政府建设行政主管部门申请领取施工许可证；但是，国务院建设行政主管部门确定的限额以下的小型工程除外。

按照国务院规定的权限和程序批准开工报告的建筑工程，不再领取施工许可证。

第八条 申请领取施工许可证，应当具备下列条件：

（一）已经办理该建筑工程用地批准手续；

（二）依法应当办理建设工程规划许可证的，已经取得建设工程规划许可证；

（三）需要拆迁的，其拆迁进度符合施工要求；

（四）已经确定建筑施工企业；

（五）有满足施工需要的资金安排、施工图纸及技术资料；

（六）有保证工程质量和安全的具体措施。

建设行政主管部门应当自收到申请之日起七日内，对符合条件的申请颁发施工许可证。

第九条 建设单位应当自领取施工许可证之日起三个月内开工。因故不能按期开工的，应当向发证机关申请延期；延期以两次为限，每次不超过三个月。既不开工又不申请延期或者超过延期时限的，施工许可证自行废止。

第十条 在建的建筑工程因故中止施工的，建设单位应当自中止施工之日起一个月内，向发证机关报告，并按照规定做好建筑工程的维护管理工作。

建筑工程恢复施工时，应当向发证机关报告；中止施工满一年的工程恢复施工前，建设单位应当报发证机关核验施工许可证。

第十一条 按照国务院有关规定批准开工报告的建筑工程，因故不能按期开工或者中止施工的，应当及时向批准机关报告情况。因故不能按期开工超过六个月的，应当重新办理开工报告的批准手续。

第二节 从业资格

第十二条 从事建筑活动的建筑施工企业、勘察单位、设计单位和工程监理单位，应当具备下列条件：

（一）有符合国家规定的注册资本；

（二）有与其从事的建筑活动相适应的具有法定执业资格的专业技术人员；

（三）有从事相关建筑活动所应有的技术装备；

（四）法律、行政法规规定的其他条件。

第十三条　从事建筑活动的建筑施工企业、勘察单位、设计单位和工程监理单位，按照其拥有的注册资本、专业技术人员、技术装备和已完成的建筑工程业绩等资质条件，划分为不同的资质等级，经资质审查合格，取得相应等级的资质证书后，方可在其资质等级许可的范围内从事建筑活动。

第十四条　从事建筑活动的专业技术人员，应当依法取得相应的执业资格证书，并在执业资格证书许可的范围内从事建筑活动。

第三章　建筑工程发包与承包

第一节　一般规定

第十五条　建筑工程的发包单位与承包单位应当依法订立书面合同，明确双方的权利和义务。

发包单位和承包单位应当全面履行合同约定的义务。不按照合同约定履行义务的，依法承担违约责任。

第十六条　建筑工程发包与承包的招标投标活动，应当遵循公开、公正、平等竞争的原则，择优选择承包单位。

建筑工程的招标投标，本法没有规定的，适用有关招标投标法律的规定。

第十七条　发包单位及其工作人员在建筑工程发包中不得收受贿赂、回扣或者索取其他好处。

承包单位及其工作人员不得利用向发包单位及其工作人员行贿、提供回扣或者给予其他好处等不正当手段承揽工程。

第十八条　建筑工程造价应当按照国家有关规定，由发包单位与承包单位在合同中约定。公开招标发包的，其造价的约定，须遵守招标投标法律的规定。

发包单位应当按照合同的约定，及时拨付工程款项。

第二节　发　　包

第十九条　建筑工程依法实行招标发包，对不适于招标发包的可以直接发包。

第二十条　建筑工程实行公开招标的，发包单位应当依照法定程序和方式，发布招标公告，提供载有招标工程的主要技术要求、主要的合同条款、评标的标准和方法以及开标、评标、定标的程序等内容的招标文件。

开标应当在招标文件规定的时间、地点公开进行。开标后应当按照招标文件规定的评标标准和程序对标书进行评价、比较，在具备相应资质条件的投标者中，择优选定中标者。

第二十一条　建筑工程招标的开标、评标、定标由建设单位依法组织实施，并接受有关行政主管部门的监督。

第二十二条　建筑工程实行招标发包的，发包单位应当将建筑工程发包给依法中标的承包单位。建筑工程实行直接发包的，发包单位应当将建筑工程发包给具有相应资质条件的承包单位。

第二十三条　政府及其所属部门不得滥用行政权力，限定发包单位将招标发包的建筑工程发包给指定的承包单位。

第二十四条　提倡对建筑工程实行总承包，禁止将建筑工程肢解发包。

建筑工程的发包单位可以将建筑工程的勘察、设计、施工、设备采购一并发包给一个工程总承包单位，也可以将建筑工程勘察、设计、施工、设备采购的一项或者多项发包给一个工程总承包单位；但是，不得将应当由一个承包单位完成的建筑工程肢解成若干部分发包给几个承包单位。

第二十五条　按照合同约定，建筑材料、建筑构配件和设备由工程承包单位采购的，发包单位不得指定承包单位购入用于工程的建筑材料、建筑构配件和设备或者指定生产厂、供应商。

第三节　承　　包

第二十六条　承包建筑工程的单位应当持有依法取得的资质证书，并在其资质等级许可的业务范围内承揽工程。

禁止建筑施工企业超越本企业资质等级许可的业务范围或者以任何形式用其他建筑施工企业的名义承揽工程。禁止建筑施工企业以任何形式允许其他单位或者个人使用本企业的资质证书、营业执照，以本企业的名义承揽工程。

第二十七条　大型建筑工程或者结构复杂的建筑工程，可以由两个以上的承包单位联合共同承包。共同承包的各方对承包合同的履行承担连带责任。

两个以上不同资质等级的单位实行联合共同承包的，应当按照资质等级低的单位的业务许可范围承揽工程。

第二十八条　禁止承包单位将其承包的全部建筑工程转包给他人，禁止承包单位将其承包的全部建筑工程肢解以后以分包的名义分别转包给他人。

第二十九条　建筑工程总承包单位可以将承包工程中的部分工程发包给具有相应资质条件的分包单位；但是，除总承包合同中约定的分包外，必须经建设单位认可。施工总承包的，建筑工程主体结构的施工必须由总承包单位自行完成。

建筑工程总承包单位按照总承包合同的约定对建设单位负责；分包单位按照分包合同的约定对总承包单位负责。总承包单位和分包单位就分包工程对建设单位承担连带责任。

禁止总承包单位将工程分包给不具备相应资质条件的单位。禁止分包单位将其承包的工程再分包。

第四章　建筑工程监理

第三十条　国家推行建筑工程监理制度。

国务院可以规定实行强制监理的建筑工程的范围。

第三十一条　实行监理的建筑工程，由建设单位委托具有相应资质条件的工程监理单位监理。建设单位与其委托的工程监理单位应当订立书面委托监理合同。

第三十二条　建筑工程监理应当依照法律、行政法规及有关的技术标准、设计文件和建筑工程承包合同，对承包单位在施工质量、建设工期和建设资金使用等方面，代表建设单位实施监督。

工程监理人员认为工程施工不符合工程设计要求、施工技术标准和合同约定的，有权要求建筑施工企业改正。

工程监理人员发现工程设计不符合建筑工程质量标准或者合同约定的质量要求的，应当报告建设单位要求设计单位改正。

第三十三条　实施建筑工程监理前，建设单位应当将委托的工程监理单位、监理的内容及监理权限，书面通知被监理的建筑施工企业。

第三十四条　工程监理单位应当在其资质等级许可的监理范围内，承担工程监理业务。

工程监理单位应当根据建设单位的委托，客观、公正地执行监理任务。

工程监理单位与被监理工程的承包单位以及建筑材料、建筑构配件和设备供应单位不得有隶属关系或者其他利害关系。

工程监理单位不得转让工程监理业务。

第三十五条 工程监理单位不按照委托监理合同的约定履行监理义务，对应当监督检查的项目不检查或者不按照规定检查，给建设单位造成损失的，应当承担相应的赔偿责任。

工程监理单位与承包单位串通，为承包单位谋取非法利益，给建设单位造成损失的，应当与承包单位承担连带赔偿责任。

第五章 建筑安全生产管理

第三十六条 建筑工程安全生产管理必须坚持安全第一、预防为主的方针，建立健全安全生产的责任制度和群防群治制度。

第三十七条 建筑工程设计应当符合按照国家规定制定的建筑安全规程和技术规范，保证工程的安全性能。

第三十八条 建筑施工企业在编制施工组织设计时，应当根据建筑工程的特点制定相应的安全技术措施；对专业性较强的工程项目，应当编制专项安全施工组织设计，并采取安全技术措施。

第三十九条 建筑施工企业应当在施工现场采取维护安全、防范危险、预防火灾等措施；有条件的，应当对施工现场实行封闭管理。

施工现场对毗邻的建筑物、构筑物和特殊作业环境可能造成损害的，建筑施工企业应当采取安全防护措施。

第四十条 建设单位应当向建筑施工企业提供与施工现场相关的地下管线资料，建筑施工企业应当采取措施加以保护。

第四十一条 建筑施工企业应当遵守有关环境保护和安全生产的法律、法规的规定，采取控制和处理施工现场的各种粉尘、废气、废水、固体废物以及噪声、振动对环境的污染和危害的措施。

第四十二条 有下列情形之一的，建设单位应当按照国家有关规定办理申请批准手续：

（一）需要临时占用规划批准范围以外场地的；

（二）可能损坏道路、管线、电力、邮电通讯等公共设施的；

（三）需要临时停水、停电、中断道路交通的；

（四）需要进行爆破作业的；

（五）法律、法规规定需要办理报批手续的其他情形。

第四十三条 建设行政主管部门负责建筑安全生产的管理，并依法接受劳动行政主管部门对建筑安全生产的指导和监督。

第四十四条 建筑施工企业必须依法加强对建筑安全生产的管理，执行安全生产责任制度，采取有效措施，防止伤亡和其他安全生产事故的发生。

建筑施工企业的法定代表人对本企业的安全生产负责。

第四十五条 施工现场安全由建筑施工企业负责。实行施工总承包的，由总承包单位负责。分包单位向总承包单位负责，服从总承包单位对施工现场的安全生产管理。

第四十六条 建筑施工企业应当建立健全劳动安全生产教育培训制度，加强对职工安全生产的教育培训；未经安全生产教育培训的人员，不得上岗作业。

第四十七条 建筑施工企业和作业人员在施工过程中，应当遵守有关安全生产的法律、法规和建筑行业安全规章、规程，不得违章指挥或者违章作业。作业人员有权对影响人身健康的作业程序和作业条件提出改进意见，有权获得安全生产所需的防护用品。作业人员对危及生命安全和人身健康的行为有权提出批评、检举和控告。

第四十八条 建筑施工企业应当依法为职工参加工伤保险缴纳工伤保险费。鼓励企业为从事危险作业的职工办理意外伤害保险，支付保险费。

第四十九条 涉及建筑主体和承重结构变动的装修工程，建设单位应当在施工前委托原设计单位或者具有相应资质条件的设计单位提出设计方案；没有设计方案的，不得施工。

第五十条 房屋拆除应当由具备保证安全条件的建筑施工单位承担，由建筑施工单位负责人对安全负责。

第五十一条 施工中发生事故时，建筑施工企业应当采取紧急措施减少人员伤亡和事故损失，并按照国家有关规定及时向有关部门报告。

第六章 建筑工程质量管理

第五十二条 建筑工程勘察、设计、施工的质量必须符合国家有关建筑工程安全标准的要求，具体管理办法由国务院规定。

有关建筑工程安全的国家标准不能适应确保建筑安全的要求时，应当及时修订。

第五十三条 国家对从事建筑活动的单位推行质量体系认证制度。从事建筑活动的单位根据自愿原则可以向国务院产品质量监督管理部门或者国务院产品质量监督管理部门授权的部门认可的认证机构申请质量体系认证。经认证合格的，由认证机构颁发质量体系认证证书。

第五十四条 建设单位不得以任何理由，要求建筑设计单位或者建筑施工企业在工程设计或者施工作业中，违反法律、行政法规和建筑工程质量、安全标准，降低工程质量。

建筑设计单位和建筑施工企业对建设单位违反前款规定提出的降低工程质量的要求，应当予以拒绝。

第五十五条 建筑工程实行总承包的，工程质量由工程总承包单位负责，总承包单位将建筑工程分包给其他单位的，应当对分包工程的质量与分包单位承担连带责任。分包单位应当接受总承包单位的质量管理。

第五十六条 建筑工程的勘察、设计单位必须对其勘察、设计的质量负责。勘察、设计文件应当符合有关法律、行政法规的规定和建筑工程质量、安全标准、建筑工程勘察、设计技术规范以及合同的约定。设计文件选用的建筑材料、建筑构配件和设备，应当注明其规格、型号、性能等技术指标，其质量要求必须符合国家规定的标准。

第五十七条 建筑设计单位对设计文件选用的建筑材料、建筑构配件和设备，不得指定生产厂、供应商。

第五十八条 建筑施工企业对工程的施工质量负责。

建筑施工企业必须按照工程设计图纸和施工技术标准施工，不得偷工减料。工程设计的修改由原设计单位负责，建筑施工企业不得擅自修改工程设计。

第五十九条 建筑施工企业必须按照工程设计要求、施工技术标准和合同的约定，对建筑材料、建筑构配件和设备进行检验，不合格的不得使用。

第六十条 建筑物在合理使用寿命内，必须确保地基基础工程和主体结构的质量。

建筑工程竣工时，屋顶、墙面不得留有渗漏、开裂等质量缺陷；对已发现的质量缺陷，建筑施工企业应当修复。

第六十一条 交付竣工验收的建筑工程，必须符合规定的建筑工程质量标准，有完整的工程技术经济资料和经签署的工程保修书，并具备国家规定的其他竣工条件。

建筑工程竣工经验收合格后，方可交付使用；未经验收或者验收不合格的，不得交付使用。

第六十二条　建筑工程实行质量保修制度。

建筑工程的保修范围应当包括地基基础工程、主体结构工程、屋面防水工程和其他土建工程，以及电气管线、上下水管线的安装工程，供热、供冷系统工程等项目；保修的期限应当按照保证建筑物合理寿命年限内正常使用，维护使用者合法权益的原则确定。具体的保修范围和最低保修期限由国务院规定。

第六十三条　任何单位和个人对建筑工程的质量事故、质量缺陷都有权向建设行政主管部门或者其他有关部门进行检举、控告、投诉。

第七章　法律责任

第六十四条　违反本法规定，未取得施工许可证或者开工报告未经批准擅自施工的，责令改正，对不符合开工条件的责令停止施工，可以处以罚款。

第六十五条　发包单位将工程发包给不具有相应资质条件的承包单位的，或者违反本法规定将建筑工程肢解发包的，责令改正，处以罚款。

超越本单位资质等级承揽工程的，责令停止违法行为，处以罚款，可以责令停业整顿，降低资质等级；情节严重的，吊销资质证书；有违法所得的，予以没收。

未取得资质证书承揽工程的，予以取缔，并处罚款；有违法所得的，予以没收。

以欺骗手段取得资质证书的，吊销资质证书，处以罚款；构成犯罪的，依法追究刑事责任。

第六十六条　建筑施工企业转让、出借资质证书或者以其他方式允许他人以本企业的名义承揽工程的，责令改正，没收违法所得，并处罚款，可以责令停业整顿，降低资质等级；情节严重的，吊销资质证书。对因该项承揽工程不符合规定的质量标准造成的损失，建筑施工企业与使用本企业名义的单位或者个人承担连带赔偿责任。

第六十七条　承包单位将承包的工程转包的，或者违反本法规定进行分包的，责令改正，没收违法所得，并处罚款，可以责令停业整顿，降低资质等级；情节严重的，吊销资质证书。

承包单位有前款规定的违法行为的，对因转包工程或者违法分包的工程不符合规定的质量标准造成的损失，与接受转包或者分包的单位承担连带赔偿责任。

第六十八条 在工程发包与承包中索贿、受贿、行贿，构成犯罪的，依法追究刑事责任；不构成犯罪的，分别处以罚款，没收贿赂的财物，对直接负责的主管人员和其他直接责任人员给予处分。

对在工程承包中行贿的承包单位，除依照前款规定处罚外，可以责令停业整顿，降低资质等级或者吊销资质证书。

第六十九条 工程监理单位与建设单位或者建筑施工企业串通，弄虚作假、降低工程质量的，责令改正，处以罚款，降低资质等级或者吊销资质证书；有违法所得的，予以没收；造成损失的，承担连带赔偿责任；构成犯罪的，依法追究刑事责任。

工程监理单位转让监理业务的，责令改正，没收违法所得，可以责令停业整顿，降低资质等级；情节严重的，吊销资质证书。

第七十条 违反本法规定，涉及建筑主体或者承重结构变动的装修工程擅自施工的，责令改正，处以罚款；造成损失的，承担赔偿责任；构成犯罪的，依法追究刑事责任。

第七十一条 建筑施工企业违反本法规定，对建筑安全事故隐患不采取措施予以消除的，责令改正，可以处以罚款；情节严重的，责令停业整顿，降低资质等级或者吊销资质证书；构成犯罪的，依法追究刑事责任。

建筑施工企业的管理人员违章指挥、强令职工冒险作业，因而发生重大伤亡事故或者造成其他严重后果的，依法追究刑事责任。

第七十二条 建设单位违反本法规定，要求建筑设计单位或者建筑施工企业违反建筑工程质量、安全标准，降低工程质量的，责令改正，可以处以罚款；构成犯罪的，依法追究刑事责任。

第七十三条 建筑设计单位不按照建筑工程质量、安全标准进行设计的，责令改正，处以罚款；造成工程质量事故的，责令停业整顿，降低资质等级或者吊销资质证书，没收违法所得，并处罚款；造成损失的，承担赔偿责任；构成犯罪的，依法追究刑事责任。

第七十四条 建筑施工企业在施工中偷工减料的，使用不合格的建筑材料、建筑构配件和设备的，或者有其他不按照工程设计图纸或者施工技术标准施工的行为的，责令改正，处以罚款；情节严重的，责令停业整顿，降低资质等级或者吊销资质证书；造成建筑工程质量不符合规定的质量标准的，负责返工、修理，并赔偿因此造成的损失；构成犯罪的，依法追究刑事责任。

第七十五条　建筑施工企业违反本法规定，不履行保修义务或者拖延履行保修义务的，责令改正，可以处以罚款，并对在保修期内因屋顶、墙面渗漏、开裂等质量缺陷造成的损失，承担赔偿责任。

第七十六条　本法规定的责令停业整顿、降低资质等级和吊销资质证书的行政处罚，由颁发资质证书的机关决定；其他行政处罚，由建设行政主管部门或者有关部门依照法律和国务院规定的职权范围决定。

依照本法规定被吊销资质证书的，由工商行政管理部门吊销其营业执照。

第七十七条　违反本法规定，对不具备相应资质等级条件的单位颁发该等级资质证书的，由其上级机关责令收回所发的资质证书，对直接负责的主管人员和其他直接责任人员给予行政处分；构成犯罪的，依法追究刑事责任。

第七十八条　政府及其所属部门的工作人员违反本法规定，限定发包单位将招标发包的工程发包给指定的承包单位的，由上级机关责令改正；构成犯罪的，依法追究刑事责任。

第七十九条　负责颁发建筑工程施工许可证的部门及其工作人员对不符合施工条件的建筑工程颁发施工许可证的，负责工程质量监督检查或者竣工验收的部门及其工作人员对不合格的建筑工程出具质量合格文件或者按合格工程验收的，由上级机关责令改正，对责任人员给予行政处分；构成犯罪的，依法追究刑事责任；造成损失的，由该部门承担相应的赔偿责任。

第八十条　在建筑物的合理使用寿命内，因建筑工程质量不合格受到损害的，有权向责任者要求赔偿。

第八章　附　　则

第八十一条　本法关于施工许可、建筑施工企业资质审查和建筑工程发包、承包、禁止转包，以及建筑工程监理、建筑工程安全和质量管理的规定，适用于其他专业建筑工程的建筑活动，具体办法由国务院规定。

第八十二条　建设行政主管部门和其他有关部门在对建筑活动实施监督管理中，除按照国务院有关规定收取费用外，不得收取其他费用。

第八十三条　省、自治区、直辖市人民政府确定的小型房屋建筑工程的建筑活动，参照本法执行。

依法核定作为文物保护的纪念建筑物和古建筑等的修缮，依照文物保护的有关法律规定执行。

抢险救灾及其他临时性房屋建筑和农民自建低层住宅的建筑活动，不适用本法。

第八十四条 军用房屋建筑工程建筑活动的具体管理办法，由国务院、中央军事委员会依据本法制定。

第八十五条 本法自 1998 年 3 月 1 日起施行。

中华人民共和国公路法

（1997 年 7 月 3 日第八届全国人民代表大会常务委员会第二十六次会议通过　根据 1999 年 10 月 31 日第九届全国人民代表大会常务委员会第十二次会议《关于修改〈中华人民共和国公路法〉的决定》第一次修正　根据 2004 年 8 月 28 日第十届全国人民代表大会常务委员会第十一次会议《关于修改〈中华人民共和国公路法〉的决定》第二次修正　根据 2009 年 8 月 27 日第十一届全国人民代表大会常务委员会第十次会议《关于修改部分法律的决定》第三次修正　根据 2016 年 11 月 7 日第十二届全国人民代表大会常务委员会第二十四次会议《关于修改〈中华人民共和国对外贸易法〉等十二部法律的决定》第四次修正　根据 2017 年 11 月 4 日第十二届全国人民代表大会常务委员会第三十次会议《关于修改〈中华人民共和国会计法〉等十一部法律的决定》第五次修正）

目　　录

第一章 总 则

第一条 为了加强公路的建设和管理，促进公路事业的发展，适应社会主义现代化建设和人民生活的需要，制定本法。

第二条 在中华人民共和国境内从事公路的规划、建设、养护、经营、使用和管理，适用本法。

本法所称公路，包括公路桥梁、公路隧道和公路渡口。

第三条 公路的发展应当遵循全面规划、合理布局、确保质量、保障畅通、保护环境、建设改造与养护并重的原则。

第四条 各级人民政府应当采取有力措施，扶持、促进公路建设。公路建设应当纳入国民经济和社会发展计划。

国家鼓励、引导国内外经济组织依法投资建设、经营公路。

第五条 国家帮助和扶持少数民族地区、边远地区和贫困地区发展公路建设。

第六条 公路按其在公路路网中的地位分为国道、省道、县道和乡道，并按技术等级分为高速公路、一级公路、二级公路、三级公路和四级公路。具体划分标准由国务院交通主管部门规定。

新建公路应当符合技术等级的要求。原有不符合最低技术等级要求的等外公路，应当采取措施，逐步改造为符合技术等级要求的公路。

第七条 公路受国家保护，任何单位和个人不得破坏、损坏或者非法占用公路、公路用地及公路附属设施。

任何单位和个人都有爱护公路、公路用地及公路附属设施的义务，有权检举和控告破坏、损坏公路、公路用地、公路附属设施和影响公路安全的行为。

第八条 国务院交通主管部门主管全国公路工作。

县级以上地方人民政府交通主管部门主管本行政区域内的公路工作；但是，县级以上地方人民政府交通主管部门对国道、省道的管理、监督职责，由省、自治区、直辖市人民政府确定。

乡、民族乡、镇人民政府负责本行政区域内的乡道的建设和养护工作。

县级以上地方人民政府交通主管部门可以决定由公路管理机构依照本法规定行使公路行政管理职责。

第九条 禁止任何单位和个人在公路上非法设卡、收费、罚款和拦截车辆。

第十条 国家鼓励公路工作方面的科学技术研究，对在公路科学技术研究和应用方面作出显著成绩的单位和个人给予奖励。

第十一条 本法对专用公路有规定的，适用于专用公路。

专用公路是指由企业或者其他单位建设、养护、管理，专为或者主要为本企业或者本单位提供运输服务的道路。

第二章 公路规划

第十二条 公路规划应当根据国民经济和社会发展以及国防建设的需要编制，与城市建设发展规划和其他方式的交通运输发展规划相协调。

第十三条 公路建设用地规划应当符合土地利用总体规划，当年建设用地应当纳入年度建设用地计划。

第十四条 国道规划由国务院交通主管部门会同国务院有关部门并商国道沿线省、自治区、直辖市人民政府编制，报国务院批准。

省道规划由省、自治区、直辖市人民政府交通主管部门会同同级有关部门并商省道沿线下一级人民政府编制，报省、自治区、直辖市人民政府批准，并报国务院交通主管部门备案。

县道规划由县级人民政府交通主管部门会同同级有关部门编制，经本级人民政府审定后，报上一级人民政府批准。

乡道规划由县级人民政府交通主管部门协助乡、民族乡、镇人民政府编制，报县级人民政府批准。

依照第三款、第四款规定批准的县道、乡道规划，应当报批准机关的上一级人民政府交通主管部门备案。

省道规划应当与国道规划相协调。县道规划应当与省道规划相协调。乡道规划应当与县道规划相协调。

第十五条 专用公路规划由专用公路的主管单位编制，经其上级主管部门审定后，报县级以上人民政府交通主管部门审核。

专用公路规划应当与公路规划相协调。县级以上人民政府交通主管部门发现专用公路规划与国道、省道、县道、乡道规划有不协调的地方，应当提出修改意见，专用公路主管部门和单位应当作出相应的修改。

第十六条 国道规划的局部调整由原编制机关决定。国道规划需要作重大修改的，由原编制机关提出修改方案，报国务院批准。

经批准的省道、县道、乡道公路规划需要修改的，由原编制机关提出修改方案，报原批准机关批准。

第十七条 国道的命名和编号，由国务院交通主管部门确定；省道、县道、乡道的命名和编号，由省、自治区、直辖市人民政府交通主管部门按照国务院交通主管部门的有关规定确定。

第十八条 规划和新建村镇、开发区，应当与公路保持规定的距离并避免在公路两侧对应进行，防止造成公路街道化，影响公路的运行安全与畅通。

第十九条 国家鼓励专用公路用于社会公共运输。专用公路主要用于社会公共运输时，由专用公路的主管单位申请，或者由有关方面申请，专用公路的主管单位同意，并经省、自治区、直辖市人民政府交通主管部门批准，可以改划为省道、县道或者乡道。

第三章 公路建设

第二十条 县级以上人民政府交通主管部门应当依据职责维护公路建设秩序，加强对公路建设的监督管理。

第二十一条 筹集公路建设资金，除各级人民政府的财政拨款，包括依法征税筹集的公路建设专项资金转为的财政拨款外，可以依法向国内外金融机构或者外国政府贷款。

国家鼓励国内外经济组织对公路建设进行投资。开发、经营公路的公司可以依照法律、行政法规的规定发行股票、公司债券筹集资金。

依照本法规定出让公路收费权的收入必须用于公路建设。

向企业和个人集资建设公路，必须根据需要与可能，坚持自愿原则，不得强行摊派，并符合国务院的有关规定。

公路建设资金还可以采取符合法律或者国务院规定的其他方式筹集。

第二十二条 公路建设应当按照国家规定的基本建设程序和有关规定进行。

第二十三条 公路建设项目应当按照国家有关规定实行法人负责制度、招标投标制度和工程监理制度。

第二十四条 公路建设单位应当根据公路建设工程的特点和技术要求，选择具有相应资格的勘查设计单位、施工单位和工程监理单位，并依照有关法律、法规、规章的规定和公路工程技术标准的要求，分别签订合同，明确双方的权利义务。

承担公路建设项目的可行性研究单位、勘查设计单位、施工单位和工程监理单位，必须持有国家规定的资质证书。

第二十五条 公路建设项目的施工，须按国务院交通主管部门的规定报请县级以上地方人民政府交通主管部门批准。

第二十六条 公路建设必须符合公路工程技术标准。

承担公路建设项目的设计单位、施工单位和工程监理单位，应当按照国家有关规定建立健全质量保证体系，落实岗位责任制，并依照有关法律、法规、规章以及公路工程技术标准的要求和合同约定进行设计、施工和监理，保证公路工程质量。

第二十七条 公路建设使用土地依照有关法律、行政法规的规定办理。

公路建设应当贯彻切实保护耕地、节约用地的原则。

第二十八条 公路建设需要使用国有荒山、荒地或者需要在国有荒山、荒地、河滩、滩涂上挖砂、采石、取土的，依照有关法律、行政法规的规定办理后，任何单位和个人不得阻挠或者非法收取费用。

第二十九条 地方各级人民政府对公路建设依法使用土地和搬迁居民，应当给予支持和协助。

第三十条 公路建设项目的设计和施工，应当符合依法保护环境、保护文物古迹和防止水土流失的要求。

公路规划中贯彻国防要求的公路建设项目，应当严格按照规划进行建设，以保证国防交通的需要。

第三十一条 因建设公路影响铁路、水利、电力、邮电设施和其他设施正常使用时，公路建设单位应当事先征得有关部门的同意；因公路建设对有关设施造成损坏的，公路建设单位应当按照不低于该设施原有的技术标准予以修复，或者给予相应的经济补偿。

第三十二条 改建公路时，施工单位应当在施工路段两端设置明显的施工标志、安全标志。需要车辆绕行的，应当在绕行路口设置标志；不能绕行的，必须修建临时道路，保证车辆和行人通行。

第三十三条 公路建设项目和公路修复项目竣工后，应当按照国家有关规定进行验收；未经验收或者验收不合格的，不得交付使用。

建成的公路，应当按照国务院交通主管部门的规定设置明显的标志、标线。

第三十四条 县级以上地方人民政府应当确定公路两侧边沟（截水沟、坡脚护坡道，下同）外缘起不少于一米的公路用地。

第四章　公路养护

第三十五条　公路管理机构应当按照国务院交通主管部门规定的技术规范和操作规程对公路进行养护，保证公路经常处于良好的技术状态。

第三十六条　国家采用依法征税的办法筹集公路养护资金，具体实施办法和步骤由国务院规定。

依法征税筹集的公路养护资金，必须专项用于公路的养护和改建。

第三十七条　县、乡级人民政府对公路养护需要的挖砂、采石、取土以及取水，应当给予支持和协助。

第三十八条　县、乡级人民政府应当在农村义务工的范围内，按照国家有关规定组织公路两侧的农村居民履行为公路建设和养护提供劳务的义务。

第三十九条　为保障公路养护人员的人身安全，公路养护人员进行养护作业时，应当穿着统一的安全标志服；利用车辆进行养护作业时，应当在公路作业车辆上设置明显的作业标志。

公路养护车辆进行作业时，在不影响过往车辆通行的前提下，其行驶路线和方向不受公路标志、标线限制；过往车辆对公路养护车辆和人员应当注意避让。

公路养护工程施工影响车辆、行人通行时，施工单位应当依照本法第三十二条的规定办理。

第四十条　因严重自然灾害致使国道、省道交通中断，公路管理机构应当及时修复；公路管理机构难以及时修复时，县级以上地方人民政府应当及时组织当地机关、团体、企业事业单位、城乡居民进行抢修，并可以请求当地驻军支援，尽快恢复交通。

第四十一条　公路用地范围内的山坡、荒地，由公路管理机构负责水土保持。

第四十二条　公路绿化工作，由公路管理机构按照公路工程技术标准组织实施。

公路用地上的树木，不得任意砍伐；需要更新砍伐的，应当经县级以上地方人民政府交通主管部门同意后，依照《中华人民共和国森林法》的规定办理审批手续，并完成更新补种任务。

第五章　路政管理

第四十三条　各级地方人民政府应当采取措施，加强对公路的保护。

县级以上地方人民政府交通主管部门应当认真履行职责，依法做好公路保护工作，并努力采用科学的管理方法和先进的技术手段，提高公路管理水平，逐步完善公路服务设施，保障公路的完好、安全和畅通。

第四十四条 任何单位和个人不得擅自占用、挖掘公路。

因修建铁路、机场、电站、通信设施、水利工程和进行其他建设工程需要占用、挖掘公路或者使公路改线的，建设单位应当事先征得有关交通主管部门的同意；影响交通安全的，还须征得有关公安机关的同意。占用、挖掘公路或者使公路改线的，建设单位应当按照不低于该段公路原有的技术标准予以修复、改建或者给予相应的经济补偿。

第四十五条 跨越、穿越公路修建桥梁、渡槽或者架设、埋设管线等设施的，以及在公路用地范围内架设、埋设管线、电缆等设施的，应当事先经有关交通主管部门同意，影响交通安全的，还须征得有关公安机关的同意；所修建、架设或者埋设的设施应当符合公路工程技术标准的要求。对公路造成损坏的，应当按照损坏程度给予补偿。

第四十六条 任何单位和个人不得在公路上及公路用地范围内摆摊设点、堆放物品、倾倒垃圾、设置障碍、挖沟引水、利用公路边沟排放污物或者进行其他损坏、污染公路和影响公路畅通的活动。

第四十七条 在大中型公路桥梁和渡口周围二百米、公路隧道上方和洞口外一百米范围内，以及在公路两侧一定距离内，不得挖砂、采石、取土、倾倒废弃物，不得进行爆破作业及其他危及公路、公路桥梁、公路隧道、公路渡口安全的活动。

在前款范围内因抢险、防汛需要修筑堤坝、压缩或者拓宽河床的，应当事先报经省、自治区、直辖市人民政府交通主管部门会同水行政主管部门批准，并采取有效的保护有关的公路、公路桥梁、公路隧道、公路渡口安全的措施。

第四十八条 铁轮车、履带车和其他可能损害公路路面的机具，不得在公路上行驶。

农业机械因当地田间作业需要在公路上短距离行驶或者军用车辆执行任务需要在公路上行驶的，可以不受前款限制，但是应当采取安全保护措施。对公路造成损坏的，应当按照损坏程度给予补偿。

第四十九条 在公路上行驶的车辆的轴载质量应当符合公路工程技术标准要求。

第五十条　超过公路、公路桥梁、公路隧道或者汽车渡船的限载、限高、限宽、限长标准的车辆，不得在有限定标准的公路、公路桥梁上或者公路隧道内行驶，不得使用汽车渡船。超过公路或者公路桥梁限载标准确需行驶的，必须经县级以上地方人民政府交通主管部门批准，并按要求采取有效的防护措施；运载不可解体的超限物品的，应当按照指定的时间、路线、时速行驶，并悬挂明显标志。

运输单位不能按照前款规定采取防护措施的，由交通主管部门帮助其采取防护措施，所需费用由运输单位承担。

第五十一条　机动车制造厂和其他单位不得将公路作为检验机动车制动性能的试车场地。

第五十二条　任何单位和个人不得损坏、擅自移动、涂改公路附属设施。

前款公路附属设施，是指为保护、养护公路和保障公路安全畅通所设置的公路防护、排水、养护、管理、服务、交通安全、渡运、监控、通信、收费等设施、设备以及专用建筑物、构筑物等。

第五十三条　造成公路损坏的，责任者应当及时报告公路管理机构，并接受公路管理机构的现场调查。

第五十四条　任何单位和个人未经县级以上地方人民政府交通主管部门批准，不得在公路用地范围内设置公路标志以外的其他标志。

第五十五条　在公路上增设平面交叉道口，必须按照国家有关规定经过批准，并按照国家规定的技术标准建设。

第五十六条　除公路防护、养护需要的以外，禁止在公路两侧的建筑控制区内修建建筑物和地面构筑物；需要在建筑控制区内埋设管线、电缆等设施的，应当事先经县级以上地方人民政府交通主管部门批准。

前款规定的建筑控制区的范围，由县级以上地方人民政府按照保障公路运行安全和节约用地的原则，依照国务院的规定划定。

建筑控制区范围经县级以上地方人民政府依照前款规定划定后，由县级以上地方人民政府交通主管部门设置标桩、界桩。任何单位和个人不得损坏、擅自挪动该标桩、界桩。

第五十七条　除本法第四十七条第二款的规定外，本章规定由交通主管部门行使的路政管理职责，可以依照本法第八条第四款的规定，由公路管理机构行使。

第六章　收费公路

第五十八条　国家允许依法设立收费公路，同时对收费公路的数量进行控制。

除本法第五十九条规定可以收取车辆通行费的公路外，禁止任何公路收取车辆通行费。

第五十九条　符合国务院交通主管部门规定的技术等级和规模的下列公路，可以依法收取车辆通行费：

（一）由县级以上地方人民政府交通主管部门利用贷款或者向企业、个人集资建成的公路；

（二）由国内外经济组织依法受让前项收费公路收费权的公路；

（三）由国内外经济组织依法投资建成的公路。

第六十条　县级以上地方人民政府交通主管部门利用贷款或者集资建成的收费公路的收费期限，按照收费偿还贷款、集资款的原则，由省、自治区、直辖市人民政府依照国务院交通主管部门的规定确定。

有偿转让公路收费权的公路，收费权转让后，由受让方收费经营。收费权的转让期限由出让、受让双方约定，最长不得超过国务院规定的年限。

国内外经济组织投资建设公路，必须按照国家有关规定办理审批手续；公路建成后，由投资者收费经营。收费经营期限按照收回投资并有合理回报的原则，由有关交通主管部门与投资者约定并按照国家有关规定办理审批手续，但最长不得超过国务院规定的年限。

第六十一条　本法第五十九条第一款第一项规定的公路中的国道收费权的转让，应当在转让协议签订之日起三十个工作日内报国务院交通主管部门备案；国道以外的其他公路收费权的转让，应当在转让协议签订之日起三十个工作日内报省、自治区、直辖市人民政府备案。

前款规定的公路收费权出让的最低成交价，以国有资产评估机构评估的价值为依据确定。

第六十二条　受让公路收费权和投资建设公路的国内外经济组织应当依法成立开发、经营公路的企业（以下简称公路经营企业）。

第六十三条　收费公路车辆通行费的收费标准，由公路收费单位提出方案，报省、自治区、直辖市人民政府交通主管部门会同同级物价行政主管部门审查批准。

第六十四条　收费公路设置车辆通行费的收费站，应当报经省、自治区、直辖市人民政府审查批准。跨省、自治区、直辖市的收费公路设置车辆通行费的收费站，由有关省、自治区、直辖市人民政府协商确定；协商不成的，由国务院交通主管部门决定。同一收费公路由不同的交通主管部门组织建设或者由不同的公路经营企业经营的，应当按照“统一收费、按比例分成”的原则，统筹规划，合理设置收费站。

两个收费站之间的距离，不得小于国务院交通主管部门规定的标准。

第六十五条　有偿转让公路收费权的公路，转让收费权合同约定的期限届满，收费权由出让方收回。

由国内外经济组织依照本法规定投资建成并经营的收费公路，约定的经营期限届满，该公路由国家无偿收回，由有关交通主管部门管理。

第六十六条　依照本法第五十九条规定受让收费权或者由国内外经济组织投资建成经营的公路的养护工作，由各该公路经营企业负责。各该公路经营企业在经营期间应当按照国务院交通主管部门规定的技术规范和操作规程做好对公路的养护工作。在受让收费权的期限届满，或者经营期限届满时，公路应当处于良好的技术状态。

前款规定的公路的绿化和公路用地范围内的水土保持工作，由各该公路经营企业负责。

第一款规定的公路的路政管理，适用本法第五章的规定。该公路路政管理的职责由县级以上地方人民政府交通主管部门或者公路管理机构的派出机构、人员行使。

第六十七条　在收费公路上从事本法第四十四条第二款、第四十五条、第四十八条、第五十条所列活动的，除依照各该条的规定办理外，给公路经营企业造成损失的，应当给予相应的补偿。

第六十八条　收费公路的具体管理办法，由国务院依照本法制定。

第七章　监督检查

第六十九条　交通主管部门、公路管理机构依法对有关公路的法律、法规执行情况进行监督检查。

第七十条　交通主管部门、公路管理机构负有管理和保护公路的责任，有权检查、制止各种侵占、损坏公路、公路用地、公路附属设施及其他违反本法规定的行为。

第七十一条 公路监督检查人员依法在公路、建筑控制区、车辆停放场所、车辆所属单位等进行监督检查时，任何单位和个人不得阻挠。

公路经营者、使用者和其他有关单位、个人，应当接受公路监督检查人员依法实施的监督检查，并为其提供方便。

公路监督检查人员执行公务，应当佩戴标志，持证上岗。

第七十二条 交通主管部门、公路管理机构应当加强对所属公路监督检查人员的管理和教育，要求公路监督检查人员熟悉国家有关法律和规定，公正廉洁，热情服务，秉公执法，对公路监督检查人员的执法行为应当加强监督检查，对其违法行为应当及时纠正，依法处理。

第七十三条 用于公路监督检查的专用车辆，应当设置统一的标志和示警灯。

第八章 法律责任

第七十四条 违反法律或者国务院有关规定，擅自在公路上设卡、收费的，由交通主管部门责令停止违法行为，没收违法所得，可以处违法所得三倍以下的罚款，没有违法所得的，可以处二万元以下的罚款；对负有直接责任的主管人员和其他直接责任人员，依法给予行政处分。

第七十五条 违反本法第二十五条规定，未经有关交通主管部门批准擅自施工的，交通主管部门可以责令停止施工，并可以处五万元以下的罚款。

第七十六条 有下列违法行为之一的，由交通主管部门责令停止违法行为，可以处三万元以下的罚款：

（一）违反本法第四十四条第一款规定，擅自占用、挖掘公路的；

（二）违反本法第四十五条规定，未经同意或者未按照公路工程技术标准的要求修建桥梁、渡槽或者架设、埋设管线、电缆等设施的；

（三）违反本法第四十七条规定，从事危及公路安全的作业的；

（四）违反本法第四十八条规定，铁轮车、履带车和其他可能损害路面的机具擅自在公路上行驶的；

（五）违反本法第五十条规定，车辆超限使用汽车渡船或者在公路上擅自超限行驶的；

（六）违反本法第五十二条、第五十六条规定，损坏、移动、涂改公路附属设施或者损坏、挪动建筑控制区的标桩、界桩，可能危及公路安全的。

第七十七条 违反本法第四十六条的规定，造成公路路面损坏、污染或者影响公路畅通的，或者违反本法第五十一条规定，将公路作为试车场地的，由交通主管部门责令停止违法行为，可以处五千元以下的罚款。

第七十八条 违反本法第五十三条规定，造成公路损坏，未报告的，由交通主管部门处一千元以下的罚款。

第七十九条 违反本法第五十四条规定，在公路用地范围内设置公路标志以外的其他标志的，由交通主管部门责令限期拆除，可以处二万元以下的罚款；逾期不拆除的，由交通主管部门拆除，有关费用由设置者负担。

第八十条 违反本法第五十五条规定，未经批准在公路上增设平面交叉道口的，由交通主管部门责令恢复原状，处五万元以下的罚款。

第八十一条 违反本法第五十六条规定，在公路建筑控制区内修建建筑物、地面构筑物或者擅自埋设管线、电缆等设施的，由交通主管部门责令限期拆除，并可以处五万元以下的罚款。逾期不拆除的，由交通主管部门拆除，有关费用由建筑者、构筑者承担。

第八十二条 除本法第七十四条、第七十五条的规定外，本章规定由交通主管部门行使的行政处罚权和行政措施，可以依照本法第八条第四款的规定由公路管理机构行使。

第八十三条 阻碍公路建设或者公路抢修，致使公路建设或者抢修不能正常进行，尚未造成严重损失的，依照《中华人民共和国治安管理处罚法》的规定处罚。

损毁公路或者擅自移动公路标志，可能影响交通安全，尚不够刑事处罚的，适用《中华人民共和国道路交通安全法》第九十九条的处罚规定。

拒绝、阻碍公路监督检查人员依法执行职务未使用暴力、威胁方法的，依照《中华人民共和国治安管理处罚法》的规定处罚。

第八十四条 违反本法有关规定，构成犯罪的，依法追究刑事责任。

第八十五条 违反本法有关规定，对公路造成损害的，应当依法承担民事责任。

对公路造成较大损害的车辆，必须立即停车，保护现场，报告公路管理机构，接受公路管理机构的调查、处理后方得驶离。

第八十六条 交通主管部门、公路管理机构的工作人员玩忽职守、徇私舞弊、滥用职权，构成犯罪的，依法追究刑事责任；尚不构成犯罪的，依法给予行政处分。

第九章　附　　则

第八十七条　本法自1998年1月1日起施行。

中华人民共和国水法

（1988年1月21日第六届全国人民代表大会常务委员会第二十四次会议通过　2002年8月29日第九届全国人民代表大会常务委员会第二十九次会议修订　根据2009年8月27日第十一届全国人民代表大会常务委员会第十次会议《关于修改部分法律的决定》第一次修正　根据2016年7月2日第十二届全国人民代表大会常务委员会第二十一次会议《关于修改〈中华人民共和国节约能源法〉等六部法律的决定》第二次修正）

目　　录

第一章　总　　则

第一条　为了合理开发、利用、节约和保护水资源，防治水害，实现水资源的可持续利用，适应国民经济和社会发展的需要，制定本法。

第二条　在中华人民共和国领域内开发、利用、节约、保护、管理水资源，防治水害，适用本法。

本法所称水资源，包括地表水和地下水。

第三条　水资源属于国家所有。水资源的所有权由国务院代表国家行使。农村集体经济组织的水塘和由农村集体经济组织修建管理的水库中的水，归各该农村集体经济组织使用。

第四条　开发、利用、节约、保护水资源和防治水害，应当全面规划、统筹兼顾、标本兼治、综合利用、讲求效益，发挥水资源的多种功能，协调好生活、生产经营和生态环境用水。

第五条　县级以上人民政府应当加强水利基础设施建设，并将其纳入本级国民经济和社会发展计划。

第六条　国家鼓励单位和个人依法开发、利用水资源，并保护其合法权益。开发、利用水资源的单位和个人有依法保护水资源的义务。

第七条　国家对水资源依法实行取水许可制度和有偿使用制度。但是，农村集体经济组织及其成员使用本集体经济组织的水塘、水库中的水的除外。国务院水行政主管部门负责全国取水许可制度和水资源有偿使用制度的组织实施。

第八条　国家厉行节约用水，大力推行节约用水措施，推广节约用水新技术、新工艺，发展节水型工业、农业和服务业，建立节水型社会。

各级人民政府应当采取措施，加强对节约用水的管理，建立节约用水技术开发推广体系，培育和发展节约用水产业。

单位和个人有节约用水的义务。

第九条　国家保护水资源，采取有效措施，保护植被，植树种草，涵养水源，防治水土流失和水体污染，改善生态环境。

第十条　国家鼓励和支持开发、利用、节约、保护、管理水资源和防治水害的先进科学技术的研究、推广和应用。

第十一条　在开发、利用、节约、保护、管理水资源和防治水害等方面成绩显著的单位和个人，由人民政府给予奖励。

第十二条　国家对水资源实行流域管理与行政区域管理相结合的管理体制。

国务院水行政主管部门负责全国水资源的统一管理和监督工作。

国务院水行政主管部门在国家确定的重要江河、湖泊设立的流域管理机构（以下简称流域管理机构），在所管辖的范围内行使法律、行政法规规定的和国务院水行政主管部门授予的水资源管理和监督职责。

县级以上地方人民政府水行政主管部门按照规定的权限，负责本行政区域内水资源的统一管理和监督工作。

第十三条　国务院有关部门按照职责分工，负责水资源开发、利用、节约和保护的有关工作。

县级以上地方人民政府有关部门按照职责分工，负责本行政区域内水资源开发、利用、节约和保护的有关工作。

第二章　水资源规划

第十四条　国家制定全国水资源战略规划。

开发、利用、节约、保护水资源和防治水害，应当按照流域、区域统一制定规划。规划分为流域规划和区域规划。流域规划包括流域综合规划和流域专业规划；区域规划包括区域综合规划和区域专业规划。

前款所称综合规划，是指根据经济社会发展需要和水资源开发利用现状编制的开发、利用、节约、保护水资源和防治水害的总体部署。前款所称专业规划，是指防洪、治涝、灌溉、航运、供水、水力发电、竹木流放、渔业、水资源保护、水土保持、防沙治沙、节约用水等规划。

第十五条　流域范围内的区域规划应当服从流域规划，专业规划应当服从综合规划。

流域综合规划和区域综合规划以及与土地利用关系密切的专业规划，应当与国民经济和社会发展规划以及土地利用总体规划、城市总体规划和环境保护规划相协调，兼顾各地区、各行业的需要。

第十六条　制定规划，必须进行水资源综合科学考察和调查评价。水资源综合科学考察和调查评价，由县级以上人民政府水行政主管部门会同同级有关部门组织进行。

县级以上人民政府应当加强水文、水资源信息系统建设。县级以上人民政府水行政主管部门和流域管理机构应当加强对水资源的动态监测。

基本水文资料应当按照国家有关规定予以公开。

第十七条　国家确定的重要江河、湖泊的流域综合规划，由国务院水行政主管部门会同国务院有关部门和有关省、自治区、直辖市人民政府编制，报国务院批准。跨省、自治区、直辖市的其他江河、湖泊的流域综合规划和区域综合规划，由有关流域管理机构会同江河、湖泊所在地的省、自治区、直辖市人民政府水行政主管部门和有关部门编制，分别经有关省、自治区、直辖市人民政府审查提出意见后，报国务院水行政主管部门审核；国务院水行政主管部门征求国务院有关部门意见后，报国务院或者其授权的部门批准。

前款规定以外的其他江河、湖泊的流域综合规划和区域综合规划，由县级以上地方人民政府水行政主管部门会同同级有关部门和有关地方人民政府编制，报本级人民政府或者其授权的部门批准，并报上一级水行政主管部门备案。

专业规划由县级以上人民政府有关部门编制，征求同级其他有关部门意见后，报本级人民政府批准。其中，防洪规划、水土保持规划的编制、批准，依照防洪法、水土保持法的有关规定执行。

第十八条　规划一经批准，必须严格执行。

经批准的规划需要修改时，必须按照规划编制程序经原批准机关批准。

第十九条　建设水工程，必须符合流域综合规划。在国家确定的重要江河、湖泊和跨省、自治区、直辖市的江河、湖泊上建设水工程，未取得有关流域管理机构签署的符合流域综合规划要求的规划同意书的，建设单位不得开工建设；在其他江河、湖泊上建设水工程，未取得县级以上地方人民政府水行政主管部门按照管理权限签署的符合流域综合规划要求的规划同意书的，建设单位不得开工建设。水工程建设涉及防洪的，依照防洪法的有关规定执行；涉及其他地区和行业的，建设单位应当事先征求有关地区和部门的意见。

第三章　水资源开发利用

第二十条　开发、利用水资源，应当坚持兴利与除害相结合，兼顾上下游、左右岸和有关地区之间的利益，充分发挥水资源的综合效益，并服从防洪的总体安排。

第二十一条　开发、利用水资源，应当首先满足城乡居民生活用水，并兼顾农业、工业、生态环境用水以及航运等需要。

在干旱和半干旱地区开发、利用水资源，应当充分考虑生态环境用水需要。

第二十二条　跨流域调水，应当进行全面规划和科学论证，统筹兼顾调出和调入流域的用水需要，防止对生态环境造成破坏。

第二十三条　地方各级人民政府应当结合本地区水资源的实际情况，按照地表水与地下水统一调度开发、开源与节流相结合、节流优先和污水处理再利用的原则，合理组织开发、综合利用水资源。

国民经济和社会发展规划以及城市总体规划的编制、重大建设项目的布局，应当与当地水资源条件和防洪要求相适应，并进行科学论证；在水资源不足的地区，应当对城市规模和建设耗水量大的工业、农业和服务业项目加以限制。

第二十四条 在水资源短缺的地区，国家鼓励对雨水和微咸水的收集、开发、利用和对海水的利用、淡化。

第二十五条 地方各级人民政府应当加强对灌溉、排涝、水土保持工作的领导，促进农业生产发展；在容易发生盐碱化和渍害的地区，应当采取措施，控制和降低地下水的水位。

农村集体经济组织或者其成员依法在本集体经济组织所有的集体土地或者承包土地上投资兴建水工程设施的，按照谁投资建设谁管理和谁受益的原则，对水工程设施及其蓄水进行管理和合理使用。

农村集体经济组织修建水库应当经县级以上地方人民政府水行政主管部门批准。

第二十六条 国家鼓励开发、利用水能资源。在水能丰富的河流，应当有计划地进行多目标梯级开发。

建设水力发电站，应当保护生态环境，兼顾防洪、供水、灌溉、航运、竹木流放和渔业等方面的需要。

第二十七条 国家鼓励开发、利用水运资源。在水生生物洄游通道、通航或者竹木流放的河流上修建永久性拦河闸坝，建设单位应当同时修建过鱼、过船、过木设施，或者经国务院授权的部门批准采取其他补救措施，并妥善安排施工和蓄水期间的水生生物保护、航运和竹木流放，所需费用由建设单位承担。

在不通航的河流或者人工水道上修建闸坝后可以通航的，闸坝建设单位应当同时修建过船设施或者预留过船设施位置。

第二十八条 任何单位和个人引水、截（蓄）水、排水，不得损害公共利益和他人的合法权益。

第二十九条 国家对水工程建设移民实行开发性移民的方针，按照前期补偿、补助与后期扶持相结合的原则，妥善安排移民的生产和生活，保护移民的合法权益。

移民安置应当与工程建设同步进行。建设单位应当根据安置地区的环境容量和可持续发展的原则，因地制宜，编制移民安置规划，经依法批准后，由有关地方人民政府组织实施。所需移民经费列入工程建设投资计划。

第四章　水资源、水域和水工程的保护

第三十条 县级以上人民政府水行政主管部门、流域管理机构以及其他有关

部门在制定水资源开发、利用规划和调度水资源时，应当注意维持江河的合理流量和湖泊、水库以及地下水的合理水位，维护水体的自然净化能力。

第三十一条 从事水资源开发、利用、节约、保护和防治水害等水事活动，应当遵守经批准的规划；因违反规划造成江河和湖泊水域使用功能降低、地下水超采、地面沉降、水体污染的，应当承担治理责任。

开采矿藏或者建设地下工程，因疏干排水导致地下水水位下降、水源枯竭或者地面塌陷，采矿单位或者建设单位应当采取补救措施；对他人生活和生产造成损失的，依法给予补偿。

第三十二条 国务院水行政主管部门会同国务院环境保护行政主管部门、有关部门和有关省、自治区、直辖市人民政府，按照流域综合规划、水资源保护规划和经济社会发展要求，拟定国家确定的重要江河、湖泊的水功能区划，报国务院批准。跨省、自治区、直辖市的其他江河、湖泊的水功能区划，由有关流域管理机构会同江河、湖泊所在地的省、自治区、直辖市人民政府水行政主管部门、环境保护行政主管部门和其他有关部门拟定，分别经有关省、自治区、直辖市人民政府审查提出意见后，由国务院水行政主管部门会同国务院环境保护行政主管部门审核，报国务院或者其授权的部门批准。

前款规定以外的其他江河、湖泊的水功能区划，由县级以上地方人民政府水行政主管部门会同同级人民政府环境保护行政主管部门和有关部门拟定，报同级人民政府或者其授权的部门批准，并报上一级水行政主管部门和环境保护行政主管部门备案。

县级以上人民政府水行政主管部门或者流域管理机构应当按照水功能区对水质的要求和水体的自然净化能力，核定该水域的纳污能力，向环境保护行政主管部门提出该水域的限制排污总量意见。

县级以上地方人民政府水行政主管部门和流域管理机构应当对水功能区的水质状况进行监测，发现重点污染物排放总量超过控制指标的，或者水功能区的水质未达到水域使用功能对水质的要求的，应当及时报告有关人民政府采取治理措施，并向环境保护行政主管部门通报。

第三十三条 国家建立饮用水水源保护区制度。省、自治区、直辖市人民政府应当划定饮用水水源保护区，并采取措施，防止水源枯竭和水体污染，保证城乡居民饮用水安全。

第三十四条 禁止在饮用水水源保护区内设置排污口。

在江河、湖泊新建、改建或者扩大排污口，应当经过有管辖权的水行政主管部门或者流域管理机构同意，由环境保护行政主管部门负责对该建设项目的环境影响报告书进行审批。

第三十五条 从事工程建设，占用农业灌溉水源、灌排工程设施，或者对原有灌溉用水、供水水源有不利影响的，建设单位应当采取相应的补救措施；造成损失的，依法给予补偿。

第三十六条 在地下水超采地区，县级以上地方人民政府应当采取措施，严格控制开采地下水。在地下水严重超采地区，经省、自治区、直辖市人民政府批准，可以划定地下水禁止开采或者限制开采区。在沿海地区开采地下水，应当经过科学论证，并采取措施，防止地面沉降和海水入侵。

第三十七条 禁止在江河、湖泊、水库、运河、渠道内弃置、堆放阻碍行洪的物体和种植阻碍行洪的林木及高秆作物。

禁止在河道管理范围内建设妨碍行洪的建筑物、构筑物以及从事影响河势稳定、危害河岸堤防安全和其他妨碍河道行洪的活动。

第三十八条 在河道管理范围内建设桥梁、码头和其他拦河、跨河、临河建筑物、构筑物，铺设跨河管道、电缆，应当符合国家规定的防洪标准和其他有关的技术要求，工程建设方案应当依照防洪法的有关规定报经有关水行政主管部门审查同意。

因建设前款工程设施，需要扩建、改建、拆除或者损坏原有水工程设施的，建设单位应当负担扩建、改建的费用和损失补偿。但是，原有工程设施属于违法工程的除外。

第三十九条 国家实行河道采砂许可制度。河道采砂许可制度实施办法，由国务院规定。

在河道管理范围内采砂，影响河势稳定或者危及堤防安全的，有关县级以上人民政府水行政主管部门应当划定禁采区和规定禁采期，并予以公告。

第四十条 禁止围湖造地。已经围垦的，应当按照国家规定的防洪标准有计划地退地还湖。

禁止围垦河道。确需围垦的，应当经过科学论证，经省、自治区、直辖市人民政府水行政主管部门或者国务院水行政主管部门同意后，报本级人民政府批准。

第四十一条 单位和个人有保护水工程的义务，不得侵占、毁坏堤防、护岸、防汛、水文监测、水文地质监测等工程设施。

第四十二条 县级以上地方人民政府应当采取措施，保障本行政区域内水工程，特别是水坝和堤防的安全，限期消除险情。水行政主管部门应当加强对水工程安全的监督管理。

第四十三条 国家对水工程实施保护。国家所有的水工程应当按照国务院的规定划定工程管理和保护范围。

国务院水行政主管部门或者流域管理机构管理的水工程，由主管部门或者流域管理机构商有关省、自治区、直辖市人民政府划定工程管理和保护范围。

前款规定以外的其他水工程，应当按照省、自治区、直辖市人民政府的规定，划定工程保护范围和保护职责。

在水工程保护范围内，禁止从事影响水工程运行和危害水工程安全的爆破、打井、采石、取土等活动。

第五章 水资源配置和节约使用

第四十四条 国务院发展计划主管部门和国务院水行政主管部门负责全国水资源的宏观调配。全国的和跨省、自治区、直辖市的水中长期供求规划，由国务院水行政主管部门会同有关部门制订，经国务院发展计划主管部门审查批准后执行。地方的水中长期供求规划，由县级以上地方人民政府水行政主管部门会同同级有关部门依据上一级水中长期供求规划和本地区的实际情况制订，经本级人民政府发展计划主管部门审查批准后执行。

水中长期供求规划应当依据水的供求现状、国民经济和社会发展规划、流域规划、区域规划，按照水资源供需协调、综合平衡、保护生态、厉行节约、合理开源的原则制定。

第四十五条 调蓄径流和分配水量，应当依据流域规划和水中长期供求规划，以流域为单元制定水量分配方案。

跨省、自治区、直辖市的水量分配方案和旱情紧急情况下的水量调度预案，由流域管理机构商有关省、自治区、直辖市人民政府制订，报国务院或者其授权的部门批准后执行。其他跨行政区域的水量分配方案和旱情紧急情况下的水量调度预案，由共同的上一级人民政府水行政主管部门商有关地方人民政府制订，报本级人民政府批准后执行。

水量分配方案和旱情紧急情况下的水量调度预案经批准后，有关地方人民政府必须执行。

在不同行政区域之间的边界河流上建设水资源开发、利用项目，应当符合该流域经批准的水量分配方案，由有关县级以上地方人民政府报共同的上一级人民政府水行政主管部门或者有关流域管理机构批准。

第四十六条 县级以上地方人民政府水行政主管部门或者流域管理机构应当根据批准的水量分配方案和年度预测来水量，制定年度水量分配方案和调度计划，实施水量统一调度；有关地方人民政府必须服从。

国家确定的重要江河、湖泊的年度水量分配方案，应当纳入国家的国民经济和社会发展年度计划。

第四十七条 国家对用水实行总量控制和定额管理相结合的制度。

省、自治区、直辖市人民政府有关行业主管部门应当制订本行政区域内行业用水定额，报同级水行政主管部门和质量监督检验行政主管部门审核同意后，由省、自治区、直辖市人民政府公布，并报国务院水行政主管部门和国务院质量监督检验行政主管部门备案。

县级以上地方人民政府发展计划主管部门会同同级水行政主管部门，根据用水定额、经济技术条件以及水量分配方案确定的可供本行政区域使用的水量，制定年度用水计划，对本行政区域内的年度用水实行总量控制。

第四十八条 直接从江河、湖泊或者地下取用水资源的单位和个人，应当按照国家取水许可制度和水资源有偿使用制度的规定，向水行政主管部门或者流域管理机构申请领取取水许可证，并缴纳水资源费，取得取水权。但是，家庭生活和零星散养、圈养畜禽饮用等少量取水的除外。

实施取水许可制度和征收管理水资源费的具体办法，由国务院规定。

第四十九条 用水应当计量，并按照批准的用水计划用水。

用水实行计量收费和超定额累进加价制度。

第五十条 各级人民政府应当推行节水灌溉方式和节水技术，对农业蓄水、输水工程采取必要的防渗漏措施，提高农业用水效率。

第五十一条 工业用水应当采用先进技术、工艺和设备，增加循环用水次数，提高水的重复利用率。

国家逐步淘汰落后的、耗水量高的工艺、设备和产品，具体名录由国务院经济综合主管部门会同国务院水行政主管部门和有关部门制定并公布。生产者、销售者或者生产经营中的使用者应当在规定的时间内停止生产、销售或者使用列入名录的工艺、设备和产品。

第五十二条 城市人民政府应当因地制宜采取有效措施，推广节水型生活用水器具，降低城市供水管网漏失率，提高生活用水效率；加强城市污水集中处理，鼓励使用再生水，提高污水再生利用率。

第五十三条 新建、扩建、改建建设项目，应当制订节水措施方案，配套建设节水设施。节水设施应当与主体工程同时设计、同时施工、同时投产。

供水企业和自建供水设施的单位应当加强供水设施的维护管理，减少水的漏失。

第五十四条 各级人民政府应当积极采取措施，改善城乡居民的饮用水条件。

第五十五条 使用水工程供应的水，应当按照国家规定向供水单位缴纳水费。供水价格应当按照补偿成本、合理收益、优质优价、公平负担的原则确定。具体办法由省级以上人民政府价格主管部门会同同级水行政主管部门或者其他供水行政主管部门依据职权制定。

第六章 水事纠纷处理与执法监督检查

第五十六条 不同行政区域之间发生水事纠纷的，应当协商处理；协商不成的，由上一级人民政府裁决，有关各方必须遵照执行。在水事纠纷解决前，未经各方达成协议或者共同的上一级人民政府批准，在行政区域交界线两侧一定范围内，任何一方不得修建排水、阻水、取水和截（蓄）水工程，不得单方面改变水的现状。

第五十七条 单位之间、个人之间、单位与个人之间发生的水事纠纷，应当协商解决；当事人不愿协商或者协商不成的，可以申请县级以上地方人民政府或者其授权的部门调解，也可以直接向人民法院提起民事诉讼。县级以上地方人民政府或者其授权的部门调解不成的，当事人可以向人民法院提起民事诉讼。

在水事纠纷解决前，当事人不得单方面改变现状。

第五十八条 县级以上人民政府或者其授权的部门在处理水事纠纷时，有权采取临时处置措施，有关各方或者当事人必须服从。

第五十九条 县级以上人民政府水行政主管部门和流域管理机构应当对违反本法的行为加强监督检查并依法进行查处。

水政监督检查人员应当忠于职守，秉公执法。

第六十条 县级以上人民政府水行政主管部门、流域管理机构及其水政监督检查人员履行本法规定的监督检查职责时，有权采取下列措施：

（一）要求被检查单位提供有关文件、证照、资料；

（二）要求被检查单位就执行本法的有关问题作出说明；

（三）进入被检查单位的生产场所进行调查；

（四）责令被检查单位停止违反本法的行为，履行法定义务。

第六十一条 有关单位或者个人对水政监督检查人员的监督检查工作应当给予配合，不得拒绝或者阻碍水政监督检查人员依法执行职务。

第六十二条 水政监督检查人员在履行监督检查职责时，应当向被检查单位或者个人出示执法证件。

第六十三条 县级以上人民政府或者上级水行政主管部门发现本级或者下级水行政主管部门在监督检查工作中有违法或者失职行为的，应当责令其限期改正。

第七章 法律责任

第六十四条 水行政主管部门或者其他有关部门以及水工程管理单位及其工作人员，利用职务上的便利收取他人财物、其他好处或者玩忽职守，对不符合法定条 件的单位或者个人核发许可证、签署审查同意意见，不按照水量分配方案分配水量，不按照国家有关规定收取水资源费，不履行监督职责，或者发现违法行为不予查处，造成严重后果，构成犯罪的，对负有责任的主管人员和其他直接责任人员依照刑法的有关规定追究刑事责任；尚不够刑事处罚的，依法给予行政处分。

第六十五条 在河道管理范围内建设妨碍行洪的建筑物、构筑物，或者从事影响河势稳定、危害河岸堤防安全和其他妨碍河道行洪的活动的，由县级以上人民政府水行政主管部门或者流域管理机构依据职权，责令停止违法行为，限期拆除违法建筑物、构筑物，恢复原状；逾期不拆除、不恢复原状的，强行拆除，所需费用由违法单位或者个人负担，并处一万元以上十万元以下的罚款。

未经水行政主管部门或者流域管理机构同意，擅自修建水工程，或者建设桥梁、码头和其他拦河、跨河、临河建筑物、构筑物，铺设跨河管道、电缆，且防洪法未作规定的，由县级以上人民政府水行政主管部门或者流域管理机构依据职权，责令停止违法行为，限期补办有关手续；逾期不补办或者补办未被批准的，责令限期拆除违法建筑物、构筑物；逾期不拆除的，强行拆除，所需费用由违法单位或者个人负担，并处一万元以上十万元以下的罚款。

虽经水行政主管部门或者流域管理机构同意，但未按照要求修建前款所列工程设施的，由县级以上人民政府水行政主管部门或者流域管理机构依据职权，责令限期改正，按照情节轻重，处一万元以上十万元以下的罚款。

第六十六条　有下列行为之一，且防洪法未作规定的，由县级以上人民政府水行政主管部门或者流域管理机构依据职权，责令停止违法行为，限期清除障碍或者采取其他补救措施，处一万元以上五万元以下的罚款：

（一）在江河、湖泊、水库、运河、渠道内弃置、堆放阻碍行洪的物体和种植阻碍行洪的林木及高秆作物的；

（二）围湖造地或者未经批准围垦河道的。

第六十七条　在饮用水水源保护区内设置排污口的，由县级以上地方人民政府责令限期拆除、恢复原状；逾期不拆除、不恢复原状的，强行拆除、恢复原状，并处五万元以上十万元以下的罚款。

未经水行政主管部门或者流域管理机构审查同意，擅自在江河、湖泊新建、改建或者扩大排污口的，由县级以上人民政府水行政主管部门或者流域管理机构依据职权，责令停止违法行为，限期恢复原状，处五万元以上十万元以下的罚款。

第六十八条　生产、销售或者在生产经营中使用国家明令淘汰的落后的、耗水量高的工艺、设备和产品的，由县级以上地方人民政府经济综合主管部门责令停止生产、销售或者使用，处二万元以上十万元以下的罚款。

第六十九条　有下列行为之一的，由县级以上人民政府水行政主管部门或者流域管理机构依据职权，责令停止违法行为，限期采取补救措施，处二万元以上十万元以下的罚款；情节严重的，吊销其取水许可证：

（一）未经批准擅自取水的；

（二）未依照批准的取水许可规定条件取水的。

第七十条　拒不缴纳、拖延缴纳或者拖欠水资源费的，由县级以上人民政府水行政主管部门或者流域管理机构依据职权，责令限期缴纳；逾期不缴纳的，从滞纳之日起按日加收滞纳部分千分之二的滞纳金，并处应缴或者补缴水资源费一倍以上五倍以下的罚款。

第七十一条　建设项目的节水设施没有建成或者没有达到国家规定的要求，擅自投入使用的，由县级以上人民政府有关部门或者流域管理机构依据职权，责令停止使用，限期改正，处五万元以上十万元以下的罚款。

第七十二条　有下列行为之一，构成犯罪的，依照刑法的有关规定追究刑事责任；尚不够刑事处罚，且防洪法未作规定的，由县级以上地方人民政府水行政主管部门或者流域管理机构依据职权，责令停止违法行为，采取补救措施，处一万元以上五万元以下的罚款；违反治安管理处罚法的，由公安机关依法给予治安管理处罚；给他人造成损失的，依法承担赔偿责任：

（一）侵占、毁坏水工程及堤防、护岸等有关设施，毁坏防汛、水文监测、水文地质监测设施的；

（二）在水工程保护范围内，从事影响水工程运行和危害水工程安全的爆破、打井、采石、取土等活动的。

第七十三条 侵占、盗窃或者抢夺防汛物资，防洪排涝、农田水利、水文监测和测量以及其他水工程设备和器材，贪污或者挪用国家救灾、抢险、防汛、移民安置和补偿及其他水利建设款物，构成犯罪的，依照刑法的有关规定追究刑事责任。

第七十四条 在水事纠纷发生及其处理过程中煽动闹事、结伙斗殴、抢夺或者损坏公私财物、非法限制他人人身自由，构成犯罪的，依照刑法的有关规定追究刑事责任；尚不够刑事处罚的，由公安机关依法给予治安管理处罚。

第七十五条 不同行政区域之间发生水事纠纷，有下列行为之一的，对负有责任的主管人员和其他直接责任人员依法给予行政处分：

（一）拒不执行水量分配方案和水量调度预案的；

（二）拒不服从水量统一调度的；

（三）拒不执行上一级人民政府的裁决的；

（四）在水事纠纷解决前，未经各方达成协议或者上一级人民政府批准，单方面违反本法规定改变水的现状的。

第七十六条 引水、截（蓄）水、排水，损害公共利益或者他人合法权益的，依法承担民事责任。

第七十七条 对违反本法第三十九条有关河道采砂许可制度规定的行政处罚，由国务院规定。

第八章 附 则

第七十八条 中华人民共和国缔结或者参加的与国际或者国境边界河流、湖泊有关的国际条约、协定与中华人民共和国法律有不同规定的，适用国际条约、协定的规定。但是，中华人民共和国声明保留的条款除外。

第七十九条 本法所称水工程，是指在江河、湖泊和地下水源上开发、利用、控制、调配和保护水资源的各类工程。

第八十条 海水的开发、利用、保护和管理，依照有关法律的规定执行。

第八十一条 从事防洪活动，依照防洪法的规定执行。

水污染防治，依照水污染防治法的规定执行。

第八十二条 本法自2002年10月1日起施行。

中华人民共和国港口法（摘录）

（2003年6月28日第十届全国人民代表大会常务委员会第三次会议通过 根据2015年4月24日第十二届全国人民代表大会常务委员会第十四次会议《关于修改〈中华人民共和国港口法〉等七部法律的决定》第一次修正 根据2017年11月4日第十二届全国人民代表大会常务委员会第三十次会议《关于修改〈中华人民共和国会计法〉等十一部法律的决定》第二次修正 根据2018年12月29日第十三届全国人民代表大会常务委员会第七次会议《关于修改〈中华人民共和国电力法〉等四部法律的决定》第三次修正）

目 录

第一章 总 则

第一条 为了加强港口管理，维护港口的安全与经营秩序，保护当事人的合法权益，促进港口的建设与发展，制定本法。

第二条 从事港口规划、建设、维护、经营、管理及其相关活动，适用本法。

第三条 本法所称港口，是指具有船舶进出、停泊、靠泊，旅客上下，货物装卸、驳运、储存等功能，具有相应的码头设施，由一定范围的水域和陆域组成的区域。

港口可以由一个或者多个港区组成。

第四条 国务院和有关县级以上地方人民政府应当在国民经济和社会发展计划中体现港口的发展和规划要求，并依法保护和合理利用港口资源。

第五条 国家鼓励国内外经济组织和个人依法投资建设、经营港口，保护投资者的合法权益。

第六条 国务院交通主管部门主管全国的港口工作。

地方人民政府对本行政区域内港口的管理，按照国务院关于港口管理体制的规定确定。

依照前款确定的港口管理体制，由港口所在地的市、县人民政府管理的港口，由市、县人民政府确定一个部门具体实施对港口的行政管理；由省、自治区、直辖市人民政府管理的港口，由省、自治区、直辖市人民政府确定一个部门具体实施对港口的行政管理。

依照前款确定的对港口具体实施行政管理的部门，以下统称港口行政管理部门。

第二章 港口规划与建设

第七条 港口规划应当根据国民经济和社会发展的要求以及国防建设的需要编制，体现合理利用岸线资源的原则，符合城镇体系规划，并与土地利用总体规划、城市总体规划、江河流域规划、防洪规划、海洋功能区划、水路运输发展规划和其他运输方式发展规划以及法律、行政法规规定的其他有关规划相衔接、协调。

编制港口规划应当组织专家论证，并依法进行环境影响评价。

第八条 港口规划包括港口布局规划和港口总体规划。

港口布局规划，是指港口的分布规划，包括全国港口布局规划和省、自治区、直辖市港口布局规划。

港口总体规划，是指一个港口在一定时期的具体规划，包括港口的水域和陆域范围、港区划分、吞吐量和到港船型、港口的性质和功能、水域和陆域使用、港口设施建设岸线使用、建设用地配置以及分期建设序列等内容。

港口总体规划应当符合港口布局规划。

第九条 全国港口布局规划，由国务院交通主管部门征求国务院有关部门和有关军事机关的意见编制，报国务院批准后公布实施。

省、自治区、直辖市港口布局规划，由省、自治区、直辖市人民政府根据全国港口布局规划组织编制，并送国务院交通主管部门征求意见。国务院交通主管部门自收到征求意见的材料之日起满三十日未提出修改意见的，该港口布局规划由有关省、自治区、直辖市人民政府公布实施；国务院交通主管部门认为不符合全国港口布局规划的，应当自收到征求意见的材料之日起三十日内提出修改意见；有关省、自治区、直辖市人民政府对修改意见有异议的，报国务院决定。

第十条　港口总体规划由港口行政管理部门征求有关部门和有关军事机关的意见编制。

第十一条　地理位置重要、吞吐量较大、对经济发展影响较广的主要港口的总体规划，由国务院交通主管部门征求国务院有关部门和有关军事机关的意见后，会同有关省、自治区、直辖市人民政府批准，并公布实施。主要港口名录由国务院交通主管部门征求国务院有关部门意见后确定并公布。

省、自治区、直辖市人民政府征求国务院交通主管部门的意见后确定本地区的重要港口。重要港口的总体规划由省、自治区、直辖市人民政府征求国务院交通主管部门意见后批准，公布实施。

前两款规定以外的港口的总体规划，由港口所在地的市、县人民政府批准后公布实施，并报省、自治区、直辖市人民政府备案。

市、县人民政府港口行政管理部门编制的属于本条第一款、第二款规定范围的港口的总体规划，在报送审批前应当经本级人民政府审核同意。

第十二条　港口规划的修改，按照港口规划制定程序办理。

第十三条　在港口总体规划区内建设港口设施，使用港口深水岸线的，由国务院交通主管部门会同国务院经济综合宏观调控部门批准；建设港口设施，使用非深水岸线的，由港口行政管理部门批准。但是，由国务院或者国务院经济综合宏观调控部门批准建设的项目使用港口岸线，不再另行办理使用港口岸线的审批手续。

港口深水岸线的标准由国务院交通主管部门制定。

第十四条　港口建设应当符合港口规划。不得违反港口规划建设任何港口设施。

第十五条　按照国家规定须经有关机关批准的港口建设项目，应当按照国家有关规定办理审批手续，并符合国家有关标准和技术规范。

建设港口工程项目，应当依法进行环境影响评价。

港口建设项目的安全设施和环境保护设施，必须与主体工程同时设计、同时施工、同时投入使用。

第十六条 港口建设使用土地和水域，应当依照有关土地管理、海域使用管理、河道管理、航道管理、军事设施保护管理的法律、行政法规以及其他有关法律、行政法规的规定办理。

第十七条 港口的危险货物作业场所、实施卫生除害处理的专用场所，应当符合港口总体规划和国家有关安全生产、消防、检验检疫和环境保护的要求，其与人口密集区和港口客运设施的距离应当符合国务院有关部门的规定；经依法办理有关手续后，方可建设。

第十八条 航标设施以及其他辅助性设施，应当与港口同步建设，并保证按期投入使用。

港口内有关行政管理机构办公设施的建设应当符合港口总体规划，建设费用不得向港口经营人摊派。

第十九条 港口设施建设项目竣工后，应当按照国家有关规定经验收合格，方可投入使用。

港口设施的所有权，依照有关法律规定确定。

第二十条 县级以上有关人民政府应当保证必要的资金投入，用于港口公用的航道、防波堤、锚地等基础设施的建设和维护。具体办法由国务院规定。

第二十一条 县级以上有关人民政府应当采取措施，组织建设与港口相配套的航道、铁路、公路、给排水、供电、通信等设施。

第五章 法律责任

第四十五条 港口经营人、港口理货业务经营人有本法规定的违法行为的，依照有关法律、行政法规的规定纳入信用记录，并予以公示。

第四十六条 有下列行为之一的，由县级以上地方人民政府或者港口行政管理部门责令限期改正；逾期不改正的，由作出限期改正决定的机关申请人民法院强制拆除违法建设的设施；可以处五万元以下罚款：

（一）违反港口规划建设港口、码头或者其他港口设施的；

（二）未经依法批准，建设港口设施使用港口岸线的。

建设项目的审批部门对违反港口规划的建设项目予以批准的，对其直接负责的主管人员和其他直接责任人员，依法给予行政处分。

第四十七条　在港口建设的危险货物作业场所、实施卫生除害处理的专用场所与人口密集区或者港口客运设施的距离不符合国务院有关部门的规定的，由港口行政管理部门责令停止建设或者使用，限期改正，可以处五万元以下罚款。

第四十八条　码头或者港口装卸设施、客运设施未经验收合格，擅自投入使用的，由港口行政管理部门责令停止使用，限期改正，可以处五万元以下罚款。

第四十九条　未依法取得港口经营许可证从事港口经营，或者港口理货业务经营人兼营货物装卸经营业务、仓储经营业务的，由港口行政管理部门责令停止违法经营，没收违法所得；违法所得十万元以上的，并处违法所得二倍以上五倍以下罚款；违法所得不足十万元的，处五万元以上二十万元以下罚款。

第五十条　港口经营人不优先安排抢险物资、救灾物资、国防建设急需物资的作业的，由港口行政管理部门责令改正；造成严重后果的，吊销港口经营许可证。

第五十一条　港口经营人违反有关法律、行政法规的规定，在经营活动中实施垄断行为或者不正当竞争行为的，依照有关法律、行政法规的规定承担法律责任。

第五十二条　港口经营人违反本法第三十二条关于安全生产的规定的，由港口行政管理部门或者其他依法负有安全生产监督管理职责的部门依法给予处罚；情节严重的，由港口行政管理部门吊销港口经营许可证，并对其主要负责人依法给予处分；构成犯罪的，依法追究刑事责任。

第五十三条　船舶进出港口，未依照本法第三十四条的规定向海事管理机构报告的，由海事管理机构依照有关水上交通安全的法律、行政法规的规定处罚。

第五十四条　未依法向港口行政管理部门报告并经其同意，在港口内进行危险货物的装卸、过驳作业的，由港口行政管理部门责令停止作业，处五千元以上五万元以下罚款。

第五十五条　在港口水域内从事养殖、种植活动的，由海事管理机构责令限期改正；逾期不改正的，强制拆除养殖、种植设施，拆除费用由违法行为人承担；可以处一万元以下罚款。

第五十六条　未经依法批准在港口进行可能危及港口安全的采掘、爆破等活动的，向港口水域倾倒泥土、砂石的，由港口行政管理部门责令停止违法行为，限期消除因此造成的安全隐患；逾期不消除的，强制消除，因此发生的费用由违法行为人承担；处五千元以上五万元以下罚款；依照有关水上交通安全的法律、行政法规的规定由海事管理机构处罚的，依照其规定；构成犯罪的，依法追究刑事责任。

第五十七条 交通主管部门、港口行政管理部门、海事管理机构等不依法履行职责，有下列行为之一的，对直接负责的主管人员和其他直接责任人员依法给予行政处分；构成犯罪的，依法追究刑事责任：

（一）违法批准建设港口设施使用港口岸线，或者违法批准船舶载运危险货物进出港口、违法批准在港口内进行危险货物的装卸、过驳作业的；

（二）对不符合法定条件的申请人给予港口经营许可的；

（三）发现取得经营许可的港口经营人不再具备法定许可条件而不及时吊销许可证的；

（四）不依法履行监督检查职责，对违反港口规划建设港口、码头或者其他港口设施的行为，未经依法许可从事港口经营业务的行为，不遵守安全生产管理规定的行为，危及港口作业安全的行为，以及其他违反本法规定的行为，不依法予以查处的。

第五十八条 行政机关违法干预港口经营人的经营自主权的，由其上级行政机关或者监察机关责令改正；向港口经营人摊派财物或者违法收取费用的，责令退回；情节严重的，对直接负责的主管人员和其他直接责任人员依法给予行政处分。

中华人民共和国航道法（摘录）

（2014年12月28日第十二届全国人民代表大会常务委员会第十二次会议通过 根据2016年7月2日第十二届全国人民代表大会常务委员会第二十一次会议《关于修改〈中华人民共和国节约能源法〉等六部法律的决定》修正）

目　　录

第一章 总 则

第一条 为了规范和加强航道的规划、建设、养护、保护，保障航道畅通和通航安全，促进水路运输发展，制定本法。

第二条 本法所称航道，是指中华人民共和国领域内的江河、湖泊等内陆水域中可以供船舶通航的通道，以及内海、领海中经建设、养护可以供船舶通航的通道。航道包括通航建筑物、航道整治建筑物和航标等航道设施。

第三条 规划、建设、养护、保护航道，应当根据经济社会发展和国防建设的需要，遵循综合利用和保护水资源、保护生态环境的原则，服从综合交通运输体系建设和防洪总体安排，统筹兼顾供水、灌溉、发电、渔业等需求，发挥水资源的综合效益。

第四条 国务院和有关县级以上地方人民政府应当加强对航道工作的领导，组织、协调、督促有关部门采取措施，保持和改善航道通航条件，保护航道安全，维护航道网络完整和畅通。

国务院和有关县级以上地方人民政府应当根据经济社会发展水平和航道建设、养护的需要，在财政预算中合理安排航道建设和养护资金。

第五条 国务院交通运输主管部门主管全国航道管理工作，并按照国务院的规定直接管理跨省、自治区、直辖市的重要干线航道和国际、国境河流航道等重要航道。

县级以上地方人民政府交通运输主管部门按照省、自治区、直辖市人民政府的规定主管所辖航道的管理工作。

国务院交通运输主管部门按照国务院规定设置的负责航道管理的机构和县级以上地方人民政府负责航道管理的部门或者机构（以下统称负责航道管理的部门），承担本法规定的航道管理工作。

第二章 航道规划

第六条 航道规划分为全国航道规划、流域航道规划、区域航道规划和省、自治区、直辖市航道规划。

航道规划应当包括航道的功能定位、规划目标、发展规划技术等级、规划实施步骤以及保障措施等内容。

航道规划应当符合依法制定的流域、区域综合规划，符合水资源规划、防洪规划和海洋功能区划，并与涉及水资源综合利用的相关专业规划以及依法制定的城乡规划、环境保护规划等其他相关规划和军事设施保护区划相协调。

第七条 航道应当划分技术等级。航道技术等级包括现状技术等级和发展规划技术等级。航道发展规划技术等级根据相关自然条件以及防洪、供水、水资源保护、生态环境保护要求和航运发展需求等因素评定。

第八条 全国航道规划由国务院交通运输主管部门会同国务院发展改革部门、国务院水行政主管部门等部门编制，报国务院批准公布。流域航道规划、区域航道规划由国务院交通运输主管部门编制并公布。

省、自治区、直辖市航道规划由省、自治区、直辖市人民政府交通运输主管部门会同同级发展改革部门、水行政主管部门等部门编制，报省、自治区、直辖市人民政府会同国务院交通运输主管部门批准公布。

编制航道规划应当征求有关部门和有关军事机关的意见，并依法进行环境影响评价。涉及海域、重要渔业水域的，应当有同级海洋主管部门、渔业行政主管部门参加。编制全国航道规划和流域航道规划、区域航道规划应当征求相关省、自治区、直辖市人民政府的意见。

流域航道规划、区域航道规划和省、自治区、直辖市航道规划应当符合全国航道规划。

第九条 依法制定并公布的航道规划应当依照执行；航道规划确需修改的，依照规划编制程序办理。

第三章 航道建设

第十条 新建航道以及为改善航道通航条件而进行的航道工程建设，应当遵守法律、行政法规关于建设工程质量管理、安全管理和生态环境保护的规定，符合航道规划，执行有关的国家标准、行业标准和技术规范，依法办理相关手续。

第十一条 航道建设单位应当根据航道建设工程的技术要求，依法通过招标等方式选择具有相应资质的勘察、设计、施工和监理单位进行工程建设，对工程质量和安全进行监督检查，并对工程质量和安全负责。

从事航道工程建设的勘察、设计、施工和监理单位，应当依照法律、行政法规的规定取得相应的资质，并在其资质等级许可的范围内从事航道工程建设活动，依法对勘察、设计、施工、监理的质量和安全负责。

第十二条 有关县级以上人民政府交通运输主管部门应当加强对航道建设工

程质量和安全的监督检查，保障航道建设工程的质量和安全。

第十三条 航道建设工程竣工后，应当按照国家有关规定组织竣工验收，经验收合格方可正式投入使用。

航道建设单位应当自航道建设工程竣工验收合格之日起六十日内，将竣工测量图报送负责航道管理的部门。沿海航道的竣工测量图还应当报送海军航海保证部门。

第十四条 进行航道工程建设应当维护河势稳定，符合防洪要求，不得危及依法建设的其他工程或者设施的安全。因航道工程建设损坏依法建设的其他工程或者设施的，航道建设单位应当予以修复或者依法赔偿。

第六章 法律责任

第三十八条 航道建设、勘察、设计、施工、监理单位在航道建设活动中违反本法规定的，由县级以上人民政府交通运输主管部门依照有关招标投标和工程建设管理的法律、行政法规的规定处罚。

第三十九条 建设单位未依法报送航道通航条件影响评价材料而开工建设的，由有审核权的交通运输主管部门或者航道管理机构责令停止建设，限期补办手续，处三万元以下的罚款；逾期不补办手续继续建设的，由有审核权的交通运输主管部门或者航道管理机构责令恢复原状，处二十万元以上五十万元以下的罚款。

报送的航道通航条件影响评价材料未通过审核，建设单位开工建设的，由有审核权的交通运输主管部门或者航道管理机构责令停止建设、恢复原状，处二十万元以上五十万元以下的罚款。

违反航道通航条件影响评价的规定建成的项目导致航道通航条件严重下降的，由前两款规定的交通运输主管部门或者航道管理机构责令限期采取补救措施或者拆除；逾期未采取补救措施或者拆除的，由交通运输主管部门或者航道管理机构代为采取补救措施或者依法组织拆除，所需费用由建设单位承担。

第四十条 与航道有关的工程的建设单位违反本法规定，未及时清除影响航道通航条件的临时设施及其残留物的，由负责航道管理的部门责令限期清除，处二万元以下的罚款；逾期仍未清除的，处三万元以上二十万元以下的罚款，并由负责航道管理的部门依法组织清除，所需费用由建设单位承担。

第四十一条 在通航水域上建设桥梁等建筑物，建设单位未按照规定设置航标等设施的，由负责航道管理的部门或者海事管理机构责令改正，处五万元以下罚款。

第四十二条 违反本法规定，有下列行为之一的，由负责航道管理的部门责令改正，对单位处五万元以下罚款，对个人处二千元以下罚款；造成损失的，依法承担赔偿责任：

（一）在航道内设置渔具或者水产养殖设施的；

（二）在航道和航道保护范围内倾倒砂石、泥土、垃圾以及其他废弃物的；

（三）在通航建筑物及其引航道和船舶调度区内从事货物装卸、水上加油、船舶维修、捕鱼等，影响通航建筑物正常运行的；

（四）危害航道设施安全的；

（五）其他危害航道通航安全的行为。

第四十三条　在河道内依法划定的砂石禁采区采砂、无证采砂、未按批准的范围和作业方式采砂等非法采砂的，依照有关法律、行政法规的规定处罚。

违反本法规定，在航道和航道保护范围内采砂，损害航道通航条件的，由负责航道管理的部门责令停止违法行为，没收违法所得，可以扣押或者没收非法采砂船舶，并处五万元以上三十万元以下罚款；造成损失的，依法承担赔偿责任。

第四十四条　违反法律规定，污染环境、破坏生态或者有其他环境违法行为的，依照《中华人民共和国环境保护法》等法律的规定处罚。

第四十五条　交通运输主管部门以及其他有关部门不依法履行本法规定的职责的，对直接负责的主管人员和其他直接责任人员依法给予处分。

负责航道管理的机构不依法履行本法规定的职责的，由其上级主管部门责令改正，对直接负责的主管人员和其他直接责任人员依法给予处分。

第四十六条　违反本法规定，构成违反治安管理行为的，依法给予治安管理处罚；构成犯罪的，依法追究刑事责任。

中华人民共和国行政强制法（摘录）

（2011年6月30日第十一届全国人民代表大会常务委员会第二十一次会议通过）

目　　录

第一章 总 则

第一条 为了规范行政强制的设定和实施，保障和监督行政机关依法履行职责，维护公共利益和社会秩序，保护公民、法人和其他组织的合法权益，根据宪法，制定本法。

第二条 本法所称行政强制，包括行政强制措施和行政强制执行。

行政强制措施，是指行政机关在行政管理过程中，为制止违法行为、防止证据损毁、避免危害发生、控制危险扩大等情形，依法对公民的人身自由实施暂时性限制，或者对公民、法人或者其他组织的财物实施暂时性控制的行为。

行政强制执行，是指行政机关或者行政机关申请人民法院，对不履行行政决定的公民、法人或者其他组织，依法强制履行义务的行为。

第三条 行政强制的设定和实施，适用本法。

发生或者即将发生自然灾害、事故灾难、公共卫生事件或者社会安全事件等突发事件，行政机关采取应急措施或者临时措施，依照有关法律、行政法规的规定执行。

行政机关采取金融业审慎监管措施、进出境货物强制性技术监控措施，依照有关法律、行政法规的规定执行。

第四条 行政强制的设定和实施，应当依照法定的权限、范围、条件和程序。

第五条 行政强制的设定和实施，应当适当。采用非强制手段可以达到行政管理目的的，不得设定和实施行政强制。

第六条 实施行政强制，应当坚持教育与强制相结合。

第七条 行政机关及其工作人员不得利用行政强制权为单位或者个人谋取利益。

第八条 公民、法人或者其他组织对行政机关实施行政强制，享有陈述权、申辩权；有权依法申请行政复议或者提起行政诉讼；因行政机关违法实施行政强制受到损害的，有权依法要求赔偿。

公民、法人或者其他组织因人民法院在强制执行中有违法行为或者扩大强制执行范围受到损害的，有权依法要求赔偿。

第二章 行政强制的种类和设定

第九条 行政强制措施的种类：

（一）限制公民人身自由；

（二）查封场所、设施或者财物；

（三）扣押财物；

（四）冻结存款、汇款；

（五）其他行政强制措施。

第十条 行政强制措施由法律设定。

尚未制定法律，且属于国务院行政管理职权事项的，行政法规可以设定除本法第九条第一项、第四项和应当由法律规定的行政强制措施以外的其他行政强制措施。

尚未制定法律、行政法规，且属于地方性事务的，地方性法规可以设定本法第九条第二项、第三项的行政强制措施。

法律、法规以外的其他规范性文件不得设定行政强制措施。

第十一条 法律对行政强制措施的对象、条件、种类作了规定的，行政法规、地方性法规不得作出扩大规定。

法律中未设定行政强制措施的，行政法规、地方性法规不得设定行政强制措施。但是，法律规定特定事项由行政法规规定具体管理措施的，行政法规可以设定除本法第九条第一项、第四项和应当由法律规定的行政强制措施以外的其他行政强制措施。

第十二条 行政强制执行的方式：

（一）加处罚款或者滞纳金；

（二）划拨存款、汇款；

（三）拍卖或者依法处理查封、扣押的场所、设施或者财物；

（四）排除妨碍、恢复原状；

（五）代履行；

（六）其他强制执行方式。

第十三条　行政强制执行由法律设定。

法律没有规定行政机关强制执行的，作出行政决定的行政机关应当申请人民法院强制执行。

第十四条　起草法律草案、法规草案，拟设定行政强制的，起草单位应当采取听证会、论证会等形式听取意见，并向制定机关说明设定该行政强制的必要性、可能产生的影响以及听取和采纳意见的情况。

第十五条　行政强制的设定机关应当定期对其设定的行政强制进行评价，并对不适当的行政强制及时予以修改或者废止。

行政强制的实施机关可以对已设定的行政强制的实施情况及存在的必要性适时进行评价，并将意见报告该行政强制的设定机关。

公民、法人或者其他组织可以向行政强制的设定机关和实施机关就行政强制的设定和实施提出意见和建议。有关机关应当认真研究论证，并以适当方式予以反馈。

第五章　申请人民法院强制执行

第五十三条　当事人在法定期限内不申请行政复议或者提起行政诉讼，又不履行行政决定的，没有行政强制执行权的行政机关可以自期限届满之日起三个月内，依照本章规定申请人民法院强制执行。

第五十四条　行政机关申请人民法院强制执行前，应当催告当事人履行义务。催告书送达十日后当事人仍未履行义务的，行政机关可以向所在地有管辖权的人民法院申请强制执行；执行对象是不动产的，向不动产所在地有管辖权的人民法院申请强制执行。

第五十五条　行政机关向人民法院申请强制执行，应当提供下列材料：

（一）强制执行申请书；

（二）行政决定书及作出决定的事实、理由和依据；

（三）当事人的意见及行政机关催告情况；

（四）申请强制执行标的的情况；

（五）法律、行政法规规定的其他材料。

强制执行申请书应当由行政机关负责人签名，加盖行政机关的印章，并注明日期。

第五十六条 人民法院接到行政机关强制执行的申请，应当在五日内受理。

行政机关对人民法院不予受理的裁定有异议的，可以在十五日内向上一级人民法院申请复议，上一级人民法院应当自收到复议申请之日起十五日内作出是否受理的裁定。

第五十七条 人民法院对行政机关强制执行的申请进行书面审查，对符合本法第五十五条规定，且行政决定具备法定执行效力的，除本法第五十八条规定的情形外，人民法院应当自受理之日起七日内作出执行裁定。

第五十八条 人民法院发现有下列情形之一的，在作出裁定前可以听取被执行人和行政机关的意见：

（一）明显缺乏事实根据的；

（二）明显缺乏法律、法规依据的；

（三）其他明显违法并损害被执行人合法权益的。

人民法院应当自受理之日起三十日内作出是否执行的裁定。裁定不予执行的，应当说明理由，并在五日内将不予执行的裁定送达行政机关。

行政机关对人民法院不予执行的裁定有异议的，可以自收到裁定之日起十五日内向上一级人民法院申请复议，上一级人民法院应当自收到复议申请之日起三十日内作出是否执行的裁定。

第五十九条 因情况紧急，为保障公共安全，行政机关可以申请人民法院立即执行。经人民法院院长批准，人民法院应当自作出执行裁定之日起五日内执行。

第六十条 行政机关申请人民法院强制执行，不缴纳申请费。强制执行的费用由被执行人承担。

人民法院以划拨、拍卖方式强制执行的，可以在划拨、拍卖后将强制执行的费用扣除。

依法拍卖财物，由人民法院委托拍卖机构依照《中华人民共和国拍卖法》的规定办理。

划拨的存款、汇款以及拍卖和依法处理所得的款项应当上缴国库或者划入财政专户，不得以任何形式截留、私分或者变相私分。

中华人民共和国刑法（摘录）

（1979年7月1日第五届全国人民代表大会第二次会议通过　1997年3月14日第八届全国人民代表大会第五次会议修订　根据1998年12月29日《全国人民代表大会常务委员会关于惩治骗购外汇、逃汇和非法买卖外汇犯罪的决定》、1999年12月25日《中华人民共和国刑法修正案》、2001年8月31日《中华人民共和国刑法修正案（二）》、2001年12月29日《中华人民共和国刑法修正案（三）》、2002年12月28日《中华人民共和国刑法修正案（四）》、2005年2月28日《中华人民共和国刑法修正案（五）》、2006年6月29日《中华人民共和国刑法修正案（六）》、2009年2月28日《中华人民共和国刑法修正案（七）》、2009年8月27日《全国人民代表大会常务委员会关于修改部分法律的决定》、2011年2月25日《中华人民共和国刑法修正案（八）》、2015年8月29日《中华人民共和国刑法修正案（九）》、2017年11月4日《中华人民共和国刑法修正案（十）》修正）

第二百七十六条之一　【拒不支付劳动报酬罪】以转移财产、逃匿等方法逃避支付劳动者的劳动报酬或者有能力支付而不支付劳动者的劳动报酬，数额较大，经政府有关部门责令支付仍不支付的，处三年以下有期徒刑或者拘役，并处或者单处罚金；造成严重后果的，处三年以上七年以下有期徒刑，并处罚金。

单位犯前款罪的，对单位判处罚金，并对其直接负责的主管人员和其他直接责任人员，依照前款的规定处罚。

有前两款行为，尚未造成严重后果，在提起公诉前支付劳动者的劳动报酬，并依法承担相应赔偿责任的，可以减轻或者免除处罚。

二、行政法规

中华人民共和国劳动合同法实施条例

（2008年9月18日　中华人民共和国国务院令第535号公布）

第一章　总　　则

第一条　为了贯彻实施《中华人民共和国劳动合同法》（以下简称劳动合同法），制定本条例。

第二条　各级人民政府和县级以上人民政府劳动行政等有关部门以及工会等组织，应当采取措施，推动劳动合同法的贯彻实施，促进劳动关系的和谐。

第三条　依法成立的会计师事务所、律师事务所等合伙组织和基金会，属于劳动合同法规定的用人单位。

第二章　劳动合同的订立

第四条　劳动合同法规定的用人单位设立的分支机构，依法取得营业执照或者登记证书的，可以作为用人单位与劳动者订立劳动合同；未依法取得营业执照或者登记证书的，受用人单位委托可以与劳动者订立劳动合同。

第五条　自用工之日起一个月内，经用人单位书面通知后，劳动者不与用人单位订立书面劳动合同的，用人单位应当书面通知劳动者终止劳动关系，无需向劳动者支付经济补偿，但是应当依法向劳动者支付其实际工作时间的劳动报酬。

第六条　用人单位自用工之日起超过一个月不满一年未与劳动者订立书面劳动合同的，应当依照劳动合同法第八十二条的规定向劳动者每月支付两倍的工资，并与劳动者补订书面劳动合同；劳动者不与用人单位订立书面劳动合同的，用人单位应当书面通知劳动者终止劳动关系，并依照劳动合同法第四十七条的规定支付经济补偿。

前款规定的用人单位向劳动者每月支付两倍工资的起算时间为用工之日起满一个月的次日，截止时间为补订书面劳动合同的前一日。

第七条　用人单位自用工之日起满一年未与劳动者订立书面劳动合同的，自用工之日起满一个月的次日至满一年的前一日应当依照劳动合同法第八十二条的规定向劳动者每月支付两倍的工资，并视为自用工之日起满一年的当日已经与劳动者订立无固定期限劳动合同，应当立即与劳动者补订书面劳动合同。

第八条　劳动合同法第七条规定的职工名册，应当包括劳动者姓名、性别、公民身份号码、户籍地址及现住址、联系方式、用工形式、用工起始时间、劳动合同期限等内容。

第九条　劳动合同法第十四条第二款规定的连续工作满10年的起始时间，应当自用人单位用工之日起计算，包括劳动合同法施行前的工作年限。

第十条　劳动者非因本人原因从原用人单位被安排到新用人单位工作的，劳动者在原用人单位的工作年限合并计算为新用人单位的工作年限。原用人单位已经向劳动者支付经济补偿的，新用人单位在依法解除、终止劳动合同计算支付经济补偿的工作年限时，不再计算劳动者在原用人单位的工作年限。

第十一条　除劳动者与用人单位协商一致的情形外，劳动者依照劳动合同法第十四条第二款的规定，提出订立无固定期限劳动合同的，用人单位应当与其订立无固定期限劳动合同。对劳动合同的内容，双方应当按照合法、公平、平等自愿、协商一致、诚实信用的原则协商确定；对协商不一致的内容，依照劳动合同法第十八条的规定执行。

第十二条　地方各级人民政府及县级以上地方人民政府有关部门为安置就业困难人员提供的给予岗位补贴和社会保险补贴的公益性岗位，其劳动合同不适用劳动合同法有关无固定期限劳动合同的规定以及支付经济补偿的规定。

第十三条　用人单位与劳动者不得在劳动合同法第四十四条规定的劳动合同终止情形之外约定其他的劳动合同终止条件。

第十四条　劳动合同履行地与用人单位注册地不一致的，有关劳动者的最低工资标准、劳动保护、劳动条件、职业危害防护和本地区上年度职工月平均工资标准等事项，按照劳动合同履行地的有关规定执行；用人单位注册地的有关标准高于劳动合同履行地的有关标准，且用人单位与劳动者约定按照用人单位注册地的有关规定执行的，从其约定。

第十五条　劳动者在试用期的工资不得低于本单位相同岗位最低档工资的80%或者不得低于劳动合同约定工资的80%，并不得低于用人单位所在地的最低工资标准。

第十六条 劳动合同法第二十二条第二款规定的培训费用，包括用人单位为了对劳动者进行专业技术培训而支付的有凭证的培训费用、培训期间的差旅费用以及因培训产生的用于该劳动者的其他直接费用。

第十七条 劳动合同期满，但是用人单位与劳动者依照劳动合同法第二十二条的规定约定的服务期尚未到期的，劳动合同应当续延至服务期满；双方另有约定的，从其约定。

第三章 劳动合同的解除和终止

第十八条 有下列情形之一的，依照劳动合同法规定的条件、程序，劳动者可以与用人单位解除固定期限劳动合同、无固定期限劳动合同或者以完成一定工作任务为期限的劳动合同：

（一）劳动者与用人单位协商一致的；

（二）劳动者提前30日以书面形式通知用人单位的；

（三）劳动者在试用期内提前3日通知用人单位的；

（四）用人单位未按照劳动合同约定提供劳动保护或者劳动条件的；

（五）用人单位未及时足额支付劳动报酬的；

（六）用人单位未依法为劳动者缴纳社会保险费的；

（七）用人单位的规章制度违反法律、法规的规定，损害劳动者权益的；

（八）用人单位以欺诈、胁迫的手段或者乘人之危，使劳动者在违背真实意思的情况下订立或者变更劳动合同的；

（九）用人单位在劳动合同中免除自己的法定责任、排除劳动者权利的；

（十）用人单位违反法律、行政法规强制性规定的；

（十一）用人单位以暴力、威胁或者非法限制人身自由的手段强迫劳动者劳动的；

（十二）用人单位违章指挥、强令冒险作业危及劳动者人身安全的；

（十三）法律、行政法规规定劳动者可以解除劳动合同的其他情形。

第十九条 有下列情形之一的，依照劳动合同法规定的条件、程序，用人单位可以与劳动者解除固定期限劳动合同、无固定期限劳动合同或者以完成一定工作任务为期限的劳动合同：

（一）用人单位与劳动者协商一致的；

（二）劳动者在试用期间被证明不符合录用条件的；

（三）劳动者严重违反用人单位的规章制度的；

（四）劳动者严重失职，营私舞弊，给用人单位造成重大损害的；

（五）劳动者同时与其他用人单位建立劳动关系，对完成本单位的工作任务造成严重影响，或者经用人单位提出，拒不改正的；

（六）劳动者以欺诈、胁迫的手段或者乘人之危，使用人单位在违背真实意思的情况下订立或者变更劳动合同的；

（七）劳动者被依法追究刑事责任的；

（八）劳动者患病或者非因工负伤，在规定的医疗期满后不能从事原工作，也不能从事由用人单位另行安排的工作的；

（九）劳动者不能胜任工作，经过培训或者调整工作岗位，仍不能胜任工作的；

（十）劳动合同订立时所依据的客观情况发生重大变化，致使劳动合同无法履行，经用人单位与劳动者协商，未能就变更劳动合同内容达成协议的；

（十一）用人单位依照企业破产法规定进行重整的；

（十二）用人单位生产经营发生严重困难的；

（十三）企业转产、重大技术革新或者经营方式调整，经变更劳动合同后，仍需裁减人员的；

（十四）其他因劳动合同订立时所依据的客观经济情况发生重大变化，致使劳动合同无法履行的。

第二十条　用人单位依照劳动合同法第四十条的规定，选择额外支付劳动者一个月工资解除劳动合同的，其额外支付的工资应当按照该劳动者上一个月的工资标准确定。

第二十一条　劳动者达到法定退休年龄的，劳动合同终止。

第二十二条　以完成一定工作任务为期限的劳动合同因任务完成而终止的，用人单位应当依照劳动合同法第四十七条的规定向劳动者支付经济补偿。

第二十三条　用人单位依法终止工伤职工的劳动合同的，除依照劳动合同法第四十七条的规定支付经济补偿外，还应当依照国家有关工伤保险的规定支付一次性工伤医疗补助金和伤残就业补助金。

第二十四条　用人单位出具的解除、终止劳动合同的证明，应当写明劳动合同期限、解除或者终止劳动合同的日期、工作岗位、在本单位的工作年限。

第二十五条　用人单位违反劳动合同法的规定解除或者终止劳动合同，依照劳动合同法第八十七条的规定支付了赔偿金的，不再支付经济补偿。赔偿金的计算年限自用工之日起计算。

第二十六条 用人单位与劳动者约定了服务期，劳动者依照劳动合同法第三十八条的规定解除劳动合同的，不属于违反服务期的约定，用人单位不得要求劳动者支付违约金。

有下列情形之一，用人单位与劳动者解除约定服务期的劳动合同的，劳动者应当按照劳动合同的约定向用人单位支付违约金：

（一）劳动者严重违反用人单位的规章制度的；

（二）劳动者严重失职，营私舞弊，给用人单位造成重大损害的；

（三）劳动者同时与其他用人单位建立劳动关系，对完成本单位的工作任务造成严重影响，或者经用人单位提出，拒不改正的；

（四）劳动者以欺诈、胁迫的手段或者乘人之危，使用人单位在违背真实意思的情况下订立或者变更劳动合同的；

（五）劳动者被依法追究刑事责任的。

第二十七条 劳动合同法第四十七条规定的经济补偿的月工资按照劳动者应得工资计算，包括计时工资或者计件工资以及奖金、津贴和补贴等货币性收入。劳动者在劳动合同解除或者终止前 12 个月的平均工资低于当地最低工资标准的，按照当地最低工资标准计算。劳动者工作不满 12 个月的，按照实际工作的月数计算平均工资。

第四章　劳务派遣特别规定

第二十八条 用人单位或者其所属单位出资或者合伙设立的劳务派遣单位，向本单位或者所属单位派遣劳动者的，属于劳动合同法第六十七条规定的不得设立的劳务派遣单位。

第二十九条 用工单位应当履行劳动合同法第六十二条规定的义务，维护被派遣劳动者的合法权益。

第三十条 劳务派遣单位不得以非全日制用工形式招用被派遣劳动者。

第三十一条 劳务派遣单位或者被派遣劳动者依法解除、终止劳动合同的经济补偿，依照劳动合同法第四十六条、第四十七条的规定执行。

第三十二条 劳务派遣单位违法解除或者终止被派遣劳动者的劳动合同的，依照劳动合同法第四十八条的规定执行。

第五章　法律责任

第三十三条　用人单位违反劳动合同法有关建立职工名册规定的，由劳动行政部门责令限期改正；逾期不改正的，由劳动行政部门处2000元以上2万元以下的罚款。

第三十四条　用人单位依照劳动合同法的规定应当向劳动者每月支付两倍的工资或者应当向劳动者支付赔偿金而未支付的，劳动行政部门应当责令用人单位支付。

第三十五条　用工单位违反劳动合同法和本条例有关劳务派遣规定的，由劳动行政部门和其他有关主管部门责令改正；情节严重的，以每位被派遣劳动者1000元以上5000元以下的标准处以罚款；给被派遣劳动者造成损害的，劳务派遣单位和用工单位承担连带赔偿责任。

第六章　附　　则

第三十六条　对违反劳动合同法和本条例的行为的投诉、举报，县级以上地方人民政府劳动行政部门依照《劳动保障监察条例》的规定处理。

第三十七条　劳动者与用人单位因订立、履行、变更、解除或者终止劳动合同发生争议的，依照《中华人民共和国劳动争议调解仲裁法》的规定处理。

第三十八条　本条例自公布之日起施行。

劳动保障监察条例

（2004年11月1日　中华人民共和国国务院令第423号公布）

第一章　总　　则

第一条　为了贯彻实施劳动和社会保障（以下称劳动保障）法律、法规和规章，规范劳动保障监察工作，维护劳动者的合法权益，根据劳动法和有关法律，制定本条例。

第二条　对企业和个体工商户（以下称用人单位）进行劳动保障监察，适用本条例。

对职业介绍机构、职业技能培训机构和职业技能考核鉴定机构进行劳动保障监察，依照本条例执行。

第三条 国务院劳动保障行政部门主管全国的劳动保障监察工作。县级以上地方各级人民政府劳动保障行政部门主管本行政区域内的劳动保障监察工作。

县级以上各级人民政府有关部门根据各自职责，支持、协助劳动保障行政部门的劳动保障监察工作。

第四条 县级、设区的市级人民政府劳动保障行政部门可以委托符合监察执法条件的组织实施劳动保障监察。

劳动保障行政部门和受委托实施劳动保障监察的组织中的劳动保障监察员应当经过相应的考核或者考试录用。

劳动保障监察证件由国务院劳动保障行政部门监制。

第五条 县级以上地方各级人民政府应当加强劳动保障监察工作。劳动保障监察所需经费列入本级财政预算。

第六条 用人单位应当遵守劳动保障法律、法规和规章，接受并配合劳动保障监察。

第七条 各级工会依法维护劳动者的合法权益，对用人单位遵守劳动保障法律、法规和规章的情况进行监督。

劳动保障行政部门在劳动保障监察工作中应当注意听取工会组织的意见和建议。

第八条 劳动保障监察遵循公正、公开、高效、便民的原则。

实施劳动保障监察，坚持教育与处罚相结合，接受社会监督。

第九条 任何组织或者个人对违反劳动保障法律、法规或者规章的行为，有权向劳动保障行政部门举报。

劳动者认为用人单位侵犯其劳动保障合法权益的，有权向劳动保障行政部门投诉。

劳动保障行政部门应当为举报人保密；对举报属实，为查处重大违反劳动保障法律、法规或者规章的行为提供主要线索和证据的举报人，给予奖励。

第二章　劳动保障监察职责

第十条 劳动保障行政部门实施劳动保障监察，履行下列职责：

（一）宣传劳动保障法律、法规和规章，督促用人单位贯彻执行；

（二）检查用人单位遵守劳动保障法律、法规和规章的情况；

（三）受理对违反劳动保障法律、法规或者规章的行为的举报、投诉；

（四）依法纠正和查处违反劳动保障法律、法规或者规章的行为。

第十一条 劳动保障行政部门对下列事项实施劳动保障监察：

（一）用人单位制定内部劳动保障规章制度的情况；

（二）用人单位与劳动者订立劳动合同的情况；

（三）用人单位遵守禁止使用童工规定的情况；

（四）用人单位遵守女职工和未成年工特殊劳动保护规定的情况；

（五）用人单位遵守工作时间和休息休假规定的情况；

（六）用人单位支付劳动者工资和执行最低工资标准的情况；

（七）用人单位参加各项社会保险和缴纳社会保险费的情况；

（八）职业介绍机构、职业技能培训机构和职业技能考核鉴定机构遵守国家有关职业介绍、职业技能培训和职业技能考核鉴定的规定的情况；

（九）法律、法规规定的其他劳动保障监察事项。

第十二条 劳动保障监察员依法履行劳动保障监察职责，受法律保护。

劳动保障监察员应当忠于职守，秉公执法，勤政廉洁，保守秘密。

任何组织或者个人对劳动保障监察员的违法违纪行为，有权向劳动保障行政部门或者有关机关检举、控告。

第三章 劳动保障监察的实施

第十三条 对用人单位的劳动保障监察，由用人单位用工所在地的县级或者设区的市级劳动保障行政部门管辖。

上级劳动保障行政部门根据工作需要，可以调查处理下级劳动保障行政部门管辖的案件。劳动保障行政部门对劳动保障监察管辖发生争议的，报请共同的上一级劳动保障行政部门指定管辖。

省、自治区、直辖市人民政府可以对劳动保障监察的管辖制定具体办法。

第十四条 劳动保障监察以日常巡视检查、审查用人单位按照要求报送的书面材料以及接受举报投诉等形式进行。

劳动保障行政部门认为用人单位有违反劳动保障法律、法规或者规章的行为，需要进行调查处理的，应当及时立案。

劳动保障行政部门或者受委托实施劳动保障监察的组织应当设立举报、投诉信箱和电话。

对因违反劳动保障法律、法规或者规章的行为引起的群体性事件，劳动保障行政部门应当根据应急预案，迅速会同有关部门处理。

第十五条 劳动保障行政部门实施劳动保障监察，有权采取下列调查、检查措施：

（一）进入用人单位的劳动场所进行检查；

（二）就调查、检查事项询问有关人员；

（三）要求用人单位提供与调查、检查事项相关的文件资料，并作出解释和说明，必要时可以发出调查询问书；

（四）采取记录、录音、录像、照像或者复制等方式收集有关情况和资料；

（五）委托会计师事务所对用人单位工资支付、缴纳社会保险费的情况进行审计；

（六）法律、法规规定可以由劳动保障行政部门采取的其他调查、检查措施。

劳动保障行政部门对事实清楚、证据确凿、可以当场处理的违反劳动保障法律、法规或者规章的行为有权当场予以纠正。

第十六条 劳动保障监察员进行调查、检查，不得少于2人，并应当佩戴劳动保障监察标志、出示劳动保障监察证件。

劳动保障监察员办理的劳动保障监察事项与本人或者其近亲属有直接利害关系的，应当回避。

第十七条 劳动保障行政部门对违反劳动保障法律、法规或者规章的行为的调查，应当自立案之日起60个工作日内完成；对情况复杂的，经劳动保障行政部门负责人批准，可以延长30个工作日。

第十八条 劳动保障行政部门对违反劳动保障法律、法规或者规章的行为，根据调查、检查的结果，作出以下处理：

（一）对依法应当受到行政处罚的，依法作出行政处罚决定；

（二）对应当改正未改正的，依法责令改正或者作出相应的行政处理决定；

（三）对情节轻微且已改正的，撤销立案。

发现违法案件不属于劳动保障监察事项的，应当及时移送有关部门处理；涉嫌犯罪的，应当依法移送司法机关。

第十九条 劳动保障行政部门对违反劳动保障法律、法规或者规章的行为作出行政处罚或者行政处理决定前，应当听取用人单位的陈述、申辩；作出行政处罚或者行政处理决定，应当告知用人单位依法享有申请行政复议或者提起行政诉讼的权利。

第二十条 违反劳动保障法律、法规或者规章的行为在2年内未被劳动保障行政部门发现，也未被举报、投诉的，劳动保障行政部门不再查处。

前款规定的期限，自违反劳动保障法律、法规或者规章的行为发生之日起计算；违反劳动保障法律、法规或者规章的行为有连续或者继续状态的，自行为终了之日起计算。

第二十一条 用人单位违反劳动保障法律、法规或者规章，对劳动者造成损害的，依法承担赔偿责任。劳动者与用人单位就赔偿发生争议的，依照国家有关劳动争议处理的规定处理。

对应当通过劳动争议处理程序解决的事项或者已经按照劳动争议处理程序申请调解、仲裁或者已经提起诉讼的事项，劳动保障行政部门应当告知投诉人依照劳动争议处理或者诉讼的程序办理。

第二十二条 劳动保障行政部门应当建立用人单位劳动保障守法诚信档案。用人单位有重大违反劳动保障法律、法规或者规章的行为的，由有关的劳动保障行政部门向社会公布。

第四章 法律责任

第二十三条 用人单位有下列行为之一的，由劳动保障行政部门责令改正，按照受侵害的劳动者每人1000元以上5000元以下的标准计算，处以罚款：

（一）安排女职工从事矿山井下劳动、国家规定的第四级体力劳动强度的劳动或者其他禁忌从事的劳动的；

（二）安排女职工在经期从事高处、低温、冷水作业或者国家规定的第三级体力劳动强度的劳动的；

（三）安排女职工在怀孕期间从事国家规定的第三级体力劳动强度的劳动或者孕期禁忌从事的劳动的；

（四）安排怀孕7个月以上的女职工夜班劳动或者延长其工作时间的；

（五）女职工生育享受产假少于90天的；

（六）安排女职工在哺乳未满1周岁的婴儿期间从事国家规定的第三级体力劳动强度的劳动或者哺乳期禁忌从事的其他劳动，以及延长其工作时间或者安排其夜班劳动的；

（七）安排未成年工从事矿山井下、有毒有害、国家规定的第四级体力劳动强度的劳动或者其他禁忌从事的劳动的；

（八）未对未成年工定期进行健康检查的。

第二十四条 用人单位与劳动者建立劳动关系不依法订立劳动合同的，由劳动保障行政部门责令改正。

第二十五条 用人单位违反劳动保障法律、法规或者规章延长劳动者工作时间的，由劳动保障行政部门给予警告，责令限期改正，并可以按照受侵害的劳动者每人100元以上500元以下的标准计算，处以罚款。

第二十六条 用人单位有下列行为之一的，由劳动保障行政部门分别责令限期支付劳动者的工资报酬、劳动者工资低于当地最低工资标准的差额或者解除劳动合同的经济补偿；逾期不支付的，责令用人单位按照应付金额50%以上1倍以下的标准计算，向劳动者加付赔偿金：

（一）克扣或者无故拖欠劳动者工资报酬的；

（二）支付劳动者的工资低于当地最低工资标准的；

（三）解除劳动合同未依法给予劳动者经济补偿的。

第二十七条 用人单位向社会保险经办机构申报应缴纳的社会保险费数额时，瞒报工资总额或者职工人数的，由劳动保障行政部门责令改正，并处瞒报工资数额1倍以上3倍以下的罚款。

骗取社会保险待遇或者骗取社会保险基金支出的，由劳动保障行政部门责令退还，并处骗取金额1倍以上3倍以下的罚款；构成犯罪的，依法追究刑事责任。

第二十八条 职业介绍机构、职业技能培训机构或者职业技能考核鉴定机构违反国家有关职业介绍、职业技能培训或者职业技能考核鉴定的规定的，由劳动保障行政部门责令改正，没收违法所得，并处1万元以上5万元以下的罚款；情节严重的，吊销许可证。

未经劳动保障行政部门许可，从事职业介绍、职业技能培训或者职业技能考核鉴定的组织或者个人，由劳动保障行政部门、工商行政管理部门依照国家有关无照经营查处取缔的规定查处取缔。

第二十九条 用人单位违反《中华人民共和国工会法》，有下列行为之一的，由劳动保障行政部门责令改正：

（一）阻挠劳动者依法参加和组织工会，或者阻挠上级工会帮助、指导劳动者筹建工会的；

（二）无正当理由调动依法履行职责的工会工作人员的工作岗位，进行打击报复的；

（三）劳动者因参加工会活动而被解除劳动合同的；

（四）工会工作人员因依法履行职责被解除劳动合同的。

第三十条 有下列行为之一的，由劳动保障行政部门责令改正；对有第（一）项、第（二）项或者第（三）项规定的行为的，处2000元以上2万元以下的罚款：

（一）无理抗拒、阻挠劳动保障行政部门依照本条例的规定实施劳动保障监察的；

（二）不按照劳动保障行政部门的要求报送书面材料，隐瞒事实真相，出具伪证或者隐匿、毁灭证据的；

（三）经劳动保障行政部门责令改正拒不改正，或者拒不履行劳动保障行政部门的行政处理决定的；

（四）打击报复举报人、投诉人的。

违反前款规定，构成违反治安管理行为的，由公安机关依法给予治安管理处罚；构成犯罪的，依法追究刑事责任。

第三十一条 劳动保障监察员滥用职权、玩忽职守、徇私舞弊或者泄露在履行职责过程中知悉的商业秘密的，依法给予行政处分；构成犯罪的，依法追究刑事责任。

劳动保障行政部门和劳动保障监察员违法行使职权，侵犯用人单位或者劳动者的合法权益的，依法承担赔偿责任。

第三十二条 属于本条例规定的劳动保障监察事项，法律、其他行政法规对处罚另有规定的，从其规定。

第五章 附　　则

第三十三条 对无营业执照或者已被依法吊销营业执照，有劳动用工行为的，由劳动保障行政部门依照本条例实施劳动保障监察，并及时通报工商行政管理部门予以查处取缔。

第三十四条 国家机关、事业单位、社会团体执行劳动保障法律、法规和规章的情况，由劳动保障行政部门根据其职责，依照本条例实施劳动保障监察。

第三十五条 劳动安全卫生的监督检查，由卫生部门、安全生产监督管理部门、特种设备安全监督管理部门等有关部门依照有关法律、行政法规的规定执行。

第三十六条 本条例自2004年12月1日起施行。

政府投资条例

（2019年4月14日　中华人民共和国国务院令第712号公布）

第一章　总　　则

第一条 为了充分发挥政府投资作用，提高政府投资效益，规范政府投资行为，激发社会投资活力，制定本条例。

第二条 本条例所称政府投资，是指在中国境内使用预算安排的资金进行固定资产投资建设活动，包括新建、扩建、改建、技术改造等。

第三条 政府投资资金应当投向市场不能有效配置资源的社会公益服务、公共基础设施、农业农村、生态环境保护、重大科技进步、社会管理、国家安全等公共领域的项目，以非经营性项目为主。

国家完善有关政策措施，发挥政府投资资金的引导和带动作用，鼓励社会资金投向前款规定的领域。

国家建立政府投资范围定期评估调整机制，不断优化政府投资方向和结构。

第四条 政府投资应当遵循科学决策、规范管理、注重绩效、公开透明的原则。

第五条 政府投资应当与经济社会发展水平和财政收支状况相适应。

国家加强对政府投资资金的预算约束。政府及其有关部门不得违法违规举借债务筹措政府投资资金。

第六条 政府投资资金按项目安排，以直接投资方式为主；对确需支持的经营性项目，主要采取资本金注入方式，也可以适当采取投资补助、贷款贴息等方式。

安排政府投资资金，应当符合推进中央与地方财政事权和支出责任划分改革的有关要求，并平等对待各类投资主体，不得设置歧视性条件。

国家通过建立项目库等方式，加强对使用政府投资资金项目的储备。

第七条 国务院投资主管部门依照本条例和国务院的规定，履行政府投资综合管理职责。国务院其他有关部门依照本条例和国务院规定的职责分工，履行相应的政府投资管理职责。

县级以上地方人民政府投资主管部门和其他有关部门依照本条例和本级人民政府规定的职责分工，履行相应的政府投资管理职责。

第二章 政府投资决策

第八条 县级以上人民政府应当根据国民经济和社会发展规划、中期财政规划和国家宏观调控政策，结合财政收支状况，统筹安排使用政府投资资金的项目，规范使用各类政府投资资金。

第九条 政府采取直接投资方式、资本金注入方式投资的项目（以下统称政府投资项目），项目单位应当编制项目建议书、可行性研究报告、初步设计，按照政府投资管理权限和规定的程序，报投资主管部门或者其他有关部门审批。

项目单位应当加强政府投资项目的前期工作，保证前期工作的深度达到规定的要求，并对项目建议书、可行性研究报告、初步设计以及依法应当附具的其他文件的真实性负责。

第十条 除涉及国家秘密的项目外，投资主管部门和其他有关部门应当通过投资项目在线审批监管平台（以下简称在线平台），使用在线平台生成的项目代码办理政府投资项目审批手续。

投资主管部门和其他有关部门应当通过在线平台列明与政府投资有关的规划、产业政策等，公开政府投资项目审批的办理流程、办理时限等，并为项目单位提供相关咨询服务。

第十一条 投资主管部门或者其他有关部门应当根据国民经济和社会发展规划、相关领域专项规划、产业政策等，从下列方面对政府投资项目进行审查，作出是否批准的决定：

（一）项目建议书提出的项目建设的必要性；

（二）可行性研究报告分析的项目的技术经济可行性、社会效益以及项目资金等主要建设条件的落实情况；

（三）初步设计及其提出的投资概算是否符合可行性研究报告批复以及国家有关标准和规范的要求；

（四）依照法律、行政法规和国家有关规定应当审查的其他事项。

投资主管部门或者其他有关部门对政府投资项目不予批准的，应当书面通知项目单位并说明理由。

对经济社会发展、社会公众利益有重大影响或者投资规模较大的政府投资项目，投资主管部门或者其他有关部门应当在中介服务机构评估、公众参与、专家评议、风险评估的基础上作出是否批准的决定。

第十二条 经投资主管部门或者其他有关部门核定的投资概算是控制政府投资项目总投资的依据。

初步设计提出的投资概算超过经批准的可行性研究报告提出的投资估算10%的，项目单位应当向投资主管部门或者其他有关部门报告，投资主管部门或者其他有关部门可以要求项目单位重新报送可行性研究报告。

第十三条 对下列政府投资项目，可以按照国家有关规定简化需要报批的文件和审批程序：

（一）相关规划中已经明确的项目；

（二）部分扩建、改建项目；

（三）建设内容单一、投资规模较小、技术方案简单的项目；

（四）为应对自然灾害、事故灾难、公共卫生事件、社会安全事件等突发事件需要紧急建设的项目。

前款第三项所列项目的具体范围，由国务院投资主管部门会同国务院其他有关部门规定。

第十四条 采取投资补助、贷款贴息等方式安排政府投资资金的，项目单位应当按照国家有关规定办理手续。

第三章 政府投资年度计划

第十五条 国务院投资主管部门对其负责安排的政府投资编制政府投资年度计划，国务院其他有关部门对其负责安排的本行业、本领域的政府投资编制政府投资年度计划。

县级以上地方人民政府有关部门按照本级人民政府的规定，编制政府投资年度计划。

第十六条 政府投资年度计划应当明确项目名称、建设内容及规模、建设工期、项目总投资、年度投资额及资金来源等事项。

第十七条 列入政府投资年度计划的项目应当符合下列条件：

（一）采取直接投资方式、资本金注入方式的，可行性研究报告已经批准或者投资概算已经核定；

（二）采取投资补助、贷款贴息等方式的，已经按照国家有关规定办理手续；

（三）县级以上人民政府有关部门规定的其他条件。

第十八条 政府投资年度计划应当和本级预算相衔接。

第十九条 财政部门应当根据经批准的预算，按照法律、行政法规和国库管理的有关规定，及时、足额办理政府投资资金拨付。

第四章 政府投资项目实施

第二十条 政府投资项目开工建设，应当符合本条例和有关法律、行政法规规定的建设条件；不符合规定的建设条件的，不得开工建设。

国务院规定应当审批开工报告的重大政府投资项目，按照规定办理开工报告审批手续后方可开工建设。

第二十一条 政府投资项目应当按照投资主管部门或者其他有关部门批准的建设地点、建设规模和建设内容实施；拟变更建设地点或者拟对建设规模、建设内容等作较大变更的，应当按照规定的程序报原审批部门审批。

第二十二条 政府投资项目所需资金应当按照国家有关规定确保落实到位。

政府投资项目不得由施工单位垫资建设。

第二十三条 政府投资项目建设投资原则上不得超过经核定的投资概算。

因国家政策调整、价格上涨、地质条件发生重大变化等原因确需增加投资概算的，项目单位应当提出调整方案及资金来源，按照规定的程序报原初步设计审批部门或者投资概算核定部门核定；涉及预算调整或者调剂的，依照有关预算的法律、行政法规和国家有关规定办理。

第二十四条 政府投资项目应当按照国家有关规定合理确定并严格执行建设工期，任何单位和个人不得非法干预。

第二十五条 政府投资项目建成后，应当按照国家有关规定进行竣工验收，并在竣工验收合格后及时办理竣工财务决算。

政府投资项目结余的财政资金，应当按照国家有关规定缴回国库。

第二十六条 投资主管部门或者其他有关部门应当按照国家有关规定选择有代表性的已建成政府投资项目，委托中介服务机构对所选项目进行后评价。后评价应当根据项目建成后的实际效果，对项目审批和实施进行全面评价并提出明确意见。

第五章　监督管理

第二十七条　投资主管部门和依法对政府投资项目负有监督管理职责的其他部门应当采取在线监测、现场核查等方式，加强对政府投资项目实施情况的监督检查。

项目单位应当通过在线平台如实报送政府投资项目开工建设、建设进度、竣工的基本信息。

第二十八条　投资主管部门和依法对政府投资项目负有监督管理职责的其他部门应当建立政府投资项目信息共享机制，通过在线平台实现信息共享。

第二十九条　项目单位应当按照国家有关规定加强政府投资项目档案管理，将项目审批和实施过程中的有关文件、资料存档备查。

第三十条　政府投资年度计划、政府投资项目审批和实施以及监督检查的信息应当依法公开。

第三十一条　政府投资项目的绩效管理、建设工程质量管理、安全生产管理等事项，依照有关法律、行政法规和国家有关规定执行。

第六章　法律责任

第三十二条　有下列情形之一的，责令改正，对负有责任的领导人员和直接责任人员依法给予处分：

（一）超越审批权限审批政府投资项目；

（二）对不符合规定的政府投资项目予以批准；

（三）未按照规定核定或者调整政府投资项目的投资概算；

（四）为不符合规定的项目安排投资补助、贷款贴息等政府投资资金；

（五）履行政府投资管理职责中其他玩忽职守、滥用职权、徇私舞弊的情形。

第三十三条　有下列情形之一的，依照有关预算的法律、行政法规和国家有关规定追究法律责任：

（一）政府及其有关部门违法违规举借债务筹措政府投资资金；

（二）未按照规定及时、足额办理政府投资资金拨付；

（三）转移、侵占、挪用政府投资资金。

第三十四条　项目单位有下列情形之一的，责令改正，根据具体情况，暂停、停止拨付资金或者收回已拨付的资金，暂停或者停止建设活动，对负有责任的领导人员和直接责任人员依法给予处分：

（一）未经批准或者不符合规定的建设条件开工建设政府投资项目；

（二）弄虚作假骗取政府投资项目审批或者投资补助、贷款贴息等政府投资资金；

（三）未经批准变更政府投资项目的建设地点或者对建设规模、建设内容等作较大变更；

（四）擅自增加投资概算；

（五）要求施工单位对政府投资项目垫资建设；

（六）无正当理由不实施或者不按照建设工期实施已批准的政府投资项目。

第三十五条 项目单位未按照规定将政府投资项目审批和实施过程中的有关文件、资料存档备查，或者转移、隐匿、篡改、毁弃项目有关文件、资料的，责令改正，对负有责任的领导人员和直接责任人员依法给予处分。

第三十六条 违反本条例规定，构成犯罪的，依法追究刑事责任。

第七章 附 则

第三十七条 国防科技工业领域政府投资的管理办法，由国务院国防科技工业管理部门根据本条例规定的原则另行制定。

第三十八条 中国人民解放军和中国人民武装警察部队的固定资产投资管理，按照中央军事委员会的规定执行。

第三十九条 本条例自2019年7月1日起施行。

建设工程质量管理条例

（2000年1月30日国务院令第279号公布 根据2017年10月7日国务院令第687号《国务院关于修改部分行政法规的决定》修正 根据2019年4月23日国务院令第714号《国务院关于修改部分行政法规的决定》第二次修正）

第一章 总 则

第一条 为了加强对建设工程质量的管理，保证建设工程质量，保护人民生命和财产安全，根据《中华人民共和国建筑法》，制定本条例。

第二条 凡在中华人民共和国境内从事建设工程的新建、扩建、改建等有关活动及实施对建设工程质量监督管理的，必须遵守本条例。

本条例所称建设工程，是指土木工程、建筑工程、线路管道和设备安装工程及装修工程。

第三条 建设单位、勘察单位、设计单位、施工单位、工程监理单位依法对建设工程质量负责。

第四条 县级以上人民政府建设行政主管部门和其他有关部门应当加强对建设工程质量的监督管理。

第五条 从事建设工程活动，必须严格执行基本建设程序，坚持先勘察、后设计、再施工的原则。

县级以上人民政府及其有关部门不得超越权限审批建设项目或者擅自简化基本建设程序。

第六条 国家鼓励采用先进的科学技术和管理方法，提高建设工程质量。

第二章 建设单位的质量责任和义务

第七条 建设单位应当将工程发包给具有相应资质等级的单位。

建设单位不得将建设工程肢解发包。

第八条 建设单位应当依法对工程建设项目的勘察、设计、施工、监理以及与工程建设有关的重要设备、材料等的采购进行招标。

第九条 建设单位必须向有关的勘察、设计、施工、工程监理等单位提供与建设工程有关的原始资料。

原始资料必须真实、准确、齐全。

第十条 建设工程发包单位不得迫使承包方以低于成本的价格竞标，不得任意压缩合理工期。

建设单位不得明示或者暗示设计单位或者施工单位违反工程建设强制性标准，降低建设工程质量。

第十一条 施工图设计文件审查的具体办法，由国务院建设行政主管部门、国务院其他有关部门制定。

施工图设计文件未经审查批准的，不得使用。

第十二条 实行监理的建设工程，建设单位应当委托具有相应资质等级的工程监理单位进行监理，也可以委托具有工程监理相应资质等级并与被监理工程的施工承包单位没有隶属关系或者其他利害关系的该工程的设计单位进行监理。

下列建设工程必须实行监理：

（一）国家重点建设工程；

（二）大中型公用事业工程；

（三）成片开发建设的住宅小区工程；

（四）利用外国政府或者国际组织贷款、援助资金的工程；

（五）国家规定必须实行监理的其他工程。

第十三条　建设单位在开工前，应当按照国家有关规定办理工程质量监督手续，工程质量监督手续可以与施工许可证或者开工报告合并办理。

第十四条　按照合同约定，由建设单位采购建筑材料、建筑构配件和设备的，建设单位应当保证建筑材料、建筑构配件和设备符合设计文件和合同要求。

建设单位不得明示或者暗示施工单位使用不合格的建筑材料、建筑构配件和设备。

第十五条　涉及建筑主体和承重结构变动的装修工程，建设单位应当在施工前委托原设计单位或者具有相应资质等级的设计单位提出设计方案；没有设计方案的，不得施工。

房屋建筑使用者在装修过程中，不得擅自变动房屋建筑主体和承重结构。

第十六条　建设单位收到建设工程竣工报告后，应当组织设计、施工、工程监理等有关单位进行竣工验收。

建设工程竣工验收应当具备下列条件：

（一）完成建设工程设计和合同约定的各项内容；

（二）有完整的技术档案和施工管理资料；

（三）有工程使用的主要建筑材料、建筑构配件和设备的进场试验报告；

（四）有勘察、设计、施工、工程监理等单位分别签署的质量合格文件；

（五）有施工单位签署的工程保修书。

建设工程经验收合格的，方可交付使用。

第十七条　建设单位应当严格按照国家有关档案管理的规定，及时收集、整理建设项目各环节的文件资料，建立、健全建设项目档案，并在建设工程竣工验收后，及时向建设行政主管部门或者其他有关部门移交建设项目档案。

第三章　勘察、设计单位的质量责任和义务

第十八条　从事建设工程勘察、设计的单位应当依法取得相应等级的资质证书，并在其资质等级许可的范围内承揽工程。

禁止勘察、设计单位超越其资质等级许可的范围或者以其他勘察、设计单位的名义承揽工程。禁止勘察、设计单位允许其他单位或者个人以本单位的名义承揽工程。

勘察、设计单位不得转包或者违法分包所承揽的工程。

第十九条　勘察、设计单位必须按照工程建设强制性标准进行勘察、设计，并对其勘察、设计的质量负责。

注册建筑师、注册结构工程师等注册执业人员应当在设计文件上签字，对设计文件负责。

第二十条　勘察单位提供的地质、测量、水文等勘察成果必须真实、准确。

第二十一条　设计单位应当根据勘察成果文件进行建设工程设计。

设计文件应当符合国家规定的设计深度要求，注明工程合理使用年限。

第二十二条　设计单位在设计文件中选用的建筑材料、建筑构配件和设备，应当注明规格、型号、性能等技术指标，其质量要求必须符合国家规定的标准。

除有特殊要求的建筑材料、专用设备、工艺生产线等外，设计单位不得指定生产厂、供应商。

第二十三条　设计单位应当就审查合格的施工图设计文件向施工单位作出详细说明。

第二十四条　设计单位应当参与建设工程质量事故分析，并对因设计造成的质量事故，提出相应的技术处理方案。

第四章　施工单位的质量责任和义务

第二十五条　施工单位应当依法取得相应等级的资质证书，并在其资质等级许可的范围内承揽工程。

禁止施工单位超越本单位资质等级许可的业务范围或者以其他施工单位的名义承揽工程。禁止施工单位允许其他单位或者个人以本单位的名义承揽工程。

施工单位不得转包或者违法分包工程。

第二十六条　施工单位对建设工程的施工质量负责。

施工单位应当建立质量责任制，确定工程项目的项目经理、技术负责人和施工管理负责人。

建设工程实行总承包的，总承包单位应当对全部建设工程质量负责；建设工程勘察、设计、施工、设备采购的一项或者多项实行总承包的，总承包单位应当对其承包的建设工程或者采购的设备的质量负责。

第二十七条　总承包单位依法将建设工程分包给其他单位的，分包单位应当按照分包合同的约定对其分包工程的质量向总承包单位负责，总承包单位与分包单位对分包工程的质量承担连带责任。

第二十八条　施工单位必须按照工程设计图纸和施工技术标准施工，不得擅自修改工程设计，不得偷工减料。

施工单位在施工过程中发现设计文件和图纸有差错的，应当及时提出意见和建议。

第二十九条　施工单位必须按照工程设计要求、施工技术标准和合同约定，对建筑材料、建筑构配件、设备和商品混凝土进行检验，检验应当有书面记录和专人签字；未经检验或者检验不合格的，不得使用。

第三十条　施工单位必须建立、健全施工质量的检验制度，严格工序管理，作好隐蔽工程的质量检查和记录。隐蔽工程在隐蔽前，施工单位应当通知建设单位和建设工程质量监督机构。

第三十一条　施工人员对涉及结构安全的试块、试件以及有关材料，应当在建设单位或者工程监理单位监督下现场取样，并送具有相应资质等级的质量检测单位进行检测。

第三十二条　施工单位对施工中出现质量问题的建设工程或者竣工验收不合格的建设工程，应当负责返修。

第三十三条　施工单位应当建立、健全教育培训制度，加强对职工的教育培训；未经教育培训或者考核不合格的人员，不得上岗作业。

第五章　工程监理单位的质量责任和义务

第三十四条　工程监理单位应当依法取得相应等级的资质证书，并在其资质等级许可的范围内承担工程监理业务。

禁止工程监理单位超越本单位资质等级许可的范围或者以其他工程监理单位的名义承担工程监理业务。禁止工程监理单位允许其他单位或者个人以本单位的名义承担工程监理业务。

工程监理单位不得转让工程监理业务。

第三十五条 工程监理单位与被监理工程的施工承包单位以及建筑材料、建筑构配件和设备供应单位有隶属关系或者其他利害关系的，不得承担该项建设工程的监理业务。

第三十六条 工程监理单位应当依照法律、法规以及有关技术标准、设计文件和建设工程承包合同，代表建设单位对施工质量实施监理，并对施工质量承担监理责任。

第三十七条 工程监理单位应当选派具备相应资格的总监理工程师和监理工程师进驻施工现场。

未经监理工程师签字，建筑材料、建筑构配件和设备不得在工程上使用或者安装，施工单位不得进行下一道工序的施工。未经总监理工程师签字，建设单位不拨付工程款，不进行竣工验收。

第三十八条 监理工程师应当按照工程监理规范的要求，采取旁站、巡视和平行检验等形式，对建设工程实施监理。

第六章 建设工程质量保修

第三十九条 建设工程实行质量保修制度。

建设工程承包单位在向建设单位提交工程竣工验收报告时，应当向建设单位出具质量保修书。质量保修书中应当明确建设工程的保修范围、保修期限和保修责任等。

第四十条 在正常使用条件下，建设工程的最低保修期限为：

（一）基础设施工程、房屋建筑的地基基础工程和主体结构工程，为设计文件规定的该工程的合理使用年限；

（二）屋面防水工程、有防水要求的卫生间、房间和外墙面的防渗漏，为5年；

（三）供热与供冷系统，为2个采暖期、供冷期；

（四）电气管线、给排水管道、设备安装和装修工程，为2年。

其他项目的保修期限由发包方与承包方约定。

建设工程的保修期，自竣工验收合格之日起计算。

第四十一条 建设工程在保修范围和保修期限内发生质量问题的，施工单位应当履行保修义务，并对造成的损失承担赔偿责任。

第四十二条 建设工程在超过合理使用年限后需要继续使用的，产权所有人应当委托具有相应资质等级的勘察、设计单位鉴定，并根据鉴定结果采取加固、维修等措施，重新界定使用期。

第七章 监督管理

第四十三条 国家实行建设工程质量监督管理制度。

国务院建设行政主管部门对全国的建设工程质量实施统一监督管理。国务院铁路、交通、水利等有关部门按照国务院规定的职责分工，负责对全国的有关专业建设工程质量的监督管理。

县级以上地方人民政府建设行政主管部门对本行政区域内的建设工程质量实施监督管理。县级以上地方人民政府交通、水利等有关部门在各自的职责范围内，负责对本行政区域内的专业建设工程质量的监督管理。

第四十四条 国务院建设行政主管部门和国务院铁路、交通、水利等有关部门应当加强对有关建设工程质量的法律、法规和强制性标准执行情况的监督检查。

第四十五条 国务院发展计划部门按照国务院规定的职责，组织稽察特派员，对国家出资的重大建设项目实施监督检查。

国务院经济贸易主管部门按照国务院规定的职责，对国家重大技术改造项目实施监督检查。

第四十六条 建设工程质量监督管理，可以由建设行政主管部门或者其他有关部门委托的建设工程质量监督机构具体实施。

从事房屋建筑工程和市政基础设施工程质量监督的机构，必须按照国家有关规定经国务院建设行政主管部门或者省、自治区、直辖市人民政府建设行政主管部门考核；从事专业建设工程质量监督的机构，必须按照国家有关规定经国务院有关部门或者省、自治区、直辖市人民政府有关部门考核。经考核合格后，方可实施质量监督。

第四十七条 县级以上地方人民政府建设行政主管部门和其他有关部门应当加强对有关建设工程质量的法律、法规和强制性标准执行情况的监督检查。

第四十八条 县级以上人民政府建设行政主管部门和其他有关部门履行监督检查职责时，有权采取下列措施：

（一）要求被检查的单位提供有关工程质量的文件和资料；

（二）进入被检查单位的施工现场进行检查；

（三）发现有影响工程质量的问题时，责令改正。

第四十九条 建设单位应当自建设工程竣工验收合格之日起 15 日内，将建设工程竣工验收报告和规划、公安消防、环保等部门出具的认可文件或者准许使用文件报建设行政主管部门或者其他有关部门备案。

建设行政主管部门或者其他有关部门发现建设单位在竣工验收过程中有违反国家有关建设工程质量管理规定行为的，责令停止使用，重新组织竣工验收。

第五十条 有关单位和个人对县级以上人民政府建设行政主管部门和其他有关部门进行的监督检查应当支持与配合，不得拒绝或者阻碍建设工程质量监督检查人员依法执行职务。

第五十一条 供水、供电、供气、公安消防等部门或者单位不得明示或者暗示建设单位、施工单位购买其指定的生产供应单位的建筑材料、建筑构配件和设备

第五十二条 建设工程发生质量事故，有关单位应当在 24 小时内向当地建设行政主管部门和其他有关部门报告。对重大质量事故，事故发生地的建设行政主管部门和其他有关部门应当按照事故类别和等级向当地人民政府和上级建设行政主管部门和其他有关部门报告。

特别重大质量事故的调查程序按照国务院有关规定办理。

第五十三条 任何单位和个人对建设工程的质量事故、质量缺陷都有权检举、控告、投诉。

第八章　罚　　则

第五十四条 违反本条例规定，建设单位将建设工程发包给不具有相应资质等级的勘察、设计、施工单位或者委托给不具有相应资质等级的工程监理单位的，责令改正，处 50 万元以上 100 万元以下的罚款

第五十五条 违反本条例规定，建设单位将建设工程肢解发包的，责令改正，处工程合同价款百分之零点五以上百分之一以下的罚款；对全部或者部分使用国有资金的项目，并可以暂停项目执行或者暂停资金拨付。

第五十六条 违反本条例规定，建设单位有下列行为之一的，责令改正，处 20 万元以上 50 万元以下的罚款：

（一）迫使承包方以低于成本的价格竞标的；

（二）任意压缩合理工期的；

（三）明示或者暗示设计单位或者施工单位违反工程建设强制性标准，降低工程质量的；

（四）施工图设计文件未经审查或者审查不合格，擅自施工的；

（五）建设项目必须实行工程监理而未实行工程监理的；

（六）未按照国家规定办理工程质量监督手续的；

（七）明示或者暗示施工单位使用不合格的建筑材料、建筑构配件和设备的；

（八）未按照国家规定将竣工验收报告、有关认可文件或者准许使用文件报送备案的。

第五十七条 违反本条例规定，建设单位未取得施工许可证或者开工报告未经批准，擅自施工的，责令停止施工，限期改正，处工程合同价款百分之一以上百分之二以下的罚款。

第五十八条 违反本条例规定，建设单位有下列行为之一的，责令改正，处工程合同价款百分之二以上百分之四以下的罚款；造成损失的，依法承担赔偿责任：

（一）未组织竣工验收，擅自交付使用的；

（二）验收不合格，擅自交付使用的；

（三）对不合格的建设工程按照合格工程验收的。

第五十九条 违反本条例规定，建设工程竣工验收后，建设单位未向建设行政主管部门或者其他有关部门移交建设项目档案的，责令改正，处1万元以上10万元以下的罚款。

第六十条 违反本条例规定，勘察、设计、施工、工程监理单位超越本单位资质等级承揽工程的，责令停止违法行为，对勘察、设计单位或者工程监理单位处合同约定的勘察费、设计费或者监理酬金1倍以上2倍以下的罚款；对施工单位处工程合同价款百分之二以上百分之四以下的罚款，可以责令停业整顿，降低资质等级；情节严重的，吊销资质证书；有违法所得的，予以没收。

未取得资质证书承揽工程的，予以取缔，依照前款规定处以罚款；有违法所得的，予以没收。

以欺骗手段取得资质证书承揽工程的，吊销资质证书，依照本条第一款规定处以罚款；有违法所得的，予以没收。

第六十一条 违反本条例规定，勘察、设计、施工、工程监理单位允许其他单位或者个人以本单位名义承揽工程的，责令改正，没收违法所得，对勘察、设计单位和工程监理单位处合同约定的勘察费、设计费和监理酬金1倍以上2倍以下的罚款；对施工单位处工程合同价款百分之二以上百分之四以下的罚款；可以责令停业整顿，降低资质等级；情节严重的，吊销资质证书。

第六十二条 违反本条例规定，承包单位将承包的工程转包或者违法分包的，责令改正，没收违法所得，对勘察、设计单位处合同约定的勘察费、设计费百分之二十五以上百分之五十以下的罚款；对施工单位处工程合同价款百分之零点五以上百分之一以下的罚款；可以责令停业整顿，降低资质等级；情节严重的，吊销资质证书。

工程监理单位转让工程监理业务的，责令改正，没收违法所得，处合同约定的监理酬金百分之二十五以上百分之五十以下的罚款；可以责令停业整顿，降低资质等级；情节严重的，吊销资质证书。

第六十三条 违反本条例规定，有下列行为之一的，责令改正，处10万元以上30万元以下的罚款：

（一）勘察单位未按照工程建设强制性标准进行勘察的；

（二）设计单位未根据勘察成果文件进行工程设计的；

（三）设计单位指定建筑材料、建筑构配件的生产厂、供应商的；

（四）设计单位未按照工程建设强制性标准进行设计的。

有前款所列行为，造成工程质量事故的，责令停业整顿，降低资质等级；情节严重的，吊销资质证书；造成损失的，依法承担赔偿责任。

第六十四条 违反本条例规定，施工单位在施工中偷工减料的，使用不合格的建筑材料、建筑构配件和设备的，或者有不按照工程设计图纸或者施工技术标准施工的其他行为的，责令改正，处工程合同价款百分之二以上百分之四以下的罚款；造成建设工程质量不符合规定的质量标准的，负责返工、修理，并赔偿因此造成的损失；情节严重的，责令停业整顿，降低资质等级或者吊销资质证书。

第六十五条 违反本条例规定，施工单位未对建筑材料、建筑构配件、设备和商品混凝土进行检验，或者未对涉及结构安全的试块、试件以及有关材料取样检测的，责令改正，处10万元以上20万元以下的罚款；情节严重的，责令停业整顿，降低资质等级或者吊销资质证书；造成损失的，依法承担赔偿责任。

第六十六条 违反本条例规定，施工单位不履行保修义务或者拖延履行保修义务的，责令改正，处10万元以上20万元以下的罚款，并对在保修期内因质量缺陷造成的损失承担赔偿责任。

第六十七条 工程监理单位有下列行为之一的，责令改正，处50万元以上100万元以下的罚款，降低资质等级或者吊销资质证书；有违法所得的，予以没收；造成损失的，承担连带赔偿责任：

（一）与建设单位或者施工单位串通，弄虚作假、降低工程质量的；

（二）将不合格的建设工程、建筑材料、建筑构配件和设备按照合格签字的。

第六十八条 违反本条例规定，工程监理单位与被监理工程的施工承包单位以及建筑材料、建筑构配件和设备供应单位有隶属关系或者其他利害关系承担该项建设工程的监理业务的，责令改正，处5万元以上10万元以下的罚款，降低资质等级或者吊销资质证书；有违法所得的，予以没收。

第六十九条 违反本条例规定，涉及建筑主体或者承重结构变动的装修工程，没有设计方案擅自施工的，责令改正，处50万元以上100万元以下的罚款；房屋建筑使用者在装修过程中擅自变动房屋建筑主体和承重结构的，责令改正，处5万元以上10万元以下的罚款。

有前款所列行为，造成损失的，依法承担赔偿责任。

第七十条 发生重大工程质量事故隐瞒不报、谎报或者拖延报告期限的，对直接负责的主管人员和其他责任人员依法给予行政处分。

第七十一条 违反本条例规定，供水、供电、供气、公安消防等部门或者单位明示或者暗示建设单位或者施工单位购买其指定的生产供应单位的建筑材料、建筑构配件和设备的，责令改正。

第七十二条 违反本条例规定，注册建筑师、注册结构工程师、监理工程师等注册执业人员因过错造成质量事故的，责令停止执业1年；造成重大质量事故的，吊销执业资格证书，5年以内不予注册；情节特别恶劣的，终身不予注册。

第七十三条 依照本条例规定，给予单位罚款处罚的，对单位直接负责的主管人员和其他直接责任人员处单位罚款数额百分之五以上百分之十以下的罚款。

第七十四条 建设单位、设计单位、施工单位、工程监理单位违反国家规定，降低工程质量标准，造成重大安全事故，构成犯罪的，对直接责任人员依法追究刑事责任。

第七十五条 本条例规定的责令停业整顿，降低资质等级和吊销资质证书的行政处罚，由颁发资质证书的机关决定；其他行政处罚，由建设行政主管部门或者其他有关部门依照法定职权决定。

依照本条例规定被吊销资质证书的，由工商行政管理部门吊销其营业执照。

第七十六条 国家机关工作人员在建设工程质量监督管理工作中玩忽职守、滥用职权、徇私舞弊，构成犯罪的，依法追究刑事责任；尚不构成犯罪的，依法给予行政处分。

第七十七条 建设、勘察、设计、施工、工程监理单位的工作人员因调动工作、退休等原因离开该单位后，被发现在该单位工作期间违反国家有关建设工程质量管理规定，造成重大工程质量事故的，仍应当依法追究法律责任。

第九章 附 则

第七十八条 本条例所称肢解发包，是指建设单位将应当由一个承包单位完成的建设工程分解成若干部分发包给不同的承包单位的行为。

本条例所称违法分包，是指下列行为：

（一）总承包单位将建设工程分包给不具备相应资质条件的单位的；

（二）建设工程总承包合同中未有约定，又未经建设单位认可，承包单位将其承包的部分建设工程交由其他单位完成的；

（三）施工总承包单位将建设工程主体结构的施工分包给其他单位的；

（四）分包单位将其承包的建设工程再分包的。

本条例所称转包，是指承包单位承包建设工程后，不履行合同约定的责任和义务，将其承包的全部建设工程转给他人或者将其承包的全部建设工程肢解以后以分包的名义分别转给其他单位承包的行为。

第七十九条 本条例规定的罚款和没收的违法所得，必须全部上缴国库。

第八十条 抢险救灾及其他临时性房屋建筑和农民自建低层住宅的建设活动，不适用本条例。

第八十一条 军事建设工程的管理，按照中央军事委员会的有关规定执行。

第八十二条 本条例自发布之日起施行。

三、国务院办公厅文件

国务院办公厅关于全面治理拖欠农民工工资问题的意见

（国办发〔2016〕1号　2016年1月17日印发）

各省、自治区、直辖市人民政府，国务院各部委、各直属机构：

解决拖欠农民工工资问题，事关广大农民工切身利益，事关社会公平正义和社会和谐稳定。党中央、国务院历来高度重视，先后出台了一系列政策措施，各地区、各有关部门加大工作力度，经过多年治理取得了明显成效。但也要看到，这一问题尚未得到根本解决，部分行业特别是工程建设领域拖欠工资问题仍较突出，一些政府投资工程项目不同程度存在拖欠农民工工资问题，严重侵害了农民工合法权益，由此引发的群体性事件时有发生，影响社会稳定。为全面治理拖欠农民工工资问题，经国务院同意，现提出如下意见：

一、总体要求

（一）指导思想。全面贯彻党的十八大和十八届二中、三中、四中、五中全会精神，按照“四个全面”战略布局和党中央、国务院决策部署，牢固树立并切实贯彻创新、协调、绿色、开放、共享的发展理念，紧紧围绕保护农民工劳动所得，坚持标本兼治、综合治理，着力规范工资支付行为、优化市场环境、强化监管责任，健全预防和解决拖欠农民工工资问题的长效机制，切实保障农民工劳动报酬权益，维护社会公平正义，促进社会和谐稳定。

（二）目标任务。以建筑市政、交通、水利等工程建设领域和劳动密集型加工制造、餐饮服务等易发生拖欠工资问题的行业为重点，健全源头预防、动态监管、失信惩戒相结合的制度保障体系，完善市场主体自律、政府依法监管、社会协同监督、司法联动惩处的工作体系。到2020年，形成制度完备、责任落实、监管有力的治理格局，使拖欠农民工工资问题得到根本遏制，努力实现基本无拖欠。

二、全面规范企业工资支付行为

（三）明确工资支付各方主体责任。全面落实企业对招用农民工的工资支付责任，督促各类企业严格依法将工资按月足额支付给农民工本人，严禁将工资发放给不具备用工主体资格的组织和个人。在工程建设领域，施工总承包企业（包括直接承包建设单位发包工程的专业承包企业，下同）对所承包工程项目的农民工工资支付负总责，分包企业（包括承包施工总承包企业发包工程的专业企业，下同）对所招用农民工的工资支付负直接责任，不得以工程款未到位等为由克扣或拖欠农民工工资，不得将合同应收工程款等经营风险转嫁给农民工。

（四）严格规范劳动用工管理。督促各类企业依法与招用的农民工签订劳动合同并严格履行，建立职工名册并办理劳动用工备案。在工程建设领域，坚持施工企业与农民工先签订劳动合同后进场施工，全面实行农民工实名制管理制度，建立劳动计酬手册，记录施工现场作业农民工的身份信息、劳动考勤、工资结算等信息，逐步实现信息化实名制管理。施工总承包企业要加强对分包企业劳动用工和工资发放的监督管理，在工程项目部配备劳资专管员，建立施工人员进出场登记制度和考勤计量、工资支付等管理台账，实时掌握施工现场用工及其工资支付情况，不得以包代管。施工总承包企业和分包企业应将经农民工本人签字确认的工资支付书面记录保存两年以上备查。

（五）推行银行代发工资制度。推动各类企业委托银行代发农民工工资。在工程建设领域，鼓励实行分包企业农民工工资委托施工总承包企业直接代发的办法。分包企业负责为招用的农民工申办银行个人工资账户并办理实名制工资支付银行卡，按月考核农民工工作量并编制工资支付表，经农民工本人签字确认后，交施工总承包企业委托银行通过其设立的农民工工资（劳务费）专用账户直接将工资划入农民工个人工资账户。

三、健全工资支付监控和保障制度

（六）完善企业工资支付监控机制。构建企业工资支付监控网络，依托基层劳动保障监察网格化、网络化管理平台的工作人员和基层工会组织设立的劳动法律监督员，对辖区内企业工资支付情况实行日常监管，对发生过拖欠工资的企业实行重点监控并要求其定期申报。企业确因生产经营困难等原因需要延期支付农民工工资的，应及时向当地人力资源社会保障部门、工会组织报告。建立和完善欠薪预警系统，根据工商、税务、银行、水电供应等单位反映的企业生产经营状况相关指标变化情况，定期对重点行业企业进行综合分析研判，发现欠薪隐患要及时预警并做好防范工作。

（七）完善工资保证金制度。在建筑市政、交通、水利等工程建设领域全面实行工资保证金制度，逐步将实施范围扩大到其他易发生拖欠工资的行业。建立工资保证金差异化缴存办法，对一定时期内未发生工资拖欠的企业实行减免措施、发生工资拖欠的企业适当提高缴存比例。严格规范工资保证金动用和退还办法。探索推行业主担保、银行保函等第三方担保制度，积极引入商业保险机制，保障农民工工资支付。

（八）建立健全农民工工资（劳务费）专用账户管理制度。在工程建设领域，实行人工费用与其他工程款分账管理制度，推动农民工工资与工程材料款等相分离。施工总承包企业应分解工程价款中的人工费用，在工程项目所在地银行开设农民工工资（劳务费）专用账户，专项用于支付农民工工资。建设单位应按照工程承包合同约定的比例或施工总承包企业提供的人工费用数额，将应付工程款中的人工费单独拨付到施工总承包企业开设的农民工工资（劳务费）专用账户。农民工工资（劳务费）专用账户应向人力资源社会保障部门和交通、水利等工程建设项目主管部门备案，并委托开户银行负责日常监管，确保专款专用。开户银行发现账户资金不足、被挪用等情况，应及时向人力资源社会保障部门和交通、水利等工程建设项目主管部门报告。

（九）落实清偿欠薪责任。招用农民工的企业承担直接清偿拖欠农民工工资的主体责任。在工程建设领域，建设单位或施工总承包企业未按合同约定及时划拨工程款，致使分包企业拖欠农民工工资的，由建设单位或施工总承包企业以未结清的工程款为限先行垫付农民工工资。建设单位或施工总承包企业将工程违法发包、转包或违法分包致使拖欠农民工工资的，由建设单位或施工总承包企业依法承担清偿责任。

四、推进企业工资支付诚信体系建设

（十）完善企业守法诚信管理制度。将劳动用工、工资支付情况作为企业诚信评价的重要依据，实行分类分级动态监管。建立拖欠工资企业“黑名单”制度，定期向社会公开有关信息。人力资源社会保障部门要建立企业拖欠工资等违法信息的归集、交换和更新机制，将查处的企业拖欠工资情况纳入人民银行企业征信系统、工商部门企业信用信息公示系统、住房城乡建设等行业主管部门诚信信息平台或政府公共信用信息服务平台。推进相关信用信息系统互联互通，实现对企业信用信息互认共享。

（十一）建立健全企业失信联合惩戒机制。加强对企业失信行为的部门协同监管和联合惩戒，对拖欠工资的失信企业，由有关部门在政府资金支持、政府采购、招投标、生产许可、履约担保、资质审核、融资贷款、市场准入、评优评先等方面依法依规予以限制，使失信企业在全国范围内“一处违法、处处受限”，提高企业失信违法成本。

五、依法处置拖欠工资案件

（十二）严厉查处拖欠工资行为。加强工资支付监察执法，扩大日常巡视检查和书面材料审查覆盖范围，推进劳动保障监察举报投诉案件省级联动处理机制建设，加大拖欠农民工工资举报投诉受理和案件查处力度。完善多部门联合治理机制，深入开展农民工工资支付情况专项检查。健全地区执法协作制度，加强跨区域案件执法协作。完善劳动保障监察行政执法与刑事司法衔接机制，健全劳动保障监察机构、公安机关、检察机关、审判机关间信息共享、案情通报、案件移送等制度，推动完善人民检察院立案监督和人民法院及时财产保全等制度。对恶意欠薪涉嫌犯罪的，依法移送司法机关追究刑事责任，切实发挥刑法对打击拒不支付劳动报酬犯罪行为的威慑作用。

（十三）及时处理欠薪争议案件。充分发挥基层劳动争议调解等组织的作用，引导农民工就地就近解决工资争议。劳动人事争议仲裁机构对农民工因拖欠工资申请仲裁的争议案件优先受理、优先开庭、及时裁决、快速结案。对集体欠薪争议或涉及金额较大的欠薪争议案件要挂牌督办。加强裁审衔接与工作协调，提高欠薪争议案件裁决效率。畅通申请渠道，依法及时为农民工讨薪提供法律服务和法律援助。

（十四）完善欠薪突发事件应急处置机制。健全应急预案，及时妥善处置因拖欠农民工工资引发的突发性、群体性事件。完善欠薪应急周转金制度，探索建立欠薪保障金制度，对企业一时难以解决拖欠工资或企业主欠薪逃匿的，及时动用应急周转金、欠薪保障金或通过其他渠道筹措资金，先行垫付部分工资或基本生活费，帮助解决被拖欠工资农民工的临时生活困难。对采取非法手段讨薪或以拖欠工资为名讨要工程款，构成违反治安管理行为的，要依法予以治安处罚；涉嫌犯罪的，依法移送司法机关追究刑事责任。

六、改进建设领域工程款支付管理和用工方式

（十五）加强建设资金监管。在工程建设领域推行工程款支付担保制度，采用经济手段约束建设单位履约行为，预防工程款拖欠。加强对政府投资工程项目的管理，对建设资金来源不落实的政府投资工程项目不予批准。政府投资项目一律不得以施工企业带资承包的方式进行建设，并严禁将带资承包有关内容写入工程承包合同及补充条款。

（十六）规范工程款支付和结算行为。全面推行施工过程结算，建设单位应按合同约定的计量周期或工程进度结算并支付工程款。工程竣工验收后，对建设单位未完成竣工结算或未按合同支付工程款且未明确剩余工程款支付计划的，探索建立建设项目抵押偿付制度，有效解决拖欠工程款问题。对长期拖欠工程款结算或拖欠工程款的建设单位，有关部门不得批准其新项目开工建设。

（十七）改革工程建设领域用工方式。加快培育建筑产业工人队伍，推进农民工组织化进程。鼓励施工企业将一部分技能水平高的农民工招用为自有工人，不断扩大自有工人队伍。引导具备条件的劳务作业班组向专业企业发展。

（十八）实行施工现场维权信息公示制度。施工总承包企业负责在施工现场醒目位置设立维权信息告示牌，明示业主单位、施工总承包企业及所在项目部、分包企业、行业监管部门等基本信息；明示劳动用工相关法律法规、当地最低工资标准、工资支付日期等信息；明示属地行业监管部门投诉举报电话和劳动争议调解仲裁、劳动保障监察投诉举报电话等信息，实现所有施工场地全覆盖。

七、加强组织领导

（十九）落实属地监管责任。按照属地管理、分级负责、谁主管谁负责的原则，完善并落实解决拖欠农民工工资问题省级人民政府负总责，市（地）、县级人民政府具体负责的工作体制。完善目标责任制度，制定实施办法，将保障农民工工资支付纳入政府考核评价指标体系。建立定期督查制度，对拖欠农民工工资问题高发频发、举报投诉量大的地区及重大违法案件进行重点督查。健全问责制度，对监管责任不落实、组织工作不到位的，要严格责任追究。对政府投资工程项目拖欠工程款并引发拖欠农民工工资问题的，要追究项目负责人责任。

（二十）完善部门协调机制。健全解决企业工资拖欠问题部际联席会议制度，联席会议成员单位调整为人力资源社会保障部、发展改革委、公安部、司法部、财政部、住房城乡建设部、交通运输部、水利部、人民银行、国资委、工商总局、全国总工会，形成治理欠薪工作合力。地方各级人民政府要建立健全由政府负责人牵头、相关部门参与的工作协调机制。人力资源社会保障部门要加强组织协调和督促检查，加大劳动保障监察执法力度。住房城乡建设、交通运输、水利等部门要切实履行行业监管责任，规范工程建设市场秩序，督促企业落实劳务用工实名制管理等制度规定，负责督办因挂靠承包、违法分包、转包、拖欠工程款等造成的欠薪案件。发展改革等部门要加强对政府投资项目的审批管理，严格审查资金来源和筹措方式。财政部门要加强对政府投资项目建设全过程的资金监管，按规定及时拨付财政资金。其他相关部门要根据职责分工，积极做好保障农民工工资支付工作。

（二十一）加大普法宣传力度。发挥新闻媒体宣传引导和舆论监督作用，大力宣传劳动保障法律法规，依法公布典型违法案件，引导企业经营者增强依法用工、按时足额支付工资的法律意识，引导农民工依法理性维权。对重点行业企业，定期开展送法上门宣讲、组织法律培训等活动。充分利用互联网、微博、微信等现代传媒手段，不断创新宣传方式，增强宣传效果，营造保障农民工工资支付的良好舆论氛围。

（二十二）加强法治建设。健全保障农民工工资支付的法律制度，在总结相关行业有效做法和各地经验基础上，加快工资支付保障相关立法，为维护农民工劳动报酬权益提供法治保障。

国务院办公厅关于印发保障农民工工资支付工作考核办法的通知

（国办发〔2017〕96号　2017年12月6日印发）

各省、自治区、直辖市人民政府，国务院各部委、各直属机构：

《保障农民工工资支付工作考核办法》已经国务院同意，现印发给你们，请认真贯彻执行。

国务院办公厅

2017年12月6日

保障农民工工资支付工作考核办法

第一条　为落实保障农民工工资支付工作的属地监管责任，有效预防和解决拖欠农民工工资问题，切实保障农民工劳动报酬权益，维护社会公平正义，促进社会和谐稳定，根据有关规定，制定本办法。

第二条 本办法适用于对各省（区、市）人民政府及新疆生产建设兵团（以下统称各省级政府）保障农民工工资支付工作的年度考核。

第三条 考核工作在国务院领导下，由解决企业工资拖欠问题部际联席会议（以下简称部际联席会议）负责实施，部际联席会议办公室具体组织落实。考核工作从2017年到2020年，每年开展一次。

第四条 考核工作坚持目标导向、问题导向和结果导向，遵循客观公正原则，突出重点，注重实效。

第五条 考核内容主要包括加强对保障农民工工资支付工作的组织领导、建立健全工资支付保障制度、治理欠薪特别是工程建设领域欠薪工作成效等情况。

第六条 部际联席会议办公室组织部际联席会议各成员单位制定年度考核方案及细则，明确具体考核指标和分值。

第七条 考核工作于考核年度次年年初开始，4月底前完成。按照以下步骤进行：

（一）省级自查。各省级政府对照考核方案及细则，对考核年度保障农民工工资支付工作进展情况和成效进行自查，填报自查考核表，形成自查报告，于2月底前报送部际联席会议办公室。各省级政府对自查报告真实性、准确性负责。

（二）实地核查。3月底前，由部际联席会议办公室组织部际联席会议各成员单位组成考核组，采取抽查等方式，对省级政府考核年度保障农民工工资支付工作进展情况和成效进行实地核查，对相关考核指标进行评估。实地核查采取听取汇报、抽样调查、核验资料、明察暗访等方式进行。

（三）综合评议。部际联席会议办公室组织部际联席会议各成员单位根据各地自查情况，结合实地核查和社会治安综合治理、公安、信访等部门掌握的情况，进行考核评议，形成考核报告，报部际联席会议审议。

第八条 考核采取分级评分法，基准分为100分，考核结果分为A、B、C三个等级。

（一）符合下列条件的，考核等级为A级：

1. 领导重视、工作机制健全，各项工资支付保障制度完备、落实得力，工作成效明显；

2. 考核得分排在全国前十名。

（二）有下列情形之一的，考核等级为C级：

1. 保障农民工工资支付工作不力、成效不明显、欠薪问题突出，考核得分排在全国后三名的；

2. 发生 5 起及以上因拖欠农民工工资引发 50 人以上群体性事件，或发生 2 起及以上因政府投资工程项目拖欠农民工工资引发 50 人以上群体性事件的；

3. 发生 1 起及以上因拖欠农民工工资引发极端事件并造成严重后果的。

（三）考核等级在 A、C 级以外的为 B 级。

第九条 考核结果报经国务院同意后，由部际联席会议向各省级政府通报，并抄送中央组织部，作为对各省级政府领导班子和有关领导干部进行综合考核评价的参考。考核过程中发现需要问责的问题线索，移交纪检监察机关。

第十条 对考核等级为 A 级的，由部际联席会议予以通报表扬；对考核等级为 C 级的，由部际联席会议对该省级政府有关负责人进行约谈，提出限期整改要求。被约谈省级政府应当制定整改措施，并在被约谈后 2 周内提交书面报告，由部际联席会议办公室负责督促落实。

第十一条 对在考核工作中弄虚作假、瞒报谎报造成考核结果失实的，予以通报批评；情节严重的，依纪依法追究相关人员责任。

第十二条 各省级政府可参照本办法，结合本地区实际制定相关办法，加强对本地区各级政府保障农民工工资支付工作的考核。

第十三条 本办法由部际联席会议办公室负责解释，自印发之日起施行。

四、司法解释

最高人民法院关于审理拒不支付劳动报酬刑事案件适用法律若干问题的解释

（法释〔2013〕3号　2013年1月16日公布　自2013年1月23日起施行）

为依法惩治拒不支付劳动报酬犯罪，维护劳动者的合法权益，根据《中华人民共和国刑法》有关规定，现就办理此类刑事案件适用法律的若干问题解释如下：

第一条　劳动者依照《中华人民共和国劳动法》和《中华人民共和国劳动合同法》等法律的规定应得的劳动报酬，包括工资、奖金、津贴、补贴、延长工作时间的工资报酬及特殊情况下支付的工资等，应当认定为刑法第二百七十六条之一第一款规定的"劳动者的劳动报酬"。

第二条　以逃避支付劳动者的劳动报酬为目的，具有下列情形之一的，应当认定为刑法第二百七十六条之一第一款规定的"以转移财产、逃匿等方法逃避支付劳动者的劳动报酬"：

（一）隐匿财产、恶意清偿、虚构债务、虚假破产、虚假倒闭或者以其他方法转移、处分财产的；

（二）逃跑、藏匿的；

（三）隐匿、销毁或者篡改账目、职工名册、工资支付记录、考勤记录等与劳动报酬相关的材料的；

（四）以其他方法逃避支付劳动报酬的。

第三条　具有下列情形之一的，应当认定为刑法第二百七十六条之一第一款规定的"数额较大"：

（一）拒不支付一名劳动者三个月以上的劳动报酬且数额在五千元至二万元以上的；

（二）拒不支付十名以上劳动者的劳动报酬且数额累计在三万元至十万元以上的。

各省、自治区、直辖市高级人民法院可以根据本地区经济社会发展状况，在前款规定的数额幅度内，研究确定本地区执行的具体数额标准，报最高人民法院备案。

第四条 经人力资源社会保障部门或者政府其他有关部门依法以限期整改指令书、行政处理决定书等文书责令支付劳动者的劳动报酬后，在指定的期限内仍不支付的，应当认定为刑法第二百七十六条之一第一款规定的“经政府有关部门责令支付仍不支付”，但有证据证明行为人有正当理由未知悉责令支付或者未及时支付劳动报酬的除外。

行为人逃匿，无法将责令支付文书送交其本人、同住成年家属或者所在单位负责收件的人的，如果有关部门已通过在行为人的住所地、生产经营场所等地张贴责令支付文书等方式责令支付，并采用拍照、录像等方式记录的，应当视为“经政府有关部门责令支付”。

第五条 拒不支付劳动者的劳动报酬，符合本解释第三条的规定，并具有下列情形之一的，应当认定为刑法第二百七十六条之一第一款规定的“造成严重后果”：

（一）造成劳动者或者其被赡养人、被扶养人、被抚养人的基本生活受到严重影响、重大疾病无法及时医治或者失学的；

（二）对要求支付劳动报酬的劳动者使用暴力或者进行暴力威胁的；

（三）造成其他严重后果的。

第六条 拒不支付劳动者的劳动报酬，尚未造成严重后果，在刑事立案前支付劳动者的劳动报酬，并依法承担相应赔偿责任的，可以认定为情节显著轻微危害不大，不认为是犯罪；在提起公诉前支付劳动者的劳动报酬，并依法承担相应赔偿责任的，可以减轻或者免除刑事处罚；在一审宣判前支付劳动者的劳动报酬，并依法承担相应赔偿责任的，可以从轻处罚。

对于免除刑事处罚的，可以根据案件的不同情况，予以训诫、责令具结悔过或者赔礼道歉。

拒不支付劳动者的劳动报酬，造成严重后果，但在宣判前支付劳动者的劳动报酬，并依法承担相应赔偿责任的，可以酌情从宽处罚。

第七条 不具备用工主体资格的单位或者个人，违法用工且拒不支付劳动者的劳动报酬，数额较大，经政府有关部门责令支付仍不支付的，应当依照刑法第二百七十六条之一的规定，以拒不支付劳动报酬罪追究刑事责任。

第八条 用人单位的实际控制人实施拒不支付劳动报酬行为，构成犯罪的，应当依照刑法第二百七十六条之一的规定追究刑事责任。

第九条 单位拒不支付劳动报酬，构成犯罪的，依照本解释规定的相应个人犯罪的定罪量刑标准，对直接负责的主管人员和其他直接责任人员定罪处罚，并对单位判处罚金。

五、部门规章和规范性文件

劳动和社会保障部关于实施《劳动保障监察条例》若干规定

（2004 年 12 月 31 日　劳动和社会保障部令第 25 号公布）

第一章　总　　则

第一条　为了实施《劳动保障监察条例》，规范劳动保障监察行为，制定本规定。

第二条　劳动保障行政部门及所属劳动保障监察机构对企业和个体工商户（以下称用人单位）遵守劳动保障法律、法规和规章（以下简称劳动保障法律）的情况进行监察，适用本规定；对职业介绍机构、职业技能培训机构和职业技能考核鉴定机构进行劳动保障监察，依照本规定执行；对国家机关、事业单位、社会团体执行劳动保障法律情况进行劳动保障监察，根据劳动保障行政部门的职责，依照本规定执行。

第三条　劳动保障监察遵循公正、公开、高效、便民的原则。

实施劳动保障行政处罚坚持以事实为依据，以法律为准绳，坚持教育与处罚相结合，接受社会监督。

第四条　劳动保障监察实行回避制度。

第五条　县级以上劳动保障行政部门设立的劳动保障监察行政机构和劳动保障行政部门依法委托实施劳动保障监察的组织（以下统称劳动保障监察机构）具体负责劳动保障监察管理工作。

第二章　一般规定

第六条　劳动保障行政部门对用人单位及其劳动场所的日常巡视检查，应当制定年度计划和中长期规划，确定重点检查范围，并按照现场检查的规定进行。

第七条　劳动保障行政部门对用人单位按照要求报送的有关遵守劳动保障法

律情况的书面材料应进行审查，并对审查中发现的问题及时予以纠正和查处。

第八条 劳动保障行政部门可以针对劳动保障法律实施中存在的重点问题集中组织专项检查活动，必要时，可以联合有关部门或组织共同进行。

第九条 劳动保障行政部门应当设立举报、投诉信箱，公开举报、投诉电话，依法查处举报和投诉反映的违反劳动保障法律的行为。

第三章 受理与立案

第十条 任何组织或个人对违反劳动保障法律的行为，有权向劳动保障行政部门举报。

第十一条 劳动保障行政部门对举报人反映的违反劳动保障法律的行为应当依法予以查处，并为举报人保密；对举报属实，为查处重大违反劳动保障法律的行为提供主要线索和证据的举报人，给予奖励。

第十二条 劳动者对用人单位违反劳动保障法律、侵犯其合法权益的行为，有权向劳动保障行政部门投诉。对因同一事由引起的集体投诉，投诉人可推荐代表投诉。

第十三条 投诉应当由投诉人向劳动保障行政部门递交投诉文书。书写投诉文书确有困难的，可以口头投诉，由劳动保障监察机构进行笔录，并由投诉人签字。

第十四条 投诉文书应当载明下列事项：

（一）投诉人的姓名、性别、年龄、职业、工作单位、住所和联系方式，被投诉用人单位的名称、住所、法定代表人或者主要负责人的姓名、职务；

（二）劳动保障合法权益受到侵害的事实和投诉请求事项。

第十五条 有下列情形之一的投诉，劳动保障行政部门应当告知投诉人依照劳动争议处理或者诉讼程序办理：

（一）应当通过劳动争议处理程序解决的；

（二）已经按照劳动争议处理程序申请调解、仲裁的；

（三）已经提起劳动争议诉讼的。

第十六条 下列因用人单位违反劳动保障法律行为对劳动者造成损害，劳动者与用人单位就赔偿发生争议的，依照国家有关劳动争议处理的规定处理：

（一）因用人单位制定的劳动规章制度违反法律、法规规定，对劳动者造成损害的；

（二）因用人单位违反对女职工和未成年工的保护规定，对女职工和未成年工造成损害的；

（三）因用人单位原因订立无效合同，对劳动者造成损害的；

（四）因用人单位违法解除劳动合同或者故意拖延不订立劳动合同，对劳动者造成损害的；

（五）法律、法规和规章规定的其他因用人单位违反劳动保障法律的行为，对劳动者造成损害的。

第十七条 劳动者或者用人单位与社会保险经办机构发生的社会保险行政争议，按照《社会保险行政争议处理办法》处理。

第十八条 对符合下列条件的投诉，劳动保障行政部门应当在接到投诉之日起5个工作日内依法受理，并于受理之日立案查处：

（一）违反劳动保障法律的行为发生在2年内的；

（二）有明确的被投诉用人单位，且投诉人的合法权益受到侵害是被投诉用人单位违反劳动保障法律的行为所造成的；

（三）属于劳动保障监察职权范围并由受理投诉的劳动保障行政部门管辖。

对不符合第一款第（一）项规定的投诉，劳动保障行政部门应当在接到投诉之日起5个工作日内决定不予受理，并书面通知投诉人。

对不符合第一款第（二）项规定的投诉，劳动保障监察机构应当告知投诉人补正投诉材料。

对不符合第一款第（三）项规定的投诉，即对不属于劳动保障监察职权范围的投诉，劳动保障监察机构应当告诉投诉人；对属于劳动保障监察职权范围但不属于受理投诉的劳动保障行政部门管辖的投诉，应当告知投诉人向有关劳动保障行政部门提出。

第十九条 劳动保障行政部门通过日常巡视检查、书面审查、举报等发现用人单位有违反劳动保障法律的行为，需要进行调查处理的，应当及时立案查处。

立案应当填写立案审批表，报劳动保障监察机构负责人审查批准。劳动保障监察机构负责人批准之日即为立案之日。

第四章 调查与检查

第二十条 劳动保障监察员进行调查、检查不得少于2人。劳动保障监察机构应指定其中1名为主办劳动保障监察员。

第二十一条 劳动保障监察员对用人单位遵守劳动保障法律情况进行监察时，

应当遵循以下规定：

（一）进入用人单位时，应佩戴劳动保障监察执法标志，出示劳动保障监察证件，并说明身份；

（二）就调查事项制作笔录，应由劳动保障监察员和被调查人（或其委托代理人）签名或盖章。被调查人拒不签名、盖章的，应注明拒签情况。

第二十二条 劳动保障监察员进行调查、检查时，承担下列义务：

（一）依法履行职责，秉公执法；

（二）保守在履行职责过程中获知的商业秘密；

（三）为举报人保密。

第二十三条 劳动保障监察员在实施劳动保障监察时，有下列情形之一的，应当回避：

（一）本人是用人单位法定代表人或主要负责人的近亲属的；

（二）本人或其近亲属与承办查处的案件事项有直接利害关系的；

（三）因其他原因可能影响案件公正处理的。

第二十四条 当事人认为劳动保障监察员符合本规定第二十三条规定应当回避的，有权向劳动保障行政部门申请，要求其回避。当事人申请劳动保障监察员回避，应当采用书面形式。

第二十五条 回避决定应在收到申请之日起3个工作日内作出。作出回避决定前，承办人员不得停止对案件的调查处理。对回避申请的决定，应当告知申请人。

承办人员的回避，由劳动保障监察机构负责人决定；劳动保障监察机构负责人的回避，由劳动保障行政部门负责人决定。

第二十六条 劳动保障行政部门实施劳动保障监察，有权采取下列措施：

（一）进入用人单位的劳动场所进行检查；

（二）就调查、检查事项询问有关人员；

（三）要求用人单位提供与调查、检查事项相关的文件资料，必要时可以发出调查询问书；

（四）采取记录、录音、录像、照像和复制等方式收集有关的情况和资料；

（五）对事实确凿、可以当场处理的违反劳动保障法律、法规或规章的行为当场予以纠正；

（六）可以委托注册会计师事务所对用人单位工资支付、缴纳社会保险费的情况进行审计；

（七）法律、法规规定可以由劳动保障行政部门采取的其他调查、检查措施。

第二十七条 劳动保障行政部门调查、检查时，有下列情形之一的可以采取证据登记保存措施：

（一）当事人可能对证据采取伪造、变造、毁灭行为的；

（二）当事人采取措施不当可能导致证据灭失的；

（三）不采取证据登记保存措施以后难以取得的；

（四）其他可能导致证据灭失的情形的。

第二十八条 采取证据登记保存措施应当按照下列程序进行：

（一）劳动保障监察机构根据本规定第二十七条的规定，提出证据登记保存申请，报劳动保障行政部门负责人批准；

（二）劳动保障监察员将证据登记保存通知书及证据登记清单交付当事人，由当事人签收。当事人拒不签名或者盖章的，由劳动保障监察员注明情况；

（三）采取证据登记保存措施后，劳动保障行政部门应当在7日内及时作出处理决定，期限届满后应当解除证据登记保存措施。

在证据登记保存期内，当事人或者有关人员不得销毁或者转移证据；劳动保障监察机构及劳动保障监察员可以随时调取证据。

第二十九条 劳动保障行政部门在实施劳动保障监察中涉及异地调查取证的，可以委托当地劳动保障行政部门协助调查。受委托方的协助调查应在双方商定的时间内完成。

第三十条 劳动保障行政部门对违反劳动保障法律的行为的调查，应当自立案之日起60个工作日内完成；情况复杂的，经劳动保障行政部门负责人批准，可以延长30个工作日。

第五章 案件处理

第三十一条 对用人单位存在的违反劳动保障法律的行为事实确凿并有法定处罚（处理）依据的，可以当场作出限期整改指令或依法当场作出行政处罚决定。

当场作出限期整改指令或行政处罚决定的，劳动保障监察员应当填写预定格式、编有号码的限期整改指令书或行政处罚决定书，当场交付当事人。

第三十二条 当场处以警告或罚款处罚的，应当按照下列程序进行：

（一）口头告知当事人违法行为的基本事实、拟作出的行政处罚、依据及其依法享有的权利；

（二）听取当事人的陈述和申辩；

（三）填写预定格式的处罚决定书；

（四）当场处罚决定书应当由劳动保障监察员签名或者盖章；

（五）将处罚决定书当场交付当事人，由当事人签收。

劳动保障监察员应当在2日内将当场限期整改指令和行政处罚决定书存档联交所属劳动保障行政部门存档。

第三十三条 对不能当场作出处理的违法案件，劳动保障监察员经调查取证，应当提出初步处理建议，并填写案件处理报批表。

案件处理报批表应写明被处理单位名称、案由、违反劳动保障法律行为事实、被处理单位的陈述、处理依据、建议处理意见。

第三十四条 对违反劳动保障法律的行为作出行政处罚或者行政处理决定前，应当告知用人单位，听取其陈述和申辩；法律、法规规定应当依法听证的，应当告知用人单位有权依法要求举行听证；用人单位要求听证的，劳动保障行政部门应当组织听证。

第三十五条 劳动保障行政部门对违反劳动保障法律的行为，根据调查、检查的结果，作出以下处理：

（一）对依法应当受到行政处罚的，依法作出行政处罚决定；

（二）对应当改正未改正的，依法责令改正或者作出相应的行政处理决定；

（三）对情节轻微，且已改正的，撤销立案。

经调查、检查，劳动保障行政部门认定违法事实不能成立的，也应当撤销立案。

发现违法案件不属于劳动保障监察事项的，应当及时移送有关部门处理；涉嫌犯罪的，应当依法移送司法机关。

第三十六条 劳动保障监察行政处罚（处理）决定书应载明下列事项：

（一）被处罚（处理）单位名称、法定代表人、单位地址；

（二）劳动保障行政部门认定的违法事实和主要证据；

（三）劳动保障行政处罚（处理）的种类和依据；

（四）处罚（处理）决定的履行方式和期限；

（五）不服行政处罚（处理）决定，申请行政复议或者提起行政诉讼的途径和期限；

（六）作出处罚（处理）决定的行政机关名称和作出处罚（处理）决定的日期。

劳动保障行政处罚（处理）决定书应当加盖劳动保障行政部门印章。

第三十七条　劳动保障行政部门立案调查完成，应在15个工作日内作出行政处罚（行政处理或者责令改正）或者撤销立案决定；特殊情况，经劳动保障行政部门负责人批准可以延长。

第三十八条　劳动保障监察限期整改指令书、劳动保障行政处理决定书、劳动保障行政处罚决定书应当在宣告后当场交付当事人；当事人不在场的，劳动保障行政部门应当在7日内依照《中华人民共和国民事诉讼法》的有关规定，将劳动保障监察限期整改指令书、劳动保障行政处理决定书、劳动保障行政处罚决定书送达当事人。

第三十九条　作出行政处罚、行政处理决定的劳动保障行政部门发现决定不适当的，应当予以纠正并及时告知当事人。

第四十条　劳动保障监察案件结案后应建立档案。档案资料应当至少保存三年。

第四十一条　劳动保障行政处理或处罚决定依法作出后，当事人应当在决定规定的期限内予以履行。

第四十二条　当事人对劳动保障行政处理或行政处罚决定不服申请行政复议或者提起行政诉讼的，行政处理或行政处罚决定不停止执行。法律另有规定的除外。

第四十三条　当事人确有经济困难，需要延期或者分期缴纳罚款的，经当事人申请和劳动保障行政部门批准，可以暂缓或者分期缴纳。

第四十四条　当事人对劳动保障行政部门作出的行政处罚决定、责令支付劳动者工资报酬、赔偿金或者征缴社会保险费等行政处理决定逾期不履行的，劳动保障行政部门可以申请人民法院强制执行，或者依法强制执行。

第四十五条　除依法当场收缴的罚款外，作出罚款决定的劳动保障行政部门及其劳动保障监察员不得自行收缴罚款。当事人应当自收到行政处罚决定书之日起15日内，到指定银行缴纳罚款。

第四十六条　地方各级劳动保障行政部门应当按照劳动保障部有关规定对承办的案件进行统计并填表上报。

地方各级劳动保障行政部门制作的行政处罚决定书，应当在10个工作日内报送上一级劳动保障行政部门备案。

第六章　附　　则

第四十七条　对无营业执照或者已被依法吊销营业执照，有劳动用工行为的，由劳动保障行政部门依照本规定实施劳动保障监察。

第四十八条 本规定自2005年2月1日起施行。原《劳动监察规定》（劳部发〔1993〕167号）、《劳动监察程序规定》（劳部发〔1995〕457号）、《处理举报劳动违法行为规定》（劳动部令第5号，1996年12月17日）同时废止。

重大劳动保障违法行为社会公布办法

（2016年9月1日　人力资源和社会保障部第29号令公布）

第一条 为加强对重大劳动保障违法行为的惩戒，强化社会舆论监督，促进用人单位遵守劳动保障法律、法规和规章，根据《劳动保障监察条例》《企业信息公示暂行条例》等有关规定，制定本办法。

第二条 人力资源社会保障行政部门依法向社会公布用人单位重大劳动保障违法行为，适用本办法。

第三条 人力资源社会保障行政部门向社会公布重大劳动保障违法行为，应当遵循依法依规、公平公正、客观真实的原则。

第四条 人力资源社会保障部负责指导监督全国重大劳动保障违法行为社会公布工作，并向社会公布在全国有重大影响的劳动保障违法行为。

省、自治区、直辖市人力资源社会保障行政部门负责指导监督本行政区域重大劳动保障违法行为社会公布工作，并向社会公布在本行政区域有重大影响的劳动保障违法行为。

地市级、县级人力资源社会保障行政部门依据行政执法管辖权限，负责本辖区的重大劳动保障违法行为社会公布工作。

第五条 人力资源社会保障行政部门对下列已经依法查处并作出处理决定的重大劳动保障违法行为，应当向社会公布：

（一）克扣、无故拖欠劳动者劳动报酬，数额较大的；拒不支付劳动报酬，依法移送司法机关追究刑事责任的；

（二）不依法参加社会保险或者不依法缴纳社会保险费，情节严重的；

（三）违反工作时间和休息休假规定，情节严重的；

（四）违反女职工和未成年工特殊劳动保护规定，情节严重的；

（五）违反禁止使用童工规定的；

（六）因劳动保障违法行为造成严重不良社会影响的；

（七）其他重大劳动保障违法行为。

第六条　向社会公布重大劳动保障违法行为，应当列明下列事项：

（一）违法主体全称、统一社会信用代码（或者注册号）及地址；

（二）法定代表人或者负责人姓名；

（三）主要违法事实；

（四）相关处理情况。

涉及国家秘密、商业秘密以及个人隐私的信息不得公布。

第七条　重大劳动保障违法行为应当在人力资源社会保障行政部门门户网站公布，并在本行政区域主要报刊、电视等媒体予以公布。

第八条　地市级、县级人力资源社会保障行政部门对本辖区发生的重大劳动保障违法行为每季度向社会公布一次。

人力资源社会保障部和省级人力资源社会保障行政部门每半年向社会公布一次重大劳动保障违法行为。

根据工作需要，对重大劳动保障违法行为可随时公布。

第九条　县级以上地方人力资源社会保障行政部门在向社会公布重大劳动保障违法行为之前，应当将公布的信息报告上一级人力资源社会保障行政部门。

第十条　人力资源社会保障行政部门应当将重大劳动保障违法行为及其社会公布情况记入用人单位劳动保障守法诚信档案，纳入人力资源社会保障信用体系，并与其他部门和社会组织依法依规实施信息共享和联合惩戒。

第十一条　用人单位对社会公布内容有异议的，由负责查处的人力资源社会保障行政部门自收到申请之日起 15 个工作日内予以复核和处理，并通知用人单位。

重大劳动保障违法行为处理决定被依法变更或者撤销的，负责查处的人力资源社会保障行政部门应当自变更或者撤销之日起 10 个工作日内，对社会公布内容予以更正。

第十二条　人力资源社会保障行政部门工作人员在重大劳动保障违法行为社会公布中滥用职权、玩忽职守、徇私舞弊的，依法予以处理。

第十三条　本办法自 2017 年 1 月 1 日起施行。

工资支付暂行规定

（劳部发〔1994〕489号　劳动部1994年12月6日发布）

第一条　为维护劳动者通过劳动获得劳动报酬的权利，规范用人单位的工资支付行为，根据《中华人民共和国劳动法》有关规定，制定本规定。

第二条　本规定适用于在中华人民共和国境内的企业、个体经济组织（以下统称用人单位）和与之形成劳动关系的劳动者。

国家机关、事业组织、社会团体和与之建立劳动合同关系的劳动者，依照本规定执行。

第三条　本规定所称工资是指用人单位依据劳动合同的规定，以各种形式支付给劳动者的工资报酬。

第四条　工资支付主要包括：工资支付项目、工资支付水平、工资支付形式、工资支付对象、工资支付时间以及特殊情况下的工资支付。

第五条　工资应当以法定货币支付。不得以实物及有价证券替代货币支付。

第六条　用人单位应将工资支付给劳动者本人。劳动者本人因故不能领取工资时，可由其亲属或委托他人代领。

用人单位可委托银行代发工资。

用人单位必须书面记录支付劳动者工资的数额、时间、领取者的姓名以及签字，并保存两年以上备查。用人单位在支付工资时应向劳动者提供一份其个人的工资清单。

第七条　工资必须在用人单位与劳动者约定的日期支付。如遇节假日或休息日，则应提前在最近的工作日支付。工资至少每月支付一次，实行周、日、小时工资制的可按周、日、小时支付工资。

第八条　对完成一次性临时劳动或某项具体工作的劳动者，用人单位应按有关协议或合同规定在其完成劳动任务后即支付工资。

第九条　劳动关系双方依法解除或终止劳动合同时，用人单位应在解除或终止劳动合同时一次付清劳动者工资。

第十条　劳动者在法定工作时间内依法参加社会活动期间，用人单位应视同其提供了正常劳动而支付工资。社会活动包括：依法行使选举权或被选举权；当选代表出席乡（镇）、区以上政府、党派、工会、青年团、妇女联合会等组织召开的会议；出任人民法庭证明人；出席劳动模范、先进工作者大会；《工会法》规定的不脱产工会基层委员会委员因工会活动占用的生产或工作时间；其它依法参加的社会活动。

第十一条 劳动者依法享受年休假、探亲假、婚假、丧假期间，用人单位应按劳动合同规定的标准支付劳动者工资。

第十二条 非因劳动者原因造成单位停工、停产在一个工资支付周期内的，用人单位应按劳动合同规定的标准支付劳动者工资。超过一个工资支付周期的，若劳动者提供了正常劳动，则支付给劳动者的劳动报酬不得低于当地的最低工资标准；若劳动者没有提供正常劳动，应按国家有关规定办理。

第十三条 用人单位在劳动者完成劳动定额或规定的工作任务后，根据实际需要安排劳动者在法定标准工作时间以外工作的，应按以下标准支付工资：

（一）用人单位依法安排劳动者在日法定标准工作时间以外延长工作时间的，按照不低于劳动合同规定的劳动者本人小时工资标准的150%支付劳动者工资；

（二）用人单位依法安排劳动者在休息日工作，而又不能安排补休的，按照不低于劳动合同规定的劳动者本人日或小时工资标准的200%支付劳动者工资；

（三）用人单位依法安排劳动者在法定休假节日工作的，按照不低于劳动合同规定的劳动者本人日或小时工资标准的300%支付劳动者工资。

实行计件工资的劳动者，在完成计件定额任务后，由用人单位安排延长工作时间的，应根据上述规定的原则，分别按照不低于其本人法定工作时间计件单价的150%、200%、300%支付其工资。

经劳动行政部门批准实行综合计算工时工作制的，其综合计算工作时间超过法定标准工作时间的部分，应视为延长工作时间，并应按本规定支付劳动者延长工作时间的工资。

实行不定时工时制度的劳动者，不执行上述规定。

第十四条 用人单位依法破产时，劳动者有权获得其工资。在破产清偿中用人单位应按《中华人民共和国企业破产法》规定的清偿顺序，首先支付欠付本单位劳动者的工资。

第十五条 用人单位不得克扣劳动者工资。有下列情况之一的，用人单位可以代扣劳动者工资：

（1）用人单位代扣代缴的个人所得税；

（2）用人单位代扣代缴的应由劳动者个人负担的各项社会保险费用；

（3）法院判决、裁定中要求代扣的抚养费、赡养费；

（4）法律、法规规定可以从劳动者工资中扣除的其他费用。

第十六条 因劳动者本人原因给用人单位造成经济损失的，用人单位可按照劳动合同的约定要求其赔偿经济损失。经济损失的赔偿，可从劳动者本人的工资中扣除。但每月扣除的部分不得超过劳动者当月工资的20%。若扣除后的剩余工资部分低于当地月最低工资标准，则按最低工资标准支付。

第十七条 用人单位应根据本规定，通过与职工大会、职工代表大会或者其他形式协商制定内部的工资支付制度，并告知本单位全体劳动者，同时抄报当地劳动行政部门备案。

第十八条 各级劳动行政部门有权监察用人单位工资支付的情况。用人单位有下列侵害劳动者合法权益行为的，由劳动行政部门责令其支付劳动者工资和经济补偿，并可责令其支付赔偿金：

（一）克扣或者无故拖欠劳动者工资的；

（二）拒不支付劳动者延长工作时间工资的；

（三）低于当地最低工资标准支付劳动者工资的。

经济补偿和赔偿金的标准，按国家有关规定执行。

第十九条 劳动者与用人单位因工资支付发生劳动争议的，当事人可依法向劳动争议仲裁机关申请仲裁。对仲裁裁决不服的，可以向人民法院提起诉讼。

第二十条 本规定自一九九五年一月一日起施行。

对《工资支付暂行规定》有关问题的补充规定

（劳部发〔1995〕226号　劳动部1995年5月12日发布）

根据《工资支付暂行规定》（劳部发〔1994〕489号，以下简称《规定》）确定的原则，现就有关问题作出如下补充规定：

一、《规定》第十一条、第十二条、第十三条所称“按劳动合同规定的标准”，系指劳动合同规定的劳动者本人所在的岗位（职位）相对应的工资标准。

因劳动合同制度尚处于推进的过程中，按上述条款规定执行确有困难的，地方或行业劳动行政部门可在不违反《规定》所确定的总的原则基础上，制定过渡措施。

二、关于加班加点的工资支付问题

1.《规定》第十三条第（一）、（二）、（三）款规定的在符合法定标准工作时间的制度工时以外延长工作时间及安排休息日和法定休假节日工作应支付的工资，是根据加班加点的多少，以劳动合同确定的正常工作时间工资标准的一定倍数所支付的劳动报酬，即凡是安排劳动者在法定工作日延长工作时间或安排在休息日工作而又不能补休的，均应支付给劳动者不低于劳动合同规定的劳动者本人小时或日工资标准150%、200%的工资；安排在法定休假节日工作的，应另外支付给劳动者不低于劳动合同规定的劳动者本人小时或日工资标准300%的工资。

2. 关于劳动者日工资的折算。由于劳动定额等劳动标准都与制度工时相联系，因此，劳动者日工资可统一按劳动者本人的月工资标准除以每月制度工作天数进行折算。

根据国家关于职工每日工作8小时，每周工作时间40小时的规定，每月制度工时天数为21.5天。考虑到国家允许施行每周40小时工时制度有困难的企业最迟可以延期到1997年5月1日施行，因此，在过渡期内，实行每周44小时工时制度的企业，其日工资折算可仍按每月制度工作天数23.5天执行。

三、《规定》第十五条中所称“克扣”系指用人单位无正当理由扣减劳动者应得工资（即在劳动者已提供正常劳动的前提下用人单位按劳动合同规定的标准应当支付给劳动者的全部劳动报酬）。不包括以下减发工资的情况：（1）国家的法律、法规中有明确规定的；（2）依法签订的劳动合同中有明确规定的；（3）用人单位依法制定并经职代会批准的厂规、厂纪中有明确规定的；（4）企业工资总额与经济效益相联系，经济效益下浮时，工资必须下浮的（但支付给劳动者工资不得低于当地最低工资标准）；（5）因劳动者请事假等相应减发工资等。

四、《规定》第十八条所称“无故拖欠”系指用人单位无正当理由超过规定付薪时间未支付劳动者工资。不包括：（1）用人单位遇到非人力所能抗拒的自然灾害、战争等原因、无法按时支付工资；（2）用人单位确因生产经营困难、资金周转受到影响，在征得本单位工会同意后，可暂时延期支付劳动者工资，延期时间的最长限制可由各省、自治区、直辖市劳动行政部门根据各地情况确定。其他情况下拖欠工资均属无故拖欠。

五、关于特殊人员的工资支付问题

1. 劳动者受处分后的工资支付：（1）劳动者受行政处分后仍在原单位工作（如留用察看、降级等）或受刑事处分后重新就业的，应主要由用人单位根据具体情况自主确定其工资报酬；（2）劳动者受刑事处分期间，如收容审查、拘留（羁押）、缓刑、监外执行或劳动教养期间，其待遇按国家有关规定执行。

2. 学徒工、熟练工、大中专毕业生在学徒期、熟练期、见习期、试用期及转正定级后的工资待遇由用人单位自主确定。

3. 新就业复员军人的工资待遇由用人单位自主确定；分配到企业的军队转业干部的工资待遇，按国家有关规定执行。

关于贯彻执行《中华人民共和国劳动法》若干问题的意见

（劳部发〔1995〕309号　劳动部1995年8月4日发布）

《中华人民共和国劳动法》（以下简称劳动法）已于一九九五年一月一日起施行，现就劳动法在贯彻执行中遇到的若干问题提出以下意见。

一、适用范围

1. 劳动法第二条中的“个体经济组织”是指一般雇工在七人以下的个体工商户。

2. 中国境内的企业、个体经济组织与劳动者之间，只要形成劳动关系，即劳动者事实上已成为企业、个体经济组织的成员，并为其提供有偿劳动，适用劳动法。

3、国家机关、事业组织、社会团体实行劳动合同制度的以及按规定应实行劳动合同制度的工勤人员；实行企业化管理的事业组织的人员；其他通过劳动合同与国家机关、事业组织、社会团体建立劳动关系的劳动者，适用劳动法。

4、公务员和比照实行公务员制度的事业组织和社会团体的工作人员，以及农村劳动者（乡镇企业职工和进城务工、经商的农民除外）、现役军人和家庭保姆等不适用劳动法。

5. 中国境内的企业、个体经济组织在劳动法中被称为用人单位。国家机关、事业组织、社会团体和与之建立劳动合同关系的劳动者依照劳动法执行。根据劳动法的这一规定，国家机关、事业组织、社会团体应当视为用人单位。

二、劳动合同和集体合同

（一）劳动合同的订立

6. 用人单位应与其富余人员、放长假的职工，签订劳动合同，但其劳动合同与在岗职工的劳动合同在内容上可以有所区别。用人单位与劳动者经协商一致可以在劳动合同中就不在岗期间的有关事项作出规定。

7. 用人单位应与其长期被外单位借用的人员、带薪上学人员、以及其他非在岗但仍保持劳动关系的人员签订劳动合同，但在外借和上学期间，劳动合同中的某些相关条款经双方协商可以变更。

8. 请长病假的职工，在病假期间与原单位保持着劳动关系，用人单位应与其签订劳动合同。

9. 原固定工中经批准的停薪留职人员，愿意回原单位继续工作的，原单位应与其签订劳动合同；不愿回原单位继续工作的，原单位可以与其解除劳动关系。

10. 根据劳动部《实施〈劳动法〉中有关劳动合同问题的解答》（劳部发（1995）202号）的规定，党委书记、工会主席等党群专职人员也是职工的一员，依照劳动法的规定，与用人单位签订劳动合同。对于有特殊规定的，可以按有关规定办理。

11. 根据劳动部《实施〈劳动法〉中有关劳动合同问题的解答》（劳部发（1995）202号）的规定，经理由其上级部门聘任（委任）的，应与聘任（委任）部门签订劳动合同。实行公司制的经理和有关经营管理人员，应依照《中华人民共和国公司法》的规定与董事会签订劳动合同。

12. 在校生利用业余时间勤工助学，不视为就业，未建立劳动关系，可以不签订劳动合同。

13. 用人单位发生分立或合并后，分立或合并后的用人单位可以依照其实际情况与原用人单位的劳动者遵循平等自愿、协商一致的原则变更原劳动合同。

14. 派出到合资、参股单位的职工如果与原单位仍保持着劳动关系，应当与原单位签订劳动合同，原单位可就劳动合同的有关内容在与合资、参股单位订立的劳务合同时，明确职工的工资、保险、福利、休假等有关待遇。

15. 租赁经营（生产）、承包经营（生产）的企业，所有权并没有发生改变，法人名称未变，在与职工订立劳动合同时，该企业仍为用人单位一方。依照租赁合同或承包合同，租赁人、承包人如果作为该企业的法定代表人或者该法定代表人的授权委托人时，可代表该企业（用人单位）与劳动者订立劳动合同。

16. 用人单位与劳动者签订劳动合同时，劳动合同可以由用人单位拟定，也可以由双方当事人共同拟定，但劳动合同必须经双方当事人协商一致后才能签订，职工被迫签订的劳动合同或未经协商一致签订的劳动合同为无效劳动合同。

17. 用人单位与劳动者之间形成了事实劳动关系，而用人单位故意拖延不订立劳动合同，劳动行政部门应予以纠正。用人单位因此给劳动者造成损害的，应按劳动部《违反〈劳动法〉有关劳动合同规定的赔偿办法》（劳部发（1995）223号）的规定进行赔偿。

（二）劳动合同的内容

18. 劳动者被用人单位录用后，双方可以在劳动合同中的约定试用期，试用期应包括在劳动合同期限内。

19. 试用期是用人单位和劳动者为相互了解、选择而约定的不超过六个月的考察期。一般对初次就业或再次就业的职工可以约定。在原固定工进行劳动合同制度的转制过程中，用人单位与原固定工签订劳动合同时，可以不再约定试用期。

20. 无固定期限的劳动合同是指不约定终止日期的劳动合同。按照平等自愿、协商一致的原则，用人单位和劳动者只要达到一致，无论初次就业的，还是由固定工转制的，都可以签订无固定期限的劳动合同。

无固定期限的劳动合同不得将法定解除条件约定为终止条件，以规避解除劳动合同时用人单位应承担支付劳动者经济补偿的义务。

21. 用人单位经批准招用农民工，其劳动合同期限可以由用人单位和劳动者协商确定。

从事矿山井下以及在其他有害身体健康的工种、岗位工作的农民工，实行定期轮换制度，合同期限最长不超过八年。

22. 劳动法第二十条中的“在同一用人单位连续工作满十年以上”是指劳动者与同一用人单位签订的劳动合同的期限不间断达到十年，劳动合同期满双方同意续订劳动合同时，只要劳动者提出签订无固定期限劳动合同的，用人单位应当与其签订无固定期限的劳动合同。在固定工转制中各地如有特殊规定的，从其规定。

23. 用人单位用于劳动者职业技能培训费用的支付和劳动者违约时培训费的

赔偿可以在劳动合同中约定，但约定劳动者违约时负担的培训费和赔偿金的标准不得违反劳动部《违反〈劳动法〉有关劳动合同规定的赔偿办法》（劳部发（1995）223号）等有关规定。

24. 用人单位在与劳动者订立劳动合同时，不得以任何形式向劳动者收取定金、保证金（物）或抵押金（物）。对违反以上规定的，应按照劳动部、公安部、全国总工会《关于加强外商投资企业和私营企业劳动管理切实保障职工合法权益的通知》（劳部发（1994）118号）和劳动部办公厅《对“关于国有企业和集体所有制企业能否参照执行劳部发（1994）118号文件中的有关规定的请示”的复函》（劳办发（1994）256号）的规定，由公安部门和劳动行政部门责令用人单位立即退还给劳动者本人。

（三）经济性裁员

25. 依据劳动法第二十七条和劳动部《企业经济性裁减人员规定》（劳部发（1994）447号）第四条的规定，用人单位确需裁减人员，应按下列程序进行：

（1）提前三十日向工会或全体职工说明情况，并提供有关生产经营状况的资料；

（2）提出裁减人员方案，内容包括：被裁减人员名单、裁减时间及实施步骤，符合法律、法规规定和集体合同约定的被裁减人员的经济补偿办法；

（3）将裁减人员方案征求工会或者全体职工的意见，并对方案进行修改和完善；

（4）向当地劳动行政部门报告裁减人员方案以及工会或者全体职工的意见，并听取劳动行政部门的意见；

（5）由用人单位正式公布裁减人员方案，与被裁减人员办理解除劳动合同手续，按照有关规定向被裁减人员本人支付经济补偿金，并出具裁减人员证明书。

（四）劳动合同的解除和无效劳动合同

26. 劳动合同的解除是指劳动合同订立后，尚未全部履行以前，由于某种原因导致劳动合同一方或双方当事人提前消灭劳动关系的法律行为。劳动合同的解除分为法定解除和约定解除两种。根据劳动法的规定，劳动合同既可以由单方依法解除，也可以双方协商解除。劳动合同的解除，只对未履行的部分发生效力，不涉及已履行的部分。

27. 无效劳动合同是指所订立的劳动合同不符合法定条件，不能发生当事人预期的法律后果的劳动合同。劳动合同的无效由人民法院或劳动争议仲裁委员会确认，不能由合同双方当事人决定。

28. 劳动者涉嫌违法犯罪被有关机关收容审查、拘留或逮捕的，用人单位在劳动者被限制人身自由期间，可与其暂时停止劳动合同的履行。

暂时停止履行劳动合同期间，用人单位不承担劳动合同规定的相应义务。劳动者经证明被错误限制人身自由的，暂时停止履行劳动合同期间劳动者的损失，可由其依据《国家赔偿法》要求有关部门赔偿。

29. 劳动者被依法追究刑事责任的，用人单位可依据劳动法第二十五条解除劳动合同。

"被依法追究刑事责任"是指：被人民检察院免予起诉的、被人民法院判处处罚的、被人民法院依据刑法第三十二条免予刑事处分的。

劳动者被人民法院判处拘役、三年以下有期徒刑缓刑的，用人单位可以解除劳动合同。

30. 劳动法第二十五条用人单位可以解除劳动合同的条款，即使存在第二十九条规定的情况，只要劳动者同时存在第二十五条规定的四种情形之一，用人单位也可以根据第二十五条的规定解除劳动合同。

31. 劳动者被劳动教养的，用人单位可以依据被劳教的事实解除与该劳动者的劳动合同。

32. 按照劳动法第三十一条的规定，劳动者解除劳动合同，应当提前三十日以书面形式通知用人单位。超过三十日，劳动者可以向用人单位提出办理解除劳动合同手续，用人单位予以办理。如果劳动者违法解除劳动合同给原用人单位造成经济损失，应当承担赔偿责任。

33. 劳动者违反劳动法规定或劳动合同的约定解除劳动合同（如擅自离职），给用人单位造成经济损失的，应当根据劳动法第一百零二条和劳动部《违反〈劳动法〉有关劳动合同规定的赔偿办法》（劳部发〔1995〕223 号）的规定，承担赔偿责任。

34. 除劳动法第二十五条规定的情形外，劳动者在医疗期、孕期、产期和哺乳期内，劳动，劳动合同期限届满时，用人单位不得终止劳动合同。劳动合同的期限应自动延续至医疗期、孕期、产期和哺乳期期满为止。

35. 请长病假的职工在医疗期满后，能从事原工作的，可以继续履行劳动合同；医疗期满后仍不能从事原工作也不能从事由单位另行安排的工作的，由劳动鉴定委员会参照工伤与职业病致残程度鉴定标准进行劳动能力鉴定。被鉴定为一至四级的，应当退出劳动岗位，解除劳动关系，办理因病或非因工负伤退休退职手续，享受相应的退休退职待遇；被鉴定为五至十级的，用人单位可以解除劳动合同，并按规定支付经济补偿金和医疗补助费。

（五）解除劳动合同的经济补偿

36. 用人单位依据劳动法第二十四条、第二十六条、第二十七条的规定解除劳动合同，应当按照劳动法和劳动部《违反和解除劳动合同的经济补偿办法》（劳部发〔1994〕481 号）支付劳动者经济补偿金。

37. 根据《民法通则》第四十四条第二款“企业法人分立、合并，它的权利和义务由变更后的法人享有和承担”的规定，用人单位发生分立或合并后，分立或合并后的用人单位可依据其实际情况与原用人单位的劳动者遵循平等自愿、协商一致的原则变更、解除或重新签订劳动合同。在此种情况下的重新签订劳动合同视为原劳动合同的变更，用人单位变更劳动合同，劳动者不能依据劳动法第二十八条要求经济补偿。

38. 劳动合同期满或者当事人约定的劳动合同终止条件出现，劳动合同即行终止，用人单位可以不支付劳动者经济补偿金。国家另有规定的，可以从其规定。

39. 用人单位依据劳动法第二十五条解除劳动合同，可以不支付劳动者经济补偿金。

40. 劳动者依据劳动法第三十二条第（一）项解除劳动合同，用人单位可以不支付经济补偿金，但应按照劳动者的实际工作天数支付工资。

41. 在原固定工实行劳动合同制度的过程中，企业富余职工辞职，经企业同意可以不与企业签订劳动合同的，企业应根据《国有企业富余职工安置规定》（国务院令第 111 号，1993 年公布）发给劳动者一次性生活补助费。

42. 职工在接近退休年龄（按有关规定一般为五年以内）时因劳动合同到期终止劳动合同的，如果符合退休、退职条件，可以办理退休、退职手续；不符合退休、退职条件的，在终止劳动合同后按规定领取失业救济金。享受失业救济金的期限届满后仍未就业，符合社会救济条件的，可以按规定领取社会救济金，达到退休年龄时办理退休手续，领取养老保险金。

43. 劳动合同解除后，用人单位对符合规定的劳动者应支付经济补偿金。不能因劳动者领取了失业救济金而拒付或克扣经济补偿金，失业保险机构也不得以劳动者领取了经济补偿金为由，停发或减发失业救济金。

（六）体制改革过程中实行劳动合同制度的有关政策

44. 困难企业签订劳动合同，应区分不同情况，有些亏损企业属政策性亏损，生产仍在进行，还能发出工资，应该按照劳动法的规定签订劳动合同。已经停产半停产的企业，要根据具体情况签订劳动合同，保证这些企业职工的基本生活。

45. 在国有企业固定工转制过程中，劳动者无正当理由不得单方面与用人单位解除劳动关系；用人单位也不得以实行劳动合同制度为由，借机辞退部分职工。

46. 关于在企业内录干、聘干问题，劳动法规定用人单位内的全体职工统称为劳动者，在同一用人单位内，各种不同的身分界限随之打破。应该按照劳动法的规定，通过签订劳动合同来明确劳动者的工作内容、岗位等。用人单位根据工作需要，调整劳动者的工作岗位时，可以与劳动者协商一致，变更劳动合同的相关内容。

47. 由于各用人单位千差万别，对工作内容、劳动报酬的规定也就差异很大，因此，国家不宜制定统一的劳动合同标准文本。目前，各地、各行业制定并向企业推荐的劳动合同文本，对于用人单位和劳动者双方有一定的指导意义，但这些劳动合同文本只能供用人单位和劳动者参考。

48. 按照劳动部办公厅《对全面实行劳动合同制若干问题的请示的复函》（劳办发〔1995〕19 号）的规定，各地企业在与原固定工签订劳动合同时，应注意保护老弱病残职工的合法权益。对工作时间较长，年龄较大的职工，各地可以根据劳动法第一百零六条制定一次性的过渡政策，具体办法由各省、自治区、直辖市确定。

49. 在企业全面建立劳动合同制度以后，原合同制工人与本企业内的原固定工应享受同等待遇。是否发给 15% 的工资性补贴，可以由各省、自治区、直辖市人民政府根据劳动法第一百零六条在制定劳动合同制度的实施步骤时加以规定。

50. 在目前工伤保险和残疾人康复就业制度尚未建立和完善的情况下，对因工部分丧失劳动能力的职工，劳动合同期满也不能终止劳动合同，仍由原单位按照国家有关规定提供医疗等待遇。

（七）集体合同

51. 当前签订集体合同的重点应在非国有企业和现代企业制度试点的企业进行，积累经验，逐步扩大范围。

52. 关于国有企业在承包制条件下签订的“共保合同”，凡内容符合劳动法和有关法律、法规和规章关于集体合同规定的，应按照有关规定办理集体合同送审、备案手续；凡不符合劳动法和有关法律、法规和规章规定的，应积极创造条件逐步向规范的集体合同过渡。

三、工资

（一）最低工资

53. 劳动法中的“工资”是指用人单位依据国家有关规定或劳动合同的约定，以货币形式直接支付给本单位劳动者的劳动报酬，一般包括计时工资、计件工资、奖金、津贴和补贴、延长工作时间的工资报酬以及特殊情况下支付的工资等。“工资”是劳动者劳动收入的主要组成部分。劳动者的以下劳动收入不属于工资范围：（1）单位支付给劳动者个人的社会保险福利费用，如丧葬抚恤救济费、生活困难补助费、计划生育补贴等；（2）劳动保护方面的费用，如用人单位支付给劳动者的工作服、解毒剂、清凉饮料费用等；（3）按规定未列入工资总额的各种劳动报酬及其他劳动收入，如根据国家规定发放的创造发明奖、国家星火奖、自然科学奖、科学技术进步奖、合理化建议和技术改进奖、中华技能大奖等，以及稿费、讲课费、翻译费等。

54. 劳动法第四十八条中的“最低工资”是指劳动者在法定工作时间内履行了正常劳动义务的前提下，由其所在单位支付的最低劳动报酬。最低工资不包括延长工作时间的工资报酬，以货币形式支付的住房和用人单位支付的伙食补贴，中班、夜班、高温、低温、井下、有毒、有害等特殊工作环境和劳动条件下的津贴，国家法律、法规、规章规定的社会保险福利待遇。

55. 劳动法第四十四条中的“劳动者正常工作时间工资”是指劳动合同规定的劳动者本人所在工作岗位（职位）相对应的工资。鉴定当前劳动合同制度尚处于推进过程中，按上述规定执行确有困难的用人单位，地方或行业劳动部门可在不违反劳动部《关于工资〈支付暂行规定〉有关问题的补充规定》（劳部发〔1995〕226号）文件所确定的总的原则的基础上，制定过渡办法。

56. 在劳动合同中，双方当事人约定的劳动者在未完成劳动定额或承包任务的情况下，用人单位可低于最低工资标准支付劳动者工资的条款不具有法律效力。

57. 劳动者与用人单位形成或建立劳动关系后，试用、熟练、见习期间，在法定工作时间内提供了正常劳动，其所在的用人单位应当支付其不低于最低工资标准的工资。

58. 企业下岗待工人员，由企业依据当地政府的有关规定支付其生活费，生活费可以低于最低工资标准，下岗待工人员中重新就业的，企业应停发其生活费。

女职工因生育、哺乳请长假而下岗的，在其享受法定产假期间，依法领取生育津贴；没有参加生育保险的企业，由企业照发原工资。

59. 职工患病或非因工负伤治疗期间，在规定的医疗期间内由企业按有关规定支付其病假工资或疾病救济费，病假工资或疾病救济费可以低于当地最低工资标准支付，但不能低于最低工资标准的80%。

（二）延长工作时间的工资报酬

60. 实行每天不超过8小时，每周不超过44小时或40小时标准工作时间制度的企业，以及经批准实行综合计算工时工作制的企业，应当按照劳动法的规定支付劳动者延长工作时间的工资报酬。全体职工已实行劳动合同制度的企业，一般管理人员（实行不定时工作制人员除外）经批准延长工作时间的，可以支付延长工作时间的工资报酬。

61. 实行计时工资制的劳动者的日工资，按其本人月工资标准除以平均每月法定工作天数（实行每周40小时工作制的为21.46天，实行每周44小时工作制的为23.33天）进行计算。

62. 实行综合计算工时工作制的企业职工，工作日正好是周休息日的，属于正常工作；工作日正好是法定节假日时，要依照劳动法第四十四条第（三）项的规定支付职工的工资报酬。

（三）有关企业工资支付的政策

63. 企业克扣或无故拖欠劳动者工资的，劳动监察部门应根据劳动法第九十一条、劳动部《违反和解除劳动合同的经济补偿办法》第三条、《违反〈中华人民共和国劳动法〉行政处罚办法》第六条予以处理。

64. 经济困难的企业执行劳动部《工资支付暂行规定》（劳部发〔1994〕489号）确有困难，应根据以下规定执行：

（1）《关于做好国有企业职工和离退休人员基本生活保障工作的通知》（国发〔1993〕76号）的规定，“企业发放工资确有困难时，应发给职工基本生活费，具体标准由各地区、各部门根据实际情况确定”；

（2）《关于国有企业流动资金贷款的紧急通知》（银传〔1994〕34号）的规定，“地方政府通过财政补贴，企业主管部门有可能也要拿出一部分资金，银行要拿出一部分贷款，共同保证职工基本生活和社会的稳定”；

（3）《国有企业富余职工安置规定》（国务院令第111号，1993年发布）的规定：“企业可以对职工实行有限期的放假。职工放假期间，由企业发给生活费”。

四、工作时间和休假

（一）综合计算工作时间

65. 经批准实行综合计算工作时间的用人单位，分别以周、月、季、年等为周期综合计算工作时间，但其平均日工作时间和平均周工作时间应与法定标准工作时间基本相同。

66. 对于那些在市场竞争中，由于外界因素的影响，生产任务不均衡的企业的部分职工，经劳动行政部门严格审批后，可以参照综合计算工时工作制的办法实施，但用人单位应采取适当方式确保职工的休息休假权利和生产、工作任务的完成。

67. 经批准实行不定时工作制的职工，不受劳动法第四十一条规定的日延长工作时间标准和月延长工作时间标准的限制，但用人单位应采用弹性工作时间等适当的工作和休息方式，确保职工的休息休假权利和生产、工作任务的完成。

68. 实行标准工时制度的企业，延长工作时间应严格按劳动法第四十一条的规定执行，不能按季、年综合计算延长工作时间。

69. 中央直属企业、企业化管理的事业单位实行不定时工作制和综合计算工时工作制等其他工作和休息办法的，须经国务院行业主管部门审核，报国务院劳动行政部门批准。地方企业实行不定时工作制和综合计算工时工作制等其他工作和休息办法的审批办法，由省、自治区、直辖市人民政府劳动行政部门制定，报国务院劳动行政部门备案。

（二）延长工作时间

70. 休息日安排劳动者工作的，应先按同等时间安排其补休，不能安排补休的应按劳动法第四十四条第（二）项的规定支付劳动者延长工作时间的工资报酬。法定节假日（元旦、春节、劳动节、国庆节）安排劳动者工作的，应按劳动法第四十四条第（三）项支付劳动者延长工作时间的工资报酬。

71. 协商是企业决定延长工作时间的程序（劳动法第四十二条和《劳动部贯彻〈国务院关于职工工作时间的规定〉的实施办法》第七条规定除外），企业确因生产经营需要，必须延长工作时间时，应与工会和劳动者协商。协商后，企业可以在劳动法限定的延长工作时数内决定延长工作时间，对企业违反法律、法规强迫劳动者延长工作时间的，劳动者有权拒绝。若由此发生劳动争议，可以提请劳动争议处理机构予以处理。

（三）休假

72. 实行新工时制度后，企业职工原有的年休假仍然实行。在国务院尚未作出新的规定之前，企业可以按照 1991 年 6 月 5 日《中共中央国务院关于职工休假问题的通知》，安排职工休假。

五、社会保险

73. 企业实施破产时，按照国家有关企业破产的规定，从其财产清产和土地转让所得中按实际需要划拨出社会保险费用和职工再就业的安置费。其划拨的养老保险费和失业保险费由当地社会保险基金经办机构和劳动部门就业服务机构接收，并负责支付离退休人员的养老保险费用和支付失业人员应享受的失业保险待遇。

74. 企业富余职工、请长假人员、请长病假人员、外借人员和带薪上学人员，其社会保险费用仍按规定由原单位和个人继续缴纳，缴纳保险费期间计算为缴费年限。

75. 用人单位全部职工实行劳动合同制度后，职工在用人单位由转制前的原工人岗位转为原干部（技术）岗位或由原干部（技术）岗位转为原工人岗位，其退休年龄和条件，按现岗位国家规定执行。

76. 依据劳动部《企业职工患病或非因工负伤医疗期的规定》（劳部发〔1994〕479 号）和劳动部《关于贯彻〈企业职工患病或非因工负伤医疗期的规定〉的通知》（劳部发〔1995〕236 号），职工患病或非因工负伤，根据本人实际参加工作的年限和本企业工作年限长短，享受 3－24 个月的医疗期。对于某些患特殊疾病（如癌症、精神病、瘫痪等）的职工，在 24 个月内尚不能痊愈的，经企业和当地劳动部门批准，可以适当延长医疗期。

77. 劳动者的工伤待遇在国家尚未颁布新的工伤保险法律、行政法规之前，各类企业仍要执行《劳动保险条例》及相关的政策规定，如果当地政府已实行工伤保险制度改革的，应执行当地新规定；个体经济组织的劳动者的工伤保险参照企业职工的规定执行；国家机关、事业组织、社会团体的劳动者的工伤保险，如果包括在地方人民政府的工伤改革规定范围内的，按地方政府的规定执行。

78. 劳动者患职业病按照 1987 年由卫生部等部门发布的《职业病范围和职业病患者处理办法的规定》和所附的“职业病名单”（〔87〕卫防第 60 号）处理，经职业病诊断机构确诊并发给《职业病诊断证明书》，劳动行政部门据此确认工伤，并通知用人单位或者社会保险基金经办机构发给有关工伤保险待遇；劳动者因工负伤的，劳动行政部门根据企业的工伤事故报告和工伤者本人的申请，作出工伤认定，由社会保险基金经办机构或用人单位，发给有关工伤保险待遇。

患职业病或工伤致残的，由当地劳动鉴定委员会按照劳动部《职工工伤和职业病致残程度鉴定标准》（劳险字〔1992〕6 号）评定伤残等级和护理依赖程度。劳动鉴定委员会的伤残等级和护理依赖程度的结论，以医学检查、论断结果为技术依据。

79. 劳动者因工负伤或患职业病，用人单位应按国家和地方政府的规定进行工伤事故报告，或者经职业病论断机构确诊进行职业病报告。用人单位和劳动者有权按规定向当地劳动行政部门报告。如果用人单位瞒报、漏报工作或职业病，工会、劳动者可以向劳动行政部门报告。经劳动行政部门确认后，用人单位或社会保险基金经办机构应补发工伤保险待遇。

80. 劳动者对劳动行政部门作出的工伤或职业病的确认意见不服，可依法提起行政复议或行政诉讼。

81. 劳动者被认定患职业病或因工负伤后，对劳动鉴定委员会作出的伤残等级和护理依赖程度鉴定结论不服，可依法提起行政复议或行政诉讼。对劳动能力鉴定结论所依据的医学检查、诊断结果有异议的，可以要求复查诊断，复查论断按各省、自治区和直辖市劳动鉴定委员会规定的程序进行。

六、劳动争议

82. 用人单位与劳动者发生劳动争议不论是否订立劳动合同，只要存在事实劳动关系，并符合劳动法的适用范围和《中华人民共和国企业劳动争议处理条例》的受案范围，劳动争议仲裁委员会均应受理。

83. 劳动合同鉴证是劳动行政部门审查、证明劳动合同的真实性、合法性的一项行政监督措施，尤其在劳动合同制度全面实施的初期有其必要性。劳动行政部门鼓励并提倡用人单位和劳动者进行劳动合同鉴证。劳动争议仲裁委员会不能以劳动合同未经鉴证为由不受理相关的劳动争议案件。

84. 国家机关、事业组织、社会团体与本单位工人以及其他与之建立劳动合同关系的劳动者之间，个体工商户与帮工、学徒之间，以及军队、武警部队的事业组织和企业与其无军籍的职工之间发生的劳动争议，只要符合劳动争议的受案范围，劳动争议仲裁委员会应予受理。

85. “劳动争议发生之日”是指当事人知道或者应当知道其权利被侵害之日。

86. 根据《中华人民共和国商业银行法》的规定，商业银行为企业法人。商业银行与职工适用《劳动法》、《中华人民共和国企业劳动争议处理条例》等劳动法律、法规和规章。商业银行与其职工发生的争议属于劳动争议的受案范围的，劳动争议仲裁委员会应予受理。

87. 劳动法第二十五条第（三）项中的“重大损害”，应由企业内部规章来规定，不便于在全国对其作统一解释。若用人单位以此为由解除劳动合同，与劳动者发生劳动争议，当事人向劳动争议仲裁委员会申请仲裁的，由劳动争议仲裁委员会根据企业类型、规模和损害程度等情况，对企业规章中规定的“重大损害”进行认定。

88. 劳动监察是劳动法授予劳动行政部门的职责，劳动争议仲裁是劳动法授予各级劳动争议仲裁委员会的职能。用人单位或行业部门不能设立劳动监察机构和劳动争议仲裁委员会，也不能设立劳动行政部门劳动监察机构的派出机构和劳动争议仲裁委员会的派出机构。

89. 劳动争议当事人向企业劳动争议调解委员会申请调解，从当事人提出申请之日起，仲裁申诉时效中止，企业劳动争议调解委员会应当在三十日内结束调解，即中止期间最长不得超过三十日。结束调解之日起，当事人的申诉时效继续计算。调解超过三十日的，申诉时效从三十日之后的第一天继续计算。

90. 劳动争议仲裁委员会的办事机构对未予受理的仲裁申请，应逐件向仲裁委员会报告并说明情况，仲裁委员会认为应当受理的，应及时通知当事人。当事人从申请至受理的期间应视为时效中止。

七、法律责任

91. 劳动法第九十一条的含义是，如果用人单位实施了本条规定的前三项侵权行为之一的，劳动行政部门应责令用人单位支付劳动者的工资报酬和经济补偿，并可以责令支付赔偿金。如果用人单位实施了本条规定的第四项侵权行为，即解除劳动合同后未依法给予劳动者经济补偿的，因不存在支付工资报酬的问题，故劳动行政部门只责令用人单位支付劳动者经济补偿，还可以支付赔偿金。

92. 用人单位实施下列行为之一的，应认定为劳动法第一百零一条中的“无理阻挠”行为：

（1）阻止劳动监督检查人员进入用人单位内（包括进入劳动现场）进行监督检查的；

（2）隐瞒事实真象，出具伪证，或者隐匿、毁灭证据的；

（3）拒绝提供有关资料的；

（4）拒绝在规定的时间和地点就劳动行政部门所提问题作出解释和说明的；

（5）法律、法规和规章规定的其他情况。

八、适用法律

93. 劳动部、外经贸部《外商投资企业劳动管理规定》（劳部发〔1994〕246）与劳动部《违反和解除劳动合同的经济补偿办法》（劳部发〔1994〕481号）中关于解除劳动合同的经济补偿规定是一致的，246号文中的“生活补助费”是劳动法第二十八条所指经济补偿的具体化，与481号文中的“经济补偿金”可视为同一概念。

94. 劳动部、外经贸部《外商投资企业劳动管理规定》（劳部发〔1994〕246号）与劳动部《违反〈中华人民共和国劳动法〉行政处罚办法》（劳部发〔1994〕532号）在企业低于当地最低工资标准支付职工工资应付赔偿金的标准，延长工作时间的罚款标准，阻止劳动监察人员行使监督检查权的罚款标准等方面规定不一致，按照同等效力的法律规范新法优于旧法执行的原则，应执行劳动部劳部发〔1994〕532号规章。

95. 劳动部《企业最低工资规定》（劳部发〔1993〕333号）与劳动部《违反〈中华人民共和国劳动法〉行政处罚办法》（劳部发〔1994〕532号）在拖欠或低于国家最低工资标准支付工资的赔偿金标准方面规定不一致，应按劳动部劳部发〔1994〕532号规章执行。

96. 劳动部《违反〈中华人民共和国劳动法〉行政处罚办法》（劳部发〔1994〕532号）对行政处罚行为、处罚标准未作规定，而其他劳动行政规章和地方政府规章作了规定的，按有关规定执行。

97. 对违反劳动法的用人单位，劳动行政部门有权依据劳动法律、法规和规章的规定予以处理，用人单位对劳动行政部门作出的行政处罚决定不服，在法定期限内不提起诉讼或不申请复议又不执行行政处罚决定的，劳动行政部门可以根据行政诉讼法第六十六条申请人民法院强制执行。劳动行政部门依法申请人民法院强制执行时，应当提交申请执行书，据以执行的法律文书和其他必须提交的材料。

98. 适用法律、法规、规章及其他规范性文件遵循下列原则：

（1）法律的效力高于行政法规与地方性法规；行政法规与地方性法规效力高于部门规章和地方政府规章；部门规章和地方政府规章效力高于其他规范性文件。

（2）在适用同一效力层次的文件时，新法律优于旧法律；新法规优于旧法规；新规章优于旧规章；新规范性文件优于旧规范性文件。

99. 依据《法规规章备案规定》（国务院令第48号，1990年发布）“地方人民政府规章同国务院部门规章之间或者国务院部门规章相互之间有矛盾的，由国务院法制局进行协调；经协调不能取得一致意见的，由国务院法制局提出意见，报国务院决定。”地方劳动行政部门在发现劳动部规章与国务院其他部门规章或地方政府规章相矛盾时，可将情况报劳动部，由劳动部报国务院法制局进行协调或决定。

100. 地方或行业劳动部门发现劳动部的规章之间、其他规范性文件之间或规章与其他规范性文件之间相矛盾，一般适用“新文件优于旧文件”的原则，同时可向劳动部请示。

关于加强对拒不支付劳动报酬案件查处工作的通知

（人社部发〔2012〕3号　最高人民法院、最高人民检察院、人力资源和社会保障部、公安部2012年1月14日联合发布）

为贯彻执行《中华人民共和国刑法修正案（八）》关于拒不支付劳动报酬罪的规定，完善劳动保障监察执法与刑事司法衔接制度，加大对拒不支付劳动报酬、侵害劳动者权益行为的打击力度，切实维护劳动者合法权益和社会公平正义，根据《中华人民共和国刑法》、《中华人民共和国刑事诉讼法》、《行政执法机关移送涉嫌犯罪案件的规定》等法律法规的有关规定，现就进一步加强涉及拒不支付劳动报酬案件查处和司法移送工作通知如下：

一、统一思想认识，高度重视拒不支付劳动报酬案件依法查处和司法移送工作，严惩劳动保障领域违法犯罪行为

当前，个别企业和个人有的有能力支付而不支付劳动者劳动报酬，有的通过转移财产、逃匿等方法逃避支付劳动者的劳动报酬，致使一些劳动者生活陷入困境，甚至引发群体性事件，严重侵害了劳动者的合法权益，影响社会和谐稳定。依法惩治拒不支付劳动报酬违法犯罪行为，保护劳动者合法权益，对于化解社会矛盾，保障社会和谐稳定，促进公平正义具有重要作用。建立劳动保障监察执法与刑事司法衔接工作制度是依法履行职责、捍卫劳动者合法权益的重要保证，是依法严厉打击拒不支付劳动报酬违法犯罪行为的必然要求。各级人民法院、人民检察院、人力资源社会保障部门、公安机关要进一步统一思想，高度重视，充分认识此类违法犯罪活动的严重性、危害性，增强政治责任感，密切分工协作，依法移送和查处拒不支付劳动报酬涉嫌犯罪案件，及时查办一批典型案件，有力打击拒不支付劳动报酬的犯罪行为，维护法律权威，保障劳动者的合法权益，促进劳动关系和谐稳定与社会公平正义。

二、切实履行职责，依法查处拒不支付劳动报酬违法犯罪案件

人力资源社会保障部门、公安机关、人民检察院、人民法院要按照有关规定，认真做好拒不支付劳动报酬行为涉嫌犯罪案件的调查、移交、侦办、审查批捕、审查起诉和审判，尽可能提高办案效率，并及时将有关情况进行通报。

人力资源社会保障部门要依法对用人单位遵守劳动保障法律、法规和规章的情况进行监督检查，通过各种检查方式监督用人单位劳动报酬支付情况，依法受理拖欠劳动报酬的举报、投诉。经调查，对违法事实清楚、证据确凿的，应当依法及时责令用人单位向劳动者支付劳动报酬。行为人逃匿的，人力资源社会保障部门可以在行为人住所地、办公地点、生产经营场所或者建筑施工项目所在地张贴责令支付的文书，或者采取将责令支付的文书送交其单位管理人员及近亲属等适当方式。对涉嫌犯罪的案件，应按照《行政执法机关移送涉嫌犯罪案件的规定》的要求，核实案情向本部门负责人报告并经同意后制作《涉嫌犯罪案件移送书》，在规定期限内将案件向同级公安机关移送，并抄送同级人民检察院备案。

公安机关对人力资源社会保障部门移送涉嫌犯罪的拒不支付劳动报酬案件，应依法及时审查决定是否立案。认为有犯罪事实，需要追究刑事责任的，依法立案，并及时查明犯罪事实，正确运用法律惩罚犯罪，保障劳动者的合法权益不受侵害。

人民检察院要依法及时做好此类案件的立案监督、审查批捕、审查起诉等检察工作，对工作中发现的职务犯罪线索应当认真审查，依法处理。

人民法院要依法及时受理、审理各类拖欠劳动报酬纠纷，对其中构成犯罪的，要坚决依法追究刑事责任。

公安机关、人民检察院、人民法院在案件审查过程中，可以告知劳动者有提起刑事附带民事诉讼的权利。

对不依法移送或者不依法办理涉嫌拒不支付劳动报酬犯罪案件的国家工作人

员，要依法追究行政纪律责任；构成犯罪的，要依法追究刑事责任。

三、加强协调配合，做好拒不支付劳动报酬案件移送工作

人力资源社会保障部门向公安机关移送涉嫌犯罪案件，应当附有《涉嫌犯罪案件移送书》、涉嫌拒不支付劳动报酬犯罪案件调查报告、涉案的有关书证、物证及其他有关涉嫌犯罪的材料。在移送案件时已经作出行政处罚决定的，应当将行政处罚决定书一并抄送公安机关、人民检察院；未作出行政处罚决定的，原则上应当在公安机关决定不予立案或者撤销案件、人民检察院作出不起诉决定、人民法院作出无罪判决或者免予刑事处罚后，再决定是否给予行政处罚。

公安机关对人力资源社会保障部门移送的涉嫌拒不支付劳动报酬犯罪案件，应当予以受理，并在涉嫌犯罪案件移送书回执上签字。对于不属于本部门管辖的，应在受理后24小时内转送有管辖权的部门，并书面告知移送案件的人力资源社会保障部门。

公安机关作出立案或者不立案决定，应当在作出决定之日起3日内书面告知移送案件的人力资源社会保障部门。决定不立案的，应当同时退回案卷材料，并书面说明不立案的理由。

人力资源社会保障部门对于公安机关不予立案的决定有异议的，可以自接到通知后3日内向作出不予立案的公安机关提出复议，也可以建议检察机关依法进行立案监督。

在涉案人员众多、涉嫌跨区域犯罪、社会影响较大或涉嫌犯罪行为人故意销毁会计账簿、转移财产、逃匿、暴力抗拒执法等紧急情形下，人力资源社会保障部门应当及时通报公安机关，公安机关应当依法及时处置。

上级人力资源社会保障部门和公安机关应当对下级人力资源社会保障部门和公安机关执行本通知的情况进行督促检查，定期抽查案件查办情况，及时纠正案件移送工作中的问题和错误。

四、建立沟通机制，确保劳动保障监察执法与刑事司法工作有效衔接

在办理拒不支付劳动报酬案件的过程中，各级人力资源社会保障部门和人民法院、人民检察院、公安机关要加强沟通协调、通力合作，形成打击合力。各级人力资源社会保障部门要与当地人民法院、人民检察院、公安机关建立拒不支付劳动报酬案件移送的联系机制，加强联动配合，确保工作衔接顺畅，案件查处及时有力。要定期组织召开联席会议，互通查处违法犯罪行为以及劳动保障监察执法与刑事司法衔接工作的有关情况，研究解决衔接工作中存在的问题，提出加强衔接工作的措施，切实打击拒不支付劳动报酬的犯罪行为。要健全信息通报制度，通过简报、会议、网络等多种形式实现信息共享，推动劳动保障监察执法与刑事司法衔接工作深入开展。

五、加大宣传力度，及时公布拒不支付劳动报酬案件查处结果

各地要通过广播、电视、报刊、网络等多种渠道向社会广泛宣传拒不支付劳动报酬违法犯罪行为的危害，大力宣传依法打击拒不支付劳动报酬违法犯罪行为的决心。要支持新闻媒体开展舆论监督，畅通信息交流渠道，认真调查处理新闻媒体报道的拒不支付劳动报酬行为，做好相关案件的宣传报道和舆论引导工作，并依法将查处的严重违法犯罪案件向社会公布，达到惩处违法犯罪行为、震慑犯罪分子的目的。

附件（略）

关于加强涉嫌拒不支付劳动报酬犯罪案件查处衔接工作的通知

（人社部发〔2014〕100号 最高人民法院、最高人民检察院、人力资源和社会保障部、公安部2014年12月23日联合发布）

为贯彻执行《中华人民共和国刑法》和《最高人民法院关于审理拒不支付劳动报酬刑事案件适用法律若干问题的解释》（法释〔2013〕3号）关于拒不支付劳动报酬罪的相关规定，进一步完善人力资源社会保障行政执法和刑事司法衔接制度，加大对拒不支付劳动报酬犯罪行为的打击力度，切实维护劳动者合法权益，根据《行政执法机关移送涉嫌犯罪案件的规定》（国务院2001年第310号令）及有关规定，现就进一步做好涉嫌拒不支付劳动报酬犯罪案件查处衔接工作通知如下：

一、切实加强涉嫌拒不支付劳动报酬违法犯罪案件查处工作

（一）由于行为人逃匿导致工资账册等证据材料无法调取或用人单位在规定的时间内未提供有关工资支付等相关证据材料的，人力资源社会保障部门应及时对劳动者进行调查询问并制作询问笔录，同时应积极收集可证明劳动用工、欠薪数额等事实的相关证据，依据劳动者提供的工资数额及其他有关证据认定事实。调查询问过程一般要录音录像。

（二）行为人拖欠劳动者劳动报酬后，人力资源社会保障部门通过书面、电话、短信等能够确认其收悉的方式，通知其在指定的时间内到指定的地点配合解决问题，但其在指定的时间内未到指定的地点配合解决问题或明确表示拒不支付劳动报酬的，视为刑法第二百七十六条之一第一款规定的“以逃匿方法逃避支付劳动者的劳动报酬”。但是，行为人有证据证明因自然灾害、突发重大疾病等非人力所能抗拒的原因造成其无法在指定的时间内到指定的地点配合解决问题的除外。

（三）企业将工程或业务分包、转包给不具备用工主体资格的单位或个人，该单位或个人违法招用劳动者不支付劳动报酬的，人力资源社会保障部门应向具备用工主体资格的企业下达限期整改指令书或行政处罚决定书，责令该企业限期支付劳动者劳动报酬。对于该企业有充足证据证明已向不具备用工主体资格的单位或个人支付了劳动者全部的劳动报酬，该单位或个人仍未向劳动者支付的，应向不具备用工主体资格的单位或个人下达限期整改指令书或行政处理决定书，并要求企业监督该单位或个人向劳动者发放到位。

（四）经人力资源社会保障部门调查核实，行为人拖欠劳动者劳动报酬事实清楚、证据确凿、数额较大的，应及时下达责令支付文书。对于行为人逃匿，无法将责令支付文书送交其同住成年家属或所在单位负责收件人的，人力资源社会保障部门可以在行为人住所地、办公地、生产经营场所、建筑施工项目所在地等地张贴责令支付文书，并采用拍照、录像等方式予以记录，相关影像资料应当纳入案卷。

二、切实规范涉嫌拒不支付劳动报酬犯罪案件移送工作

（一）人力资源社会保障部门向公安机关移送涉嫌拒不支付劳动报酬犯罪案件应按照《行政执法机关移送涉嫌犯罪案件的规定》的要求，履行相关手续，并制作《涉嫌犯罪案件移送书》，在规定的期限内将案件移送公安机关。移送的案件卷宗中应当附有以下材料：

1. 涉嫌犯罪案件移送书；

2. 涉嫌拒不支付劳动报酬犯罪案件调查报告；

3. 涉嫌犯罪案件移送审批表；

4. 限期整改指令书或行政处理决定书等执法文书及送达证明材料；

5. 劳动者本人或劳动者委托代理人调查询问笔录；

6. 拖欠劳动者劳动报酬的单位或个人的基本信息；

7. 涉案的书证、物证等有关涉嫌拒不支付劳动报酬的证据材料。

人力资源社会保障部门向公安机关移送涉嫌犯罪案件应当移送与案件相关的全部材料，同时应将案件移送书及有关材料目录抄送同级人民检察院。在移送涉嫌犯罪案件时已经作出行政处罚决定的，应当将行政处罚决定书一并抄送公安机关、人民检察院。

（二）公安机关收到人力资源社会保障部门移送的涉嫌犯罪案件，应当在涉嫌犯罪案件移送书回执上签字，对移送材料不全的，可通报人力资源社会保障部门按上述规定补充移送。受理后认为不属于本机关管辖的，应当及时转送有管辖权的机关，并书面告知移送案件的人力资源社会保障部门。对受理的案件，公安机关应当及时审查，依法作出立案或者不予立案的决定，并书面通知人力资源社会保障部门，同时抄送人民检察院。公安机关立案后决定撤销案件的，应当书面通知人力资源社会保障部门，同时抄送人民检察院。公安机关作出不立案决定或者撤销案件的，应当同时将案卷材料退回人力资源社会保障部门，并书面说明理由。

（三）人力资源社会保障部门对于公安机关不接受移送的涉嫌犯罪案件或者已受理的案件未依法及时作出立案或不立案决定的，可以建议人民检察院依法进行立案监督。对公安机关受理后作出不予立案决定的，可在接到不予立案通知书后3日内向作出决定的公安机关提请复议，也可以建议人民检察院依法进行立案监督。

（四）人民检察院发现人力资源社会保障部门对应当移送公安机关的涉嫌拒不支付劳动报酬犯罪案件不移送或者逾期不移送的，应当督促移送。人力资源社会保障部门接到人民检察院提出移送涉嫌犯罪案件的书面意见后，应当及时移送案件。人民检察院发现相关部门拒不移送案件和拒不立案行为中存在职务犯罪线索的，应当认真审查，依法处理。

三、切实完善劳动保障监察行政执法与刑事司法衔接机制

（一）人力资源社会保障部门在依法查处涉嫌拒不支付劳动报酬犯罪案件过程中，对案情复杂、性质难以认定的案件可就犯罪标准、证据固定等问题向公安机关或人民检察院咨询；对跨区域犯罪、涉及人员众多、社会影响较大的案件，人力资源社会保障部门通报公安机关的，公安机关应依法及时处置。

（二）对于涉嫌拒不支付劳动报酬犯罪案件，公安机关、人民检察院、人民法院在侦查、审查起诉和审判期间提请人力资源社会保障部门协助的，人力资源社会保障部门应当予以配合。

（三）在办理拒不支付劳动报酬犯罪案件过程中，各级人民法院、人民检察院、人力资源社会保障部门、公安机关要加强联动配合，建立拒不支付劳动报酬犯罪案件移送的联席会议制度，定期互相通报案件办理情况，及时了解案件信息，研究解决查处拒不支付劳动报酬犯罪案件衔接工作中存在的问题，进一步完善监察行政执法与刑事司法衔接工作机制，切实发挥刑法打击拒不支付劳动报酬犯罪行为的有效作用。

企业劳动保障守法诚信等级评价办法

（人社部规〔2016〕1号　人力资源社会保障部2016年7月25日发布）

第一条　为增强劳动保障监察的针对性和效率，实行企业分类监管，督促企业遵守劳动保障法律规定，履行守法诚信义务，根据《劳动保障监察条例》有关规定，制定本办法。

第二条　企业劳动保障守法诚信等级评价是根据企业遵守劳动保障法律、法规和规章的情况，对企业进行劳动保障守法诚信等级评价的行为。

第三条　开展企业劳动保障守法诚信等级评价，应当根据事实，遵循依法、公正原则。

第四条　县级以上地方人力资源社会保障行政部门按照劳动保障监察管辖范围负责企业劳动保障守法诚信等级评价工作，由劳动保障监察机构负责组织实施，每年开展一次评价。

第五条　企业劳动保障守法诚信等级评价主要依据日常巡视检查、书面材料审查、举报投诉查处以及专项检查等劳动保障监察和其他有关工作中取得的企业上一年度信用记录进行。

开展企业劳动保障守法诚信等级评价应注意听取当地政府有关部门及工会组织的意见和建议。

第六条　人力资源社会保障行政部门根据下列情况对企业劳动保障守法诚信

等级进行评价：

（一）制定内部劳动保障规章制度的情况；

（二）与劳动者订立劳动合同的情况；

（三）遵守劳务派遣规定的情况；

（四）遵守禁止使用童工规定的情况；

（五）遵守女职工和未成年工特殊劳动保护规定的情况；

（六）遵守工作时间和休息休假规定的情况；

（七）支付劳动者工资和执行最低工资标准的情况；

（八）参加各项社会保险和缴纳社会保险费的情况；

（九）其他遵守劳动保障法律、法规和规章的情况。

第七条 企业劳动保障守法诚信等级划分为A、B、C三级：

（一）企业遵守劳动保障法律、法规和规章，未因劳动保障违法行为被查处的，评为A级。

（二）企业因劳动保障违法行为被查处，但不属于C级所列情形的，评为B级。

（三）企业存在下列情形之一的，评为C级。

1. 因劳动保障违法行为被查处三次以上（含三次）的；

2. 因劳动保障违法行为引发群体性事件、极端事件或造成严重不良社会影响的；

3. 因使用童工、强迫劳动等严重劳动保障违法行为被查处的；

4. 拒不履行劳动保障监察限期整改指令、行政处理决定或者行政处罚决定的；

5. 无理抗拒、阻挠人力资源社会保障行政部门实施劳动保障监察的；

6. 因劳动保障违法行为被追究刑事责任的。

第八条 作出劳动保障守法诚信等级评价的人力资源社会保障行政部门可以适当方式将评价结果告知企业。

第九条 劳动保障守法诚信等级评价结果应归入企业劳动保障守法诚信档案，至少保留3年。

第十条 人力资源社会保障行政部门根据企业劳动保障守法诚信等级评价情况，对劳动保障监察管辖范围内的企业实行分类监管。

对于被评为A级的企业，适当减少劳动保障监察日常巡视检查频次。

对于被评为B级的企业，适当增加劳动保障监察日常巡视检查频次。

对于被评为C级的企业，列入劳动保障监察重点对象，强化劳动保障监察日常巡视检查。

第十一条 对于被评为C级的企业，人力资源社会保障行政部门应对其主要负责人、直接责任人进行约谈，敦促其遵守劳动保障法律、法规和规章。

第十二条 企业劳动保障守法诚信等级评价结果确定后，发生劳动保障违法行为需要降级的，作出评价的人力资源社会保障行政部门应当重新评价，及时调整其劳动保障守法诚信等级。

第十三条 人力资源社会保障行政部门应当与工商、金融、住房城乡建设、税务等部门和工会组织建立信用信息交换共享机制，对企业实行守信联合激励和失信联合惩戒。

第十四条 人力资源社会保障行政部门应当加强劳动保障监察管理信息系统建设，充分利用信息技术和手段，整合信息资源，提高企业劳动保障守法诚信等级评价工作效率。

第十五条 人力资源社会保障行政部门工作人员在企业劳动保障守法诚信等级评价工作中滥用职权、玩忽职守、徇私舞弊的，按照有关规定给予处分。

第十六条 对其他劳动保障监察对象开展劳动保障守法诚信等级评价工作，依照本办法执行。

第十七条 省级人力资源社会保障行政部门可根据本办法和本地实际，制定实施办法。

第十八条 本办法自2017年1月1日起施行。

拖欠农民工工资“黑名单”管理暂行办法

（人社部规〔2017〕16号 人力资源社会保障部2017年9月25日发布）

第一条 为规范拖欠农民工工资“黑名单”管理工作，加强对拖欠工资违法失信用人单位的惩戒，维护劳动者合法权益，根据《企业信息公示暂行条例》、《国务院关于建立完善守信联合激励和失信联合惩戒制度加快推进社会诚信建设的指导意见》（国发〔2016〕33号）、《国务院办公厅关于全面治理拖欠农民工工资问题的意见》（国办发〔2016〕1号），制定本办法。

第二条 本办法所称拖欠农民工工资“黑名单”（以下简称拖欠工资“黑名单”），是指违反国家工资支付法律法规规章规定，存在本办法第五条所列拖欠工资情形的用人单位及其法定代表人、其他责任人。

第三条 人力资源社会保障部负责指导监督全国拖欠工资“黑名单”管理工作。

省、自治区、直辖市人力资源社会保障行政部门负责指导监督本行政区域拖欠工资“黑名单”管理工作，每半年向人力资源社会保障部报送本行政区域的拖欠工资“黑名单”。

地方人力资源社会保障行政部门依据行政执法管辖权限，负责拖欠工资“黑名单”管理的具体实施工作。

第四条 拖欠工资“黑名单”管理实行“谁执法，谁认定，谁负责”，遵循依法依规、公平公正、客观真实的原则。

第五条 用人单位存在下列情形之一的，人力资源社会保障行政部门应当自查处违法行为并作出行政处理或处罚决定之日起20个工作日内，按照管辖权限将其列入拖欠工资“黑名单”。

（一）克扣、无故拖欠农民工工资报酬，数额达到认定拒不支付劳动报酬罪数额标准的；

（二）因拖欠农民工工资违法行为引发群体性事件、极端事件造成严重不良社会影响的。

将劳务违法分包、转包给不具备用工主体资格的组织和个人造成拖欠农民工工资且符合前款规定情形的，应将违法分包、转包单位及不具备用工主体资格的组织和个人一并列入拖欠工资“黑名单”。

第六条 人力资源社会保障行政部门将用人单位列入拖欠工资“黑名单”的，应当提前书面告知，听取其陈述和申辩意见。核准无误的，应当作出列入决定。

列入决定应当列明用人单位名称及其法定代表人、其他责任人姓名、统一社会信用代码、列入日期、列入事由、权利救济期限和途径、作出决定机关等。

第七条 人力资源社会保障行政部门应当按照有关规定，将拖欠工资“黑名单”信息通过部门门户网站、“信用中国”网站、国家企业信用信息公示系统等予以公示。

第八条 人力资源社会保障行政部门应当按照有关规定，将拖欠工资“黑名单”信息纳入当地和全国信用信息共享平台，由相关部门在各自职责范围内依法依规实施联合惩戒，在政府资金支持、政府采购、招投标、生产许可、资质审核、融资贷款、市场准入、税收优惠、评优评先等方面予以限制。

第九条 拖欠工资“黑名单”实行动态管理。

用人单位首次被列入拖欠工资“黑名单”的期限为1年，自作出列入决定之日起计算。

列入拖欠工资“黑名单”的用人单位改正违法行为且自列入之日起1年内未再发生第五条规定情形的，由作出列入决定的人力资源社会保障行政部门于期满后20个工作日内决定将其移出拖欠工资“黑名单”；用人单位未改正违法行为或者列入期间再次发生第五条规定情形的，期满不予移出并自动续期2年。

已移出拖欠工资“黑名单”的用人单位再次发生第五条规定情形，再次列入拖欠工资“黑名单”，期限为2年。

第十条 人力资源社会保障行政部门决定将用人单位移出拖欠工资“黑名单”的，应当通过部门门户网站、“信用中国”网站、国家企业信用信息公示系统等予以公示。

第十一条 用人单位被列入拖欠工资“黑名单”所依据的行政处理或处罚决定被依法变更或者撤销的，作出列入决定的人力资源社会保障行政部门应当及时更正拖欠工资“黑名单”。

第十二条 用人单位被移出拖欠工资“黑名单”管理的，相关部门联合惩戒措施即行终止。

第十三条 人力资源社会保障等行政部门工作人员在实施拖欠工资“黑名单”管理过程中，滥用职权、玩忽职守、徇私舞弊的，依法予以处理。

第十四条 各省级人力资源社会保障行政部门可根据本办法制定实施细则。

第十五条 本办法自2018年1月1日起施行。

建筑工程施工发包与承包违法行为认定查处管理办法

（建市规〔2019〕1号 住房和城乡建设部2019年1月3日发布）

第一条 为规范建筑工程施工发包与承包活动中违法行为的认定、查处和管理，保证工程质量和施工安全，有效遏制发包与承包活动中的违法行为，维护建筑市场秩序和建筑工程主要参与方的合法权益，根据《中华人民共和国建筑法》《中华人民共和国招标投标法》《中华人民共和国合同法》《建设工程质量管理条例》《建设工程安全生产管理条例》《中华人民共和国招标投标法实施条例》等法律法规，以及《全国人大法工委关于对建筑施工企业母公司承接工程后交由子公司实施是否属于转包以及行政处罚两年追诉期认定法律适用问题的意见》（法工办发〔2017〕223号），结合建筑活动实践，制定本办法。

第二条　本办法所称建筑工程，是指房屋建筑和市政基础设施工程及其附属设施和与其配套的线路、管道、设备安装工程。

第三条　住房和城乡建设部对全国建筑工程施工发包与承包违法行为的认定查处工作实施统一监督管理。

县级以上地方人民政府住房和城乡建设主管部门在其职责范围内具体负责本行政区域内建筑工程施工发包与承包违法行为的认定查处工作。

本办法所称的发包与承包违法行为具体是指违法发包、转包、违法分包及挂靠等违法行为。

第四条　建设单位与承包单位应严格依法签订合同，明确双方权利、义务、责任，严禁违法发包、转包、违法分包和挂靠，确保工程质量和施工安全。

第五条　本办法所称违法发包，是指建设单位将工程发包给个人或不具有相应资质的单位、肢解发包、违反法定程序发包及其他违反法律法规规定发包的行为。

第六条　存在下列情形之一的，属于违法发包：

（一）建设单位将工程发包给个人的；

（二）建设单位将工程发包给不具有相应资质的单位的；

（三）依法应当招标未招标或未按照法定招标程序发包的；

（四）建设单位设置不合理的招标投标条件，限制、排斥潜在投标人或者投标人的；

（五）建设单位将一个单位工程的施工分解成若干部分发包给不同的施工总承包或专业承包单位的。

第七条　本办法所称转包，是指承包单位承包工程后，不履行合同约定的责任和义务，将其承包的全部工程或者将其承包的全部工程肢解后以分包的名义分别转给其他单位或个人施工的行为。

第八条　存在下列情形之一的，应当认定为转包，但有证据证明属于挂靠或者其他违法行为的除外：

（一）承包单位将其承包的全部工程转给其他单位（包括母公司承接建筑工程后将所承接工程交由具有独立法人资格的子公司施工的情形）或个人施工的；

（二）承包单位将其承包的全部工程肢解以后，以分包的名义分别转给其他单位或个人施工的；

（三）施工总承包单位或专业承包单位未派驻项目负责人、技术负责人、质量管理负责人、安全管理负责人等主要管理人员，或派驻的项目负责人、技术负责人、质量管理负责人、安全管理负责人中一人及以上与施工单位没有订立劳动合同且没有建立劳动工资和社会养老保险关系，或派驻的项目负责人未对该工程的施工活动进行组织管理，又不能进行合理解释并提供相应证明的；

（四）合同约定由承包单位负责采购的主要建筑材料、构配件及工程设备或租赁的施工机械设备，由其他单位或个人采购、租赁，或施工单位不能提供有关采购、租赁合同及发票等证明，又不能进行合理解释并提供相应证明的；

（五）专业作业承包人承包的范围是承包单位承包的全部工程，专业作业承包人计取的是除上缴给承包单位"管理费"之外的全部工程价款的；

（六）承包单位通过采取合作、联营、个人承包等形式或名义，直接或变相将其承包的全部工程转给其他单位或个人施工的；

（七）专业工程的发包单位不是该工程的施工总承包或专业承包单位的，但建设单位依约作为发包单位的除外；

（八）专业作业的发包单位不是该工程承包单位的；

（九）施工合同主体之间没有工程款收付关系，或者承包单位收到款项后又将款项转拨给其他单位和个人，又不能进行合理解释并提供材料证明的。

两个以上的单位组成联合体承包工程，在联合体分工协议中约定或者在项目实际实施过程中，联合体一方不进行施工也未对施工活动进行组织管理的，并且向联合体其他方收取管理费或者其他类似费用的，视为联合体一方将承包的工程转包给联合体其他方。

第九条 本办法所称挂靠，是指单位或个人以其他有资质的施工单位的名义承揽工程的行为。

前款所称承揽工程，包括参与投标、订立合同、办理有关施工手续、从事施工等活动。

第十条 存在下列情形之一的，属于挂靠：

（一）没有资质的单位或个人借用其他施工单位的资质承揽工程的；

（二）有资质的施工单位相互借用资质承揽工程的，包括资质等级低的借用资质等级高的，资质等级高的借用资质等级低的，相同资质等级相互借用的；

（三）本办法第八条第一款第（三）至（九）项规定的情形，有证据证明属于挂靠的。

第十一条　本办法所称违法分包，是指承包单位承包工程后违反法律法规规定，把单位工程或分部分项工程分包给其他单位或个人施工的行为。

第十二条　存在下列情形之一的，属于违法分包：

承包单位将其承包的工程分包给个人的；

施工总承包单位或专业承包单位将工程分包给不具备相应资质单位的；

（三）施工总承包单位将施工总承包合同范围内工程主体结构的施工分包给其他单位的，钢结构工程除外；

（四）专业分包单位将其承包的专业工程中非劳务作业部分再分包的；

（五）专业作业承包人将其承包的劳务再分包的；

（六）专业作业承包人除计取劳务作业费用外，还计取主要建筑材料款和大中型施工机械设备、主要周转材料费用的。

第十三条　任何单位和个人发现违法发包、转包、违法分包及挂靠等违法行为的，均可向工程所在地县级以上人民政府住房和城乡建设主管部门进行举报。

接到举报的住房和城乡建设主管部门应当依法受理、调查、认定和处理，除无法告知举报人的情况外，应当及时将查处结果告知举报人。

第十四条　县级以上地方人民政府住房和城乡建设主管部门如接到人民法院、检察机关、仲裁机构、审计机关、纪检监察等部门转交或移送的涉及本行政区域内建筑工程发包与承包违法行为的建议或相关案件的线索或证据，应当依法受理、调查、认定和处理，并把处理结果及时反馈给转交或移送机构。

第十五条　县级以上人民政府住房和城乡建设主管部门对本行政区域内发现的违法发包、转包、违法分包及挂靠等违法行为，应当依法进行调查，按照本办法进行认定，并依法予以行政处罚。

（一）对建设单位存在本办法第五条规定的违法发包情形的处罚：

1. 依据本办法第六条（一）、（二）项规定认定的，依据《中华人民共和国建筑法》第六十五条、《建设工程质量管理条例》第五十四条规定进行处罚；

2. 依据本办法第六条（三）项规定认定的，依据《中华人民共和国招标投标法》第四十九条、《中华人民共和国招标投标法实施条例》第六十四条规定进行处罚；

3. 依据本办法第六条（四）项规定认定的，依据《中华人民共和国招标投标法》第五十一条、《中华人民共和国招标投标法实施条例》第六十三条规定进行处罚。

4. 依据本办法第六条（五）项规定认定的，依据《中华人民共和国建筑法》第六十五条、《建设工程质量管理条例》第五十五条规定进行处罚。

5. 建设单位违法发包，拒不整改或者整改后仍达不到要求的，视为没有依法确定施工企业，将其违法行为记入诚信档案，实行联合惩戒。对全部或部分使用国有资金的项目，同时将建设单位违法发包的行为告知其上级主管部门及纪检监察部门，并建议对建设单位直接负责的主管人员和其他直接责任人员给予相应的行政处分。

（二）对认定有转包、违法分包违法行为的施工单位，依据《中华人民共和国建筑法》第六十七条、《建设工程质量管理条例》第六十二条规定进行处罚。

（三）对认定有挂靠行为的施工单位或个人，依据《中华人民共和国招标投标法》第五十四条、《中华人民共和国建筑法》第六十五条和《建设工程质量管理条例》第六十条规定进行处罚。

（四）对认定有转让、出借资质证书或者以其他方式允许他人以本单位的名义承揽工程的施工单位，依据《中华人民共和国建筑法》第六十六条、《建设工程质量管理条例》第六十一条规定进行处罚。

（五）对建设单位、施工单位给予单位罚款处罚的，依据《建设工程质量管理条例》第七十三条、《中华人民共和国招标投标法》第四十九条、《中华人民共和国招标投标法实施条例》第六十四条规定，对单位直接负责的主管人员和其他直接责任人员进行处罚。

（六）对认定有转包、违法分包、挂靠、转让出借资质证书或者以其他方式允许他人以本单位的名义承揽工程等违法行为的施工单位，可依法限制其参加工程投标活动、承揽新的工程项目，并对其企业资质是否满足资质标准条件进行核查，对达不到资质标准要求的限期整改，整改后仍达不到要求的，资质审批机关撤回其资质证书。

对 2 年内发生 2 次及以上转包、违法分包、挂靠、转让出借资质证书或者以其他方式允许他人以本单位的名义承揽工程的施工单位，应当依法按照情节严重情形给予处罚。

（七）因违法发包、转包、违法分包、挂靠等违法行为导致发生质量安全事故的，应当依法按照情节严重情形给予处罚。

第十六条 对于违法发包、转包、违法分包、挂靠等违法行为的行政处罚追溯期限，应当按照法工办发〔2017〕223 号文件的规定，从存在违法发包、转包、违法分包、挂靠的建筑工程竣工验收之日起计算；合同工程量未全部完成而解除或终止履行合同的，自合同解除或终止之日起计算。

第十七条 县级以上人民政府住房和城乡建设主管部门应将查处的违法发包、转包、违法分包、挂靠等违法行为和处罚结果记入相关单位或个人信用档案，同时向社会公示，并逐级上报至住房和城乡建设部，在全国建筑市场监管公共服务平台公示。

第十八条 房屋建筑和市政基础设施工程以外的专业工程可参照本办法执行。省级人民政府住房和城乡建设主管部门可结合本地实际，依据本办法制定相应实施细则。

第十九条 本办法中施工总承包单位、专业承包单位均指直接承接建设单位发包的工程的单位；专业分包单位是指承接施工总承包或专业承包企业分包专业工程的单位；承包单位包括施工总承包单位、专业承包单位和专业分包单位。

第二十条 本办法由住房和城乡建设部负责解释。

第二十一条 本办法自 2019 年 1 月 1 日起施行。2014 年 10 月 1 日起施行的《建筑工程施工转包违法分包等违法行为认定查处管理办法（试行）》（建市〔2014〕118 号）同时废止。

建筑工人实名制管理办法（试行）

（建市〔2019〕18 号 住房和城乡建设部、人力资源社会保障部 2019 年 2 月 17 日联合发布）

第一条 为规范建筑市场秩序，加强建筑工人管理，维护建筑工人和建筑企业合法权益，保障工程质量和安全生产，培育专业型、技能型建筑产业工人队伍，促进建筑业持续健康发展，依据建筑法、劳动合同法、《国务院办公厅关于全面治理拖欠农民工工资问题的意见》（国办发〔2016〕1号）和《国务院办公厅关于促进建筑业持续健康发展的意见》（国办发〔2017〕19号）等法律法规及规范性文件，制定本办法。

第二条 本办法所称建筑工人实名制是指对建筑企业所招用建筑工人的从业、培训、技能和权益保障等以真实身份信息认证方式进行综合管理的制度。

第三条 本办法适用于房屋建筑和市政基础设施工程。

第四条 住房和城乡建设部、人力资源社会保障部负责制定全国建筑工人实名制管理规定，对各地实施建筑工人实名制管理工作进行指导和监督；负责组织实施全国建筑工人管理服务信息平台的规划、建设和管理，制定全国建筑工人管理服务信息平台数据标准。

第五条 省（自治区、直辖市）级以下住房和城乡建设部门、人力资源社会保障部门负责本行政区域建筑工人实名制管理工作，制定建筑工人实名制管理制度，督促建筑企业在施工现场全面落实建筑工人实名制管理工作的各项要求；负责建立完善本行政区域建筑工人实名制管理平台，确保各项数据的完整、及时、准确，实现与全国建筑工人管理服务信息平台联通、共享。

第六条 建设单位应与建筑企业约定实施建筑工人实名制管理的相关内容，督促建筑企业落实建筑工人实名制管理的各项措施，为建筑企业实行建筑工人实名制管理创造条件，按照工程进度将建筑工人工资按时足额付至建筑企业在银行开设的工资专用账户。

第七条 建筑企业应承担施工现场建筑工人实名制管理职责，制定本企业建筑工人实名制管理制度，配备专（兼）职建筑工人实名制管理人员，通过信息化手段将相关数据实时、准确、完整上传至相关部门的建筑工人实名制管理平台。

总承包企业（包括施工总承包、工程总承包以及依法与建设单位直接签订合同的专业承包企业，下同）对所承接工程项目的建筑工人实名制管理负总责，分包企业对其招用的建筑工人实名制管理负直接责任，配合总承包企业做好相关工作。

第八条 全面实行建筑业农民工实名制管理制度，坚持建筑企业与农民工先签订劳动合同后进场施工。建筑企业应与招用的建筑工人依法签订劳动合同，对其进行基本安全培训，并在相关建筑工人实名制管理平台上登记，方可允许其进入施工现场从事与建筑作业相关的活动。

第九条 项目负责人、技术负责人、质量负责人、安全负责人、劳务负责人等项目管理人员应承担所承接项目的建筑工人实名制管理相应责任。进入施工现场的建设单位、承包单位、监理单位的项目管理人员及建筑工人均纳入建筑工人实名制管理范畴。

第十条 建筑工人应配合有关部门和所在建筑企业的实名制管理工作，进场作业前须依法签订劳动合同并接受基本安全培训。

第十一条 建筑工人实名制信息由基本信息、从业信息、诚信信息等内容组成。

基本信息应包括建筑工人和项目管理人员的身份证信息、文化程度、工种（专业）、技能（职称或岗位证书）等级和基本安全培训等信息。

从业信息应包括工作岗位、劳动合同签订、考勤、工资支付和从业记录等信息。

诚信信息应包括诚信评价、举报投诉、良好及不良行为记录等信息。

第十二条 总承包企业应以真实身份信息为基础，采集进入施工现场的建筑工人和项目管理人员的基本信息，并及时核实、实时更新；真实完整记录建筑工人工作岗位、劳动合同签订情况、考勤、工资支付等从业信息，建立建筑工人实名制管理台账；按项目所在地建筑工人实名制管理要求，将采集的建筑工人信息及时上传相关部门。

已录入全国建筑工人管理服务信息平台的建筑工人，1 年以上（含 1 年）无数据更新的，再次从事建筑作业时，建筑企业应对其重新进行基本安全培训，记录相关信息，否则不得进入施工现场上岗作业。

第十三条 建筑企业应配备实现建筑工人实名制管理所必须的硬件设施设备，施工现场原则上实施封闭式管理，设立进出场门禁系统，采用人脸、指纹、虹膜等生物识别技术进行电子打卡；不具备封闭式管理条件的工程项目，应采用移动定位、电子围栏等技术实施考勤管理。相关电子考勤和图像、影像等电子档案保存期限不少于 2 年。

实施建筑工人实名制管理所需费用可列入安全文明施工费和管理费。

第十四条 建筑企业应依法按劳动合同约定，通过农民工工资专用账户按月足额将工资直接发放给建筑工人，并按规定在施工现场显著位置设置“建筑工人维权告示牌”，公开相关信息。

第十五条 各级住房和城乡建设部门、人力资源社会保障部门、建筑企业、系统平台开发应用等单位应制定制度，采取措施，确保建筑工人实名制管理相关数据信息安全，以及建筑工人实名制信息的真实性、完整性，不得漏报、瞒报。

第十六条 各级住房和城乡建设部门、人力资源社会保障部门应加强与相关部门的数据共享，通过数据运用分析，利用新媒体和信息化技术渠道，建立建筑工人权益保障预警机制，切实保障建筑工人合法权益，提高服务建筑工人的能力。

第十七条 各级住房和城乡建设部门、人力资源社会保障部门应对下级部门落实建筑工人实名制管理情况进行监督检查，对于发现的问题要责令限期整改；拒不整改或整改不到位的，要约谈相关责任人；约谈后仍拒不整改或整改不到位的，列入重点监管范围并提请有关部门进行问责。

第十八条 各级住房和城乡建设部门应按照“双随机、一公开”的要求，加强对本行政区域施工现场建筑工人实名制管理制度落实情况的日常检查，对涉及建筑工人实名制管理相关投诉举报事项进行调查处理。对涉及不依法签订劳动合同、欠薪等侵害建筑工人劳动保障权益的，由人力资源社会保障部门会同住房和城乡建设部门依法处理；对涉及其他部门职能的违法问题或案件线索，应按职责分工及时移送处理。

第十九条 各级住房和城乡建设部门可将建筑工人实名制管理列入标准化工地考核内容。建筑工人实名制信息可作为有关部门处理建筑工人劳动纠纷的依据。各有关部门应制定激励办法，对切实落实建筑工人实名制管理的建筑企业给予支持，一定时期内未发生工资拖欠的，可减免农民工工资保证金。

第二十条 各级住房和城乡建设部门对在监督检查中发现的企业及个人弄虚作假、漏报瞒报等违规行为，应予以纠正、限期整改，录入建筑工人实名制管理平台并及时上传相关部门。拒不整改或整改不到位的，可通过曝光、核查企业资质等方式进行处理，存在工资拖欠的，可提高农民工工资保证金缴纳比例，并将相关不良行为记入企业或个人信用档案，通过全国建筑市场监管公共服务平台向社会公布。

第二十一条 严禁各级住房和城乡建设部门、人力资源社会保障部门借推行建筑工人实名制管理的名义，指定建筑企业采购相关产品；不得巧立名目乱收费，增加企业额外负担。对违规要求建筑企业强制使用某款产品或乱收费用的，要立即予以纠正；情节严重的依法提请有关部门进行问责，构成犯罪的，依法追究刑事责任。

第二十二条　各级住房和城乡建设部门、人力资源社会保障部门应结合本地实际情况，制定本办法实施细则。

第二十三条　本办法由住房和城乡建设部、人力资源社会保障部负责解释。

第二十四条　本办法自 2019 年 3 月 1 日起施行。